현재
의
충격

Present Shock: When Everything Happens Now
by Douglas Rushkoff

현재 의 충격

모든 것이 지금 일어나고 있다

Present
Shock

When Everything Happens Now

더글러스 러시코프 지음 | 박종성 · 장석훈 옮김

청림출판

영원한 현재

그 남자는 예지력이 뛰어난 월가 헤지펀드 매니저 가운데 한 사람이다. 하지만 그 남자의 거래는 항상 한 발 늦는 감이 있었다. 주문을 내자마자 뛰어난 성능을 갖춘 컴퓨터로 무장한 대형 증권사 트레이더들이 포착해 선취하기 때문이다. 그러면 마진이 바뀌고 그의 매수 가격은 예상보다 높아진다. 그는 '과거' 속에서 거래를 하면서 경쟁자의 '현재'를 따라잡고자 소프트웨어와 프로그래머를 찾아 헤맨다. 그리고 그 남자의 고객은 한 기업의 '미래'를 보고 투자한다는 생각을 더는 하지 않는다. 기업의 미래가 어떻게 되든 그저 트레이드에서 성공하기만을 바랄 뿐이다.

그 여자는 맨해튼 어퍼이스트사이드Upper East Side에 있는 한 술집에 있다. 주변 사내라든가 음악에는 관심이 없는 듯하다. 사람들과 어울리기보다 다른 도시에서 놀고 있는 친구들이 보낸 문자를 확인한다. 지금 자신이 놀고 있는 곳이 최선인지, 아니면 그 시간 다른 곳에서 벌어지고 있는 파티가 더 나은지 궁금하다. 조그만 휴대전화 액정에 뭔가 관심을 끌 만한 것이 어른거리면, 이내 그 여자는 이스트빌리지로 가는 택시에 앉아 있을 것이다. 그 여자는 생각했던 파티 장소에 도착해 '제대로 된 곳'에 왔다는 생각을 하게 될 것이다. 그리고 그 파티를 즐기기보다 휴대전화를 꺼내 카메라를 켠 다음 자신과 보낼 파티 친구들 사진을 찍을 것이다. 그러고 나서 바로 다른 사람들이 볼 수 있도록 인터넷에 올릴 것이다.

그 남자는 주변 세상에서 벌어지는 일들을 본다. 저녁 뉴스로 뜬 최신 '천재지변' 소식을 본다. 요동치는 주유소 기름값 소식이며, 세계 단일통화에 대한 논평도 본다. 정보가 쏟아진다고 해서 천재지변이 더 많이 일어난 것은 아닐 것이다. 하지만 분명한 것은 우리의 천재지변 목격 횟수가 기하급수적으로 늘었다는 사실이다. 이렇게 보면 예언이란 미래에 대한 얘기라기보다 오히려 현재를 시사하는 얘기 같다. 양자물리학 개념과 마야인들의 생각을 섞어보면 시간이란 어쨌든 곧 멈추게 되는 것이다. 메시아의 시대라는 것은 더 이상 준비해야 하는 미래의 것이 아니다. 그것은 현재적 사건이다. 이런 경우 예수라면 어떻게 했을까?

새로운 '지금'

우리 사회는 현재라는 '순간'을 향해 모두 재배열된 상태다. 모든 것이 라이브이고 실시간이며 현재진행형이다. 단순히 세상이 빨리 돌아가고 있는 것이 아니다. 오히려 우리 삶의 방식과 기술이 우리가 어떤 일을 하는 데 그것을 가속화하고 있는 중이다. 지금 현재 일어나고 있지 않는 것은 소멸하고 있다. 그러리라 가정만 하고 있던 모든 것이 맹습을 퍼붓는 중이다.

바로 이런 이유 때문에 세계 제일의 검색엔진이 '구글 나우Google Now'라는 이름을 달고 자동완성 기능을 갖춘 실시간 맞춤형 검색으로 성장하고 있는 것이다. 바로 이런 이유 때문에 이메일이 문자 보내기에 자리를 내주고, 블로그가 트위터 피드Twitter feeds(블로그의 글을 트위터로 자동 전송해주는 프로그램. 블로그에서 새 글을 작성할 때마다 트위터로 자동 전송된다—옮긴이)에 자리를 내주고 있는 것이다. 그리고 바로 이런 이유 때문에 어린 학생들이 선형적linear 논리 전개를 더는 따라갈 수 없는 것이다. 전통적인 서사narrative 구조가 리얼리티 TV 속에서 와해된 것도 그 때문이다. 지난달에 읽었던 책이나 들었던 음악에 대해 혹은 장기적인 국제 문제에 대해 의미 있는 대화를 나눌 수 없게 된 것도 그 때문이다. 이로 인해 한때 장기적인 투자와 이자 획득에 기반을 두었던 경제 체제는 미래 보상을 보고 일을 하는 사람들에게 더는 자본을 대주지 않는다. 그래서 그토록 많은 사람들이 2012년 세계 종말이나 '예기치 않은 일'이 일어나기를 바랐던 것이다. 그리하여 얼마나 많은 인간의 목숨을 대가로 치르든, 혹은 문명 자체를 대가로 치르든 상관없이 이 선형적 시간을 끝장내고 우리를 역사시대 이후의 영원한 현재로 몰아넣기를 바랐던 것이다.

그런데 또한 바로 그 이유 때문에 우리는 CNN에서 취재기자를 파견하기도 전에 이란의 거리에서 어떤 일이 벌어지는지 알 수 있는 것이다. 그렇기 때문에 잘나가긴 하지만 일 자체에는 만족하지 못하는 모바일 사업체 임원이 사표를 쓰고 가족과 함께 버몬트로 이사를 가는 것이다. 은퇴

후에나 하겠다던 카약 만드는 일을 하겠다면서 말이다. 바로 그런 이유 때문에 수많은 청년들이 첨예한 쟁점에 기반을 둔 사회참여보다 지속적인 합의에 바탕을 둔 새로운 형태의 사회참여에 헌신하기로 마음먹는 것이다. 또한 H&M이나 자라Zara 같은 회사가 실시간으로 5천 마일이나 떨어진 매장 계산대에서 상품 태그를 스캔한 자료를 가지고 그 즉시 옷을 만들어낼 수 있는 것이다. 그리고 대통령은 국정을 운영하고, 과거의 전횡적 모습과 헛된 공약으로부터 벗어나 선거에서 승리할 수 있는 것이며, 유권자에게 "우리 자신이 바로 우리가 그토록 고대했던 사람들입니다"(버락 오바마Barack Obama가 2008년 대선 과정에서 슈퍼 화요일에 한 연설의 일부로 알려져 있으나 그가 그런 말을 한 적이 없다고 주장하는 사람들도 있다—옮긴이)라고 말할 수 있는 것이다.

이제 기다림은 끝이다. 바로 그 순간이라고 하는 지점에 우리가 있다.

20세기 끝자락을 미래주의futurism로 규정한다면, 21세기는 현재주의presentism로 규정할 수 있을 것이다. 1990년대 말에 그토록 팽배했던 '앞을 내다보기looking forward'는 새로운 밀레니엄이 시작되면서 종말을 고할 수밖에 없었다. 그 무렵 몇몇 사람들이 그랬던 것처럼 나도 현재와 실제적 경험에 대해 그리고 바로 지금 이 순간 실제적인 가치를 지닌 것에 대해 새롭게 주목하게 되리라고 예상했다. 결국 이런 느낌은 9·11로 인해 두드러지게 됐으며, '미국이라는 나라가 과연 영원무궁할 수 있을까'라는 생각을 하게 만들었다. 사람들이 자식을 많이 낳고[1] 심지어 이혼도 늘었는데[2], 그것은 우리가 영원히 살 수 없으며 어떤 것을 무한정 미룰 순 없다는 무의식적 자각 때문이었다.

여기에 아이폰에서부터 트위터까지 아우르는 실시간 기술을 더해보자.

한 번의 마우스 클릭으로 제품을 주문할 수 있는 일회용 소비 경제disposable consumer economy가 실제 제품을 보고 구입하는 것보다 더 중요한 자리를 차지하고 있다. 멀티태스킹을 하는 뇌는 사실상 기억과 지속적인 논증에 취약하다. 그리고 경제는 일생 동안 자신이 벌 수도 혹은 그렇지 못할 수도 있는 액수를 지금 써버리는 것에 기반해 돌아가며, 결국 우리는 일시적으로 방향감각을 상실할 수밖에 없다. 이는 1970년대의 미래학자 앨빈 토플러Albin Toffler가 '미래 충격future shock'이라고 불렀던, 변화무쌍한 규칙과 환경의 맹습과도 같은 것이다.

지금은 '현재 충격present shock'의 시대다. 그리고 이런 현상은 분명코 '지금 이 순간of the moment'의 충격이지, 우리가 생각했듯 '현재 내in the moment'의 충격이 아니다.

왜냐하면 이와 같은 현재주의가 투자와 금융, 더 나아가 기술과 미디어에까지 어떤 식으로 영향을 미칠 것인가에 대해서는 제대로 본 사람이 많았던 반면, '지금'을 산다는 것이 결국 우리네 일반인들에게 어떤 영향을 미칠 것인가에 대해서는 제대로 본 사람이 없었기 때문이다. 그동안 위험스러울 정도로 강요됐던 20세기의 이념적 서사로부터 우리가 자유로워진 것은 현재에 더 집중한 덕뿐일 수 있다. 오늘날, 가혹한 수단이 신화적 목적에 의해 정당화된다고 믿는 사람은 거의 아무도 없다. 그리고 우리는 이제 오랫동안 충성하면 미래 보상을 해준다는 고용주와 회사의 거짓 약속을 믿지 않는다. 하지만 그렇다고 해서 우리 주변에서 돌아가고 있는 일에 대해 우리가 좀 더 깊은 자각에 이르게 된 것도 아니다. 우리는 주변과 하나가 되어 일체가 서로 연결된 상태에서 우리 자신을 근본적인 차원에서 자각한다는, 무한의 현재인 선禪적 상태를 지향하고 있진 않다.

그보다 우리는 산만한 현재에 머무는 경향이 있다. 산만한 현재 속에서 주변부를 향한 신경은 예민한데, 직접적으로 자신을 향한 신경엔 무디다. 언제든 우리를 궤도에서 벗어나게 하는 수많은 외적 압박에 그때그때 대응하려다보니 계획을 세우는 인간의 능력은 퇴화하고 있으며 계획을 지키는 능력은 그에 못 미치고 있다. 우리는 지금 여기에서 굳건히 발 디딜 곳을 찾기보다 동시다발적으로 쏟아지는 자극과 지시에 끊임없이 반응할 수밖에 없는 신세다.

어떤 의미에서 이는 오늘날 우리가 의존하고 있는 컴퓨터와 네트워크를 개발한 사람들의 목표였다. 20세기 중반, 컴퓨터의 미래를 내다봤던 배너바 부시Vannervar Bush(1890 –1974, 미국의 공학자이며 발명가, 과학행정가로 원자폭탄을 개발한 맨해튼 프로젝트에 참여했고, 아날로그 컴퓨터 및 오늘날 월드와이드넷과 유사한 메멕스Memex라는 마이크로필름 뷰어를 만들어 이후의 컴퓨터 과학자들에게 많은 영감을 줬다—옮긴이)와 J. C. R. 릭라이더Joseph Carl Robnett Licklider(1915 –90, 미국의 심리학자이자 컴퓨터과학자. 컴퓨터과학과 컴퓨터 역사에서 가장 중요한 인물 가운데 한 명으로 평가받고 있으며 인터넷의 선구자로 불린다—옮긴이)와 같은 이들은 인간을 위해 기억 행위를 수행해줄 수 있는 기계를 만들 구상을 했다. 컴퓨터가 모든 것을 잊고 현재의 문제에만 전념할 수 있도록 함으로써 과거의 폭압과 제2차 세계대전의 공포에서 우리를 자유롭게 해주리라는 것이다. 그럼에도 그 기억 정보는 그대로 남아 있을 것이다. 다만 우리 몸이 아닌 기계에.

기억의 멍에로부터 현재를 해방시킬 방법을 마침내 찾아냈다는 것은 다음의 두 가지에 대한 경의의 표현이기도 한데, 바로 미래에 대한 구상과 과거에 대한 헌신이다. 그동안 어떤 의미에서 우리는 인지적 능력의 아주 많은 부분을 대뇌 하드 드라이브 저장장치의 유지보다 랜덤액세스메모리 RAM 활성화에 쏟아부었다. 그런데 우리는 다음과 같은 문제에 빠질 위험도 있다. 우리를 여기까지 이끌고 온 혁신의 연속성보다 별 의미도 없는 일시성에 우리의 인지적 능력을 허비할 수 있다는 것이다.

행동경제학자들은 현재에 대한 이해와 미래에 대한 이해 사이의, 점점 벌어지는 불균형을 이용해 우리로 하여금 미래의 부채를 현재의 비용보다 덜 중요한 것으로 여기게 하며, 금융 문제에 있어서 우리에게 더 나은 이익에 반하는 결정을 하도록 만든다. 미국 연방준비은행이나 유럽중앙은행이 이런 식으로 부채를 이해하도록 함으로써 개별 저당권자나 신용카드 사용자가 빠진 것과 똑같은 함정에 그보다 큰 규모의 경제도 빠지고 말았다.

주로 기업의 요청에 의해 더 고분고분한 피고용인과 소비자를 만들어내고자 하는 신경과학자들은 사람들이 선택을 하는 방식에 관심을 갖는다. 그러나 아무리 많은 피실험자를 자기공명단층촬영MRI 장치에 집어넣은들 이런 연구의 주 관심사는 바로 그 순간의 의사 결정이다. 다시 말해 합리적 사고와 숙고를 담당하는 대뇌피질에 의해 내려지는 결정이 아니라 눈 깜박할 사이에 내려지는 순간적인 선택이라는 것이다. 그들은 자신들이 가진 하드웨어와 소프트웨어를 오로지 즉흥적인 것에 쏟아붓는 반면, 신중한 것에는 관심을 줄이거나 아예 무시하면서 우리로 하여금 본능적인 파충류처럼 여겨지는 방식으로 행동하도록 부추긴다.

그리고 이런 행동 양식이 정당화되는 것은 그렇게 사는 것이 우리가 그 안에서 삶을 영위하는 유기적이고 감성적이며 또한 즉각적인 관련성을 띠는 순간과 더 밀접한 관련이 있다고 보기 때문이다. 물론 이처럼 의식적 차원에서 짚어주면 광고업자들에게 뇌공학자neurotechnician들의 기술을 파는 데 도움이 될진 모르겠다. 하지만 그것은 인간의 뇌가 우리가 삶을 영위하는 매 순간과 어떤 식으로 관계를 맺는가를 보여주기엔 미흡하다.

그들이 이용할 수 있는 기술이 얼마나 예리하든 간에, 영업을 하는 사람과 여론 조사를 하는 사람이 소비자나 유권자가 상품이나 후보자를 선택할 때 거치는 모든 과정을 염두에 두는 법은 없다. 오히려 그들은 지금 막 구입한 물건이나 지금 막 드는 생각을 살펴보고 그와 같은 사후 자료를 바탕으로 머리를 굴린다. 그들이 이해하려고 애쓰는 '지금'이란 것으로부터 욕망이니 이유니 맥락이니 하는 것에 대해 알아낼 수 있는 건 없다. 미래에 대한 우리의 의사 결정에 영향을 미치고자 한다면, 단순히 우리가 지금 막 행한 것들의 의미를 헤아리면 된다. 그들이 선전하는 것은 충동적 행위와 같은 것들이 우리로 하여금 잘못된 생각을 하도록 만든다는 것인데, 실제로는 우리를 그들의 기술이 잘 먹혀들어가는 대상으로 만들고 있음에도, 우리로 하여금 지금을 살아가고 있다고 생각하도록 만든다.

왜냐하면 '지금'이라는 것은 없기 때문이다. 적어도 그들이 말하는 그런 '지금'은 없기 때문이다. 그것은 근본적으로 그리고 필연적으로 미세한 찰나일 수밖에 없다. '지금'이란 것이 인지되는 바로 그 순간, 그것은 이미 지나간 것이기 때문이다. 〈타임*Times*〉 표지에 실린 사진에 대한 얘기를 즐겨 하는 사람들이 있다. 그러나 어떤 것이 실현되는 순간, 그것은 이미 지나가버린 것이다. 그리고 그것은 점점 수그러드는 아름다움을 되찾기 위해 안면이 마비되는 보톡스 중독에 빠지는 것과 같다. 시간의 흐름을 억지로 붙잡으려 할수록 우리가 간직하고자 하는 바로 그 순간에서는 점점 멀어지는 것이다.

그 결과 우리 문화는 손가락 사이로 새 나가는 순간을 잡고자 하는 사람들의 엔트로피적이며 정태적인 아우성이 되어가고 있다. 서사와 목적은 트윗, 즉 새로 올린 소식이라는 왜곡된 현실과 지금이라는 것에 자리를 내주었다. 바로 어느 순간이든 우리가 하는 모든 일이 중요한 것이 됐다는 사실은 행동주의적 관점에서 볼 때 앞날이 어두운 것이다. 왜냐하면 이처럼 시간에 절박하게 매달리는 것은 결함인 동시에 자아도취이기 때문이다. 어떤 '지금'이 중요한 것인가? 방금 내가 살아내었던 지금인가 아니면 바로 지금이라는 지금인가?

앞으로 본문에서 나는 현재의 충격이라는 것을 그것이 표현되는 여러 층위에서, 다양한 방식으로 살펴볼 것이다. 우리가 문화를 만들고 경험하는 방식, 사업을 꾸려나가는 방식, 투자를 하는 방식, 정치적 활동을 하는 방식, 과학을 이해하는 방식 그리고 세상을 이해하는 방식, 이런 방식들이 어떻게 변화하고 있는지도 살펴볼 것이다. 그럼으로써 현재의 충격에 대한 당혹스러운 반응들을 살펴보고 또한 기존에 우리가 생각해왔던 것과 개념의 시간 속에서 살기 위한 성공적인 시도에 대해서도 살펴볼 것이다.

이 책은 다섯 부분으로 나뉘고, 이 부분들은 각각 현재의 충격이 우리에게 현시되는 다섯 가지 방식을 다룰 것이다. 서사의 붕괴에 대한 이야기에서부터 시작할 것이다. 한 줄로 꿰어지는 이야기를 하려면 시간이라는 요소가 필요하다. 그런데 그런 시간 개념이 없다면 우리는 어떻게 이야기를 할 것이며 중요한 의미를 담아낼 것인가? 전통적인 줄거리가 없다면, 대중문화가 과연 제 기능을 지속할 수 있을까? 대서사 grand narratives가 없다면, 정치적 논의는 어떻게 할 수 있을까?

그런 다음 우리의 논의는 '디지털 분열 digiphrenia'로 넘어갈 것이다. 디지털 분열이란 미디어와 기술이 우리가 동시에 한 곳 이상의 장소에 존재할 수 있도록 하는 방식을 가리킨다. 우리와 시간의 관계는 그것을 측정하는데 사용하는 기술에 의해 규정되어왔음을 그리고 디지털 시간은 우리가 지금껏 한번도 겪어보지 못한 특별한 시련을 주고 있음을 보게 될 것이다.

'과도한 태엽 감기overwinding'라는 부분에서 우리는 큰 단위의 시간 척도를 아주 작은 부분으로 쪼개려는 것을 보게 될 것이다. 이는 그것이 발생하기 위해 실제 시간이 필요한 그런 일을 지나간 시간이 감당하게끔 하려는 노력인 것이다. 그런데 점점 파생적 형태의 투자에 의존하고 있는 기업과 금융 활동이 이런 것과 무슨 관계가 있을까?

그다음으로 현재 시제로 이 세상을 이해하려고 들 때 어떤 일이 벌어지는지 살펴볼 것이다. 원인과 결과로 분석할 수 있는 토대가 되는 시간적 흐름을 전제하지 않는다면, 우리는 정지 상태의 시간 속에서 한 점에서 다른 한 점을 잇고자 할 수밖에 없다. 비록 그런 잇기가 억지이거나 꾸며진 것일지라도 말이다. 그것은 실시간 형태의 인지 활동에 집착하는 것으로, 나는 이를 가리켜 '프랙털 강박fractalnoia'이라고 부른다.

끝으로 우리는 '아포칼립토apocalyto'에 맞닥뜨리게 된다. 그것은 끝날 것 같지 않은 현재 때문에 우리가 무슨 수단을 강구하든 종말을 갈망하게 되는 것을 가리킨다.

우리는 교외에 있는 집으로 저녁 먹으러 돌아가기 한 시간 전에, 원격조종 장치로 멀리 떨어진 전장에 폭탄을 투하해야 하는 부담을 안고 갈등하는 무인비행기 조종사를 만나게 될 것이다. 맨해튼의 실물 부동산에 현재 주식시장을 운용하는 초고속 트레이딩 알고리즘 기능이 어떻게 활용되고 있는지 그리고 이런 수단이 사람이 하는 트레이딩에 어떤 영향을 미쳤는지 살펴볼 것이다. 재앙이 닥칠 때를 대비해 은화와 비상식품을 쌓아놓고 있는 '프레퍼preppers'도 만날 수 있을 것이다. 그들은 이메일 스캔들(영국 이스트앵글리아대학의 기후연구단 내에서 오갔던 이메일과 자료가 유출된 사건으로, 여기에 과학자들이 지구온난화의 위험을 과장하고 조작한 내용이 들어 있다고 주장하는 사람들이 나타났다 - 옮긴이)[3]이 터진 이후에 기후변화를 그저 앨 고어 Al Gore가 지어낸 음모론으로 치부한다.

우리는 '특이점singularity'에 대해서도 살펴볼 것이다. 현재의 충격에 대한 과학계의 반응도 살펴보는 한편 그것이 역사적으로 커다란 사회적 변화를 수반하는 종교적 극단주의를 어떻게 보여주는지도 살펴볼 것이다. 그리고 더 중요한 것으로 우리가 보폭과 전망을 적정하게 유지하기 위해 할 수 있는 일이 무엇인지 생각해볼 것이다. 왜냐하면 우리에겐 그때마다 우리가 얼마나 나아갔는지 잴 수 있는 기준이 없는 상태이고, 우리 행동에 의미를 부여해줄 수 있는 서사도 없는 상태이기 때문이다. 그뿐만 아니라 우리가 도달하고자 하는 미래라는 것도 없고 무엇인가가 드러날 시간도 없기 때문이다.

권하건대, 우리 자신을 위해 나서기를 그리고 바로 지금 그 자리에서 나서기를. 세상이 미친 듯 나아가 우리가 걷잡을 수 없을 때는 기다리는 것이 유일한 해결책이 되기도 한다. 잠시 멈춤 버튼 누르기.

이제 그런 시간을 가져보자.

차례

4장 프랙털 강박 : 피드백에서 패턴 찾기

5장 대재앙

| 일러두기 |

1. 이 책에 등장하는 지명, 인명의 외래어 표기는 국립국어원 표기법을 따랐다.
2. 단행본은 《 》로, 신문·잡지·영화·TV 프로그램·게임은 〈 〉로, 음악 등은 " "로 묶었다.
3. 저자의 주는 ●를 붙여 본문 중에 각주로 넣거나 번호를 붙여 책의 맨 끝에 후주로 실었으며,
   역자의 주는 괄호로 묶어 본문 속에 풀어 썼다.

PRESENT SHOCK

1장
무너진 서사

PRESENT SHOCK

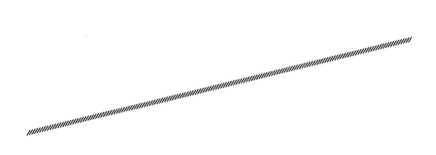

       나는 21세기를 고대했다. 1990년대의 많은 사람들이 그랬다. 고대했다.

  기술의 속도에서부터 시장의 성장에 이르기까지 모든 것에 가속이 붙은 듯했다. 어떤 것이든 파워포인트 프레젠테이션을 보면 사업 수익률, 컴퓨터 사용자 수, 탄소배출량 추이에서 똑같이 가파른 상승 곡선이 나타났다. 분야를 막론하고 성장 가속이 기하급수적이었던 것이다.

  기술 발전에 관한 경험적 법칙이라 할 수 있는 '무어의 법칙Moore' Law'이 제창된 것은 1965년 인텔Intel 공동 창립자인 고든 무어Gordon Moore에 의해서다. 이 법칙이 말하고자 했던 것은 컴퓨터 처리 속도가 2년마다 두 배씩 늘어난다는 것이다. 그런데 그와 더불어 다른 모든 것, 즉 주가지수, 의료비, 인터넷 속도, 케이블 TV 방송국 그리고 소셜 네트워크 등도 두 배가 되는 듯 보였다. 이미 알고 있던 것처럼 우리는 더 이상 개인적 변화가 아닌 변화 그 자체의 가속도에 초점을 맞췄다. 그때 우리는 미래학자 앨빈 토플러가 말하던 '미래 충격' 속에 있었던 것이다.

그러니까 세상 모든 일과 사람은 미래에 기댔다. 특정한 무엇인가에 기댔던 것이 아니라 그냥 기댔던 것이다. 트렌드 캐스터^{trend casters}와 쿨 헌터 cool hunters는 앞에 무엇이 펼쳐져 있는가를 그들에게만 특별히 보여주는 대가로 고액의 보수를 받았다. "이러이러한 미래" 혹은 "저러저러한 미래"와 같은 제목을 단 낙관적 책들이 서점 서가를 채웠고 이어서 "이러이러한 종말" 혹은 "저러저러한 종말"과 같은 제목을 단 비관적 책들이 그 자리를 대신했다. 이런 책들이 다룬 주제보다 정작 그 책들에게 미래가 있는지 혹은 - 좀 안심이 되는 일이지만 - 없는지가 더 중요했지만 말이다.

우리는 모두 미래주의자들이었다. 판에 박은 듯한 것이 아니라 좀 더 새로운 것을 기약하는 새로운 기술, 새로운 이론, 새로운 사업 모델 그리고 새로운 접근법으로 인해 미래주의적 태도는 더 강화됐다. 불확실한 자연이라는 지위가 변한 것이었는데, 분명 이는 전례가 없던 것이었다. 해마다 우리는 우리를 자기 쪽으로 부르는 혼돈 끌개^{chaos attractor}라고 하는 것에 점점 더 다가가는 것 같다. 그리고 우리가 가까이 다가갈수록 시간이란 것은 점점 더 속도를 올리는 것 같다. 주목할 것은 이런 현상이 지난 천 년 가운데 마지막 세기에, 그 가운데서도 마지막 십 년의 후반부에 벌어졌다는 것이다. 최고로 증폭된 채 길게 울렸던 1990년대의 요란한 소리의 정체는 미래에 대한 기대, 결과에 대한 조급함, 2000년을 향한 돌진 그리고 새천년으로 달력의 마지막 한 장을 넘기고 싶은 마음이 아닐까 싶다.

엄밀히 말해, 여전히 20세기였지만 서기 2000년은 천 년 단위의 변화를 함축적으로 잘 보여주는 좋은 지표였다. 따라서 우리는 재림을 기다리는 종말론자들처럼 어떤 변화를 고대하고 있었다. Y2K 컴퓨터 버그란 기존에 두 자리 숫자로 연도를 표시해오던 컴퓨터 시스템이 00으로 연도를 바꿔 표시할 수 없으리라는 것이었다. 그러나 이를 앞둔 우리의 태도는 대부분 종교적인 것과는 거리가 있었다. 엘리베이터가 멈춰 서고, 하늘에선 비행기가 추락하며, 핵발전소에서는 원자로 노심냉각이 중단되는 등 우리가 익히 들어왔던 세계 종말이 올지도 모른다는 생각들을 했다.

영향을 미칠 만한 그런 변화가 일어나지 않더라도, 테러리스트가 그럴 수도 있다고 보았다. 9·11 사건을 아직 겪기도 전이었던 1999년 12월 31일 저녁, 미국인들은 타임스퀘어의 송년행사를 뒤집어엎을 큰일이 날지도 모른다는 생각을 하고 있었다. 시애틀에선 공격에 대비해 송년행사를 모두 취소했다. CNN은 자정이 되는 때를 기준으로 시간대별로 전 세계를 취재했고 에펠탑과 자유의 여신상에서 벌어지는 불꽃놀이를 비교했다. 그러나 그날 밤 내내 전 세계 곳곳에서 진행되는 뉴스 보도 가운데 가장 주목할 만한 뉴스는 주목할 만한 일이 하나도 일어나지 않았다는 것이었다. 오클랜드, 홍콩, 카이로, 바티칸시티, 런던, 부에노스아이레스, 로스앤젤레스 그 어느 곳에서도 뉴스는 없었다. 하늘에서 비행기는 잘 날아다녔고 (단, 네덜란드 국영 항공사인 KLM 항공기 125대 가운데 3대만 만일의 경우를 대비해 운항이 보류되긴 했다.) 단 한 건의 테러 사건도 보고된 바 없었다. 용두사미의 밀레니엄 소동이었던 셈이다.

그런데 1900년대에서 2000년대로 넘어가던 날 밤, 무언가 변한 것이 있었다. 미래를 향하던 모든 것이 수그러들기 시작했던 것이다. 미래에 대한 경도가 점점 더 현재를 굳건히 버티는 쪽으로 기울기 시작했다. 사람들은 '세상이 어디로 향하는가'에 대한 생각을 멈추고 '지금 어디에 있는가'에 대한 생각을 하기 시작했다.

금융 분야를 예로 들면, 투자의 미래가치가 현재가치보다 덜 중요하게 된 것이다. 뉴밀레니엄에 들어선 지 10주 정도 지났을 무렵, 기술중공업 중심의 미래 지향적인 나스닥NASDAQ 증시가 5100포인트를 넘는 사상 최고치를 갱신할 때 주요한 변화도 정점에 이르렀다. 장세가 기울기 시작했고 다시 회복되지 않았다. 닷컴 거품에 그 문제의 원인을 돌리긴 하지만, 장세 약화는 현재 잘 돌아가는(아닐 수도 있지만) 디지털 기술과 아무 관련이 없었다. 모든 것은 미래에 대한 기대로부터 현재가치로의 대규모 사회적 이동과 관련이 있었다. 사람들은 미래로부터 시선을 거두면서 현재를 바라보기 시작했다. 미래에 구현될 가치를 보고 투자하는 일은 수그러들기 시작했다. 사람들이 '언젠가'보다 오늘에 대해 더 많은 생각을 하게 됐기 때문이다. 화제주話題株에 대한 얘기, 즉 왜 그 주가가 오를 것인지에 대한 근거 대기보다 지금 현재의 실제 가치가 더 중요해졌다. 지금 현재, 내 주식 가치는 어떻게 되는가? 내가 지금 보유하고 있는 건 어떤 주식인가? 지금 현재 내 포트폴리오의 가치는 어떻게 되는가?

주식시장이 무한대로 확장될 것이라는 생각은 우리의 미래 지향 문화를 전제로 했을 때 세울 수 있는 여러 가설 가운데 하나일 뿐이다. 20세기는 자본주의, 공산주의, 프로테스탄티즘, 공화주의, 유토피아주의, 메시아주의 등의 거대 '주의isms'로 점철된 시대였다. 그 주의들은 그것을 유지하기 위해 거대 서사에 기반을 두고 있었다. 그것들 중에 단기간 혹은 현재 시점에 유효한 것은 없었다. 모두 하나같이 별 볼 일 없는 현재의 그 무언가를 견뎌내면 미래에 더 나은 무엇인가가 있다는 식의 약속을 했다. (아니면 적어도 그것이 어떤 것이든 지난날의 고통과 시련보다 더 나은 것을 지금 제공한다고 했다.) 목적이 수단을 정당화했다. 전쟁 같은 현재는 해방 같은 내일이고, 오늘의 고통은 내일의 구원이며, 오늘의 수고로움은 내일의 보상이라는 것이다.

이런 식의 스토리는 오랫동안 쓸모가 있었다. 특히 미국의 경우, 낙관주의와 미래 지향은 미국 국민성을 보여주는 것이었다. 더 나은 내일을 위해 나아가기로 한 이민자들은 목숨을 걸고 대양을 건너 황야에 터를 잡았다. 신세계는 새로운 스토리를 필요로 했는데, 그 스토리는 우리에게 미래를 향해 살아가는 데 필요한 추진력을 마련해주는 것이어야 했다. 더 나은 내일을 위해 지금 땀을 흘려야 한다는 프로테스탄트 노동윤리는 다른 어느 곳보다 미국에서 굳건히 뿌리를 내렸다. 그럴 수 있었던 것은 어느 정도는 신대륙의 미개발 자원과 드넓은 땅덩어리 덕분이기도 했다. 유럽은 박물관과 과거의 문화를 유지하려 들었던 반면, 미국은 미개척 영역을 개발하는 데서 자신의 정체성을 찾았다.

제2차 세계대전이 끝날 무렵, 이런 시도가 현실이 되기 시작했다. 미국의 미개척 영역 탐구는 새로운 영토 발굴이 아니라 새로운 기술과 사업과 아이디어를 창안해 경제를 꾸준히 신장시키고 스토리를 펼쳐 나가는 것이었다. 모르몬교에서 성경의 옛 스토리를 오늘날의 미국에 끌어온 것처럼, 우주선에서부터 컴퓨터 칩에 이르는 기술이 미국의 역사적 사명에 대한 스토리를 미래로 이끄는 식이었다. 미국의 꿈은 참으로 다양할지 모르나 거의 한결 같은 것은 꿈의 웅대한 형상과 우리를 인도하는 서사였다.

이런 서사들을 통해 미국인들은 삶과 국가와 문화와 신앙에 대한 서사적 체험을 형성할 수 있었다. 세상을 경험하고 세상을 말하는 방편으로 서사를 취했다. 서사의 렌즈로 볼 때, 미국은 단순히 미국인이 사는 곳이 아니라 그들이 시간을 여행하는 곳이다. 애플Apple은 스마트폰 제조회사가 아니라, 차고의 두 청년이다. 그들은 앞으로 어떻게 하면 창조적인 사람이 기술을 지배할 수 있는가를 꿈꾸었던 청년들이다. 민주주의는 통치의 한 방법론이 아니라 인류를 해방시킬 힘이다. 환경오염이란 것도 산업의 무한 책임거리라기보다 임박한 인류 문명의 대혼란인 것이다.

스토리텔링storytelling은 이미 사회적으로 승인된 문화적 가치다. 열광하는 수백만 명의 텔레비전 시청자 앞에서 신화학자 조지프 캠벨Joseph Campbell은 미국 공영방송 PBS의 빌 모이어스Bill Moyers(1934 – 현재, 미국의 언론인이자 방송인. 1965년에서 67년까지 존슨 행정부에서 백악관 공보담당 비서관을 지냈으며 오랫동안 TV 뉴스 해설자로 활동해왔다—옮긴이)에게 스토리가 어떻게 인류 문명이라는 건축물에서 그 기초를 이루게 됐는가를 설명했다. 〈신화의 힘The Power of Myth〉(1988년 PBS가 제작한 6부작 다큐멘터리 프로그램이자 동명의 책 제목. 이 다큐멘터리 안에 캠벨과 모이어스의 대담이 들어 있다—옮긴이)이라는 제목으로 방송됐던 이 프로그램을 보고 영감을 얻은 영화감독, 광고 제작자, 경영이론가 등은 좋은 스토리텔링을 가장 근본적인 교리로 삼았다.

심지어 뇌과학자들도 서사성narrativity이 인지적 조직에 핵심 구성요소가 될 만하다고 의견을 모았다. 케이스웨스턴리저브대학 연구원인 마크 터너Mark Turner는 다음과 같은 결론을 내렸다. "서사적 상상력, 즉 스토리는 사고의 기본 도구다. 거기에 이성적 능력이 기댄다. 미래를 생각하고 예측하고 계획하며 설명하는, 우리 인간의 주요 수단인 것이다."[1] SF 작가인 어슐라 르 귄Ursula K. Le Guin(1929 – 현재, 미국의 소설가이자 아동문학가. 시와 에세이도 썼으며 그녀의 작품은 주로 정치, 환경, 성, 종교 등에서 미래적이고 대안적이며 가상적인 세계를 묘사하고 있다—옮긴이)은 이렇게 보기도 했다. "〈라푼젤

Rapunzel〉에서부터 〈전쟁과 평화*War and Peace*〉에 이르는 스토리는 스스로 납득하기 위해 인간의 정신이 고안해낸 기본 도구 가운데 하나다. 위대한 문명 가운데 바퀴를 사용하지 않았던 문명은 있어도 스토리가 없었던 문명은 없다."[2]

일련의 스토리 묶음으로 세상을 경험하게 되면 문맥에 대한 감각을 터득할 수 있다. 그렇게 되면 안정되고 헤매지 않게 된다. 역경과 장애를 딛고 더 나은 곳으로 가고자 할 때, 아니면 적어도 여행의 목적지에 도달하고자 할 때 만나는 요철 정도로 치부하도록 함으로써 그것을 무난히 넘어가게 해준다. 앞으로 나아갈 수 있고 극적인 긴장을 견딜 수 있을 정도의 여세만 충분하다면, 우리는 의심을 접어두고 스토리를 계속 좇아 나갈 수 있다.

20세기 말은 우리에게 여세와 견인력과 긴장감을 충분히 마련해줬다. 오히려 지나치게 많았을지도 모른다. 20세기 중엽의 화려했던 시절인 1965년으로 돌아가보자. 영화 〈메리 포핀스*Mary Poppins*〉는 다섯 개 부문의 오스카상을 수상했고, 록 밴드 그레이트풀 데드*Grateful Dead*가 첫 콘서트를 열었으며, 〈내 사랑 지니*I Dream of Jeannie*〉(2000살 된 지니가 우주비행사의 하녀가 됐다가 사랑에 빠지고 결국 결혼한다는 내용의 판타지 시트콤. 1970년대 우리나라 MBC에서 '내 사랑 지니'라는 이름으로 방영됐다—옮긴이)는 NBC를 통해 첫 방송을 탔다. 또한 최초로 인간이 우주 유영을 하고 최초로 하이퍼텍스트가 만들어지고 최초로 인공호흡기가 임상에 성공한 해였다. 이런 사건과 발명은 많은 곳에서 빠른 변화를 예고했다. 토플러는 이에 자극을 받아 큰 반향을 불러일으킬 독창적인 에세이를 쓸 생각을 하게 됐다. 제목은 〈삶의 방식으로서의 미래*The Future as a Way of Life*〉였으며 거기서 그가 만들어낸 개념이 바로 '미래 충격'이었다.

우리는 화산 폭발과도 같은 혼란과 비틀림과 뒤집힘을 목전에 두고 있다. 비단 사회구조뿐만 아니라 가치 체계와 개인이 현실을 인식하고 지각하는 방식에서도 그런 움직임이 있으리라는 것이다. 점점 가속도를 더해가는 그런 거대한 변화 앞에서 많은 사람들이 우왕좌왕하고 좌충우돌하며 당혹한 기색을 감추지 못하게 된다. (…) 오늘날 제 아무리 교육을 많이 받은 사람일지라도 사회가 상대적으로 안정돼 있다는 전제를 안고 움직인다. 계획을 세운다 해도 당대의 트렌드에 따라 일직선을 긋는 식의 단순하기 그지없는 프로젝트가 고작이다. 그런 계획의 말로는 막상 미래가 코앞에 닥치면 속수무책이다. 간단히 말해 미래 충격 상태가 된다.[3]

토플러는 세상이 너무 빨리 변하기 때문에 얼마 못 가 우리가 적응력을 잃게 될 것이라고 보았다. 신약 덕에 우리 수명은 늘 것이고, 새로운 의료기술 덕에 우리는 육신을 뜯어고칠 수도 있고, 유전적 구성을 다르게 조합할 수도 있다. 새로운 기술 덕에 육체노동은 낡은 개념이 됐고 커뮤니케이션은 즉각적인 것이 됐다. 신세계를 찾아 떠난 이민자들이 문화 충격을 경험하듯, 우리는 얼마 지나지 않아 미래 충격에 빠질 것이며, 어느 날 깨어나보면 인지할 틈도 주지 않을 만큼 빠르게 변화하는 세상이 되어 있으리라는 것이다. 우리가 방향을 상실하게 된다면, 그것은 어느 특정한 변화 때문이 아니라 변화 그 자체 때문인 것이다.

그래서 토플러는 우리 모두 미래주의자가 될 필요가 있다고 했다. 학교에서는 아이들에게 SF를 더 많이 가르치고, '미래를 내다보는 법'이라는 특별 수업을 해주어야 한다고 주장했다. 미래를 내다보는 기초 소양이 부족하면 그것은 "현대사회에서 기능적 문맹 상태"에 다름 아니라고 그는 보았다.[4]

대부분의 영역에서 그가 예상한 일이 벌어졌다. 초등학교에 미래 교과를 개설하진 않았지만, 대중문화와 기업문화를 통해 우리는 미래주의에 대해 굴욕적인 교훈을 얻었다. 어떤 식으로든 우리 모두는 시간이라는 모퉁이를 돌 때마다 기다리고 있을 엄청난 그 무엇을 주시하게 되는 미래주의자가 돼 있었다. 그런데 지금 우리는 그 미래에 도달해 있다. 바로 지금, 여기에. 우리는 미래에 와 있는 것이다. 도달한 미래에선 스토리가 산산이 흩어지게 되며, 우리는 처음으로 실제 현재 충격이라는 징후를 겪기 시작했다.

서사의 붕괴

토플러는 우리가 역사 지식을 바탕으로 현재를 어떻게 조망하는지를 알았다. 어떤 면에서 우리가 어디에 있는가를 알 수 있는 것은 거기에 이르게 된 자초지종을 풀어낼 스토리가 있기 때문이다. 그러한 서사의 힘을 미래에 투사하는 데 우리의 능력은 탁월하지 못하다. 변화에 가속이 붙으면서 이런 서투른 능력은 커다란 장애가 되기 시작했다. 사방에서 튀어나오는 새로운 물건과 새로운 현상은 기존에 우리가 놓인 환경을 이해하는 데 사용했던 스토리에 들어맞지 않았다. 직업과 은퇴로 구성되는 지금의 스토리가 평균수명이 예순 살에서 백 살로 늘어난 환경에 어떻게 들어맞겠는가? 임신촉진제는 임신과 출산의 과정을 어떻게 변화시켰고, 이메일은 우리의 근무 행태를 어떻게 바꿔놓았는가? 그리고 로봇은 노사관계에 대한 스토리를 어떻게 바꿔놓았는가? 혹은 지금 이 글을 쓰는 순간의 준거틀에서 볼 때, 소셜 네트워크는 혁명의 목표들을 이렇게 비꿔놓았는가?

토플러는 이렇게 생각했다. 우리가 앞으로의 계획을 세우고, 미래 현실을 그리며, 새로운 트렌드를 예상하는 일에 좀 더 능숙해진다면, 그 모든 변화 앞에서도 우리가 크게 충격받는 일은 덜하리라는 것이다. 모든 요철을 부드럽게 다듬어줄 새로운 서사 방식을 고안할 수 있으리라는 것이다.

그런데 〈스타 트렉Star Trek〉에서 휴대전화와 아이패드의 출현을 정확히 예견했다고 볼 수도 있지만, 공상과학 이야기를 통해 미래를 그리는 데는 본질적인 문제가 있다. 첫 번째 문제는 현실이 허구보다 더 빠른 속도로, 더 예측 불가능한 방향으로 움직일 때가 있다는 것이다. 스토리는 듣는 이가 쉽게 이해할 수 있도록 일정한 플롯 규약을 따라야 하는 반면, 현실은 그런 제약을 받지 않는다. 그냥 일이 일어날 뿐이지 정해진 바를 따르는 경우란 거의 없다. 더 심각하다고 볼 수 있는 두 번째 문제는 스토리란 것이 일반적으로 미래를 예측한다기보다 미래에 영향을 주는 쪽이라는 것이다. 그동안 매체로서의 스토리는 정보와 가치를 담아 미래 세대로 넘겨주는 데 탁월한 도구라는 것을 스스로 입증했다. 우리의 아이들은 잠자리에 들기 전에 이야기를 해달라고 조른다. 그러면 우리는 아이들의 꿈자리에서뿐만 아니라 아이들이 훗날 어른이 됐을 때까지 깃들었으면 하는 가치들을 그 이야기에 한데 엮는다. 이런 식으로 스토리와 종교 신화 그리고 한 국가의 역사엔 세세손손 보존되고 증진되길 바라는 어떤 가치가 들어 있기 마련이다. 이는 문명과 그 가치가 긴 세월 유지될 수 있었던 한 가지 이유이기도 하다.

나쁜 속셈이 아니더라도 미래주의적 태도엔 어떤 의도가 깃들 수밖에 없다. 이미 인터넷에 익숙해진 사람들에겐 넷net의 가치와 자유시장의 가치를 한데 엮어보려는, 창간 직후의 〈와이어드Wired〉의 속내가 노골적일 수 있었다. 1990년대 말에 대거 등장한 미래주의자들은 자연스레 다음과 같은 미래를 그렸다. 즉 미래 사회에서 가장 중요한 전문가는 바로 미래주의자라는 것이다. 그들이 생산하는 스토리들은 미래의 전망을 모색하는 기업 구미에 들어맞는 것이었다. 그리고 그런 전망엔 기업 권력을 오래도록 유지하는 방법에 관한 내용이 들어 있기 마련이었다. 미래주의는 미래를 예측하기보다 죽어버린 과거를 연명시키고자 하는 사람들의 비위를 맞추기 시작했다.

한편, 미래에 모든 관심이 쏠린 터라 현재를 붙들고 씨름해야 하는 우리로선 별 도움을 얻지 못했다. 미래의 이러저러한 모습을 그리느라 온통 정신이 팔린 나머지 현재에 대해서는 더 이상 가치와 의미를 부여하지 않기 시작했다. 기업은 기본이 되는 경쟁력보다 앞으로의 계획을 짜는 데 더 많은 돈과 자원을 쏟아 부었다. 기업에선 컨설턴트(때론 나 같은 미디어 이론가)를 고용해 해당 산업에 대한 '고공전망mile-high views'을 부탁했다. 전망을 위해 높이 올라가면 올라갈수록 더 멀리 볼 수 있다고 사람들은 믿었다. 내가 상담을 했던 한 기술 업체는 해외 공장 자리를 물색하고자 통화선물 currency futures을 연구 검토했다. 또 다른 기업의 재무 담당 최고책임자는 상품선물commodities futures에 투자함으로써 공급 원가를 헤징hedging하는 데 여념이 없었는데, 이는 결국 자기 회사의 기술 혁신은 외면한 채, 구태의연한 상품 소비에 부응하는 꼴이었다. 이런 식으로 미래에 기댄 투자를 했다가 정작 자신들이 가진 핵심 역량과 혁신 역량을 도태시키는 바람에 막대한 손실을 입거나 심지어 파산한 회사들까지 나왔다.

개인으로서, 기업으로서, 기관으로서 혹은 국가로서 우리는 미래에 대한 우리의 스토리를 유지할 수 있었는데, 그 방식은 현재에 대해 맹목적일 만큼 시야를 제한하는 눈가리개를 하는 것이었다. 사업이란 것은 전략으로, 직업이란 것은 은퇴를 위한 하나의 과정으로 그리고 국제협력이란 것은 벼랑 끝 전술로 바뀌기 시작했다. 모든 위치가 표시된 지도에만 정신이 팔려 있는 한, 모두 이런 식으로 돌아갔다. 그런데 그럴 즈음 새천년이 도래했다. 그리고 주식시장이 붕괴되고 세계무역센터가 무너지면서 실제로 스토리가 붕괴됐다.

9·11 테러로 촉발된 이와 같은 단절을 과소평가해서는 안 된다. 바로 이 장을 쓰고 있을 무렵, 나는 대학을 갓 졸업한 한 여학생을 만났다. 그는 자신의 세대인 '밀레니엄 세대'(이른바 Y세대를 가리킨다. Y세대는 1970년대 말부터 2000년대 초반 사이 태어난 세대로 주로 베이비붐 세대의 2세들이다—옮긴이)와 멘토 역할을 하는, 나이 많은 내 세대 사이의 관계를 구축하는 데 일조하고자 비영리기업을 세우고 웹사이트를 운영하는 친구였다. 그는 자신의 세대가 한때는 세상을 바로잡는 데 힘을 더하려 했을 만큼 이상적이었으나 "9·11로 인해 너무도 큰 충격을 받은 저희 세대는 인류의 위대한 과업에 손댈 엄두도 못 내게 됐어요"라고 말했다. 9·11 비극으로 인해 자신의 세대는 역사와 목적의식으로부터 분리됐으니 "제 궤도로 복귀하기 위해서는 스토리의 완전한 단절이 일어나기 전 상태로 돌아가 사람들과 서로 이어질 필요가 있다"고 생각했다.

또한 그들은 생애 첫 투표권을 오바마에게 행사했다. 그와 친구들은 오바마 유세 활동 자원봉사를 했고, 오바마가 앨리스 워커Alice Walker(1944-현재, 미국의 소설가로 성과 인종을 주제로 한 글을 썼으며, 1982년에 쓴 《컬러 퍼플The Color Purple》로 전미도서상과 퓰리처상을 수상했다—옮긴이)의 책 제목에서 빌려와 연설 후렴구로 썼던 "우리 자신이 바로 우리가 그토록 고대했던 사람들이며, 우리가 그토록 추구했던 변화입니다"라는 말에 열렬히 호응했다. 이것이야말로 현재주의를 불러낸 것이라 할 수 있었다. 젊은이들은 오바마의 말을 믿고 변화를 앉아서 기다리기보다 바로 그 변화가 되기 위해 자리를 떨치고 일어났다. 그러나 알다시피, 오바마의 그런 주장은 시민 참여를 독려한 것이라기보다 하나의 유세 표어에 불과한 것으로 드러났다. 다시 말해 그것은 권력을 잡기 위해 목적이 수단을 정당화하는 식으로 꾸며낸 수사학에 가까웠다. 사회적 변화와 정치적 변화를 향한 진정한 의미의 현재주의적 접근을 시도한 것은 점령 운동 the occupy movement이었다. 하지만 오바마의 연설문 작성자는 적어도 다음과 같은 사실들은 분명히 짚어내고 있었다. 어떤 변화가 일어나고 있다는 것, 연속성이라는 웅대한 감정을 불러일으키는 이야기들이 들어맞지 않고 있다는 것 그리고 좀 더 즉각적이며 좀 더 깊은 관련을 지닌 그 무엇인가가 제자리를 찾아야 한다는 생각이 점점 커지고 있다는 것.

거대 담론

화살이 날아가듯 선형의 호를 그리는 전통적인 스토리가 오랫동안 회자된 것은 그것이 먹혀들었기 때문이다. 전통적인 스토리들은 탄생부터 죽음에 이르는 실제 삶의 모습을 본뜬 듯했다. 숨을 쉴 때나 사랑을 할 때처럼 이런 종류의 스토리는 위를 향하다 절정에서 내리막을 탄다. 기승전결이 있는 것이다. 이는 오늘날 우리에겐 매우 자연스러운 것이지만, 익숙한 이런 형태가 스토리의 기본 구조가 된 것은 인류 역사에서 한참 나중의 일이다. 문자와 두루마리 종이가 발명되고 고대 그리스와 같은 식자 문화가 형성된 이후의 일인 것이다.

성경의 스토리들 – 적어도 구약의 이야기들 – 은 위와 같은 방식으로 이야기되지 않았다. 그 스토리들은 구전 전통에 더 입각하고 있었는데, 그런 전통에서 스토리텔러storyteller가 할 일이란 그저 사람들을 그 순간에 스며들도록 하는 것이었다. 정보와 교훈을 전하는데, 보통 그 방식은 한쪽은 축복을 받고 다른 한쪽은 저주를 받은 두 인물 혹은 두 민족을 서로 비교하는 식이었다. 서사시와 그다음에 등장하는 연극은 좀 더 선형적 전개 방식을 취했고 그런 방식은 두루마리 책이나 장정된 책에 잘 어울렸다. 시작이 있으면 끝이 있었다. 스토리의 어느 부분을 펼치든 그 앞과 뒤에도 스토리가 있음을 알게 됐다. 두루마리나 책에서 우리가 지금 어디 읽는지를 보면 스토리의 끝이 얼마나 남았는지 알 수 있다. 그리고 우리의 정서적 체험은 전적으로 시간에 매여 있다.

아리스토텔레스는 처음으로 – 분명히 말할 수 있는 건 마지막이 아니라는 것이다 – 이와 같은 스토리의 주요 성분을 짚어낸 사람이다. 그는 스토리 성분을 분석했는데 그 모습은 마치 컴퓨터 프로그램 기능을 역설계하는 해커를 닮았다. 그가 발견한 스토리의 작동 기제는 우리의 이해 활동에 매우 중요하다. 아직도 정부, 기업, 종교계, 교육계는 우리를 가르치고 우리 행위에 영향을 미치고자 할 때, 이러한 작동 기제를 이용한다. 스토리의 주문에 걸려들지 않는 사회 구성원들에겐 스토리의 작동 기제가 별 소용이 없는 것이었기에 스토리의 작동 기제를 더욱더 강화하게 됐다. 하지만 이로 인해 스토리텔러들은 현재 충격에 빠지게 됐다.

선형적 구성의 전통적 스토리가 전개되는 방식은 이렇다. 우리가 공감할 수 있는 인물을 만들고 그 인물을 위험에 빠뜨린 뒤에 그가 거기서 빠져나올 수 있도록 한다. 그렇게 해서 우리가 만난 인물이 오이디푸스 Oedipus, 루크 스카이워커Luke Skywalker, 탐험가 도라Dora the Explorer(미국의 교육용 애니메이션 시리즈. 2000년에 정규 편성돼 2006년까지 CBS에서 방송됐다—옮긴이) 등이다. 인물들로 하여금 탐구의 여정에 들게 하는 어떤 통과의례적 사건이 일어난다. 오이디푸스는 자신의 진정한 뿌리를 찾고자 했고, 루크는 레이아 공주를 구출하고자 했으며, 도라는 아기 개구리를 가족이 사는 나무로 돌려보내고 싶었다. 이제 인물들은 일련의 선택을 하는데, 그 선택으로 인해 그들은 서서히 위험한 상황에 빠져든다. 오이디푸스는 라이오스 왕을 죽인 자를 찾아내어 처형하기로 결심하고, 루크는 제국과 맞서 싸우는 제다이가 되며, 도라는 위험한 밀림을 통과해 아기 개구리를 집까지 안전하게 데려다주기 위해 원숭이 친구 부츠에게 도움을 청한다. 여정이 진행될수록 인물들은 위태로운 상황에 처하고 더불어 그 스토리를 지켜보는 관객도 긴장과 불안 속으로 빠져들게 된다.

관객의 불안한 마음이 정점에 이르는 그 순간, 더는 견딜 수 없어 극장 밖으로 뛰쳐나오거나 책을 바닥에 던지고 싶은 그 순간, 우리는 반전을 맞게 된다. 오이디푸스는 자신이 찾던 살인자가 바로 자기 자신이라는 것을 알게 되고, 루크는 다스 베이더가 자신의 아버지라는 것을 알게 되며, 도라는 추하게 생긴 늙은 난쟁이가 낸 수수께끼의 답이 자신에게 있음을 알게 된다. 이런 반전과 더불어 이제 모든 것이 밝혀지면서 긴장이 해소된다. 오이디푸스는 스스로 장님이 되고, 루크는 죽은 아버지를 포스the force

의 밝은 측면으로 인도하며, 도라는 아기 개구리를 가족이 사는 나무로 데리고 갔다. 여기서 무엇보다 중요한 것은 관객이 카타르시스를 느끼고 안도한다는 것이다. 여정은 끝났다. 우리가 참고 견디는 긴장이 크면 클수록, 우리가 타는 내리막의 경사가 크면 클수록, 그것이 해소될 때의 기쁨도 커진다.

  스토리를 조직하는 이런 방식, 즉 캠벨이 말하는 '영웅적 여정'[5]은 지금 우리가 세상을 이해하는 방식이다. 이런 식으로 세상을 이해할 수 있다면 그것은 선형적 구조가 우리 삶의 진실을 보여주기 때문이거나 아니면 단지 거기에 너무 길들여져 일어나는 사건과 문제를 바라보는 틀이 규정됐기 때문이다. 어떤 상황에서든 이와 같은 구조는 매료된 관객에게 어떤 가치관을 지닌 스토리라도 온전히 전달할 수 있다. 왜냐하면 우리가 주인공을 따라 위험 속으로 들어가고, 그를 따라 긴장의 경사면을 올라 긴장과 불안이 최고조에 이른다고 할 때, 그가 거기서 빠져나올 수만 있다면 우리는 어떤 해결책이든 받아들일 용의가 있기 때문이다. 아널드 슈워제네거Arnold Schwarzenegger는 사악한 외계인을 죽일 수 있는 신무기를 찾아내고, TV 드라마 〈로 앤드 오더Law & Order〉(1990년부터 2010년까지 미국 NBC에서 방영된 범죄, 법률 드라마. 20시즌까지 방송하고 종료됐는데 이는 미국 드라마 최장 기록이다—옮긴이)에 나오는 수사관은 심리적 기법을 이용해 연쇄 살인범의 자존심을 긁어 실토하게 만들며, TV 드라마 〈글리Glee〉(미국의 뮤지컬 - 코미디 텔레비전 드라마 시리즈로 현재 폭스TV에서 방영 중이다—옮긴이)에 나오는 아이들은 노래 자랑에서 이기는 것보다 우정이 더 중요하다는 것을 배운다. 우리가 긴장감을 강하게 느끼면 느낄수록 그 긴장에서 벗어나기 위해 스토리텔러에게 더 많이 의지하게 된다. 그런 까닭에 스토리텔러는 가치관이나 생각 혹은 도덕에서 자신이 취한 것이라면 어떤 것이든 사람들에게 주입할 수 있다.

혹은 만들어낼 수 있다. 어떤 텔레비전 광고든 그 기술은 정점에 달했다. 딱 30초 동안(시작과 끝의 암전을 고려한다면, 28초 정도 된다), 특정한 상황에 놓인 주인공은 자신을 위험에 빠뜨리는 선택을 하게 되고 물건을 구매함으로써 그 문제를 해결한다. 실제 사례를 하나 들어보자. 한 여학생이 고등학교 졸업 댄스파티에 들떠 있었는데, 그만 뺨에 뾰루지가 났다(통과의례적 사건의 발생). 온습포를 대고 짜고 민간요법도 쓰고 다 했지만 더 안좋아졌다(긴장의 고조). 이대로 졸업 무도회에 가면 크게 창피를 당할 듯했다. 그런데 그때 한 친구가 놀리기는커녕 효과가 금방 나타나는 여드름 연고가 새로 나왔다고 말해준다(반전). 연고를 바르고(인식) 이제 뾰루지 걱정 없이 댄스파티에 간다(카타르시스).

만일 우리가 그 인물을 따라 위기로 치닫는 긴장의 고조를 겪었다면, 분명 우리는 그것이 알약이든 연고든 총이든 아니면 정신력이든 간에 스토리텔러가 문제 해결에 사용한 방법을 두말하지 않고 받아들일 것이다. 그러나 이 모든 것을 가능케 하려면 스토리텔러에게 스토리에 빠진 관객이 있어야 한다. 오락 또는 연예로 번역할 수 있는 '엔터테인먼트entertainment'라는 말은 문자 그대로 '안으로 붙들다', 즉 사람으로 하여금 어떤 특정 마음 상태를 갖게 한다는 의미다. 그리고 적어도 최근까지는 엔터테인먼트가 이런 역할을 했고, 전통적인 방식으로 미디어를 향유하는 사람들은 프로그램이 진행되는 동안 가만히 앉아서 선전하는 여드름 연고를 받아들였다.

텔레비전 시청자가 상품을 부각시키고자 하는 광고 스토리텔러 때문에 괜히 조급한 마음이 든다는 것을 알아차린들 달리 벗어날 길이 있을까? 리모컨이라는 대화식 조작 장치가 나오기 전에 텔레비전 시청자가 할 수 있는 일이라곤, 소파에서 벌떡 일어나 텔레비전 수상기 앞으로 걸어가, 다이얼을 돌려 다른 채널을 맞춘 뒤, 수상기 위의 실내 안테나를 조정하는 일이었을 것이다. 아니면 광고가 끝날 때까지 밖에 나가 있다가 프로그램 앞부분을 놓치곤 했을 것이다. 비록 텔레비전 시청자가 의무적으로 교회에 나가 목사 설교를 들어야 하는 교인처럼 복종해야 하는 것은 아닐지라도 그들은 꼼짝없이 앉아서 그것이 무엇이든 프로그램 제작자가 이야기의 반전 요소로 넣은 알약을 삼켰던 것이다.

그다음엔 쌍방향interactivity 시대가 왔다. 텔레비전과 광고 그리고 그 둘이 기반을 두고 있는 스토리, 이 모든 것과 관계를 맺는 방식이 있는데 이 방식을 바꿔놓은 것은 포스트모던적 사고도 아니요, 미디어 학자도 아닌 리모컨이었다. 이전에는 소파에서 일어나 텔레비전 수상기 앞으로 걸어가서 채널을 바꿔야 했는데, 그런 수고를 하느니 끔찍한 광고와 그로 인한 불편을 감내하는 것이 나았다. 하지만 손에 리모컨이 주어지자 시청자는 버튼 하나로 손쉽게 채널을 넘나들 수 있었다. 케이블 텔레비전이 생기고 손쉽게 채널을 바꿀 수 있게 되자(서너 개 채널을 보던 것에서 수백 개의 채널을 보게 된 것은 말할 것도 없고), 프로그램에 대한 시청자의 태도가 크게 바뀌었다. 리모컨으로 무장한 아이들은 더 이상 한 텔레비전 프로그램을 보는 것이 아니라 말 그대로 텔레비전을 보게 되는데, 마음에 들지 않으면 금세 거기서 빠져나와 더 재미있는 것을 본다.

리모컨을 조작할 때의 자신을 한번 살펴보라. 프로그램이 지루해 채널 버튼을 누르는 게 아니라 화가 나서 채널 버튼을 누른다. 그것은 마치 신뢰할 수 없는 인간이 내 신경을 자꾸 자극하는 것과 같다. 광고업자들 때문에 나는 머리 상태(혹은 탈모)나 인간관계나 혹은 현재 복용하는 우울증

치료제에 대해 괜한 신경을 쓰게 되고 결국 화가 나서 버튼을 누르는 것이다. 아니면 코미디나 드라마의 주인공이 어리석은 결정을 너무 자주 내리기에 더 이상 보고 싶지 않은 마음에 그런 것일 수도 있다. 거기서 벗어날 수 있는 방법이 쉬워지면 쉬워질수록 주인공의 복잡미묘한 감정을 참고 봐주는 나의 인내심은 점점 줄어든다. 따라서 오늘날의 텔레비전 시청자들은 대충대충 중요한 부분만 보기 위해 이 프로그램 저 프로그램 옮겨 다닌다. SF 드라마 중간에 긴 광고가 나오면 채널을 돌려 농구 2쿼터 마지막 부분을 보고, 거기서 다시 경찰 드라마로 넘어가 첫 번째 중요한 살인사건 장면을 본다. 그런 다음 외계인이 등장하기 전에 SF 드라마로 돌아간다.

이런 식으로 해체된 텔레비전은 이야기 능력을 상실하게 됐다. 그동안 무능력하거나 작위적인 텔레비전 스토리텔러에 의해 선형적 서사 구조가 너무도 오용되거나 악용된 나머지 이제는 그 구조가 제대로 먹혀들지 않는다. 특히 좀 더 발전된 쌍방향 미디어 환경에서 자랐으며 채널 선택 기술로 무장한 젊은 사람들에겐 더 먹혀들지 않는다. 따라서 텔레비전 방송 내용과 그것이 인도하는 더 넓은 영역의 대중문화는 새로운 환경에 적응하게 됐다.

현재주의 대중문화의 탄생

기승전결로 이루어진 선형적 이야기를 할 수 있는 시간과 여건이 되지 않는 상태에서, 텔레비전 프로그램 제작자들은 자신들이 가진 것을 바탕으로 일을 할 수밖에 없었다. 그들이 가진 것이란 지금 이 순간이었다. 부모와 교사 그리고 관련 전문가들이 보기에 이런 노력의 결실인 미디어는 진보와는 거리가 멀었다. 아리스토텔레스도 말했듯 "한 문화에서 스토리텔링이 잘되지 않으면, 그 문화는 쇠락하게 된다".[6] 적어도 피상적 차원에서 볼 때, 스토리가 없는 새로운 형태의 TV 프로그램은 아리스토텔레스의 원칙을 반증하는 것 같다.

〈비비스 앤드 버트헤드Beavis and Butt-head〉(1993)와 〈심슨 가족The Simpsons〉(1898) 같은 어린이 대상 애니메이션 프로그램은 성마른 시청자에게 처음으로 입바른 소리를 한 프로그램들이다.[7] MTV에서 제작한 인기 애니메이션 〈비비스 앤드 버트헤드〉에는 두세 명의 청소년이 나와 소파에 앉아 MTV 록 비디오를 보는 내용이 나온다. 대부분의 부모들 눈엔 걱정스러울 만큼 분별없어 보이지만, 그 프로그램은 청소년이 MTV를 시청하는 방식을 함축적으로 요령 있게 보여주고 있다.

두 얼간이가 뮤직비디오에 대해 한마디씩 할 때, 시청자들은 MTV의 영상을 대하는 자신들의 태도를 다시금 짚어보게 된다. 그 프로그램은 화면 속의 화면을 구성하는 식이며, 안쪽의 화면에서는 MTV 비디오가 돌아간다. 그런데 보통 록 비디오에서는 자극적이거나 선정적인 영상으로 시청자의 눈을 사로잡는데, 이 프로그램의 경우에는 시청자가 거기에 빠져들지 못하게 하거나 심지어 벌까지 준다. 섹시한 어지 가수가 화면 속의 화면에 나타나면 버트헤드가 불쑥 이렇게 말한다. "비율 좋고!" 그러면 비비스는 옆에서 낄낄댄다. 그리고 시청자는 섹시한 여자 가수가 나오는 영상에 집중할 수 없게 된다. 애니메이션의 두 주인공이 미디어 조작에 대해 간단한 가르침 한 가지를 우리에게 전하는 것이다. 마음에 들지 않는 것이 나오자 한 친구가 말한다. "토 나온다. 돌려라." 그러면 다른 친구가 리모컨을 조작한다. 비비스와 버트헤드가 그렇게 본다고 해서 그 록 비디오를 촌스럽다고 규정할 수는 없을 것이다. 하지만 그들의 신랄함으로 인해 시청자와 시청자들이 더 이상 신뢰하지 않는 프로그램 사이에는 거리감이 생기고 완충지대가 형성된다.

컬트 프로그램으로 유명했던 〈미스터리 과학 극장 3000$^{Mystery\ Science}$ $_{Theater\ 3000}$〉(1988년에 첫 방송됐으며 'MST3K'라고 곧잘 줄여 부른다─옮긴이) 덕에 이런 장르가 하나의 예술적 형태에 근접하게 됐다. 미래를 무대로 하는 이 방송을 통해 시청자는 우주정거장에 홀로 갇힌 신세가 된 사람과 그의 두 로봇 친구들이 억지로 봐야 하는 B급 영화와 저예산 SF 영화를 같이 보게 된다. 텔레비전 화면에 영화가 상영되는데, 화면 아래쪽엔 몇 줄 앞에 앉은 듯한 관객 세 명의 뒤통수가 보인다. 그 모습이 마치 〈루니 툰^{Looney} $_{Tunes}$〉(1930년부터 1969년까지 워너브러더스$^{Warner\ Brothers}$에서 제작한 애니메이션 코미디 단편 시리즈물. 미국 애니메이션 영화 황금기의 대표작으로 벅스 버니$^{Bugs\ Bunny}$, 로드러너$^{Road\ Runner}$ 같은 캐릭터들이 유명하다─옮긴이) 만화영화를 보는 듯하다. 세 관객은 영화에 대해 신랄한 말도 하고 이런저런 평도 하는데, 마치 친구들과 영화를 보는 듯한 기분이다.

하지만 우리에겐 같이 영화를 보는 친구가 없다. 심야 프로그램 시청자는 자신의 아파트에서 홀로 시청하는 경우가 대부분이므로, 화면에 뜬 관객 뒤통수를 대신 친구 삼는다. 미래의 우주정거장에 갇힌 주인공은 영사기 예비부품을 이용해 자기 모습을 본뜬 로봇 친구들을 만든다. 그는 자신이 잘 다룰 수 있는 기술을 이용해 그들과 인간적 소통을 할 수 있는 장치를 마련했다. 하지만 이를 위해 적지 않은 자유를 포기해야 했다. 그 프로그램을 보는 젊은 시청자 역시 텔레비전 수상기를 통해 사회적 환경을 만들어낸다. 방송사 편성표에 의해 방영되는, 우정의 환희를 지어낸 장황하고 끔찍한 SF 영화를 보면서 만들어낸 것이다. 팬들의 말마따나 〈MST3K〉는 오락물이면서 동시에 우리 자신을 비추는 거울이다. 우리가 더는 전개되는 스토리 속의 주인공을 좇지 않게 되면, 그 순간 우리는 주인공을 대신하게 된다. 〈MST3K〉에서 상영되는 영화 속 대사는 대부분 주인공들의 장난에 묻히고 만다. 그리고 끊임없이 이어지는 농담과 조롱 속에 줄거리는 맥이 끊기고 만다. 선형적으로 전개되는 영화 줄거리가 묻히는 대신 한 가지 틀에 대한 조바심만 커져간다. 그 틀이란 본다는 행위를 비춰주는 것이다.

주인공들의 개별 농담이나 방백도 시청자들에겐 새로운 형태의 미디어 교육 내용이 된다. 유머는 거의 전부 다른 미디어를 참조할 때 생겨난다. 로봇들은 앤드류 로이드 웨버Andrew Lloyd Webber 그릴(앤드류 로이드 웨버는 〈에비타Evita〉, 〈캣츠Cats〉 등으로 유명한 뮤지컬 작곡가이며 '웨버Weber'는 바비큐 그릴 제조업체. 이름을 가지고 말장난을 하고 있는 것이다—옮긴이)을 만들어 앤드류 로이드 웨버의 자기표절 작품을 불태우거나 윈도우 운영체제와 맥킨토시 운영체제 가운데 어느 것이 어떻게 더 나은가를 두고 논쟁한다. 낡고 판에 박힌 SF 영화에서 벨라 루고시Bela Lugosi(1882 – 1956, 헝가리 태생의 미국 배우로 드라큘라 백작 역을 한 것으로 유명하다—옮긴이)가 실험 가운을 벗는 장면이 나오자, 로봇들은 일제히 〈로저스 아저씨의 이웃Mister Roger's Neighborhood〉 (1963년 CBS에서 첫 방영된 미취학 어린이용 30분짜리 시리즈 프로그램으로 나중에 PBS가 승계해 2001년까지 방송됐다. 진행자인 프레드 로저스는 어린이 시청자에게 직접 말을 거는 방식으로 쇼를 진행했으며, 이 쇼의 주제가 제목이 "이웃들과의 어느 멋진 날It's a beautiful day in the neighborhood"이었다—옮긴이)의 주제가 멜로디에 맞춰 "실험실의 어느 멋진 날It's a beautiful day in the laboratory"이라고 가사를 고쳐 노래를 부른다. 로봇들은 싸구려 특수효과가 나오거나 스토리 전개가 허술할 때면 여지없이 시청자의 주의를 환기시켰다. 총성이 들리고 경비견이 탈옥수를 뒤쫓는 장면이 나오면 한 로봇이 외친다. "효과음 담당자가 우리를 뒤쫓는 소리 같아. 얼른 도망치자!" 또 다른 영화가 대단원을 향할 때 로봇이 한마디 한다. "3막에서 반전을 준비하다니 좀 늦은 거 아닌가?"

〈MST3K〉의 유머를 이해하려면 시청자로선 미디어의 속성을 이해할 필요가 있다. 즉 미디어는 재귀적인 지시의 세계라 할 수 있는데, 그런 지시를 통해 다른 것을 조망할 수 있는 것이다. 각각의 농담은 미디어의 자기 유사성을 드러내 보여주는 예다. 유머는 아무렇게나 갖다 붙인 것이 아니라 긴밀한 연결성의 희극이라고 할 수 있다. 그러한 연결 속에서 엉뚱한 곳의 이미지와 아이디어가 마치 관련이 있는 것처럼 불쑥 튀어나오는 것이다. 〈MST3K〉의 문화에 발을 들여놓으려면 적어도 매회 수백 가지의 참조 항목 가운데 상당 부분을 알고 있어야 한다. 더 나아가 그것들을 서로 어떻게 갖다 붙일 수 있는지 알아야 한다. 그러나 그렇게 갖다 붙이는 것 자체가 쇼의 목적이 아닐 때는, 주인공들은 시청자들로 하여금 그들이 미디어와 맺고 있는 매 순간을 자각하도록 만든다. 그 방식은 그들이 보고 있는 영화의 기술적 완성도에 대한 평가를 하거나 아니면 중간에 요약 괄호를 넣듯 자신들에게 주의를 환기시키는 식이다.

어느덧 24시즌에 접어든 〈심슨 가족〉은 자기지시적self-referential 농담으로 점철된 프로그램으로서 좀 더 폭넓은 주류 시청자들에게도 TV 속의 TV라는, 앞서 본 바와 같은 감성을 전하고 있다. 〈심슨 가족〉이 시작되어 오프닝 음악이 흐르는 동안 심슨 가족 모두 거실 소파로 달려가는 장면이 나오는데, 그들이 좋아하는 쇼를 보기 위해서다. 시청자들의 점점 커져가는 아이러니한 느낌을 반영하듯, 〈심슨 가족〉의 꼬마 주인공인 바트 심슨Bart Simpson은 프로그램 안에서의 제 역할을 잘 알고 있는 듯하다. 그리고 자신의 가족이 시청자들 눈에 어떤 식으로 비춰지는지에 대해 곧잘 이러쿵저러쿵 한마디 한다.

비록 〈심슨 가족〉 각 회마다 스토리가 있긴 하나, 요지가 있는 것 같진 않다. 그리고 무엇을 어떻게 해보려는 심산도 없는데, 주인공들이 죽는가 하면 스스로 목숨을 잃을 행동도 한다. 그러다가 후반 회차에서 다시 살아나기도 한다. 호머(그리스 시인의 이름을 딴) 심슨이 방사능을 유출시켰다 해도 예의 뻔한 긴장감이 조성되진 않는다. 그리고 시청자 가운데 스프링필드 마을이 재앙으로부터 무사할지에 대해 걱정하는 사람은 없다. 우리 시청자로선 불안한 마음이 들지 않는다. 오히려 다른 양식의 미디어가 패러디되고 있다는 것을 알게 되면서 인식recognition과 반전reversal의 등가물이 생성된다. 호머가 보육원에 딸을 데리러 갔을 때, 딸은 고무젖꼭지를 입에 물고 있는 수많은 아기들과 함께 담장 위에 앉아 있다. 히치콕의 〈새The Birds〉를 패러디했다는 사실과 보육시설에 공포영화의 요소가 깃들어 있다는 것을 깨달음으로써 '아하!'의 순간을 맞게 된다. 같은 이름의 고대 그리스의 시인과 달리 호머는 영웅적 여정을 겪은 바 없다. 그는 흐르지 않는 무한한 현재에 잡혀 있으나, 시청자들은 모든 것을 알고 있다.

아직도 방영 중인 〈심슨 가족〉은 그와 같은 과정을 밟는, 풍자적이며 자기지시적인 여러 쇼(〈패밀리 가이Family Guy〉와 〈사우스 파크South Park〉를 만든 사람들 그리고 심지어 〈오피스The Office〉를 만든 사람들까지도 이 프로그램들의 탄생에 〈심슨 가족〉이 큰 영향을 미쳤다고 말한다)와 더불어 서사에 까다로운 시청자들에게 전통적인 방식의 스토리가 마련해주었던 만족감을 어느 정도 제공한다. 다만 그 방식은 비서사적이다. 2002년에 폭스Fox가 제작을 접었지만 온라인상에서 인기가 식지 않자 2005년에 다시 방영된 〈패밀리 가이〉(1999)는 유튜브 시청자를 위한 맞춤형 프로그램처럼 보인다. 이 프로그램에 나오는 개그는 (직접적으로 드러나는) 스토리나 주제와도 무관하고 프로그램을 에둘러가게 한다. 프로그램의 전체적인 흐름을 끊거나 중단케 하는 것이다. 〈패밀리 가이〉는 단순히 대중문화의 지시물을 장면에 삽입하는 것에 그치지 않고 그것을 웜홀wormholes처럼 사용해 프로그램을 지배하고 있는 파편적 현실로부터 벗어나게 한다. 한 번에 몇 분씩 자주 그러는데, 주시청 시간대의 텔레비전 방송에서 보자면 그 몇 분은 영원이나 진배없다. 한 에피소드에서 엄마는 아들에게 우유 한 통을 가져오라고 하면서 이렇게 말한다. "꼭 뒤쪽에 있는 걸로 갖고 와라." 그런데 뒤쪽에서 난데없이 흑백 스케치 그림의 남자 손이 불쑥 튀어나오더니 아이를 다른 세상으로 이끈다. 그 세상이란 그룹 '아하A-ha'의 1984년도 곡 '테이크 온 미Take On Me' 뮤직비디오 속이다. 아이는 밴드의 리더와 함께 종이 위 미로를 내달리며 한순간이지만 멋진 시간을 보낸다. 그러다 갑자기 벽을 뚫고 나가면서 〈패밀리 가이〉 속 세상으로 다시 돌아온다. 이런 편집은 〈패밀리 가이〉의 유튜브 팬들이 '토막 영상cut-scenes'이라고 부르는 것에 기반하며 이 때문에 애니메이션 시트콤이었던 것은 무한 루프의 연속물로 탈바꿈하게 된다. 그런데 30분간의 쇼 방영 시간에 모든 것을 쓸어 담아도 탈문맥의 인터넷상에서처럼 각 쇼는 자연스럽다. 프로그램에서 편성된 원래 형태로 프로그램을 볼 때 얻는 유일한 실제적 이점이란 서사적 연속성(그리고 대중문화 전체)을 과감히 무시하는 극작가들의 대담함을 확실히 경험할 수 있는 것 정도다.

끝으로 의외의 NBC 히트작 〈커뮤니티Community〉(2009)는 다시 원점으로 돌아온 서사 이후의 여정을 밟고 있다. 이 작품은 그린데일커뮤니티칼리지에 다니는 문제 학생들 얘기로 외견상 플롯이 잘 짜인 시트콤이다. 등장인물들이 자신들이 텔레비전 시트콤에 나온다는 사실을 끊임없이 언급하는 것은 제외하고 말이다. 예를 들어 한 장면의 도입부에서 그린데일 학장이 연설을 마칠 무렵, 아베드Abed라는 인물(그는 아스퍼거 증후군을 보이는 대중문화 열광자로 종종 시청자를 대변하는 역할을 한다)이 이런 말을 한다. "저 연설을 듣노라면 10분마다 TV 프로그램의 시작 장면을 보는 기분이에요." 그는 거기서 멈추지 않는다. "당연히 그런 착각은 그들의 삶이 정말 TV 같다는 둥 TV에선 절대 하지 않을 말을 누군가 하면 바로 깨져버리지요. 거기서 끝입니다."

〈커뮤니티〉는 아주 폭넓은 대중문화적 배경을 전제로 하는데, 서사적 비유narrative trope를 할 때도 아이러니를 수반한다. 그것은 과도하게 비튼 플롯으로 시청자들이 보기엔 아주 익숙한 형태의 텔레비전 서사 흐름에 정통한 패러디다. 그리고 과도하게 비튼 플롯은 이전 에피소드에서 여러 장면들을 모아 하이라이트로 이루어진 에피소드를 만들기도 하는데(일반적인 시트콤에서 앞서 편집됐던 장면을 가지고 와서 에피소드에 삽입하는 것도 비슷한 경우다), 다만 이전 에피소드에서 실제로 사용했던 장면은 없다. 앞서 에피소드에 나온 적이 없던 장면으로 가짜 플래시백을 하는데 클립쇼clip-show(이전에 방영됐던 장면으로 엮어 구성한 텔레비전 쇼의 한 회분을 가리킨다―옮긴이)의 풍자인 셈이다. 〈애틀랜틱Atlantic〉의 햄튼 스티븐스Hampton Stevens는 이렇게 적고 있다. "커뮤니티는 〈디어니언The Onion〉(언론을 풍자하는 미국의 연예 오락 언론사—옮긴이) 이 실제 뉴스를 다루는 언론사가 아닌 것처럼 시트콤이 아니다. 대신, 〈커뮤니티〉는 시트콤 장르 전반을 풍자하는 주간 풍자 프로그램이다. 대중문화 전반에 대한 조롱인 것이다."[8] 〈심슨 가족〉과 〈패밀리 가이〉가 대중문화의 지시물을 언급하기 위해 서사를 뭉개는 데 반해, 〈커뮤니티〉의 스토리는 대중문화의 지시물 그 자체다. 서사가 소심한 눈짓이 되고 만 것이다.

이 프로그램들은 온갖 화려한 포스트모던 형식을 동원해 그 지경이 되도록 서사를 유린했던 바로 그 실체를 공격한다. 그 실체란 광고 업체, 정부기관, 종교기관, 대중문화 흥행사, 정치가 그리고 심지어 TV 프로그램 자체를 말한다. 그것들은 선형적 플롯을 가지고 마법을 부리지 않는다. 화면 속에 화면을 배치하고 시청자에게 다양한 형태의 매체들을 연결할 수 있는 도구를 제공해 연상작용을 불러일으킴으로써 서로 비교되는 상태를 만들어낸다. 이는 홀로 길을 걷는 것이 아니라 지상으로부터 떨어져 지도를 보는 것에 가깝다. 기승전결이라는 것은 별 의미가 없다. 새 결합이 만들어지고 허구가 드러나거나 다시 짜일 때마다 요지가 드러나는 것이다. 한마디로 이런 종류의 프로그램은 패턴 인식이 무엇인지를 보여주며, 그것을 실시간으로 구현한다.

물론 이런 자기의식적 패러디는 해체적 미디어 환경에 대한 여러 반응 가운데 하나일 뿐이었다. TV와 영화, 저급문화와 고급문화 등 모든 것이 서사의 붕괴에 맞서 다양한 태도를 보여왔다. 거기에 저항하는 측이 있는가 하면 적극적으로 기여하는 측도 있었고, 불평하는 측이 있는가 하면 찬양하는 측도 있었다. 이제 우리는 지난 스무 해 동안 진행된 과도기에서 한 가지 새로운 균형점을 찾기에 이르렀다. 이는 주로 영화 분야에서 두드러졌다. 리모컨 등의 해체적 도구와 그런 태도가 빚는 혼란에 대응이라도 하는 듯, 1990년대 후반의 여러 미국 영화는 서사 구조를 유지하기 위한 방안에 골몰하는 듯했다. 메시지를 전하고 박스오피스 수입이 기대는 것은 그런 서사 구조였다.

우리 자신을 이해하고자 사용하는 스토리를 유지하기 위한 영화는 과거의 솔기 없는 현실을 복원하려는 듯 그것이 비롯된 '잘라 붙이기cut and paste' 기술이 디지털 시대에 등 돌리게 만들었다. 단적인 예로, 1990년대 중반의 블록버스터 〈포레스트 검프Forrest Gump〉는 한 바보의 눈으로 20세기의 스토리를 다시 얘기하게 함으로써 점점 커가는 인터넷 시대의 불연속성에 반발했다. 이 영화를 만든 로버트 저메키스Robert Zemeckis는 주인공들이 과거로 돌아가 역사를 다시 쓰는 〈백 투 더 퓨처Back to the Future〉 시리즈로 이미 유명한 감독이었다. 영화 〈포레스트 검프〉는 일련의 회상을 통해 〈백 투 더 퓨처〉에서와 같이 역사를 다시 쓰는 마술을 시도한다. 텔레비전으로 방송된 과거의 역사적 장면에 마술처럼 검프를 잘라 붙인 회상 장면을 보면서 관객들은 파편화된 순간들을 체험하게 된다. 우리는 베트남 전쟁 반대 데모를 하고, 존 레논과 같이 있고, 케네디 대통령을 접견한 자리에서 오줌 누러 가야겠다고 말하는 검프를 본다.

지독히도 운이 좋은 검프는 무지한 덕분에 매번 횡재를 하게 된다. 전쟁 영웅이 되고 억만장자가 될 수 있었던 것은 어머니가 당부한 바른 품성 하나만 갖고 맹목적으로 삶을 헤쳐나온 덕이었다. 반면, 세상 돌아가는 것을 더 잘 아는 듯한 그의 주변 사람들은 전쟁의 상흔이나 에이즈 혹은 여러 재앙에 하루살이처럼 지고 만다. 전통적인 서사 구조를 가지고 있는 이 스토리 속에서 검프는 구원받고 대부분의 다른 이들은 나락에 빠진다. 당장 어떤 일이 벌어질지 모르는 인생의 예측 불가능성은 서사를 넘어서는 것이며, 영화에서는 이를 모둠 초콜릿 상자로 풀이한다. "어떤 초콜릿이 나올지 모를 일이에요." 하지만 그것은 모둠 초콜릿 상자일 뿐이다. 그 안에서 꺼낼 수 있는 건 어찌 됐든 초콜릿이다. 우리 손을 초콜릿 상자가 아닌 날카로운 바위와 해충이 가득한 진짜 세상 속으로 집어넣지만 않는다면 말이다. 영화의 도입부에 모든 얘기가 담겨 있다. 끊어지지 않고 이어지는 장면 속에서 깃털 하나가 바람에 흩날린다. 작고 아담한 마을의 지붕들 위로 정처 없이 날리던 깃털이 우연인 듯 신의 뜻인 듯 검프의 발치에 떨어진다. 물론 이것은 행운도 아니요, 신이 깃털을 인도한 것도 아니다. 그것은 하나로 이어지는 시퀀스를 만들어내기 위해 영화적 속임수를 사용한 감독의 의지일 뿐이다. 기술을 이용해 이음매 없이 사실적으로 보이도록 할 때, 딱 검프의 처지와 마찬가지로 관객은 특수효과와 편집과 합성에 대해 영화 내내 아무것도 모른 상태가 된다. 그렇다면 검프는 그 깃털을 가지고 무엇을 할까? 소소한 물건을 모아놓은 낡은 상자 안에 집어넣는다. 깃털은 다른 것과 마찬가지로 과도하게 단순화시킨 서사 속으로 들어가는 것이다.

영화 〈포레스트 검프〉를 서사적 세계관을 옹호하는 작품으로 본다면, 1990년대 중반에 만들어진 쿠엔틴 타란티노Quentin Tarantino의 〈펄프 픽션 Pulp Fiction〉은 그 반대편에 서 있는 작품이라고 할 수 있다. 검프가 비록 다시 쓰인 역사이긴 하나 제2차 세계대전 이후 수십 년간의 선형적 역사를 보여줬다. 반면, 〈펄프 픽션〉은 동시대의 모습을 기교를 부린 혼성모방 pastiche 속에 압축한다. 〈펄프 픽션〉의 모든 장면엔 1940년대 스타일의 양복, 1950년대의 자동차, 1970년대의 전화기, 1990년대의 복고풍 나이트클럽 등 각 시대의 요소들이 거의 빠짐없이 등장한다. 따라서 관객들은 이런 요소들을 선형적 역사와 연관 짓는 것을 그만둘 수밖에 없고 대신 여러 시대를 압축한 것으로서 미국 문화를 받아들이게 된다. 그리고 그 시대는 가죽 재킷이라든가 춤 동작과 같은 단순한 상징으로 대변된다. 〈펄프 픽션〉의 서사 기법 앞에서 관객은 순차적인 스토리텔링에서처럼 손쉽게 플롯을 따라잡을 수 없게 된다. 장면의 흐름은 뒤죽박죽이고 죽은 인물이 다시 살아나기도 한다. 한편에선 혼란스럽지만, 다른 한편에선 새로운 형태의 정보와 의미화에 대해 알게 된다. 시간적 순서에 따른 사건들이 재배열되는 것을 보면서 관객들로선 예전에는 스토리상에서 인접하지 않았던 요소들을, 다시 말해 선형적 스토리에서는 서로 연관 지을 수 없는 것을 연관 짓게 된다. 한 장면에서 누군가 살인을 저지르는 모습을 보고서 그 동기가 궁금하다고 해보자. 그러면 바로 그다음 장면에서 시간을 거슬러 올라감으로써 그 궁금증이 풀릴 수도 있다. 〈펄프 픽션〉의 마지막 주인공인 브루스 윌리스Bruce Willis는 우습게도 아버지가 남긴 유일한 유산인 손목시계를 되찾기 위해 목숨까지 건다. 〈펄프 픽션〉에선 기꺼이 시간을 가지고 논다. 그렇게 함으로써 서사 이후의 세계가 자아내는 혼돈에 그냥 굴복하고 들어가는 것에 어떤 이점이 있는가를 보여준다. 이런 식의 게임이 의도하는 바는 서사 이후에 파생되는 간극과 병치와 불연속 때문에 당황하는 일이 없도록 하는 것이다.

천천히 그러나 확실하게, 극 중심의 텔레비전과 영화는 싸우기를 멈추고 그 대신 찰나적 존재의 무시간성, 나아가 무목적성까지 포용하는 쪽으로 가는 듯싶었다. 그동안 고전적인 상황 희극situation comedy(흔히 '시트콤'이라고 부른다―옮긴이)은 그 구성이 서사적이었다. 여기서 '상황'을 구성하는 것은 역사다. 그 역사가 얼마나 중요한가 하면 시트콤 도입부에서 주제곡이 나오는 동안 거듭 이야기되기 때문이다. 가난한 산골 촌놈이 먹을거리를 사냥하러 갔다가 유정을 발견해 부자가 되자, 두메산골 가족 전부가 베벌리힐스로 이사를 온다(1960년대 시트콤 〈베벌리힐스의 촌뜨기The Beverly Hillbillies〉의 도입부 내용이다. 주제곡이 흐르는 도입부에서 이 요약 줄거리가 매 회 반복된다—옮긴이). 세 시간이 소요되는 보트 유람을 하던 사람들이 풍랑을 만나 난파를 당하는데, 그 모습은 전혀 난파당한 사람들 같지 않다(1960년대 시트콤 〈길리건 섬Gilligan's Island〉의 도입부 내용이다. 주제곡과 함께 이 요약 줄거리는 매 회 반복된다—옮긴이). 이런 설정의 시트콤과 비교한다면, 오늘날의 시트콤은 〈고도를 기다리며Waiting for Godot〉(사무엘 베케트의 부조리 희곡—옮긴이)처럼 시간을 초월한 반역사적 작품 같다. 〈프렌즈Friends〉는 우연히 같은 커피숍에 모인 사람들 사이에서 벌어지는 소동을 연대기순으로 기록한다. 〈사인펠트Seinfeld〉는 한마디로 무위의 쇼다. 〈두 남자와 2분의 1Two and a Half men〉의 배경 스토리는 극 중 인물들의 이혼이라기보다 배우 찰리 신Charlie Sheen의 중도 하차와 그의 트위터 인기라고 할 수 있다. 이 쇼들의 특징이라고 한다면 전통적인 서사가 지향하는 목적성을 완전히 상실했다는 것과 시간이 얼어붙었다는 것이다.

작가들로선 새로운 도전에 직면했는데, 그 도전이란 전통적 서사가 지녔던 감각과 통찰 그리고 흡인력까지 갖춘 작품을 쓰되, 전통적인 스토리라인이 주는 호사를 누려서는 안 됐다. 그 결과 작가들이 고안한 해결책은 인물이다. 극 중 인물을 어떤 상황에 툭 집어넣은 뒤에, 그로 하여금 '난 누구?'이며, 도대체 '여긴 어디?'인지를 알아내게 하는 것이다. 인물들은 그들을 창작한 이들 못지않게 현재 충격에 휩싸여 버둥대게 된다.

영화 〈메멘토Memento〉는 단기기억상실증을 앓고 있는 한 남자를 좇는

다. 그는 자신의 존재(와 미궁에 빠진 살인사건)의 실마리를 사실상 존재하지 않는 시간 속에서 재조립해야 한다. 그는 실마리가 되는 것과 깨달은 사실을 자신의 몸에 문신처럼 새겼다. 그의 몸은 실마리들로 엮인 하나의 모자이크가 되어갔다. 파편을 모아 패턴을 그리는 데 성공한다면 그는 자신이 누구이며 스스로에게 어떤 일이 일어났는지 알게 될 것이다. 시나리오 작가가 겪고 있는 어려움을 똑같이 겪고 있는 주인공은 서사적 시간이라는 호사를 누리지 못하는 상태에서 서사적 감각을 구축하고자 애쓴다. 결국 그 방법은 그가 처한 실상을 찰나에 한데 모으는 것이다.

가장 인기 있는 텔레비전 시리즈 가운데 하나인 〈과학수사대CSI〉는 일반적인 범죄 드라마에 앞서 살펴본 것과 같은 현재주의적 감성을 불어넣고 있다. 드라마 〈로 앤드 오더〉가 예측 가능한 시간적 순서에 따라 살인 피의자를 수사하고 인지하고 기소하는 반면, 〈과학수사대〉는 마치 공간 퍼즐을 풀 듯, 정지화면과 컴퓨터 그래픽을 이용해 살인사건을 재현하고 해결한다. 이 드라마가 다루는 것은 범죄가 아니라 범죄 현장이다. 수사관들은 고정된 단일 시간을 해체하기 위해 가능한 시나리오를 3차원 영상 지도 위에 펼쳐놓는다. 설령 그것이 틀린 것으로 판명될지라도 말이다.

인기 TV 시리즈 〈로스트Lost〉와 〈히어로즈Heroes〉도 이와 같은 특성을 띤다. 〈로스트〉에서 등장인물들은 자신들이 선형적 시간의 규칙이 더 이상 적용되지 않는 그런 섬에 떨어졌다는 것을 알게 된다. 이들 드라마의 이후 시즌을 보면 회차가 늘어날수록 시간여행과 운명에서 아주 복잡한 자리바꿈이 일어난다. 섬에 대한 궁금증과 그 섬과 인물들의 관계에 대한 궁금증은 실마리를 하나하나 찾는 여정에서 비롯되는 것이 아니라 바로 그 현재의 세계에 대한 '이해'에서 얻어지는 것이다. 〈히어로즈〉는 선형적 스토리텔링 대신 즉흥적 퍼즐 풀기를 하면서 비슷한 방식으로 시간을 이리저리 오간다. 초능력을 가진 다양한 영웅들이 뉴욕을 멸망시킬 대폭발을 막으려고 애쓰는 동안, 극 중의 행동들은 일시적이긴 하나 정합적인, 그들이 살고 있는 우주의 지도를 짜 맞추는 데 더 집중돼 있다. 이 드라마들은 다음에 무슨 일이 일어나고 스토리가 어떻게 끝나는지에 관심이 별로 없다. 그보다 지금 현재 일어나고 있는 일을 규명하고, 허구의 세계 그 자체를 즐기는 데 더 관심을 갖는다.

사실, 예전부터 절정보다 영속에 더 깊은 관심을 가진 스토리텔링 형식은 존재해왔다. 돈키호테가 보여주는 피카레스크 모험은 디킨스 소설이 보여주는 연재 형태의 모험에 밀렸다가 미국의 연속극에서 서서히 부활하기 시작했다. 하지만 이런 종류의 방송오락물엔 나름의 미덕과 사람 마음을 다독이는 점이 있었는데, 그것은 언제나 내일이 있다는 점이었다. 어떻게 해서든 주인공들은 계속 모험을 해 나가지만 이 모든 상황을 꿰뚫을 수 있을 만큼 현명한 존재가 될 수 있는 깊은 통찰을 얻지는 못한다. 주인공들은 어린이일 때가 많고 혹은 항상 현혹당하기 쉽거나 아주 단순한 사람들이다. 그러나 체감되는 시간의 흐름이 빨라지고 서사가 무너지기 시작하면서, 연속극 장르도 그 수가 급속히 줄었다. 1970년대에는 열아홉 개로 정점을 찍었지만 지금은 네 개뿐이다.

시청자들의 각광을 받고 있는 〈더 와이어The Wire〉와 〈소프라노스The Sopranos〉 같은 유료 채널의 시리즈 드라마가 이제는 대세다. 볼티모어를 배경으로 마약 밀매업자, 부패한 조합 간부 그리고 정치인들을 다루는 〈더 와이어〉는 시청자들에게 정의감을 불러일으키지 않는다. 악행을 저지른 자도 처벌받지 않고 빠져나가는 세상, 〈더 와이어〉는 TV에서 구현할 수 있는 만큼의 현실을 구현하고 있다. 그 세상이란 영웅이나 줄거리 전환점plot point에 의해 바뀌지 않는 요지부동의 세상이다. 있는 그대로의 세상인 것이다.

이 작품의 등장인물들은 감옥 내에서 벌어지는 이야기를 담은 〈오즈OZ〉 시리즈(1997–2003년까지 방송된 작품으로, HBO에서 방송됐다—옮긴이)에 나왔어도 어울렸을 것이다. 등장인물들은 일종의 '게임'을 하듯 현실을 경험한다. 주인공이 겪는 인생은 서사적인 편력을 떠나는 사람의 인생이라기보다 아케이드 사격 게임을 하는 사람의 인생이다. 게다가 〈소프라노스〉는 그 내용이 서로 죽이고 죽는 싸움 가운데서 살아남는 것이었다. 등장인물들은 〈대부The Godfather〉 연작에 나오는 인물들을 닮고 싶어 한다. 그들은 엄한 조직의 규율에 따라 움직이며 하는 일도 좀 더 예측 가능한 전통적인 기승전결의 포물선을 그린다.

널리 회자되고 논란의 여지를 남긴 〈소프라노스〉의 마지막 회차는 현재 충격을 TV에서 가장 명시적으로 보여준 한 예라고 할 수 있다. 겉으로 보기엔 별 대수롭지 않은 장면에서 갑자기 화면이 암전된다. 주인공 토니 소프라노Tony Soprano의 삶은 어떤 순간에서든 스스로 낌새도 차리지 못하는 새 별안간 막이 내릴 수 있는 삶이었다. 극적 감흥도, 교훈도 없이 말이다. 이런 상황은 서사적 맥락이 없는 무리의 구성원에게도 마찬가지로 해당된다. 그런 상황에서 벗어나려면 적어도 그는 선형적 스토리를 대신할 만한 것을 만들어내야 한다.

아직도 어떤 TV 프로그램 제작자들은 일본 만화의 서사적 이야기epic narratives에서 그 대안을 찾고 있는데, 맥락이 완전히 드러나기까지 몇 년이 걸리는, 여러 가닥의 스토리를 가지고 전체 스토리를 풀어가는 식이다.

〈엑스 파일The X Files〉(1993), 〈바빌론 파이브 Babylon Five〉(1994), 〈배틀스타 갤럭티카Battlestar Galactica〉(2004), 〈매드 맨Mad Men〉(2007) 혹은 〈브레이킹 배드Breaking Bad〉(2008)의 에피소드 하나하나가 깔끔한 기승전결의 줄거리를 담아내지 못할 수는 있다. 하지만 서서히 움직이는 '메타 서사meta narrative'는 대단원의 결말에 대한 큰 기대 없이 일관된 긴장감을 불러일으킨다.

HBO(미국의 프리미엄 영화 채널로, 1972년에 설립됐다－옮긴이)의 〈왕좌의 게임Game of Thrones〉(2011)과 같은 드라마는 이런 방식이 다시 새롭게 살아난 것이다. 새롭게 살아난 이 방식에선 텔레비전보다 판타지 롤플레잉 게임에 더 보편적인 구조와 비유를 사용한다. 〈왕좌의 게임〉의 오프닝 타이틀 시퀀스에서는 이런 부분을 더 강조해 보여준다. 카메라가 애니메이션으로 움직이는 전설 속 세계의 지도를 비추는 가운데 제국 내 여러 영토와 부족이 드러난다. 오프닝 타이틀 장면을 판타지 롤플레잉 게임의 지도처럼 그리고 있는데, 그 지도는 게임을 하는 사람들에게 전투와 계략을 펼치는 놀이판 구실을 한다. 그리고 판타지 롤플레잉 게임을 닮은 이 드라마의 목적은 만족스러운 대단원을 제공하는 데 있는 것이 아니라, 모험의 맥을 끊지 않고 가능한 한 여러 갈래의 스토리를 펼치는 데 있다. 플롯－여러 개의 플롯－이 있긴 하지만 지배적인 스토리도, 대단원도 존재하지 않는다. 플롯이 너무 많아서 사실상 이 모든 것을 한데 엮어주는 대단원을 상상하기란 어려운 일이며 더 나아가 그런 대단원이 중요한 것도 아니다.

더는 못 쓴 글이라는 것도 존재하지 않는다. 사실 현재주의 문학을 새로운 장르로 볼 수도 있는 상황이다. 그런 문학에서 작가는 자신이 만든 세계 속의 인물들보다 세계 자체에 더 큰 관심을 둔다. 《하얀 이빨White Teeth》의 저자 제이디 스미스Zadie Smith가 어느 인터뷰에서 얘기한 것처럼, 작가의 임무는 "누가 무엇에 대해 어떻게 느꼈는가를 얘기하는 것이라기보다 세상이 어떻게 돌아가는가를 얘기하는 것"이다.[9] 돈 드릴로Don DeLillo(1936 – 현재, 미국의 소설가. 《화이트 노이즈White Noise》, 《리브라Libra》 등의 작품이 있다―옮긴이), 조너선 레덤Jonathan Lethem(1964 – 현재, 미국의 소설가이자 에세이스트. 《총가와 총소리Gun, with Occasional Music》, 《마더리스 브루클린Motherless Brooklyn》, 《크로닉 시티Chronic City》 등의 작품이 있다―옮긴이), 데이비드 포스터 월러스David Foster Wallace(1962 – 2008, 미국의 소설가이자 에세이스트. 《시스템의 빗자루The Broom of the System》, 《한없는 웃음거리Infinite Jest》 등의 작품이 있다―옮긴이)와 같은 현대 작가들처럼, 스미스는 인물의 심리 변화보다는 자신이 '문제 해결'이라고 부르는 것에 더 큰 관심을 두고 있다. TV 속 〈로스트〉나 〈히어로즈〉의 세상들과 마찬가지로 드릴로의 《화이트 노이즈》와 레덤의 《크로닉 시티》에서 그려지는 세상들은 거대한 운영체제를 닮았다. 그 안에 사는 사람들은 운영체제가 무엇을 지향하며, 어떤 규칙에 의해 돌아가는지 알 길이 없다. 작품 속 인물들은 그들의 세상이 어떻게 돌아가는지를 알아야만 한다. 서로 잇고 패턴을 파악하는 가운데 퍼즐을 맞추는 것과 같은 행위가 서사를 대신하게 되는 것이다.

가차 없는 현실

위와 같은 경향이 리얼리티 TV의 핵심에도 자리하고 있다. 리얼리티 TV는 즉흥적으로 만들어지는 저예산 프로그램으로 서사 형식의 수많은 텔레비전 프로그램을 대체하고 있다. 리얼리티 TV의 제작자들이 선형적 서사의 붕괴를 수용하는 쪽으로 가닥을 잡은 것은 다음과 같은 자각 때문이었다. 선형적 서사가 불필요한 경우 작가에게 집필료를 주면서 스토리를 만들 필요도 없거니와 배우에게 출연료를 주면서 연기를 하게 할 필요가 없다는 것이다. 대신 리얼리티 TV 프로그램을 공급하는 사람들은 드라마가 엮어지거나 적어도 갈등의 소지가 있음직한 상황과 장소에 카메라를 들이대고 찍기만 하면 된다.

초창기 리얼리티 TV는 리얼리티를 담은 다큐멘터리에 가까웠다. 1989년에 존 랭글리John Langley가 처음 만들어 지금도 십여 개국에서 방영되고 있는 〈캅스Cops〉는 순찰 중인 실제 경찰관들을 따라다니면서 마약중독자나 배우자를 폭행한 술주정뱅이를 추적해 체포하는 장면을 담는다. 이 프로그램의 오프닝 주제곡에 "그들이 당신을 잡으러 왔을 때, 어찌 하겠는가"라는 구절이 있는데, 여기에 현재주의자가 전제로 삼는 것이 들어 있다. 결국 이 프로그램은 체포당할 때의 행동 요령을 보여주는 지침용 영상인 것이다. 기존 범죄 드라마를 보면 등장인물 중심의 깨달음과 기발한 반전이 나오지만, 이 프로그램은 더도 덜도 할 것 없이 정의가 실현됐다고 시청자들에게 장담하는 경찰관의 자기만족적 독백으로 끝을 맺는다. 범죄자를 체포하는 일은 대수로울 것이 없으며, 오히려 '정상 상태'라 할 만한 것이다. 다시 말해 그것은 현재주의적 세상의 지속적인 윙윙거림이라든가 하나의 조건과 같은 것이다.

리얼리티 TV의 또 다른 전형이라고 할 수 있는 것이 탄생했는데, 바로 MTV의 〈리얼 월드The Real World〉다. 1992년에 첫 방송이 시작된 뒤 지금도 방송 중인 이 프로그램은 사람들의 실제 삶의 한 단면을 보여준다. 이 프로그램에 영향을 준 것은 1970년대의 다큐멘터리 시리즈였던 〈미국의 기정〈An American Family〉이다. 이 시리즈는 전형적인 한 가정의 일상을 기록한 것이었지만, 부모가 이혼을 하고 아들은 자신이 동성애자라는 사실을 자각하는 내용을 내보내면서 대박을 터뜨렸다. 〈리얼 월드〉는 유사한 선정적 효과를 내고자 18세와 25세 사이의 잘생긴 사람들을 모아 열두 대의 카메라가 하루 24시간 돌아가는 한 아파트에 몰아 넣었다. 매 순간이 의미심장한 순간이 될 가능성을 안고 있었다. 사후에 서사적 성격을 띤 그 무엇으로 만드는 것은 편집자의 재량이었다. 물론 출연자들은 관심을 끌기 위해 노골적으로 경쟁한다. 그들은 주목을 받아 MTV나 관련 산업에서 일자리를 얻기 위함이다. 그래서 그들은 섹스를 한다거나, 싸움을 벌인다거나 혹은 위험한 행동을 하거나 아니면 28시즌 동안 그 프로그램에서 다른 사람이 하지 않은 도발적인 무언가를 생각해냄으로써 최고의 드라마를 만들어내려고 한다. 또한 〈리얼 월드〉는 기존 광고가 먹혀들지 않던 텔레비전 광고의 딜레마까지 해결했는데, 바로 프로그램에 제품을 노출시키는 간접광고PPL 방식을 통해서다.

결국 채널을 종횡무진 휘젓고 다니는 시청자들이 디지털 비디오 레코더DVR로 무장한 미디어 환경에서, 더 이상 광고주들에겐 혼이 빠져 광고를 보고 앉아 있을 시청자들을 얻을 수 있는 행운은 주어지지 않는다. 훌루Hulu나 넷플릭스Netflix와 같은 스트리밍 서비스를 이용해 주말에 시즌 전체를 섭렵하는 시청자들이 많다. 기존의 방송 편성표는 주문형 비디오 세상 속으로 사라지고 있기에, 광고주들은 프로그램 구성 틀 안에 광고를 아예 편입시켜야 했다. 사람들은 리얼리티 TV가 그런 식의 광고에 더할 나위 없이 잘 맞는다는 사실을 알게 됐다. 왜냐하면 그런 방해 요소가 있다고 해서 리얼리티 TV의 사실성이 반감되거나 하지 않기 때문이다. 허구로 만들어지는 TV 프로그램에 허구가 아닌 상품이 등장하면 시청자는 환상에서 깨어나 현실 세계로 복귀하게 된다. 〈리얼 월드〉의 시청자가 리얼리티의 일관성에 대해 그리 엄격하지 않다는 건 역설적이다. 마케팅에 대한 상식이 풍부한 그들은 프로 스포츠 선수들이 나이키가 협찬한 운동복을 입을 수 있는 것처럼 프로그램 참가자들이 의류회사의 협찬을 받을 수 있다는 사실을 용인한다. 어쨌든 그런 것도 다 현실 세계의 모습일 테니까 말이다. 예를 들어 도널드 트럼프Donald Trump의 '수습사원들'(미국의 부동산 재벌 도널드 트럼프가 진행하는 리얼리티 게임쇼 〈어프렌티스The Apprentice〉 출연자들을 가리킨다. 프로그램은 도널드 트럼프 그룹에서 한자리를 차지하기 위해 참가자들이 경쟁을 벌이는 형식으로 전개된다—옮긴이)이 새로운 햄버거 상품을 만들기 위해 경쟁할 때, 브랜드 노출의 대가로 버거킹으로부터 돈을 받는 것을 시청자들은 납득한다. 현재주의적 TV 시대에 들어서면 제작자들은 프로그램과 광고를 더 이상 분리할 수 없게 되고, 그럴 필요성조차 자각하지 못하게 된다.

이제 주어지는 만만찮은 과제는 특별한 장치를 하지 않아도 시청자들이 볼 수밖에 없는 콘텐츠를 개발하는 것이다. 포물선 모양의 전통적인 서사가 없어도 리얼리티 TV의 연출자들은 지금 이 순간에 직접적으로 사람의 마음을 움직일 수 있어야 한다. 이런 연유로 텔레비전 프로그램 편성의 질이 떨어지기 시작한다. 바로 반응하는 시청자의 말초신경을 자극하기 위해 고통스럽고 민망한 개인의 불행을 다루기 시작하는 것이다. 채널을 휘젓고 다니는 시청자의 발목을 잡을 수 있는 이미지와 발상을 고민하게 된다. 얼마만큼 끔찍한 장면을 내보낼 수 있느냐는 단 한 가지 조건에 좌우되는데, 그건 바로 자신도 공모자라는 부끄러운 사실에 대해 시청자기 얼마만큼 뻔뻔해질 수 있느냐다. 〈아메리칸 아이돌American Idol〉이라는 오디션 프로그램을 보면서 사람들은 한 참가자가 겪는 굴욕을 아무렇지도 않게 받아들인다. 예를 들어 '쉬 뱅스She Bangs'를 부른 윌리엄 형William Hung이라는 중국계 미국인 소년은 시청자들이 그를 비웃고 있다는 사실도 모른 채 열창을 했다(2004년 〈아메리칸 아이돌〉 오디션에서 형은 리키 마틴Ricky Martin의 원곡을 매우 어설픈 춤과 함께 틀린 음정으로 '열심히' 불러 많은 사람들의 폭소를 자아냈다—옮긴이). 시청자가 이런 종류의 방송을 즐기면 즐길수록, 시청자의 주의를 끌고자 방송은 더욱더 선정적이 될 수밖에 없으며, 시청자는 그런 쇼를 보는 데서 비롯되는 도덕적 부끄러움에서 더 잘 빠져나가게 된다.

예일대학 심리학자 스탠리 밀그램Stanley Milgram이 1960년대에 제기했던 문제가 떠오른다. 그는 나치 독일 치하에서 군인들의 복종심에 영향을 미쳤던 대규모 행사와 권위에 깊은 관심을 가졌다. 밀그램은 과연 독일의 전범들이 그들의 주장대로 수용소에서의 잔혹한 대량 학살에 공모한 것이 아니라 그저 명령에 따른 것뿐이었을까 궁금했다. 적어도 그는 미국인들이라면 그와 비슷한 상황에서 다르게 행동할 것이라는 결과가 나오기를 내심 바랐다. 그는 오늘날까지 악명이 높은 실험을 준비했다. 하얀 실험복을 입은 사람이 지시를 하면 피실험자가 다른 사람에게 점점 더 강한 전기 충격을 가하는 실험이었다. 전기 충격을 받는 사람은 비명을 지르기도 하고, 숨을 못 쉬겠다고 외치기도 하고, 실험을 중단해달라고 애원하기도 한다. 그런데 과반수 이상의 피실험자가 명령을 수행했다. 진짜라면 사람을 죽일 수 있을 정도까지 전기 충격의 강도를 높여 나갔다. 구성적 측면 혹은 감성적 측면에서 리얼리티 TV는 이와 비슷한 역학적 반응을 보여준다. 물론 우리가 말 그대로 사람들에게 가혹 행위를 하는 건 아니지만, 참가자의 굴욕과 모멸을 즐긴다. 그것도 전자기기를 매개로 안전거리를 확보한 상태에서 말이다. 문제는 우리가 얼마나 치명적인 전기 충격을 가할 수 있느냐가 아니라, 우리가 얼마나 부끄러울 만치 저열해질 수 있느냐다. 따라서 연출자들은 밀그램 실험에서 하얀 가운을 입고 실험을 했던 사람들처럼 책임을 통감해야 한다.•

　1973년에 전미심리학회America Psychological Association는 이와 같은 연구를 비윤리적이라고 공식 선언했는데, 리얼리티 TV에서는 오히려 이 방식을 적극 채택했다. 당연히 연구 목적은 아니었고, 서사를 동원하지 않고도 볼거리를 만들어내려는 필사적인 시도였다. 대본이라는 것을 쓸 수 없기에, 리얼리티 프로그램을 연출하는 사람들은 극으로 전개될 개연성을 프로그램의 전제로 깔아놓아야 한다. 이런 의미에서 〈빅 브라더Big Brother〉, 〈서바이버Survivor〉 혹은 〈아내 바꾸기Wife Swap〉와 같은 프로그램은 심리 실험을 하듯 의도적으로 구성을 짜 넣는다. 극적 사건과 갈등과 난처한 상황의 개연성을 높이기 위해 노골적인 전제들을 두는 것이다. 가령 이런 식이다. 한 명의 백만장자를 두고 여러 여자들로 하여금 그를 유혹하게 하고 심지어 텔레비전상에서 성관계를 맺게 한 뒤 그의 정체가 공사장 일꾼이라는 사실을 폭로한다. 그리고 재활기관에 십여 명의 약물 중독 유명인을 모아놓고 갑자기 약물을 끊게 한 뒤 어떤 일이 벌어지는가를 본다. (당연히 이것은 다 진짜 실재하는 쇼들이다.)

• 내가 유럽에서 강연 도중에 이 둘의 관계를 즉흥적으로 언급했더니, 프랑스 텔레비전의 한 연출자가 〈죽음의 게임The Game of Death〉이라는 프로그램에 그것을 실제로 적용했다. 이 경우 진짜 피해자는 자신이 고문을 했다고 믿는 사람들이다. 연출자의 묵인하에 많은 참가자들이 고용된 배우들에게 치명적인 전기 충격을 가했다. 물론 그들은 자신들이 실제로 전기 충격을 가한다고 생각했다.

서사가 붕괴되는 것과 함께 분명 자유로워지는 부분도 있기 마련이나, 그 자유는 선정과 가학에 속절없이 자리를 내준다. 미성년자들이 유튜브에서 1분짜리 〈얼간이Jackass〉 방귀 마스크 발췌 영상(밀폐형 마스크에 튜브를 연결하고 그 끝에서 누군가가 방귀를 뀌면 그 냄새를 온전히 다 맡고 괴로워하는 모습을 담은 동영상—옮긴이)을 거리낌 없이 볼 수 있는 마당에 멀쩡한 청년을 '머저리'로 만드는 텔레비전 프로그램 제작을 왜 망설이겠는가? 거의 모든 대중문화의 영역에서 전통적인 스토리라인으로부터 홀가분하게 벗어나는 대신 스토리라인 없이도 비슷한 절정을 자아내기 위한 압박감을 볼 수 있다. 1990년대 말에 등장하기 시작한 쌍방향성과 해체로 인해 프로그램 제작자와 시청자들은 다양한 반응을 보이기 시작했다. 그 결과 나타난 것이 〈소프라노스〉와 〈로스트〉에서 보이는 것과 같은 자의식적이며 실존적 성향이 강한 현재주의와 〈제리 스프링어 쇼The Jerry Springer Show〉, 〈죽음의 얼굴Faces of Death〉, 〈폭력단의 아내들Mob Wives〉, 〈토들러와 티아라Toddlers and Tiaras〉(일종의 어린이 공주 선발대회—옮긴이) 심지어는 패리스 힐튼의 섹스 비디오에서 보이는 것과 같은 독하고 선정적인 현재 충격이다.

　문제를 자각하고 있던 신화학자와 인류학자들은 이와 같은 불연속성의 시대가 오리라 보고 스토리를 만드는 사람들에게 새 시대에 맞는 새로운 스토리를 만들 것을 권했다. 캠벨은 인류가 우주에서 처음으로 지구를 보았을 때, 사람들 저마다의 문화적 서사가 완전히 무너졌다고 보았다. 따라서 인류는 가이아Gaia, 즉 어머니 지구에 대한 또 하나의 보편적 스토리가 필요하다고 봤다. 아직까지는 그렇게 되지 못했음이 확실하다. 로버트 블라이Robert Bly(1926 - 현재, 미국의 시인이자 사회비평가—옮긴이)는 스토리텔링의 종말로 가장 큰 피해를 입은 것은 남성이라고 본다. 남성이 아버지의 역할이나 훌륭한 지도자의 덕목 등을 배울 길이 없어졌다는 것이다. 잃어버린 신화를 다시 얘기함으로써 블라이는 남성들이 이와 같은 전통과 다시 관계를 형성할 수 있기를 바란다.

하지만 스토리가 있다 한들 서사에 반응하는 데 필요한 시간이나 믿음과 같은 것이 더 이상 없는 인간을 구원할 도리는 없을 것이다. 혹시나 스토리가 현재주의 문화라는 것과 양립이 불가능한 것이라면 어떻게 될까? 그럴 경우 우리는 목적에 대한 감각과 의미 작용을 어떻게 견지할 수 있을까? 무엇보다 이런 스토리를 상실한 트라우마를 우리는 어떻게 감당할 수 있을까?

서사 없는 세상을 살게 되자 이에 대한 첫 반응들은 홀가분하다거나 씁쓸하다는 식이었다. 처음에는 새로이 등장한 복잡성을 감당할 수 있는 고무적이고 혁신적인 도약이 우리 역량 안에서 일어난 것처럼 보였지만, 이내 그것은 악용되거나 냉소의 대상으로 전락하는 일이 종종 빚어지는 듯했다. 어느 한쪽이 맞다 틀리다 할 수 없다. 대부분의 경우 둘 다 맞다.

이런 부분에서 가장 뛰어난 적응력을 자랑한 것은 젊은 사람들이었다. 그것은 아마도 그들의 경우 어디부터 시작해야 할지 모른다고 해서 낙심하는 일이 별로 없어서일 것이다. 그들의 미디어 소비 양태뿐만 아니라 그들의 사회적·신체적 활동의 양태도 변화하고 있기 때문이다. 예를 들어 기분 내키는 대로 혼자 즐기는 스케이트보드나 스노보드 같은 스포츠들의 인기는 비서사적 매체와 맥을 같이한다. 청소년들이 자신들의 묘기를 손쉽게 녹화하고 세상 누구와든 공유할 수 있음을 볼 때, 캠코더, 인디 미디어, 유튜브가 이런 흐름과 긴밀한 관계가 있다는 것은 당연하다. 메이저리그 야구 경기의 더블 플레이 장면을 초소형 화면에 뜬 10초짜리 동영상으로 제대로 감상할 수는 없다(야구공조차 제대로 안 보인다). 하지만 한 사람이 스케이트보드로 과감히 공중제비를 도는 장면을 보여주는 데는 매우 적합한 형태일 것이다. 사적인 미디어의 개인주의와 익스트림 스포츠의 개인주의는 완벽한 궁합을 보여주는 듯하다. 그러나 스포츠에서의 변화는 이보다 훨씬 더 깊은 차원에서 나타난다.

전통적인 팀 스포츠는 인기를 구가하기 위해 많은 이가 즐기는 대형 화면의 텔레비전에 의존할 뿐만 아니라 하향식의 구식 미디어에도 의존하고 요지부동의 가치 체계가 견지하는 서사적 일관성에도 의존한다. 미식축구를 보면 전선이 확실하고 피아 구분과 애향심이 분명하며 승자독식의 정신을 갖고 있다. 미식축구 팀은 전통적인 교훈성 스토리와 동일한 서사 곡선을 따르는 일종의 가상 군대인 셈이다. 그리고 종종 군대와 유사한 사회적 혹은 상업적 목적도 띤다. 선수들은 지휘관 격인 코치를 따라 한데 모인다. 코치는 선수들과 함께 라커룸에서 기도를 올린 다음 사기를 북돋우기 위해 성 크리스핀 데이에 헨리 5세가 했음직한 격려 연설을 한다(셰익스피어의 희곡 〈헨리 5세〉의 4막 3장에 나오는 유명한 연설을 말한다—옮긴이). 그러나 이때 사용된 비유와 가치는 서사 이후의 세상에선 더 이상 울림을 갖지 못한다. 게다가 실상 라커룸에서 행해지는 경기 전 연설 내용에 상대팀 쿼터백에게 부상을 입힌 선수에겐 금일봉이 주어질 것이라는 얘기가 들어 있음을 알게 되면,[10] 이런 스토리의 진정성은 약화될 수밖에 없다. 해당 리그에서 반칙한 선수에게 제아무리 중징계를 내린다고 하더라도 말이다.

한편, 야구는 연고지 팀에 대한 충성도와 미국적 정신에서 강점이 있다. 하지만 이는 과거의 얘기가 되고 말았다. 돈의 힘이 야구의 그런 특징을 압도하면서 야구 팀들은 소속 도시를 옮기고, 역사적인 구장에서 기업의 이름을 딴 구장으로 옮겨 가기 시작했다. 그러는 동안 선수들(자유계약 선수들)은 돈을 따라 이리저리 돌아다니게 됐다. 오늘날엔 어떤 구단이든 거기에 자신이 뛰고 있는 팀 연고지 출신의 선수들은 거의 없다. 따라서 고향의 영웅이라는 전통적 서사는 더 이상 유지될 수 없다.

영원한 라이벌 팀이라는 생각은 사라지고 선수 개인의 입신양명이 자리했다. 이제 선수들은 기록 갱신에 열을 올리는데, 그렇게 해야 자신의 이름이나 사인 혹은 사진 등을 제품에 사용할 수 있게 해주는 대가로 막대한 수익을 올릴 수 있기 때문이다. 선수들은 팀을 위해서가 아니라 명예의 전당에 들어갈 수 있을 만큼 홈런 기록을 내기 위해 스테로이드제를 복용한다. 야구에서의 스테로이드제 복용 문제에 관한 청문회를 통해 정작 선수들은 야구에 환멸을 느끼고 있다는 사실이 드러났다.

호세 칸세코Jose Canseco(1964 – 현재, 쿠바계 미국인으로, 오클랜드 애슬레틱스와 텍사스 레인저스 등에서 활약. 통산 462홈런 기록. 2005년 자신의 선수 시절 약물 복용 사실을 시인했으며, 메이저리그의 많은 선수들이 스테로이드를 사용하고 있다고 주장했다—옮긴이)는 이렇게 말했다. "현실을 직시할 필요가 있다. 사람들이 야구장을 찾건, TV로 보건 간에 그들이 원하는 건 오락이다." 제이슨 지암비Jason Giambi(1971 – 현재, 메이저리그 클리블랜드 인디언스의 1루수와 지명타자로 활동했으며 2000년 아메리칸리그 MVP. 오클랜드 애슬레틱스, 뉴욕 양키스, 콜로라도 로키스에서도 뛰었다. 그 또한 경기력 증진을 위한 약물을 사용했음을 시인했다—옮긴이)도 공감의 목소리를 낸다. "우리는 오락산업에 종사하는 사람들이다." 명예가 실추된 홈런 전설 배리 본즈Barry Bonds(1964 – 현재, 피츠버그 파이어리츠와 샌프란시스코 자이언츠에서 활약. 통산 762개의 홈런을 기록했고 역사상 가장 위대한 야구선수 가운데 한 명으로 꼽혔으나 스테로이드 스캔들의 중심 인물이 되면서 명예의 전당에 아직 입성하지 못하고 있다—옮긴이)는 "내가 마지막으로 진짜 야구를 한 것은 대학 시절"이라고 씁쓸하게 말했다.[11]

보스턴의 2004년 월드시리즈 우승에 관한 칼럼에서, ESPN의 스포츠 칼럼니스트 빌 시먼스Bill Simmons는 서사의 맥이 끊기고 붕괴된 느낌을 다음과 같이 인상적으로 표현했다. "한때 나는 평생 저 우승 현수막을 볼 때마다 좋은 것만 떠올릴 수 있으리라 생각했다. 그런데 내 마음 속에선 저기에 별표asterisk(미국 프로야구에서 기록을 표시할 때 사용되는 기호. 불명예스러운 사유로 그 기록의 진위가 의심스러울 때, 기록을 나타내는 숫자 옆에 별표를 하고 있다—옮긴이)가 보인다. 이런 생각을 지울 수 있게 무슨 약이라도 먹었으면 좋겠다."[12] 메이저리그 기록연감을 보면 스테로이드제를 복용한 팀의 우승 시즌 옆에 진짜 별표가 있다. 마치 야구사에서 그 시기를 도려내기라도 할 것처럼 말이다. 존 매케인John McCain 상원의원은 메이저리그가 "미국인들이 보기에 일종의 사기가 되어가고 있다"며 씁쓸하게 한탄했다.[13] 그리고 불미스럽고 기대를 저버리는 모든 행위를 명명백백히 밝히는 일은 항상 인터넷을 연결해놓고 사는 아마추어 언론인들의 몫이다. 그들은 방송국과 달리 전통적인 단체 스포츠의 환상을 깨버린다고 해서 손해 볼 것이 없는 사람들이다.

그 결과 미국의 내셔널 풋볼 리그NFL와 메이저리그 야구MLB는 지난 4년 사이 서서히 침체되고 있는 중이다.[14] 성장세에 있는 리그는 프로농구 NBA뿐이다. NBA에서는 개인의 경기력과 그로 인한 명성 그리고 슬램덩크슛 같은 것이 지역 연고니 단체정신이니 하는 것보다 더 우선시된다. 마이클 조던Michael Jordan의 페이드어웨이fade-away 점프슛(상대 디펜스가 좋거나 장신 선수가 앞에 있을 때 그것을 피하기 위해 뒤쪽 방향으로 점프하면서 쏘는 슛—옮긴이)은 그와 시카고 사이의 그리 끈끈하지 않은 연고보다 훨씬 더 오래 기억될 것이다. 하지만 그와 같은 농구에서도 지나치게 튀는 개인주의는 단체 스포츠가 추구하는 근본 전제와 불화를 빚을 수밖에 없다. NBA의 슈퍼스타 르브론 제임스Lebron James가 특집 TV 프로그램 〈결정The Decision〉을 통해 연고지 오하이오를 떠나 마이애미로 이적할 것이라고 발표했을 때, 클리블랜드 캐벌리어스의 팬들은 그를 결코 용서하지 않았다.

팀에 대한 헌신과 팀의 승리 대신 자기를 표현하고 순간의 스릴이 우선시되는 세상에서는 스케이트보드, 스노보드, 암벽 등반, 산악자전거와 같은 프리스타일 스포츠가 더 잘 어울린다. 팀 스포츠는 경기 시간이 길고 경기에 뛸 수 있으려면 특정한 절차를 밟아야 한다. 유소년 선수는 학교를 다니면서 코치의 지도를 따라야 하고 시즌에 임해야 한다.

반면, 익스트림 스포츠는 본질상 즉흥적이며 상대를 이기는 것보다 스포츠를 만끽하고 자신의 스타일을 뽐내는 것에 더 관심이 많다. 그런 스포츠는 과정과 모양새 그리고 개인적 성취감을 강조하며 스포츠 행위를 획일화하려는 시도를 거부한다. 1998년, 기량이 뛰어난 스노보드 1세대들은 올림픽 참가 권유를 받았을 때 거부했다. 그럴 경우 프리스타일 스포츠가 규칙에 얽매이는 동시에 승리에 목을 매는 경쟁 스포츠로 변질될까 우려했기 때문이다. 그리고 익스트림 스포츠는 잘 짜인 서사 곡선이 매끄럽게 무마하고자 하는 그 불연속성, 즉 거친 본질을 찬양한다. 유선형으로 굽이진 경사지를 타고 내려오는 전형적인 평행 스키어와 달리 스노보더는 자유롭게 코스를 만들면서 내려온다. 그들은 배짱을 시험하고 새로운 기술을 연마하기 위해 일반적인 스키어들이라면 피할 얼음투성이의 험한 코스를 일부러 골라 타고 내려온다. 그들은 예측할 수 없는 코스를 더 높이 친다. 이는 예측할 수 없는 도시의 불연속적 환경에서 경기를 즐기는 스케이트보더들과 비슷하다. 보도의 틈바구니나 움푹 패인 곳 그리고 소화전 등이 불연속의 요소들이다. 1990년대 중반, 보더들을 위한 잡지들에는 스케이트보드를 카오스 수학과 연관 짓고 스노보드를 불교와 연관 짓는 기사들이 실리곤 했다.

그러나 경험에 크게 의지하는 익스트림 스포츠의 현재성 또한 현재 충격을 맞을 공산이 크다. 경기장 안에서든 밖에서든 현란한 기술과 묘기를 선보이려는 선수들을 상대로 팀의 결속을 유지하고자 하는 프로 농구는 지금 매우 힘든 시기를 보내고 있다. 선수들로 하여금 경기에서 이기는 것과 같이 팀을 먼저 생각하게끔 하려면 과중한 벌금을 물릴 수밖에 없다. 이런 제약을 받지 않는 익스트림 스포츠의 스타들은 선배 선수들의 반상업주의적 정서를 따르지 않는다. 그들은 의류 업체가 제시하는 막대한 후원을 거절하지 않으며 그들의 기량을 선보이기 위해 텔레비전 쇼에도 출연한다.

한편, 인터넷은 아주 기발한 재주를 부리는, 그리하여 무모하고 자기파괴적인 재주를 가진 아이들을 부추긴다. 유튜브에는 '대박 실패Epic Fail'라는 장르가 따로 있다. 거기엔 보드를 타다가 나자빠지거나 다른 식으로 낭패를 보는 아마추어들의 영상이 올라와 있다. '더 데일리 왓The Daily What'이라는 미디어 왕국에 속해 있는 '낭패 블로그Fail Blog'에서는 일반인들의 낭패 영상이나 익스트림 스포츠에 도전하다 실수하거나 정말 의외의 굴욕을 맛보는 영상, 예를 들어 어떤 남자가 바지 안에 전자 기타를 쑤셔 넣고 훔쳐 가려는 장면이 찍힌 영상을 보내달라고 한다. 보내온 익스트림 스포츠 동영상들은 일반적인 '미친' 동영상, 이를테면 "지붕에서 타이어를 굴려 급소 맞추기"나 "도로 표지판을 향해 돌진하는 정신 나간 오토바이" 등의 동영상들과 선정주의 경쟁을 벌인다. 요령보다 주저하지 않고 덤비는 자세를 더 높이 사는 것이다.

'플랭킹planking'(한국의 '시체놀이'에 빗댈 수 있지만 조금 다르다. 의외의 장소에서 꼼짝 하지 않고 있는 것은 비슷한데, 차려 자세로 배를 깔고 엎드려 있는 것이 플랭킹이다. 그 모습이 판자를 닮았다고 해서 플랭킹이라고 불린다—옮긴이) 사진이나 동영상을 보면, 사람들은 바닥에 수평으로 널브러진 판자처럼 죽은 듯 가만히 있다. 그런데 아슬아슬하게 널브러진 장소가 깃대나 절벽 혹은 잠자는 호랑이 위인 것이다. '초킹choking'이라 불리는 '목 조르기' 동영상을 찍기 위해 젊은이들은 기절할 때까지 서로의 목을 조른다. 그러다 목숨을 잃는 일이 발생하기도 한다.[15]

무모한 객기보다 제대로 된 기량을 갈고닦도록 하는 게 불가능한 것은 아니다. 하지만 스포츠 광들이 시체놀이나 목 조르기 장난을 하는 이들처럼 어떻게 하면 사람들을 더 놀라게 하고 탄성 지르게 만드느냐를 두고 경쟁하는 상황에서 이는 결코 쉬운 일이 아닐 것이다. 그들이 처한 이런 어려움에서 스토리를 상실해 그 상처를 달래고 있는 성인들은 뜻하지 않은 유익함을 얻는다. 스토리를 향유하고 활용함으로써 세상에 참여해왔던 우리 성인들로서는 말이다.

실시간 보도: CNN 효과

인기 스포츠 영역에서 대서사가 빠져나간다고 해서 세상에 심각한 영향을 미치진 않을 것이다. 하지만 민주주의 영역에서 대서사가 빠져나갈 경우엔 그럴 수 있다. 처음에는 우리가 텔레비전 뉴스를 소비할 수 있게 해주는 방식을 확장한 것에 불과했지만, 끝내 그것은 정책과 정치가 돌아가게끔 해주는(유감스럽게도 대부분의 경우 잘 돌아가지 않는다) 방식에 중대한 변화를 초래하게 됐다. 현재주의적 성격을 띠는 통신 매체가 있어 권력집단이 거짓 서사로 우리를 쉽게 호도하지 못할 수도 있다. 그들은 우리에게 선의를 가지고 있지 않을 뿐만 아니라 암중모색하게 하면서 길 위에 놓인 모든 장애물에 반응(혹은 과잉 반응)하도록 만든다.

물론 최근까지만 해도 텔레비전 뉴스는 전통적 서사의 가치를 강조해왔다. 한때 극장에서 상영됐던 뉴스 영화처럼 방송 뉴스는 현장에서 찍은 자료 화면을 편집하고 맥락을 만든다. 1960년대 초반까지 미국의 3대 주요 방송사인 CBS, NBC, ABC는 듬직한 중년 남성을 앵커로 세우고 매일 저녁 15분에서 30분 분량의 뉴스를 방송했다. 방송사들이 그토록 큰 신뢰를 받을 수 있었기에, 월터 크롱카이트Walter Cronkite는 뉴스 말미에 어떤 반어적 뉘앙스도 없이 "이상으로 오늘의 세상 돌아가는 내막이었습니다"라는 말로 뉴스를 끝낼 수 있었다. 매일 반복되는 뉴스 덕분에 뉴스 편집자에서부터 정치가에 이르기까지 모든 이가 뉴스를 가지고 스토리를 짜거나 맥락에 맞게 각색할 수 있었다. 대학 언론학과에서 가르쳤던 것은 그냥 두면 의미 없을 뉴스를 서사로 만드는 방법이었다.

조간신문의 경우엔 전날 뉴스를 여과하고 다듬을 시간적 여유가 더 있었을 터이며, 따라서 신문 독자들은 세계의 사건 사고를 액면 그대로 대하진 못했을 것이다. 독자가 알게 된 소식은 일이 어떻게 마무리됐는지, 다시 말해 결과가 어떻게 됐는지 정도였을 것이다. 또한 뉴스 편성책임자는 기사를 통째로 미루기도 한다. 아직 미심쩍은 내용 때문에 독자들이 크게 심란해할 수 있기 때문이다. 예를 들어 외국의 독재자들은 미국 방송을 탈 자격이 없으며, 정치인 추문 소식은 무기한 보류하거나 아예 방송에 내보내지 않는다. 독자들에게 "활자화되기에 적합한" 뉴스만 보도하겠다고 한 〈뉴욕타임스*The New York Times*〉처럼, 텔레비전 뉴스 프로그램들은 미국의 이해와 안녕과 행복을 추구한다. 이를 위해 텔레비전 뉴스 프로그램들은 시청자가 잠자리에 들기 전 그 뉴스의 내용을 이해한 다음 그 내용을 머릿속에서 비워내기를 바라면서 하나의 일관된 서사를 구사한다. 뉴스 말미에 "감사합니다. 편안한 밤 되십시오"라고 하면서.

어떤 뉴스 프로그램도 일부러 에두를 필요는 없었다. 정치계와 미디어 산업에 두루 통용되는 믿음이 있었는데, 대중은 그날의 진정한 이슈를 포착할 만큼 치밀하지 못하다는 것이다. 진정한 의미에서 미국 최초의 홍보 전문가인 월터 리프먼*Walter Lippman*은 1922년에 출간한 책 《여론*Public Opinion*》에서 확신에 찬 어조로 다음과 같이 말했다. "실제 환경은 너무도 크고 복잡하며 변화무쌍하기에 그것을 바로 알아차리긴 어렵다."[16]

뉴스를 직접 파악할 수 없기에 대중이 어떤 사안에 대해 알려면 마음씨 너그러운 식자층이 정보와 그 함의를 가공해 삼키기 좋은 형태의 단순한 스토리로 만들어주는 과정이 필요하다. 이런 관점에서 본다면, 대중은 정보를 갖춘 민주주의 사회의 구성원이 될 자격이 없으며, 참정권 또한 그들의 재량에만 맡겨서는 안 됐다. 따라서 홍보 전문가라는 사람들을 고용해 자신들에게 유리한 쪽으로 투표를 유도할 수 있다. 예를 들어 평화 공약을 내세워 미국 대통령에 당선된 우드로 윌슨*Woodrow Wilson*은 참전을 결정했다. 그는 제1차 세계대전 참전에 대한 대중의 동의를 조작해내기 위해 리프먼과 자신의 수하 에드워드 버네이스Edward Bernays에게 일을 맡겼다.

훗날, 베트남 전쟁을 보도하면서 이런 식의 조작이 더는 불가능하게 됐다. 전쟁의 참혹함을 겪는 피해자이면서 동시에 가해자인 미국 군인들의 모습이 매일 취재물로 쏟아지는 상황에서 저녁 뉴스가 그것에 맥락을 부여하는 작업을 하는 것은 몹시 힘든 일이었다. 그 와중에 스토리가 만들어져 회자되긴 했지만, 그 내용은 정부 혹은 선전꾼들의 통제를 벗어난 것이었다. 그렇다 보니 텔레비전 뉴스에서 전하는 내용은 보좌관이 존슨 대통령에게 보고하는 내용보다 오히려 더 정확하곤 했다. 국가로서 우리 자신에게 말하고자 하는 스토리와 국민으로서 우리 자신에게 말하고자 하는 스토리 사이에서 빚어지는 인지 부조화는 우리가 TV에서 시청하는 스토리와 갈등을 빚기 시작했다. 아직 스토리로 돌아가는 세상에서, 베트남 전쟁의 잔혹상에 대한 뉴스와 워터게이트 사건에 대한 뉴스가 우리에게 의미하는 바는 벌을 받아야 할 나쁜 놈이 있다는 사실뿐이었다.

이런 인지 부조화 현상은 미국의 많은 젊은이들에게 나타났다. 그들의 정체성과 대표성에 대한 얘기는 대부분 사실이 아닌 것으로 드러났다. 그리고 여느 젊은이들처럼, 미국의 젊은이들도 세상 밖으로 나가 직접 그 세상을 볼 준비가 됐노라고 생각했다. 테드 터너Ted Turner가 걸러지지 않은 뉴스를 24시간 방송하는 채널을 들고 나타난 타이밍은 절묘했다. 미디어의 속박으로부터 벗어나려 했던 다른 모든 시도들처럼, 1980년대 CNN의 출범과 사세 확장은 우리를 감시하는 자들이 강요하는 서사로부터의 해방을 의미하는 듯 보였다. 전국 네트워크 방송사들(미국의 경우엔 ABC, CBS, NBC가 3대 전국 네트워크 방송사다—옮긴이)이 꼼꼼히 다듬어 깔끔한 결말이 있는 스토리로 바꿔놓은 뉴스를 매일 받아 보는 대신, 우리는 세상 어느 곳에서든 일어나는 중요한 일들을 실시간으로 전해 들을 수 있게 됐다. 비록 CNN엔 전국 네트워크 뉴스가 집행하는 규모의 예산도, 뉴스 편집 경험도 그리고 지명도 있는 앵커도 없었지만, 자신들의 독특한 입지를 잘 활용해 유리한 고지를 점할 수 있었다. CNN은 기존의 기업으로부터 통제를 받지 않았으므로 사람이 됐든 사물이 됐든 뉴스가 영향을 미칠 대상에 대한 눈치를 볼 필요 없이 뉴스를 전할 수 있었다. 상시 보도 체제를 취하고 있기에 전국 네트워크 방송사처럼 한 번의 저녁 종합뉴스를 위해 보도 내용들을 그럴듯하게 짜맞출 필요가 없었다. 케이블 채널이기에 사람들은 예산을 많이 들인 방송을 기대하지 않았다. 그리고 전통적 서사에서 자유롭기에 워터게이트 이후 팽배한 불신을 덜 받게 됐다. 터너 자신이 그랬듯, CNN은 기존 뉴스 방송의 변절자이며 네트워크 혹은 정부의 통제로부터 자유롭고 표현의 구속을 받지 않았다.

바로 이런 이유 때문에 CNN은 초기에 전통적인 뉴스 매체와 학계 그리고 정치권으로부터 전방위 공격을 받아야 했다. 당시 언론사들의 보도지침과 달리, CNN은 미국인에 대한 사담 후세인Saddam Hussein의 발언을 그대로 전했다. 1991년 '사막의 폭풍' 작전 당시, CNN만이 바그다드 첫 공습 장면을 호텔 창문에서 중계했다. 그런데 방송 허가를 받기 위해 이라크 정부와 교섭한 일이 드러나면서 나중에 비판을 받기도 했다. 이뿐만 아니라 CNN은 모가디슈 전투, 천안문 시위, 동유럽 공산주의의 몰락 등을 24시간 실시간으로 보도하기도 했다. 파급력을 고려하지 않은 채 걸러지지 않은 전 세계의 실시간 영상을 쏟아내기 시작하자 여론은 심각하게 반응했고 결국 신속한 결정을 내리도록 정부 지도자들을 압박하기에 이르렀다. 펜타곤 관료들이 이런 현상을 두고 'CNN 효과'라고 부르기 시작할 무렵, 당시 국무장관 제임스 베이커James Baker는 이런 말을 했다. "CNN 효과로 인해 정책 결정자는 신속히 입장을 취할 수밖에 없었다. 나로서도 빨리 입장 표명을 해야 했다. 모두가 실시간 모드인데 나만 숙고할 시간은 없는 것이다."[17] 베이커가 말하고자 하는 바는 단순히 업무와 판단을 신속히 진행할 필요가 있다는 얘기가 아니다. 생각만 하고 있지 말고 실시간으로 행동을 취해야 한다는 얘기다. 더는 정책이란 것이 원대한 계획이라든가 서사와 비견할 수 있는 대상이 되지 않았다. 정책이란 것은 현장에서든 방송에서든 변화무쌍한 상황에 대한 임기응변에 불과한 것이 됐다. 물론 인터넷, 페이스북Facebook 업데이트, 트위터 피드 등을 통해 이런 효과는 강화되고 있는 실정이다. 그것들은 CNN의 방송차량이나 위성장비가 없어도 전 세계인의 데스크톱과 스마트폰이 급박한 소식을 전하고 있기 때문이다.

전국 네트워크 뉴스 방송이 CNN이 없었다면 보류했을 영상을 CNN 때문에 방송하게 된 것처럼, 이제는 케이블 뉴스 채널이 유튜브로 인해 일반인들의 영상을 방영하고 있다. 마치 그래도 아무 문제가 없는 것처럼 말이다. 상시 뉴스로 인한 즉각적인 반응에 초점이 모아지면서 그것은 통치에 관한 새로운 접근법이 되어가고 있다. 미국 공화당의 프랭크 런츠Frank Luntz[18]와 같은 유명한 여론조사 전문가는 심층 뉴스 토론을 보는 텔레비전 시청자들의 반응을 실시간으로 매 순간 확인한다. '피플 미터people meters'라고 하는, 문자반이 달린 조그만 기기를 통해 표본 시청자 집단은 후보자라든가 일반적인 뉴스 내용이라든가 혹은 재난 소식 등에 대해 즉각적인 인상을 표명한다. 정책 입안자들은 여기서 얻은 정보를 가지고 문제가 생겼을 때 어떻게 대응할지 결정한다. 심사숙고할 시간이 없다. 한 가지 결정을 내리는데 몇 시간 혹은 만 하루가 필요하다고 하면, 그것은 우유부단과 나약함의 표시일 뿐이다. 새벽 두 시에 대통령에게 우리가 말로만 듣던 비상 전화가 걸려왔다고 해보자. 당연히 전화를 받아야 할 뿐만 아니라, 그 비상 상황에 대해서도 즉각적으로 반응해야 한다. 그것이 본능인 것처럼 말이다.

그 결과 한때 정치적 수완이라고 불렸던 것은 위기관리와의 끝없는 투쟁으로 바뀌고 있다. 정치 지도자들은 이슈를 감당하기는커녕 그에 훨씬 뒤떨어져 있다. 그저 발생하고 있는 요지경에 대응하느라 급급할 뿐이고 그 과정에서 얼마간 책임자로 비칠 따름이다. 대서사가 존재했다면, 이념적 성향이 강한 정책 입안자의 경우엔 민족주의적이며 국수주의적인 태도 (비교적 최근의 형태 가운데 하나가 신보수주의다)를 취했을 것이다. 그러나 서사가 철저히 부재한 상황에선 지도자들은 끊임없이 몰아치는 예측불허의 재난에 끌려 다닐 수밖에 없다. 스토리에 마침표를 찍으려는 시도는 수포로 돌아가고 있다. 9·11이 발생하고 겨우 사흘이 지났을 즈음, 조지 W. 부시가 워싱턴 내셔널 성당에서 "이 싸움의 시작은 그들이 정한 시간과 방식을 따랐지만, 그 끝은 우리가 정한 방식과 시간에 따를 것입니다"라는 대국민 담화를 발표했을 때, 서사를 제어할 수 있다는 듯한 태도를 취했다.[19] 나중에 그는 전투기를 타고 항공모함에 착륙한 뒤 '작전 완료'라는 현수막 앞에 선 적이 있는데, 그것은 마치 하나의 스토리에 마침표를 찍는 듯한 태도였다. 하지만 현실은 그에 아랑곳없었다. 현재주의적 세상에서 스토리를 앞에서 이끈다는 것은 불가능한 일이다. 위에서 만지작거린다는 것은 말할 나위도 없다.

이뿐만 아니라 우리가 쉽게 취할 수 있는 스토리 형태의 장기적 목표가 부재하기에 사람들은 공포 말고는 그 어떤 것에도 대처할 능력을 상실했다. 만일 우리가 어디로 나아가야 할지 그 방향을 상실한 상태라면, 우리 행동에 동기를 부여하는 것은 위협이 되는 것으로부터의 도피, 그것 하나다. 우리는 문제들을 전전하는 가운데 최악만큼은 피하고자 할 뿐이다. 세계를 바라보는 우리의 태도는 점점 더 공포의 감정을 띤 것이 되어가고 있다. 네트워크 뉴스와 인터넷 소식을 보면 가장 충격적이고 부정적인 사건들만 부각되어 위기감은 더 크게 조성된다. 그런 사건들은 시청률도 높고 조회수도 많아 그런 소식만 더욱더 양산될 뿐이다.

물론, 예로부터 뉴스를 채우던 것은 주로 사회의 이면이라든가 재난 소식이었다. 1면에 꽃 박람회가 성황리에 치러졌다는 소식보다 살인사건을 전하는 신문이 더 잘 팔리곤 했다. 하지만 지금은 독자들의 평가에 대한 반응은 소소한 것이 됐고, 독자들의 평가와 광고 수입의 관계가 가장 중요한 것이 됐다. CNN처럼 한때 독립적이었던 뉴스 채널들은 뉴욕증권거래소에 상장된 타임워너Time Warner 같은 거대 미디어 그룹의 계열사로 전락하고 있는 처지다. 고급 뉴스 프로그램이 한 텔레비전 프랜차이즈 전체의 이름값에 보탤 수 있는 간접가치는 더 이상 의미 없는 것이 됐다. 적어도 단기간에 저조한 시청률을 보완하는 데는 별 의미 없는 것이 됐다고 할 수 있다. 현재로선 시청률을 확보할 수 있는 가장 확실한 전략은 선정적인 충격을 주는 것이다. 여기에 끊임없이 돌아가는 24시간 뉴스 방송은 사람들로 하여금 위기감을 계속 유지시켜 그것으로부터 헤어나올 수 없게 만든다. 어떤 조치를 취해야 하는가에는 별 관심이 없다.

내 젊은 시절이 생각난다. 그 당시엔 방학을 맞는다는 것은 세상 돌아가는 소식과 잠시 작별하는 것을 의미했다. 집으로 돌아와서야 편지에 답장을 쓰고 전화 음성 메시지에 답을 하고 굵직한 뉴스를 따라잡을 수 있었다. 그런데 오늘날, 디즈니월드에 가서도 인터넷에 접속해 집에 있는 친구들에게 문자 보내기 급급한 아이들을 예로 든다면, 방학이라고 해서 모든 것을 접을 수 있는 방도도, 명분도 없는 것 같다.

오늘날 세상은 24시간 네트워크가 제공하는 뉴스로 모두 연결돼 있는 상태다. 모두 함께 실시간으로 일어나고 있는 허리케인 카트리나, 시추선 딥워터호라이즌 그리고 후쿠시마 원전의 재앙들을 느린 화면으로 보게 됐다. 또한 우리는 무엇을 해도 속수무책일 수밖에 없는 정치 지도자들의 철저한 무력감이 어떤 것인지도 실감하게 됐다. CNN은 브리티시페트롤리엄BP 소속의 유정에서 멕시코 만으로 기름을 쏟아내는 상황을 생중계했고 그 후 몇 달 동안 계속해서 뉴스 꼬트머리에서라도 관련 소식을 내보냈다. 뉴올리언스 슈퍼돔에 대피한 카트리나 이재민들이 도움을 요청하는 팻말을 들고 있는 모습을 거의 습관적으로 보여주는 데서 볼 수 있듯, 이런 영상을 계속해서 보여주게 되면 사람들의 마음은 걱정스럽기도 한 반면, 동시에 둔감해지기 시작한다. 매 순간 시각적으로 숨 돌릴 틈도 주지 않으면, 시청자의 인내심은 동이 나기 시작하고 관계 당국의 무능력을 점점 더 크게 느끼기 시작한다.

폭스뉴스Fox News와 같은 토크 라디오와 케이블 채널은 현재주의자들의 분노에 발언 기회를 줌으로써 사업적으로 재미를 보고 있다. 때로 매우 성난 목소리로 자기 말만 하는 뉴스 진행자들은 시청자들의 집단적 코티솔(스트레스 호르몬) 수치를 한껏 높이는 까닭에 시청자들로 하여금 당장 '투쟁이냐 투항이냐fight or flight'를 두고 늘 고민하게 만든다. 뉴스 시청자들은 단순한 보도나 해설 뉴스를 너무도 따분하게 여기는 나머지 심야토론 프로그램으로 채널을 돌려 전문가라는 사람들이 나와 서로 치고받는 것을 즐겨 본다. 그런 식의 난투극이 극적인 분위기를 자아내긴 해도 거기서 벌어지는 갈등엔 시작이라는 것도, 대단원이라는 것도 없다. 현실적 사안이나 합의를 도출하기 위한 합법적 노력에서 찾아볼 수 있는, 진정한 의미에서의 시작이라는 것이 없다. 그것은 그저 현재 충격에 사로잡혀 갈피를 잃은 사회의 문제를 해결하고자, 닳고 닳아 이미 시대에 한참 뒤처진 좌우논쟁을 갖다 붙인 꼴이다. 한때 좌파였던 것은 진보를 대변한다. MSNBC(마이크로소프트Microsoft와 NBC가 결합된 이름으로, 미국과 캐나다에서 24시간 뉴스를 제공하는 케이블 채널―옮긴이)의 방송 모토는 미래를 향해 '몸을 내밀도록lean forward' 부추긴다. 한때 우파였던 것은 주로 20세기 초 가치관으로의 복귀나 사회적 보수주의를 대변한다. 복고가 됐든 미래지향이 됐든, 두 입장 모두 현재 충격에 대한 완충을 약속한다.

리얼리티를 점령하라

현재로부터 완전히 벗어나는 데엔 한 가지 문제가 있는데 바로 현실과 유리된다는 점이다. 화제 중심으로 프로그램이 짜인 리얼리티 쇼와 24시간 뉴스 채널, 사건만 따라가는 편성, 추정 수준의 정보들로 넘쳐나는 온라인 등이 아무리 많아진다 한들 그 속엔 우리가 진정 믿고 의지할 수 있거나 효과적으로 이용할 수 있는 게 거의 없다. 부동산 가격은 오르는 것일까, 내리는 것일까? 아프가니스탄에서는 누가 이기고 있는 것일까? 정말 멕시코인들이 미국인들의 일자리를 뺏고 있는 걸까? 이 모든 것에 대해 사람들의 말은 서로 다르다. 한때 프로페셔널 저널리즘이었던 것들이 프로페셔널 오피니언으로 전락하면서 객관적 진실이란 것이 자취를 감춘 듯하다. 매일같이 매체 왜곡장distortion field에 노출된 까닭에 환경을 보호해야 한다거나 생물이 진화한다는 사실을 받아들이는 미국인들은 더욱 줄어들고 있다.

1985년부터 2005년까지 진화론에 대해 미심쩍어하는 미국인의 비율은 7퍼센트에서 21퍼센트로 늘었다.[20] 한편, 지구온난화에 의혹을 품는 사람의 비율은 1997년 31퍼센트에서 2010년 48퍼센트로 증가했다.[21] 이런 경향은 뉴스 보도를 빙자한 종교 프로그램과 이메일 스캔들에 관한 케이블 채널의 논쟁 때문이다. 하지만 현실로 돌아와보면, 대수층은 소멸되고 있으며 일차 항생제는 빠르게 변종으로 바뀌는 박테리아에 점점 속수무책이 되어가고 있다. 참여 미디어의 모호한 상대주의 속에선 모든 게 개인 의견의 문제로 귀착된다. "당신은 당신의 의견을 말하는 거고, 나는 내 의견을 말하는 거다"라는 식이다. 어쨌든 이것이 민주주의이기는 하다. 이제는 전성기가 지났지만 홍보계의 거인이었던 리처드 에델만Richard Edelman은 다음과 같은 사실을 인정한 바 있다. "미디어 기술이 급격히 발달한 이 시대엔 스스로 창출한 진실 외에 어떤 진실도 없다."[22]

인터넷은 모두가 대화의 장에 참여하는 것을 환영한다. 〈뉴욕타임스〉 독자투고란의 글은 〈허핑턴포스트Huffington Post〉의 칼럼에 필적하는 것이고, 그것은 다시 개인 블로그나 트위터에 올린 글에 필적할 것이다. 누구의 생각이든 다 의미가 있다고 여기기에 사람들은 문외한의 견해마저도 실제 그 문제에 대해 오랫동안 연구해온 전문가의 의견 못지않게 타당하다고 믿는다. (심지어 앞 문장의 '전문가'란 단어에도 화를 내는 독자들이 있을 거라고 생각한다. 이럴 때면 마치 내가 현실을 살아가는 평범한 사람들의 믿을 만하고 변함 없는 직감보다 지식인 집단의 판단을 더 높게 치는 속물이라도 되는 듯이 말이다.) 학생들은 종종 내게 묻는다. 자신들처럼 아무런 대가도 바라지 않고 블로그에 글을 쓰는 사람들이 넘쳐나는데, 왜 직업적 언론에 돈을 내야 하느냐다. 이에 대해 한 가지 답을 하자면 이렇다. 정부와 기업이 홍보 전문가들에게 막대한 돈을 들이기 때문이라고. 시민들 입장에서도 이 모든 정보를 분석하고 평가할 수 있으며 그것이 사실임을 확증하는 데 일정 수준을 갖춘 상근직 전문가가 적어도 몇 명은 필요하다.

직업적 언론에 회의적인 것은 비단 젊은이들만이 아니다. 2010년 갤럽Gallup 조사에 의하면, 미국인들 가운데 신문과 텔레비전 뉴스를 신뢰한다는 사람은 25퍼센트도 채 안 됐다. 이는 역대 최저치다.[23] 연구조사에 따르면, 전통 뉴스 매체에 대한 신뢰도는 급락한 반면, 인터넷 이용은 급증했다. 그리고 응답자 가운데 42퍼센트는 언론사가 민주주의를 훼손한다고 보았다. 이는 인터넷이 활성화되기 전인 1980년대 중반에 조사한 수치보다 두 배 많은 것이다.[24]

문화철학자 위르겐 하버마스Jürgen Habermas는 2006년 한 인권상 수락 연설에서 다음과 같은 제안을 했다. "인터넷으로 인해 평등이 신장됨으로써 우리가 치른 대가는 편집되지 않은 스토리에 마구잡이로 접근할 수 있게 됐다는 것이다. 이런 식의 매체에선 지식인들이 거기에 참여할수록 문제의 핵심을 제시하는 그들의 능력은 무력화된다."[25] 분명 시민 언론의 성장으로 인해 우리는 주류 매체가 예산이나 관심이 없어 다루지 않는 정보를 얻을 수 있다. 허리케인 카트리나로 인한 피해를 처음으로 보도한 것은 블로거와 아마추어 비디오 제작자들이다. 하지만 이런 보도를 통해 사망자

수가 부풀려지거나 나중에 사실무근으로 밝혀진, 슈퍼돔에서 강간과 폭력이 자행됐다는 소문도 돌았다.[26] '아랍의 봄'과 '시리아 혁명'에 관한 영상과 보도는 통신사의 취재 활동이 제한되거나 금지된 탓에 거의 대부분 아마추어 기자에게 의지할 수밖에 없었다. 그러나 폭력적인 독재 정권에 맞서 유혈 혁명이 벌어지고 있는 상황에서 취재를 한다는 것은 아무나 할 수 있는 일이 아니다. 사안을 명확히 밝히거나 정책에 대한 배경 설명을 해야 할 때 아마추어 저널리즘이 얼마나 효과적일 수 있을까.

가령 어떤 일반인이 총탄을 무릅쓸 수 있는 영웅심을 지녔고, 거기에 블로그를 운영할 줄 알며, 전문가가 만든 것처럼 보이게 해주는 웹사이트 템플릿을 활용할 줄 안다면, 사람들은 착각할 수 있다. 그런 이라면 어떤 사안에 대해서든 전문가 수준의 탐사와 기사 작성을 할 수 있다고 말이다. 사실, 사람들은 대부분 다른 블로거가 쓴 칼럼에 댓글을 다는 게 고작이다. 그리고 그 블로거들은 또 다른 블로거 글에 댓글을 다는 이들이고. 단순히 블로그 저작 소프트웨어를 사용할 수 있다고 해서 모두가 블로그를 하는 것은 아닐뿐더러 블로그의 결과물들이 서로 관련이 있는 것도 아니다. 이런 경향에 대해 가장 신랄하게 비판하는 사람 중 한 명이 《인터넷 원숭이들의 세상The Cult of Amateur》의 저자 앤드류 킨Andrew Keen이다. 그는 이렇게 말한다. "퓨 인터넷Pew Internet과 아메리칸 라이프 프로젝트American Life Project가 2006년 6월에 발표한 연구에 따르면, 미국에서 블로그를 하는 1천200만 명의 블로거 가운데 34퍼센트가 자신들의 온라인 '작업'을 언론 활동의 한 형태로 보고 있다. 그렇다면 훈련받지 못한 미숙한 무명의 무보수 '언론인'이 수백만 명에 달하는 셈이다. 1996년과 2006년 사이에 한 해에 수천 명씩 늘어난 이들은 사이버 세상에 잘못된 정보를 토해낸다." 솜

더 긍정적으로 보는 시선도 있다. 뉴욕시립대학에서 저널리즘을 가르치면서 버즈 피드Buzz Feed에서 블로그 활동을 하는 제프 자비스Jeff Jarvis는 검색 결과와 추천 엔진 덕분에 더 확대된 언론 시장으로 인해 양질의 저널리즘이 우위를 점하게 될 것이라고 주장한다. 하지만 제아무리 시장 메커니즘이 작동한다 해도 이 모든 형태의 언론을 소비해야 하는 우리로선 그것이 사실 보도인지 아니면 해박한 견해인지 혹은 억측인지를 가려내기가 쉽지 않을 수 있다.

여느 때와 같은 정치에 대한 성마른 환멸에다 우리 자신의 직감적 감수성에 대한 새로운 믿음이 더해지면서 우리는 언론과 그 너머의 영역마저도 우리가 직접 처리할 마음을 먹게 됐다. 이념적 지향이 테러와 폭력으로 자리바꿈을 한 정치적 상황에서 현재 충격으로부터 벗어나기 위한, 진정한 의미에서의 첫 정치적 움직임은 티 파티Tea Party('작은 정부'와 '재정 적자 반대'를 주장하는 미국의 강경 보수주의 단체—옮긴이) 운동일 것이다. 이는 일종의 '외상후스트레스장애PTSD' 정치로, 텍사스 하원의원 론 폴Ron Paul이 신봉하는 자유지상주의libertarianism라는 명료한 구호에서 영감을 받은 것이다. 티 파티 운동의 이름은 1773년의 보스턴 티 파티 사건에서 유래했다. 당시 미국 식민지 개척자들은 과중한 세금에 대한 항의의 표시로 영국 차를 바다에 던졌다. 오늘날의 티 파티 운동은 그 어원의 사건처럼 권위에 항거하며 어떤 형태로든 정부에 대한 불신을 표현하는 운동이다. 티 파티 운동은 애초에 반조세 운동에서 시작됐지만, 시간이 흐르면서 그 성격이 정치적 합의에 대한 경멸과 과도하게 단순화시킨 자신들의 목표에 배치되는 모든 것을 일부러 외면하는 태도로 바뀌었다.

티 파티를 지지하는 미셸 바크먼Michele Bachmann 같은 이는 채무한계 개념을 오해했거나 아니면 일부러 곡해했는지, 그것을 추가 재정 지출을 승인하는 표결 문제로 공공연히 왜곡해 받아들였다(그것은 이미 사용한 것에 대한 지불 표결이었는데도 말이다). 이뿐만 아니다. 이들에 의하면, 해소될 기미가 보이지 않는 채무 위기를 해결하는 방법은 아예 정부를 폐쇄하는 것이며, 건강보험제도가 너무 복잡하다면 없애버리면 된다(물론 노인의료보험은 대수롭지 않으니 놔두고). 이들에게 러시아와 중국은 악의 축이고, 아랍은 두려운 존재며, 멕시코인들은 미국인들의 일자리를 빼앗아가고, 지구 기후변화는 말장난이다.

컬럼비아대학 역사학 교수인 마크 릴라^{Mark Lilla}가 그 역사적 추이를 보여준 바 있듯, 부풀려진 자신감과 정치 지도자들에 대한 경계심이 결합되면 위험한 것이 생겨난다. 그가 보기에 티 파티 참가자들은 이렇다. "(그들은) 전통적인 미국인의 특성 가운데 두 가지를 최근에 아주 많이 언급하고 있다. 그것은 바로 정부 조직에 대한 전면적 불신과 놀라울 정도의, 근거 없는 자신감이다. 그들은 공적 영역에 대해서는 종말론적 비관주의자들이 되지만 자신들의 역량에 대해서는 유치할 정도로 자부심 넘치는 낙관주의자가 된다."[27]

만일 티 파티가 어떤 일로 비난을 받는다면, 그것은 그들이 지나치게 보수적이어서도, 극우여서도 혹은 자유지상주의자들이어서도 아니다. 궁극적 해답을 찾는 과정에서 지나치게 미숙하고 행동이 앞서며 성마르기 때문이다. 한때 서사는 현실을 조직화하는 데 사용됐고 직접 민주주의에 참여할 수 있다는 믿음으로 굳건했다. 하지만 그것이 무너진 충격으로 티 파티 참가자들은 연원이 오래된 문제―그들도 모르지 않을―에 대해 가차 없고 성급한 해결을 살방하게 됐다. 이는 마치 속수무책의 현세를 참고 견디느니 고통스러운 종말론적 상황을 조성하는 것이 더 낫다는 식이다.

  좀 더 이성적인 보수주의자들과 공화당 당원들은 민주당보다 티 파티를 더 경계한다. 왜냐하면 결과에 급급한 나머지 마구잡이로 달려드는 이들의 모습이 대의 민주주의의 근간과 정당성을 흔들 수 있다고 보기 때문이다. 조지 W. 부시의 연설문 담당관이었던 데이비드 프럼David Frum은 이렇게 한탄한다.

  통치 행위를 진지하게 여기지 않는 정치적 운동은 통치 행위엔 관심이 없고 사업에 모든 관심이 가 있는 일련의 정치 기업가들에 의해 악용됐다. 〈아메리칸 아이돌〉을 틀어놓는 시청자들이 설익고 뒤죽박죽인 예선을 보면서 깔깔대듯, 티 파티 참가자들은 매번 세상 돌아가는 일엔 전혀 아는 바 없고 알고 싶지도 않다는 것을 공공연히 드러냄으로써 엽기적인 뉴스거리를 제공해 시청자들을 웃긴다. 그런데 리비아에 대해 실언을 한 케인(2011년 당시 공화당 대선 후보였던 허먼 케인Herman Caine이 오바마 대통령의 리비아 문제 처리에 동의하느냐는 질문을 받고 동의하지 않는다고 말한 일. 그러나 그때는 이미 오바마의 지시 후 리비아의 카다피가 권좌에서 축출되어 살해당한 시점이었다. 전후 사정을 전혀 모르고 한 그의 발언은 논리적으로 카다피 축출을 지지하지 않는다고 말한 게 되는 셈이다─옮긴이)이나 자원부를 언급해야 할 대목에서 머리가 하얗게 돼버린 페리의 사례(2011년 공화당 대선 후보 토론회에서 텍사스 주지사였던 릭 페리Rick Perry가 자신이 누차 폐쇄를 주장했던 세 개의 연방부처 가운데 하나인 자원부Department of Energy를 기억해내지 못해 망신을 당한 사건─옮긴이)는 그들이 지도자 재목이 되지 못할뿐더러 '추종자 노릇' 하기도 벅차다는 것을 보여준다. 티 파티는 통치에 대해 알고 싶은 생각도, 관심도 없다. 그러니 그들은 통치라는 것과 거리가 멀 수밖에 없다.[28]

대표자를 내세운다는 것이 더 이상 누군가를 사흘 동안 마차에 태워 수도로 보내는 것을 의미하지 않는 이 디지털 세상에서, 대의 민주주의는 자신의 존재를 정당화하고자 지난한 시기를 보내고 있다. 목적을 달성하기 위한 하나의 수단으로 떨떠름하게 티 파티를 포용해온 공화당원들은 안으로부터 당의 결속이 침식당하는 상황을 맞게 됐다. 한편, 24시간 뉴스 채널이 이런 현상을 초래한 장본인이라는 사실을 깨달은 듯한 CNN은 티 파티와 손을 잡고 대통령 후보 텔레비전 토론회를 주최했다. 티 파티는 정부의 와해보다 더 바라는 게 있는 듯 보인다. 그건 바로 그 정부의 요직에 티 파티 참가자들을 앉히는 것이다.

티 파티 운동이 섣불리 판단을 내리려고 하는 게 거슬린다면, 현재 충격에 대한 반응에서 그것과 대척점에 있는 '월가를 점령하라Occupy Wall Street' 운동이 보여주는 지루한 숙고도 거슬릴 수밖에 없다. 티 파티 운동과 월가 점령 운동은 정치적 서사가 붕괴되는 데 대한 각기 상반된 반응인데, 티 파티는 무언가 결론이 났으면 하고 바라는 입장이고, 월가 점령 운동은 확정되지 않은 상태를 유지하고자 하는 입장이다.

소셜 미디어가 개입된 혁명인 '아랍의 봄'에 자극받은 월가 점령 운동은 뱅크런과 분기 실적과 빚 독촉으로 점철된 경제 체제에 내재한 불평등 요소를 사람들에게 알리고자 일일 시위부터 시작했다. 그러나 하루짜리 시위는 지속적인 혁명의 모습으로 탈바꿈하면서 사례를 통해 새로운 정치적·경제적 활동 모델을 제시하고자 노력을 쏟고 있다. 티 파티 참가자들은 딱 떨어지는 스토리가 없는 혼돈의 세상을 제거하려는 반면, 월가 점령 운동을 지지하는 사람들은 새로운 형태의 대안이 나올 수 있도록 그런 혼돈을 안으로 품으려고 한다. 그러나 쉬운 일은 아니다. 티 파티에서 내보내는 가십거리 후보자와 그들의 신랄한 말투는 케이블 뉴스 네트워크의 빠른 편집 및 논쟁 유발식 프로그램 구성과 딱 맞아떨어지는 반면, 월가 점령 운동가들과는 맞지 않는다. 비록 두 움직임 모두 믿을 수 있고 설득력 있는 서사가 붕괴된 결과 나타난 것이지만, 티 파티는 이런 정신적 위기를 인정하고 그것을 받아들이는 반면, 월가 점령 운동은 그것을 넘어서고자 한다.

바로 이런 이유 때문에 전국 네트워크의 뉴스 기자들이 월가 점령 운동을 배은망덕하고 게으른 정신병자 세대가 아무렇게나 내뱉는 헛소리로 치부하고 있는 것 같다. 텔레비전 뉴스 기자들은 거두절미한 그들의 보도 행태가 사멸되는 것을 막기 위해선지 월가 점령 운동 진영에서 10초 안에 자신들의 실천 과제를 설명할 수 없는 것은 그런 것이 없기 때문이라고 보도하고 있다. "정말요Seriously?"라는 타이틀의 자투리 코너에서 CNN의 비즈니스 뉴스 전문 앵커인 에린 버넷Erin Burnett은 뉴욕 주코티 공원에서 벌어진 시위를 조롱했다. "그들은 무엇에 대해 시위를 하고 있는 걸까요? 아는 사람이 아무도 없는 것 같군요." 쇼핑몰을 방문해 아무나 붙잡고 미국 역사 퀴즈를 냈던 〈투나이트 쇼The Tonight Show〉 진행자 제이 레노Jay Leno처럼, 버넷의 주된 목적은 시위대들이 미국 정부가 은행을 구제한 사실을 모르고 있다는 것을 보여주는 것이었다. 충분히 예상할 수 있는 일이지만, 폭스뉴스의 한 기자는 자신이 인터뷰하고 있는 한 시위자가 시위가 어떤 식으로 마무리됐으면 좋겠느냐는 질문에 답변을 거절하자 당황하는 듯했다. 질문을 받은 시위자는 일반적인 정치 서사를 넘어서고자 다음과 같이 대답했다. "시위의 끝을 보는 문제라면, 저로선 시위가 끝나는 것을 보고 싶지 않습니다. 저는 대화가 계속 이어지는 것을 보고 싶습니다."[29]

이런 의미에서 본다면, 월가 점령 운동을 하는 시위대의 경제관이 현실에 입각한 것이든 아니든 월가 점령 운동은 서사 이후 최초의 진정한 정치 운동이라고 볼 수 있다. 인권 시위나 노동자 시위 혹은 오바마 선거 유세와 달리 점령 운동은 카리스마 있는 지도자에 의해 일사불란하게 움직이는 것이 아니다. 그리고 몇 가지 짧은 구호로 그들의 생각을 축약할 수도 없으며, 이 정도면 됐다 하는 어떤 종결점이 있는 것도 아니다. 구체적인 목표가 없으므로 초점이나 구심점을 잡기 어렵다. 이 운동은 광범위한 불평과 요구와 목적의식을 다 끌어안은 셈인지도 모른다. 예를 들어 환경, 노동조건, 주택 정책, 부패한 정부, 세계은행의 대출 관행, 실업 그리고 갈수록 커지는 부의 편중 문제 등등. 하지만 이 많은 문제들은 서로 관련이 있다. 피해를 입는 사람이 다르고 그 양상만 다를 뿐이지 모두 같은 시스템에서 유래한 것이라는 점에서 그리고 사람들은 자신들이 동일한 핵심 문제로 인해 빚어지는 온갖 증상을 경험하고 있는 것이라고 생각한다는 점에서 서로 관련이 있다.

하지만 언론인이나 정치가가 짐짓 월가 점령 운동이 도대체 뭐 하자는 건지 알 수 없다는 투로 행동하는 건 솔직하지 못한 태도이며 이는 현재 충격의 또 다른 모습이다. 은행 쪽 입장을 지지하는 세력과 전통적인 민주당원들 모두를 언짢게 하는 것은 월가 점령 운동 측이 기존 정치 활동에서 사용하는 언어로 자신들의 목적을 표명하거나 주장을 밝히기를 거부한다는 점이다.

사람을 자리에 앉혀놓으면 셔터를 내려버리는 기존의 정치 선거 운동(오바마의 당선과 이어서 나타난 젊은 유권자들의 실망에서 보듯)과 달리 월가 점령 운동은 포물선을 그리는 전통적 서사를 바탕으로 한 운동이 아니기 때문이다. 그것은 어떤 사안에 대한 논쟁에서 이긴 다음 할 일이 다 끝났다며 집으로 돌아가는 식의 운동이 아니다. 오히려 탈중심화된 네트워크 문화의 산물로서 승리보다 지속성에 관심을 두는 운동이다. 하나를 꿰뚫는 것보다 그것을 감싸 안는 운동이다. 승점을 올리기보다 합의를 모색하는 운동이다. 책보다 인터넷을 닮은 운동이다.

'월가를 점령하라'는 '이기면 끝'인 운동이 아니다. 그것은 서로를 물들이는 가운데 퍼져 나가는 그리고 답을 하는 가운데 끊임없이 질문을 던지며 사는 삶의 방식을 의미한다. 월가 점령 운동을 하는 사람들이 전 세계에 세운 도시 생존 캠프는 본보기인 동시에 의회이며 새로운 아이디어의 실험장 혹은 낡은 아이디어의 부활 장소에 가깝다. 적을 분명히 상정하고 특별한 해결책을 위해 투쟁하는 기존의 시위와 달리, 월가 점령 운동은 바닥에 주저앉아 자기들끼리 토론하고 중요하다 싶은 걸 따지다 속내가 서로 다르다는 것을 확인하곤 한다. 그런데 사람들은 그런 식으로 계속 이 운동에 참여한다. 그것이 마치 새로운 형태의 정상적 모습이라는 듯 말이다. 이런 자리에서 사람들은 영감을 얻기도 하고 분노하기도 한다.

예를 들어 점령 운동 총회가 채택한 방법론을 보면 집단 토론을 하고 합의를 도출하는 방식이 매우 유연하다. 이는 고대 그리스인들의 방식에서 따온 것이다. 논쟁하고 입장 차이를 확인한 뒤 결정을 내리는 의회 방식과 달리 점령 운동 총회에서는 합의를 다음과 같은 방식으로 벼린다. 아이디어와 그 아이디어에 대한 반대 생각들을 죽 쌓아놓고, 모두가 그 생각들을 잘 들었는지 확인한다. 이 모든 과정이 간단한 거수 동작 하나로 진행된다. 하나하나 쌓인 생각들에 우선순위를 매기고 나면 모두가 발언권을 얻는다. 표결이 끝난 뒤엔 예외와 반대 의견은 일종의 수정안으로 수용된다.

한편, 이런 식의 합의 도출 과정은 혁신적인 도약으로 여겨진다. 이는 정책 수요를 창출하거나 좌우 대립을 둘러싸고 존재하는 정형화된 서사를 폐기 처분함으로써 합의를 도출하기 위해 논쟁을 벌이는 일(계몽주의 철학자들은 이를 가리켜 '변증법'이라고 불렀다)을 하지 않는다. 이는 적어도 18세기 프랑스 국민의회 이후 정치적 담론을 규정지었던, 이분법에 바탕을 둔 승자독식의 정치적 운영체제에 대한 노골적인 거부다. 하지만 이런 방식은 너무나 느리고 밑도 끝도 없이 지루한 과정이다. 이런 상황에선 봉고 연주자가 내는 소음 문제를 다루는 데 걸린 시간이 대학생 부채 문제를 다루는 데 걸린 시간과 별 차이가 없는 것이다. 세월아 네월아 공원에 앉아 소일하는 사람에겐 잘 맞는 방식이겠으나 결과를 당장 봐야 하는 사람에겐 고문과 다름없다. 이런 식으로 일을 처리하게 되면, 현재는 참으로 긴 시간 계속될 것이다.

점령 운동의 분위기와 접근법은 정치 운동의 그것이라기보다 인생의 가장 큰 휴지부 가운데 하나인 대학 생활의 그것과 가깝다. 온라인에서든 오프라인에서든 점령 운동은 그들의 관심사에 대한 토론회가 주축이 된다. 젊은이들은 모르는 것을 서로 가르쳐주거나 강사를 초빙해 다음과 같은 주제의 강연을 들었다. 경제가 돌아가는 방식, 재화와 서비스를 공급하는 경제 체제로부터 투자은행이 단절된 이유, 대대적인 담보권 실행에 대한 현실적 대응 방안, 연방에서 관리하는 채무화폐의 역사 그리고 심지어 시민불복종의 가장 바람직한 형태 등.

그들의 접근법은 거추장스럽고 어디로 튈지 모른다. 하지만 기이하게도 서사 이후의 풍경이 자아내는 가치들과 잘 어울린다. 점령 운동은 돈을 가지고 경쟁적으로 벌이는 제로섬의 폐쇄적 게임 대신 넉넉한 상호 부조에 바탕을 둔 지속 가능한 개방적 게임에 관심을 둔다. 기존의 정치적 서사에서 보자면, 이는 공산주의 진영에서나 함직한 소리다. 하지만 점령 운동을 지지하는 사람들의 입장에서 볼 때, 이는 사회안전망에 대한 동등계층 간의 인지상정이 발현된 것이다. 누구 한 사람이 이기는 게임이 아니라 많은 이가 같이 즐기는 온라인 게임과 같은 놀이다. 많은 사람이 참가하면 할수록 그리고 게임이 오래 지속되면 될수록 성공적이라 할 수 있는 놀이다.

무한게임

사실, 컴퓨터게임은 서사 붕괴에 대해 대중문화 진영에서 제시한 만족할 만한 첫 대안이라고 할 수 있다. 컴퓨터게임이 주의력 지속 시간과 그 범위에서부터 사회적 상호작용과 독서에 대한 관심도에 이르기까지 그 모든 것을 파괴한 주역이라고 한다면, 비디오게임은 책, TV, 영화 등이 더 이상 예전과 같은 기능을 하지 못하는 사회에서 그 구원자 역할을 하고 있다. 이는 단지 그것들이 더 눈부시고 귀를 쨍쨍 울려서만은 아니다. 오늘날 어린이용 TV 프로그램을 보면 영상은 고해상도에다 음향의 밀도는 훨씬 높다. 그동안 비디오게임은 시장 점유와 문화적 비중에서 다른 형태의 모든 오락보다 우위를 점했다. 비디오게임은 참여 방식에 제한이 없고 말이 아닌 게임을 통해 의사소통을 하며 그것이 창의적인 과정이기 때문이다. 비디오게임은 직선적 시간 속에서 진행되긴 하지만, 과거와 미래 사이에서 기승전결의 서사적 포물선을 그리는 건 아니다. 게임을 멈추면 과거의 것이 되고 게임을 시작하면 현재가 된다.

비록 컴퓨터게임이 연예오락산업의 주력인 TV, 음악, 영화를 압도하기 훨씬 전에 종교사학자 제임스 카스 James Carse가 '무한게임infinite games'이라는 개념을 제시했지만, 그가 게임을 두 부류로 나눈 것을 보면 현재 충격의 시대에 전자게임이 왜 그런 우위를 점할 수 있었는지 이유를 짐작할 수 있다. 유한게임은 결말이 정해지는 게임이다. 승자와 패자로 말이다. 테니스에서부터 축구에 이르기까지 거의 모든 게임은 이런 식으로 돌아간다. 승리는 희소성을 띤다. 승자는 한 사람 혹은 한 팀일 수밖에 없으므로 선수들은 승리를 위해 경쟁한다. 반면, 무한게임은 게임 그 자체에 비중을 둔다. 무한게임에선 뻔한 시작이나 뻔한 결말이 없으며 게임을 하는 사람들은 게임 그 자체를 위해 게임을 한다. 무한게임엔 정해진 경기장이 없다. 게임이 진행되는 과정에서 규칙이 바뀌기도 한다. 카스의 주장 덕분에 사람들은 무한게임에 대해 제약 없는 풍요로운 사고를 할 수 있게 됐다. 서로 치열하게 경쟁하며 결판을 보기 위해 아등바등하는 대신, 그 재미를 극대화하기 위해 게임을 벌일 뿐이다. 유한게임 안에서 '승리 아니면 죽음'을 갈망하는 대신, 적극적으로 현재를 즐기고 순간의 여흥거리를 지속시키고자 애쓸 뿐이다. 이는 정해진 규칙보다 즉흥성을, 밖으로부터 주어지는 도덕률보다 안으로부터의 감흥을 그리고 진지함보다 쾌활함을 더 선호하는 방식이다.

진정한 의미의 무한게임이라는 건 있을 수 없겠지만(인생 그 자체는 예외일지 모르겠으나), 카스가 생각하는 이상에 다가갈 수 있는 대중적 형태의 게임은 늘어나는 추세다. 전문적으로 구연동화를 하는 사람들을 제외한 일반인들의 경우엔, 즉흥적으로 얘기하는 것은 유년시절과 더불어 끝나고 그 빈자리는 책이나 텔레비전 혹은 잘 짜인 게임으로 대체됐다. 하지만 1970년대 중반(TV 리모컨이 필수 항목으로 자리 잡을 무렵)에 판타지 롤플레잉 게임RPG이라고 하는 새로운 형태의 게임이 등장했다. 중세 시대의 미니어처를 가지고 노는 전쟁놀이의 게임 규칙에서 실마리를 얻어 던전 앤드 드래곤Dungeons & Dragons, D&D이라는 게임이 개발됐다. 이는 최초로 출시된 RPG이며 컴퓨터 책상 위에서 중세 시대의 모험을 상상하고 재연할 수 있는, 아주 기본적인 규칙을 갖춘 게임이었다. 편을 나누고 복잡한 규칙을 세우고 승자를 가리는 기존의 게임과 달리 D&D는 쌍방향 스토리텔링의 진정한 출발점이라 할 수 있었다. 앨런 캐프로Allan Kaprow(1927−2006, 미국의 화가, 이상블라주 예술가로 행위예술의 창시자—옮긴이)의 작품 〈해프닝 Happenings〉에서 볼 수 있는 퍼포먼스만큼은 아니지만, D&D의 환경만으로도 사람들은 충분히 함께 모여 상상의 모험을 펼쳐 나갈 수 있었다. D&D를 하는 사람들은 인물의 특징과 속성을 규정한 캐릭터 시트character sheet를 만들어 게임을 시작한다. 인물에게 부여된 속성들 중에는 순전히 가공적인 것(빨간 모자를 쓴 금발의 난쟁이 같은)도 있었지만, 그 외 대부분은 힘의 세기, 마법 능력, 지능 등 게임 속 인물의 능력을 규정하는 것들이었다. 던전 마스터가 되면 게임의 흐름을 주도하고 게임 플레이어들 간의 관계를 중재할 수 있었다. 그리고 게임 속 캐릭터들은 모험을 펼쳐 나가는 가운데 가장 기발한 상상 속의 역경에 뛰어들 수 있었다.

RPG로 인한 부모와 교사들의 대경실색이야말로 RPG의 폭발적인 인기에 필적할 만한 것이었다. 헤비메탈 음악과 더불어 D&D는 청소년들의 윤리의식을 바닥에 떨어뜨리고 약물 남용과 심지어 살인까지 부추겼다는 비난을 받았다. 하지만 드러나지 않은 RPG에 대한 진짜 두려움은 놀라우리

만치 열린 구조를 지닌 RPG 스토리에서 주로 기인한 것일 터였다. 아이들은 하루에 몇 시간 동안 컴퓨터가 있는 지하실이나 오락실에 들어가 판타지 모험에 빠져드는데 그것은 수개월 혹은 수년간 지속된다. 그리고 아이들이 게임 속 인물들의 옷이나 장식을 걸치고 학교에 가거나 게임 전략을 일상에 끌어오면 게임과 현실의 경계는 무너지기 시작한다. RPG는 시간 경계에 대한 우리들의 개념을 아랑곳하지 않았다. 그렇다면 이런 게임은 언제 끝나며, 규칙은 누가 만들까? 게임에서 이기려면 어떻게 해야 할까? 그것을 통해 승리라는 것을 배울 수 없는 게임이라면, 그저 패배자만 낳을 뿐인가?

　RPG를 하는 사람은 현재주의의 광팬이라 할 수 있었다. 스토리에 결말이 없어도 개의치 않으며 오히려 그 사실을 기꺼이 받아들인다. 그들이 함께 만들어내는 모험엔 극적 곡선이 거의 나타나지 않고 각 캐릭터들에겐 소소한 성취감 정도만 주어질 뿐이다. 이런 상황에서 게임을 잘하고 못하고의 기준은 얼마나 오랫동안 살아남아 자신의 게임 그룹을 이롭게 하는가에 달렸다. 던전 마스터의 명성은 자신의 게임 그룹을 얼마나 오랫동안 유지할 수 있느냐에 달린 것인데, 바로 여기에 기존 스토리텔러를 압도할 수 있는 커다란 이점이 존재한다. 즉 게임 구경꾼들이 스토리를 만들어내는 과정에 주도적으로 참여할 수 있다는 것이다. 던전 마스터는 수동적인 구경꾼을 이끌고 대리 만족적인 모험을 하다가 클라이맥스에서 어떤 의미를 부여하는 식으로 게임을 펼쳐 나가지 않는다. 그가 하는 일이란 같이 게임을 하는 사람들이 상상의 게임을 하기 쉽게 해주는 것이다. 그는 게임을 펼칠 수 있는 세계를 조성한다. 이런 의미에서 보자면, 던전 마스터는 뒤이어 나타난 쌍방향 미디어의 진정한 선구자였다.

RPG 게임을 하는 사람들은 비디오게임 구경꾼으로 딱 맞아떨어지는 사람들이었다. 비디오게임에서도 RPG에서와 비슷하게 스토리를 함께 만들어 나가는 개방적 방식을 취하기 때문이다. 모든 비디오게임이 서사의 문제에 직접 매달리진 않는다. 하지만 게임을 하면서 자신만의 남다른 선택을 할 수 있는 구경꾼들과 경쟁을 하지 않는 비디오게임이란 없다. 선택에서 제약을 받는 경우는 어느 소행성을 공격해야 할지 결정할 때 혹은 전쟁을 벌이기 위해 다수의 전투 집단과 어떻게 동맹을 맺어야 할지 결정할 때다. 하지만 자유의지와 쌍방향 대화의 두 가지를 얼마만큼 합해 게임을 펼치든 간에, RPG 같은 비디오게임은 아리스토텔레스식 서사 법칙을 뒤집어놓는다. 전통적 서사에서는 반드시 대단원을 향해 나아가야 한다. 중요한 건 다음의 내용이다. 캐릭터는 가능한 한 최고의 선택을 하지만 운명과도 같은 상황에 직면한다. 그 운명은 적어도 시간이 지난 뒤 돌이켜보건대 헤어날 수 없는 것이었다. 구경꾼들은 상황과 캐릭터가 그러하다면 그렇게 될 수밖에 없다는 생각을 했다. 영웅 캐릭터가 잘못된 선택을 했다면, 사람들은 그것을 플롯상의 허점이라고 보았다.

비디오게임은 그와 정반대다. 게임 작가는 시나리오를 쓰면서 게임 플레이어들이 도달했으면 하는 어떤 결말이나 대단원을 염두에 두었을지 모른다. 하지만 그 세계를 헤쳐 나가는 과정에선 게임 플레이들 스스로가 저마다 자유의지를 바탕으로 게임을 풀어나가는 것처럼 생각한다. 게임의 각 장면이 시작될 때마다 일련의 선택을 해야 하는 것이다. 게임 플레이어는 새 장면이 시작될 때 캐릭터가 단 하나의 바른 선택을 하는 것을 그대로 두고 보지 않는다. 게임 플레이어는 중심 캐릭터가 되어 수많은 선택 앞에서 고민하게 된다. 기존의 스토리에선 정해진 대단원을 향해 이야기가 수렴되는 반면, RPG 게임에선 그 흐름의 갈래가 새로운 가능성을 향해 열려 있다. 우리가 책을 읽거나 영화를 볼 때, 각 캐릭터에게 주어진 최선의 선택은 이미 존재한다. 다만 처음부터 드러나지 않았을 뿐이다. 그러나 우리가 게임을 할 때는 선택의 행위가 실시간으로 이루어진다.

다양한 형태의 비디오게임은 그만큼 다양한 형태로 현재주의를 구현한다. 게임 플레이어가 괴물이나 기타 적의 뒤를 쫓으며 총을 쏘는 〈슈터스Shooters〉는 현재 시제에 가장 가까운 게임처럼 보이지만, 플레이어가 스토리를 이끌어 나갈 몫은 가장 적게 주어지는 게임이다. 플레이어는 게임의 각 단계마다 여러 다양한 방식으로 목표물을 죽일 수는 있지만, 그를 통해 플레이어가 얻을 수 있는 것은 미리 정해진 다음 단계의 게임뿐이다. 〈심시티SimCity〉와 〈문명Civilization〉 같은 창조주God 게임에서 게임 플레이어는 세상을 창조하고 그것을 주재할 수 있다. 게임 플레이어는 도시를 설계하기도 하고 문명을 기원에서부터 구축해 나가기도 하며 생명의 발생과 진화(〈스포어Spore〉 게임에서처럼)를 관장하기도 한다. 이렇게 만들어지는 세계의 모양새는 게임 플레이어의 선택에 달렸다. 폭력적인 쪽으로의 선택은 폭력적인 세상을 낳을 것이고 장사에 초점을 맞추면 경제적인 것에 더 많이 좌우되는 세상을 낳을 것이다.

하지만 게임 분야에서 가장 많은 부분을 차지하고 가장 인기 있는 것은 소셜게임이다. 〈월드 오브 워크래프트World of Warcraft〉나 〈길드 워즈Guild Wars〉 같은 게임은 많은 수의 플레이어들이 온라인에 접속해 벌이는 RPG 게임, 다시 말해 MMORPGmassively multiplayer online role-playing games라고 한다. 이런 게임에선 플레이어들이 그룹에 가입하여 함께 미션을 수행한다. 그들이 게임을 벌이는 세계는 게임회사가 만든 것이며 그들이 만나는 여러 다양한 괴물과 천재지변은 프로그래밍 된 것이다. 하지만 캐릭터들 간의 상호작용은 전적으로 플레이어들에게 달렸다. 플레이어들은 모험을 떠날 것인지 말 것인지, 동맹을 맺을 것인지 말 것인지 그리고 전투 그룹을 만들 것인지 말 것인지를 선택한다. 이런 게임들을 소셜게임이라고 하는 건 말 그대로 다른 플레이어들과 더불어 하기 때문이다. 비록 물리적으로 멀리 떨어진 상황에서 각기 다른 컴퓨터를 사용해 게임을 하지만 그들은 인터넷으로 연결돼 있기 때문이다.

페이스북을 기반으로 한 소셜게임조차 비록 다듬어지진 않았으나 이와 같은 참여형 스토리텔링의 한 형태라고 할 수 있을 것이다. 〈팜빌FarmVille〉과 〈마피아 워즈Mafia Wars〉 같은 소셜게임은 큰 성공(이 게임들을 출시한 회사로 하여금 10억 달러가량의 주식 공모를 가능케 할 만큼)을 거두고 있다. 창조주 게임의 일종이기도 한 팜빌에서 플레이어는 농장을 짓고 농장 일을 하면서 곡물을 판다. 그렇게 해서 얻은 게임 머니로 특별한 장식 소품을 구입한다.

대단한 것은 아니지만 이런 게임의 특징이라고 할 수 있는 것은 소셜 네트워크상에서 이루어지는 게임이기에 이웃끼리 서로의 농장을 볼 수 있다는 점이다. 비슷하게 〈마피아 워즈〉 게임에서도 플레이어들은 영토와 지위를 두고 서로 돕거나 경쟁한다. 제대로 능력치를 향상시키고 게임회사를 이롭게 하는 길은 자신의 게임 패거리로 더 많은 플레이어들을 모으는 것이다. 소셜게임은 MMORPG에 비해 창조성의 여지를 많이 제공하진 않지만 앞서 비디오게임을 해본 적이 없는 사람들에겐 이를 통해 현재 시제의 오락이 어떤 것인지 경험할 수 있도록 해준다.

이런 유의 경험에 의미나 목적이 항상 결여돼 있는 건 아니다. 서사가 배제된 경험이라 해서 메시지를 주고받을 수 없는 것도 아니며, 그 소통을 더 잘할 수 없는 것도 아니기 때문이다. 의도한 효과가 있어 '기능성 게임serious games'이라는 이름을 가진 컴퓨터게임은 그 안에 진지한 메시지를 담으려는 게임이다. 이런 게임에서는 작가가 책에 메시지를 담듯 그렇게 게임에 메시지를 넣지 않고, 직접적인 체험 속에서 소통을 모색한다. 따라서 플레이어는 게임 속 캐릭터가 오만한 나머지 제 꾀에 넘어가는 것을 보고 있으니 직접 '반전reversal과 발견recognition'을 경험하는 것이다.

게임 중에는 건강, 폭력, 도덕, 환경문제 등의 진지한 주제를 다루는 것들도 많다. 예를 들어 '변화를 위한 게임들Games for Change'이라는 단체는 웹사이트를 갖추고 플레이어들로 하여금 오늘날의 사회적 이슈를 생각하도록 만드는 게임을 수집하고 관장한다. 그런 게임으로 현재 가장 유명한 게임 가운데 하나인 〈죽어가는 다르푸르Darfur is Dying〉는 250만 수단 난민의 참상을 다시 일깨운 게임이다. 플레이어는 난민의 입장이 되며 결국 그에게 어떤 일(강간, 살인, 탈출 등)이 닥칠지는 그의 성별과 선행 조건에 크게 좌우된다. 어떤 의미에서 이 게임에선 승리란 게 없지만, 게임하는 동안 서로 주고받고 경험하는 사이에 제아무리 뉴스를 많이 보더라도 알 수 없는 난민들의 처지와 그 상황의 절박함을 느낄 수 있다. 이런 유의 다른 게임과 마찬가지로 이 게임을 통해 플레이어들은 자선 헌금을 하거나 트윗을 하며 인터넷을 통해 운동에 참여하게 된다.

이런 게임을 통해 우리는 대중문화의 많은 부분을 난감하게 만드는 서사의 붕괴에 대해 좀 더 건전한, 적어도 좀 더 능동적인 대응을 할 수 있다. 또한 우리는 어떻게 하면 현재 충격을 피하면서 동시다발적인 오늘날의 삶에 순응할 수 있는지에 대한 실마리도 얻을 수 있다. 플레이어는 스토리의 죽음에 당황하지 않고 스스로 스토리가 되면서 기꺼운 마음으로 순간순간 스토리를 구현해낸다. 그럼에도 게임을 만드는 사람은 마음만 먹으면 게임 속에 가치관을 심을 수 있다. 이때 그가 하는 일이라곤 미리 가치관을 제시하지 않고 선택지를 제시하는 것뿐이다.

이와 같은 방식은 서사가 몰락하는 거의 모든 곳에 적용할 수 있다. 정치 영역에서 보자면, 이는 새로운 양식의 사회운동을 시작한 점령 운동가들의 방식을 취한 것과 같다. 즉 '목적이 수단을 정당화한다'는 식의 운동을 탈피하고 상식 범위 안에서 행동을 취한다는 것이다. 마케팅 영역에서 보자면, 이는 '브랜드 신화'를 강조하는 대신 '브랜드 경험'이라고 불리는 것에 초점을 맞추는 것과 같다. 오프라인 혹은 온라인 쇼핑 환경에서 소비자가 취하는 실제 쇼핑 방식은 브랜드 경험에 의한 것으로 소비자에게 스토리가 아닌 경험을 안겨준다. 이때의 경험은 선택하고 집중하는 자율적 행위의 경험이다. (이는 투명성을 새롭게 주어진 사실로 그리고 소셜 미디어를 새로운 형태의 언론 매체로 받아들이는 것이다.) 의학 영역에서 보자면, 환자에게 아무 짓도 말고 무조건 의사와 제약회사의 말만 믿으라고 하기보다 치유 과정에 환자도 함께하라고 하는 것과 같다. 게임이라는 렌즈를 통해 문화와 정치 그리고 경제가 돌아가는 것을 이해함으로써 우리는 수동적으로 받아들이던 서사의 세계에서 실시간 참여를 유도하는 서사의 세계로 넘어갈 수 있다.

그동안 스토리를 가지고 했던 일들을 스토리 없이 수행하기 위한 방편을 이 게임들이 제시하고 있다. 물론 이 게임들이 만병통치약은 아니지만, 스토리의 부재로 우리가 겪게 된 트라우마를 어느 정도는 완화시켜줄 수 있다. 스토리의 환상이 사라진 자리에 참여와 자기주도라는 새로운 의식이 자리한다.

사실, 개인적 차원의 외상후스트레스장애에 대한 처방으로 게임이 점점 더 많이 사용되고 있는 것을 보면 게임은 문화적 차원의 외상후스트레스장애에 대한 처방도 될 수 있다는 생각이 든다. 서던캘리포니아대학의 창조적기술연구소Institute for Creative Technologies 소속의 앨버트 '스킵' 리조Albert 'Skip' Rizzo라는 심리학자는 가상현실 시뮬레이션 기법을 사용해 심각한 외상후스트레스장애로 고통받는 이라크전 참전 병사들을 치료해왔다. 먼저 그는 〈풀 스펙트럼 워리어Full Spectrum Warrior〉라고 하는, 매우 실감 나는 전쟁 비디오게임을 하게 한 다음 그것을 심리치료 과정에 사용한다. 환자가 3D 가상현실 안경을 착용하고 자신이 외상을 겪던 상황을 묘사하면 임상의는 가상현실을 꾸민다. 환자는 게임컨트롤러를 들고 그가 실제 전쟁터에서 했던 것처럼 행군을 하거나 전투차량을 타고 이동하다가 교전을 벌인다. 임상의는 게임을 이용해 그 상황을 다시 만들어내고 환자로 하여금 그 비극적 순간의 공포를 온전히 되살릴 수 있도록 한다. 물론 이 과정은 그 순간의 기억으로부터 안전거리를 지켜주는 컴퓨터 시뮬레이션 안에서 진행된다.

나는 디지털 기술이 우리 삶의 방식을 어떻게 바꾸었는가를 보여주는 다큐멘터리를 제작할 때 이 장비를 직접 체험할 기회가 있었다. 리조는 내가 묘사한 대로 교통사고 시뮬레이션을 만들었다. 수년 전에 일어났던 사고에서 나는 가까운 친구를 잃었다. 애초 나의 의도는 기술이 치료자와 환자 간의 인간적 관계를 방해한다는 걸 보여주는 것이었다. 하지만 내 생각이 틀렸다. 사고가 일어난 이후 난 몇몇 심리치료사를 포함해 여러 사람에게 사고 얘기를 했지만, 내 마음은 사고로부터 완전히 벗어나지 못했다.

그냥 얘기를 하는 것만으론 충분하지 않았던 것이다. 하지만 시뮬레이터 상에서 나는 리조 박사에게 사고 당시 여명은 아니었고 하늘에 아직 깊은 어스름이 깔려 있었다고 말하자 그는 하늘을 어둡게 만들었다. "아침놀이 짙었어요"라고 내가 말했다. 그는 짙은 놀을 만들어냈다. "길 가장자리에 숨아낸 관목들이 보였습니다." 그는 그것들을 추가했다. "친구의 안색이 창백해졌어요." 일단 여기까지였다. 리조는 다른 장비를 이용해 황야와 내가 묘사한 노간주나무 관목 더미의 냄새를 만들어냈다. 나는 마치 그곳에 다시 간 듯했다.

여기서 무엇보다 중요한 사실은 리조가 치료 과정 내내 나와 함께 있었다는 점이다. 내게 필요한 시뮬레이션을 만들어준 것에 그치지 않고 시뮬레이션 안에 나와 함께 있어주었다. 이때의 인간적 유대는 내가 예전에 친구들과 임상의에게 사고 얘기를 할 때보다 더 깊었다. 리조야말로 내 속내를 보아준다는 확신이 들었기 때문이다. 문자 그대로 그는 사고 당시의 나를 보고 듣고 냄새 맡을 수 있었다. 게임 시뮬레이션을 통해 외상의 흔적을 안고 기록된 서사를 현재화함으로써 나는 사고에 대한 인위적 스토리가 아닌 그때의 사고를 그 자리에서 고스란히 다시 겪었다. 이 경험은 생생했으며 이를 통해 나는 변했고 많이 홀가분해졌다. 원래는 시뮬레이션 기술을 시연해보고자 했던 것인데 내가 앓고 있던 외상후스트레스장애를 치료한 셈이 됐다. 이후로는 컴퓨터게임의 가능성을 얕잡아 보지 않기로 했다.

우리에게 컴퓨터게임이 의미가 있는 것은 단순히 그것을 특정 용도에 사용할 수 있어서가 아니다. 그보다 현재 충격에 대응할 수 있는 방법을 암시해준다는 점에서 의미가 있다. 시작도 끝도 없고 선형적 서사가 제시하는 기원도 목적도 없이 우리는 현재에 충실해야만 한다. 길잡이가 되어 주던 스토리의 상실을 슬퍼하는 한편, 자기제어와 자유 그리고 자기결정의 새로운 틀을 세우기 위해 고민해야만 한다. 게임은 그것을 통해 새로운 틀이 형성되는 과정을 지켜보기 위한 커다란 렌즈와도 같다.

서사는 현재주의에 의해 밀려난 수많은 것 가운데 맨 처음의 것이다. 선형성의 상실로 인한 트라우마는 현재 충격을 반영하는 다섯 가지 주요 형태 가운데 맨 처음의 것이다. 하지만 여타의 경우와 마찬가지로 컴퓨터게임은 건설적 대안을 제시하는 동시에 깊은 우려를 자아내기도 한다. 무엇보다 스토리의 소멸은 자연스레 사람들의 호들갑을 불러일으켰다. 사람들은 갈수록 더 외설적이고 자극적이며 민망하기 그지없는 리얼리티 TV 프로그램을 통해 전통적 서사의 활기와 몰락을 재현하고자 한다. 24시간 뉴스 매체도 그와 같은 길을 가고 있으며, 매체를 소유한 다국적기업의 요구에 한술 더 떠서 뉴스 캐스터의 서사적 권위가 놓였던 자리에 카메라의 영상적 권위를 가져다 놓았다. 한편 이를 어떻게 받아들일 것인가에 대한 의견이 분분한 와중에도 권위를 지닌 영상은 그 이면에서 돌아가고 있다.

이런 환경에서 자란 젊은이들은 잃어버렸던 것을 되찾은 첫 세대에 속한다. 그들은 새로운 스토리텔러를 찾지 않고 스스로 스토리텔러에 적당한 존재가 됐다. 스노보더는 자신들만의 하강 코스를 만들고, 스케이트보더는 도시라는 공간 자체를 장애물 코스로 만든다. 또래들처럼 그들은 승자가 따로 없는 무한게임을 하고 있는 것이다. 이런 즉흥적인 하위문화와 함께 성장한 젊은 세대는 선거 승리에만 목을 맨 정당의 외곬수적 태도를 거부하고 스스로 정립한 사회참여의 원칙과 경제정의에 따라 행동한다. 세상 돌아가는 소식과 그 일의 실상을 파악하기 위해 TV와 영상물에 의지하지 않고 컴퓨터와 게임을 통해 관심이 가는 일을 직접 겪어봄으로써 자신만의 답을 찾는다.

물론 이 모든 게 말처럼 쉬운 일은 아니다. 디지털 환경 그 자체에도 내재한 문제가 많으며 '망 세대the connected generation'는 혼란과 불연속성의 첫 피해자 세대에 속하기 때문이다. 세상의 컴퓨터들과 그것을 연결하는 망은 일사불란하게 돌아가는 것처럼 보이기도 한다. 하지만 사방에서 우리를 향해 몰려오는 신호들은 동시에 들이닥친다. 우리는 원하는 답을 얻고자 어떤 화면을 골라 열어볼 것이다. 그런데 종종 이런 행위에서 알 수 있는 것은 우리가 어떤 대상 혹은 존재에 의지하고 싶어 하느냐가 아니라, 그 순간 우리 자신이 어떤 존재 혹은 대상이 되고 싶어 하느냐다. 우리는 게임을 하고 있다. 그게 문제될 것은 없으나, 동시에 다른 여러 레벨에서 하고 있다는 것이다. 아니면 적어도 그렇게 하려고 한다.

같은 시간에 두 곳 이상에 존재하려고 아등바등하는 우리는 현재 충격의 중요한 또 다른 영향력을 경험하게 된다.

PRESENT SHOCK

2장

디지털 분열
헤어짐은 쉽지 않다

PRESENT SHOCK

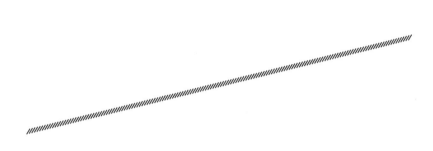

만사가 너무 바쁘다. "모든 게 너무 가까이 있다." 기금을 모으고 협상을 하며 비행기를 타고 다니는 나날이다. 매주 두 번 비행기를 타고 두 곳을 방문한다. 이 모든 일이 한번에 같이 돌아간다. 시간이 없다, 시간이.

— 사이보그 인류학자 앰버 케이스Amber Case가 보내온 문자에서

구글이 제아무리 우리가 인간의 능력을 뛰어넘어 같은 시간에 두 곳 이상의 장소에 존재할 수 있다고 말해도, 우리는 여전히 한계에서 벗어나지 못하고 있다.

유럽 시간으로 아침이었다. 나는 베를린 외곽의 외딴 곳에 있는 한 호텔 로비에 앉아 있었다. 장시간 비행으로 인한 피로가 풀리지 않았고 좀 멍한 상태였다. 체크인 해서 내 방에 들어가려면 오후가 되어야 했다. 시간적 중간지대에 있는 셈이었다. 하지만 인터넷은 가능했고, 로비에선 와

이파이WiFi가 잡혔다. 해야 할 일이 생각났다. 뉴욕 외곽에서 베를린 외곽까지 오는 14시간 동안 이메일을 확인하지 않았던 것이다. 처음 보낸 메일에 왜 답이 없는지 궁금해하는 사람들로부터 세 번째 메일까지 와 있는 상태였다. (누구 잘 아는 사람 있으면, 이메일에 신속히 답해 비현실적 기대감을 유발할 수 있는 방법을 내게 좀 가르쳐달라.)

비행기를 타고 오면서 과감히 인터넷에 접속해보지 않았던 것은 아니다. 하늘에 떠 있는 동안 비행기 안에서 와이파이가 잡혔다. 하지만 스카이프Skype 통화를 계속 시도하는 어떤 사람 때문에 다른 승객들은 인터넷에 접속할 수 없었다. 승무원이 시스템을 세 번째 재부팅하는 걸 보며 나는 다 관두고 수면제를 먹은 다음 영화를 보다가 잠이 들었다. 공항에 내려 아이폰으로 접속을 시도했으나 실패했다. 이제 콘센트가 있는 호텔에 도착해서야 나를 기다리고 있는 것들을 따라잡을 여건이 됐다.

옆에 아주 작은 빨간색 느낌표가 붙은 메일은 대부분 뉴욕의 한 임원으로부터 온 것으로, 그는 인터넷 윤리를 주제로 한 행사에서 연설할 사람을 찾고 있었다. 그가 말하는 일정 바로 다음 날 미주리 강연이 있었지만 오전에 뉴욕에서 강연을 하고 오후 비행기로 미주리에 갈 수 있다는 생각이 들었다. 일정을 정확히 확인하기 위해 내 구글 캘린더 계정으로 로그인했다. 구글은 내가 낯선 IP 주소를 사용한다며, 정말 내가 맞는지 몇 가지 질문을 해야겠다고 했다. 어렸을 때 내가 키웠던 애완동물, 내가 태어난 곳 등등. 이렇게 답하다 보니 접속한 지 어느덧 30분이 흘렀다. 호텔 프런트에 가서 와이파이 접속 암호가 적힌 종이를 한 장 더 받아 와야 했다. 나는 다시 온라인에 접속해 구글에 내 신분을 다시 확인해줘야 하는 화면으로 돌아갔다. 그런데 이번엔 구글이 정말로 내게 짜증을 냈다. 내가 한번에 여러 장소에서 접속 시도를 하려는 듯 보인다는 것이었다. 구글은 예방 차원에서 내가 정말 나인지 확인될 때까지 내 계정을 막을 것이라고 했다. 구글이 내 휴대전화로 문자를 보내면 그것으로 인증을 해야 한다고 했다. 하지만 독일에서는 내 휴대전화를 쓸 수 없었다.

비가 내려 흐릿한 독일의 아침에 나는 바보같이 디지털 시대의 내 일정표에 들어가 확인을 하지도 못한 상태에서, 디지털 시대의 일정을 따르기로 했다. 나는 답장을 보냈다. 비행기 시간에 대기 위해 12시 이전에 강연장을 나설 수 있다면 오전 강연을 할 수 있다고 말이다. 지금쯤 당신도 짐작하겠지만 내가 뉴욕으로 돌아가 인증을 받고 구글 미디어 익스텐션에 접속하고 보니, 예상했던 일정과 일정표에 기록된 일정이 달랐다. 미주리 강연 일정이 그다음 날 아침이 아니라 뉴욕 강연을 하는 당일 아침이었던 것이다. 맙소사. 현재 충격의 악몽이 눈앞에 펼쳐졌다. 나는 동시에 두 곳에 존재해야 했다. 내가 아무리 디지털 시대에 잘 적응한다 하더라도 내 몸이 두 개일 수는 없는 노릇이었다.

자신의 고유성을 소중히 여기는 인간들과 달리 디지털 미디어의 가장 중요한 특징은 복제 가능성이다. 디지털 파일뿐만 아니라 디지털 프로세스까지 복제되어 동시에 여러 곳에 존재할 수 있다. 이는 예전에 볼 수 없던 새로운 것이다. 지금껏 우리가 알고 있던, 세상에 존재하는 모든 아날로그 복제물은 가능한 한 원본을 지키기 위한 노력의 결과물이었다. 심지어 우리가 보는 영화도 필름의 중간음화internegative에서 만들어진 것이고, 이 중간음화는 원본음화original negative에서 만들어진 것이다. 복제를 계속하다 보면 복제물에 노이즈가 더 끼게 된다. 하지만 원본음화를 가지고 반복적으로 상영하다 원본을 훼손시키는 것보다 낫다. 이와 대조적으로 디지털 복제물은 원본과 차이가 나지 않는다. 디지털 복제물은 원본을 훼손하지 않는다. 어떤 의미에서 디지털 복제물은 복제물이 아닌 셈이다. 일단 복제되면 그것은 '원본'인 것이다.

아날로그 세상에서 원본은 반드시 보존되어야 하는 것이며 복제를 위해 원본음화가 프린팅 기계를 통과할 때마다 원본음화는 조금씩 훼손된다. 미술관에선 플래시를 터뜨려 사진을 찍는 일이 금지돼 있다. 플래시 빛에 노출될 때마다 원본 그림의 광택이 조금씩 바래기 때문이다. 이런 사진 복제와 달리 디지털 복제는 원판에서 찍어낸 것이 아니다. 디지털 복제는 그 자체로 원본이다. 이는 생물학적으로 보면, 매번 완전히 다시 태어나 새로운 활동을 수행할 수 있는 것으로, 자손보다는 클론에 더 가깝다.

사람들은 여전히 아날로그다.

적절히 활용한다면, 디지털 생산물과 네트워크가 지닌 막강한 분배력을 통해 우리는 우리의 힘과 영향력뿐만 아니라 우리의 생각과 감정까지 널리 퍼뜨릴 수 있다. 우리는 한번에 두 곳 이상의 장소에 영향을 미칠 수 있다. 이로써 우리는 예전에는 왕이나 대통령 혹은 영화 스타들이나 지닐 수 있었던 세계적 영향력을 지닐 수 있게 됐다. 문화와 사회 속에서 보통 사람들의 역할이 바뀌었다. 수동적인 독자나 관객의 위치에서 능동적으로 게임을 펼쳐 나가는 자의 위치로 말이다. 하지만 이런 자기주도석 역할에는 대가가 따랐다. 과거 우리에게는 경험의 인도를 받을 수 있을 만큼 좋은 시절이 있었다. 그때 우리의 주의력은 오직 한 곳을 향한 채 엄격히 통제된 서사적 경로를 따라 움직였다. 자신의 게임 환경을 스스로 선택하는 상황 그리고 이런 식으로 새롭게 구성되는 문화와 경제 활동 및 정치 영역에서도 우리는 그 흐름을 놓치지 않으면서 동시에 주변에서 벌어지는 온갖 활동에 귀를 열고 있어야 한다.

우리 몸이 어디에 있든 우리의 가상 페르소나들에겐 정보와 메일이 쏟아진다. 편지는 쌓이고, 트위터 피드는 꼬리를 물며, 페이스북은 업데이트 되고, 캘린더에 일정이 늘어나며, 구매 이력과 명세표는 그때그때 갱신된다. 게임을 할 때처럼 우리가 반응을 보이지 않은 대상은 우리가 그를 알아차릴 틈을 주지 않는다. 모든 것은 나란히 일어나며 그 사이가 아주 멀리 떨어져 있는 경우도 있다. 이제 타이밍이 모든 것이 됐으며 누구라 할 것 없이 모두 성마른 존재가 됐다.

우리가 한번에 한 장소에만 존재할 수 없다 하더라도, 우리의 디지털 자아는 모든 기기와 플랫폼 그리고 네트워크에 흩어져 있으며 곳곳에서 가상의 정체성을 자기복제한다. 사람이 됐든 프로그램이 됐든, 기기와 플랫폼과 네트워크에 흩어져 있는 존재들은 각각 고유한 존재인 양 각자의 주소와 프로필을 지닌다. 궁금증은 언제나 "그는 왜 내 메일에 답장을 안 할까"라는 것이지, "언제 그가 인터넷에 접속해 내 메일이 전송된 편지함을 열어볼까"가 아니다.

디지털 기기와 그것들이 가져온 세계관 덕분에 우리는 종종 억압적으로 기능하는 스토리텔러의 연대기적 배열로부터 벗어날 수 있었다. 그리고 우리는 미래에 대한 기대 속에 살아가는 피조물에서 보다 현재 지향적인 인간이 될 수 있었다. 그러나 온전히 현재에 머무는 경험에 비해 '지금 now-ness'이라는 것을 경험하는 일은 정처 없고 산만하며 심하면 정신분열적이기까지 하다. 무엇보다 서사의 붕괴로 인해 많은 사람들이 외상후스트레스장애 같은 것을 겪는다. 그 장애란 일종의 환멸로서, 위로부터 어떤 지시도 계획도 스토리도 주어지지 않는 데서 오는 뭐라 딱 잘라 말할 수 없는 불편함이다. 그러나 1회분의 아드레날린 호르몬제나 더블 에스프레소 한 잔처럼 디지털 기술은 이런 무목적성, 즉 동시적 요구라는 성격으로 인해 목적을 잃어버린 상태에 대한 나름의 처방이 돼준다. 우리는 스스로 어디로 가는지 더 이상 알지 못할 수도 있다. 그러나 엄청나게 빠른 속도로 어디론가 가고 있음은 알고 있다. 그렇다. 우리는 모종의 크나큰 존재론적 위기의 와중에 있다. 그렇지만 너무 바빠서 그걸 알아채지 못한다.

우리는 이미 디지털 생활이 미치는 해로움에 대한 인문학자들과 의사들의 경고를 숱하게 들어 왔다.[1] 그들의 전언은 귀담아들을 만하고 고려할 만하다. 그들의 모든 경고가 일견 타당하다고 할 수 있지만, 자동차와 증기기관에 대해서도 그런 식의 경고는 존재했다. 심지어 한때 구전 이야기로 동질감을 유지했던 부족들은 문자와 성문법을 위협으로 여겼으며, 교황과 사제들은 활자화된 성경이 자신들의 권위를 위협한다고 보았다. 우리가 사용하는 대상이 우리를 변화시키는 것이다. 현재 충격을 이해하고 그것에 제대로 맞서기 위해서는 디지털 활동으로 빚어지는 인과적 결과에 마음을 쓰기보다는 디지털 환경에서 살아가는 일이 갖고 있는 더 큰 함의와 필요조건에 대해 생각해봐야 한다. 문제는 디지털 기술이 우리를 어떻게 변화시키고 있느냐가 아니다. 기왕 디지털화된 삶을 사는 이상, 우리가 우리 자신과 상대를 어떻게 변화시키느냐가 더 중요한 것이다.

우리가 사는 세상은 디지털 기기와 디지털적 세계관으로부터 큰 영향을 받고 있다. 그 주된 영향 가운데 하나가 가차 없는 디지털 시간을 우리의 시간으로 삼게 된 것이다. 디지털 세상은 쉬는 법 없이 우리에게 늘 최신 뉴스, 주식 시세, 소비 동향, 이메일 수신, 소셜게임 업데이트, 트윗 등의 소식을 보내며, 이 모든 것은 스마트폰으로 집결된다. 이목을 끌기 위한 수신 알림이 너무도 많다. 사람이든 프로그램이든 모두 응급 상황처럼 움직인다. 마치 통화 중에도 친지로부터 급한 소식이 있으면 교환원이 끼어들던 전화교환원 시절이나, 텔레비전 방송 중에 암살과 같은 속보가 있으면 뉴스 앵커가 중간에 끼어들던 1960년대처럼 말이다. 우리가 지금 하려는 것에 앞서 다른 무언가가 선수를 치고 들어온다. 이럴 때면 대개 우리는 동시에 하려던 여러 가지 일들에 이렇게 끼어드는 것을 아무렇지도 않게 추가한다.

이런 방해물들은 단순히 우리의 인지 능력을 소진시키는 데 그치지 않는다. 그것들을 일일이 말도 안 되는 속도로 따라가야지, 그렇지 않으면 현재로부터 이탈된다는 느낌을 우리 안에 심어 넣는다. 이 방해물들이란 실시간으로 올라오는 새 소식을 말하며 세계 곳곳에서 동시다발적으로 우리에게 전송된다. 월가, 통곡의 벽, 카이로 천막촌 그리고 한 광주리의 슈나우저 새끼들이 있는 플로리다 애완동물 가게에 이르기까지 곳곳을 비디오카메라가 훑는다.

우리는 정보의 파도를 따라잡을 수 있을 때 비로소 현재^{the now} 속에 존재한다고 느낀다. 그러나 이것은 잘못된 목표다. 디지털 기기는 우리가 쫓아가기엔 너무 앞서 있을 뿐만 아니라 현재 시제를 구성하고 있는 지금과 여기라는 의미를 반영하지 않기 때문이다. 디지털 기기는 바로 직전에 주변에서 일어난 일에 대한 일종의 보고서일 뿐이다. 사람들은 마치 웅장한 미디어 조정실에서 때와 장소를 가리지 않고 모든 것을 모니터링 하듯 그런 보고서를 일일이 소화하고 전체적으로 파악할 수 있어야 현실을 제대로 다루는 것이라고 생각하는 듯하다. 이는 마치 페이스북 업데이트, 트위터 스트림, 이메일 메시지, 라이브 스트리밍 비디오 같은 것이 언제든 우리의 진정한 사적 상태나 공적 상태를 온전히 그려내 보일 수 있다고 생각하는 것과 같다. 많은 회사들이 이 모든 데이터를 실시간으로 생성해내고 있다. 그리고 그것을 계수와 도형으로 바꿔 그게 현실의 본질을 구현하고 있다고 강변하며 우리에게 제시한다. 그런데 그런 데이터가 맞는 것이라 할지라도, 그 또한 직전 시간의 순간 정보일 뿐이다. 우리의 페이스북 프로필과 거기서 만들어지는 소셜 그래프social graph(인터넷 사용자 간의 개인적 관계를 도형화한 것—옮긴이)는 제아무리 정교해 보여도 멈춰진 순간, 즉 정적인 그림에 불과하다.

디지털적 전지전능함을 추구하는 것은 이해하지 못할 바 아니나 자기 파멸적이다. 우리가 빛의 속도로 얻어내는 정보는 대부분 찰나의 것이어서 우리에게 도달할 즈음 이미 구닥다리가 돼 있다. 우리는 바로 그 시점의 교통 상황을 전하는 채널을 찾기 위해 자동차 라디오 버튼을 이리저리 누른다. 그런데 이미 소통이 원활해진 지 오래인데도 체증이 심하니 그 도로를 피하라는 방송이 나온다. 그러면서 정작 막히고 있을 때는 아무 말도 없다. 우리가 제보 전화라도 하기 전까지는 그들은 알지 못한다. 참으로 역설적이게도 우리는 이 모든 정보를 따라잡기에 급급한데, 정보 자체는 우리를 따라오지 못한다.

한편, 데이터 흐름의 변화에 뒤처지지 않기 위해 우리가 취하는 비상한 노력은 결국 그 변화가 보내는 신호의 중요성을 실제보다 훨씬 과대평가하는 결과를 낳게 된다. 가상의 눈금이 미세하게 움직이기만 해도 투자가는 거래에 들어가고, 정치가들은 반응하며, 사람들은 판단을 내린다. 다양하게 퍼진 각 디지털 영역에 우리의 주의력을 분산시킴으로써 우리는 정작 우리가 살고 있는 진정한 현재와 맺고 있는 끈을 놓치고 있다. 여기저기서 쏟아지는 디지털상의 가짜 현재와 살아 숨쉬는 인간이 몸담고 있는 참된 지금 사이엔 긴장이 형성되고, 이 긴장으로 인해 두 번째 종류의 현재 충격이 빚어진다. 이를 '디지털 분열digiphrenia'이라고 부른다.

  이는 우리가 디지털적으로 중재된 현실을 아예 무시해야 한다는 뜻이 아니다. 우리가 서사의 몰락에 대해 당혹과 분노가 아닌 건전한 대응 방식을 찾았던 것처럼, 꼭 우리의 의식을 불연속적인 비트로 분할하지 않고서도 디지털 정보를 다룰 수 있는 여러 길이 존재하기 때문이다. 산만한 주의력과 일시적 단절이 불러일으키는 정신분열적 불협화음에 휩쓸리지 않고 우리는 기기들을 우리들의 활동 리듬에 맞도록 프로그래밍 할 수 있다. 그리하여 그것들이 우리 자신만의 사적인 리듬이 되고, 조직 운용과 비즈니스의 주기가 되게 할 수 있을 것이다. 컴퓨터는 현재 충격을 겪지 않는다. 사람만이 겪는다. 우리는 시간 속에서 사는 유일한 존재이기 때문이다.

시간은 기술이다

우리는 시간적 감성에 대한 도발이 근래에 나타난 현상이라고 생각한다. 컴퓨터와 휴대전화가 등장한 이래 혹은 적어도 타임리코더와 교대 근무자가 등장한 이래 나타난 현상이라고 보는 것이다. 하지만 기술과 문화 관련 이론가들이 매 단계마다 우리에게 환기시켜왔던 것처럼 이 모든 것의 시작은 그보다 더 이전의 일이었다.[2] 따라서 디지털 분열이라는 것은 길고도 지난한 발전의 과정에서 가장 최근 단계에 불과하다. 매 단계마다 인간에

2장 디지털 분열 113

대한 정의는 우리가 시간과 어떤 식으로 관계를 맺는가에 상관없이 변해 왔다.

물론 인류는 시간이란 개념이 전혀 없는 상태에서 살았던 적도 있다. 원시 인류가 수렵채집 생활을 할 때, 정보를 교환하고자 소리와 몸짓 같은 직접적이며 물리적인 방법을 사용했다. 그때 인류는 전과 후의 개념, 다시 말해 역사와 미래의 개념 없이 영원한 현재에서 살고 있었다. 세상은 그저 지금 눈앞에 보이는 게 전부였다. 시간의 흐름을 기록하는 법도 측정하는 법도 모를 때였지만, 다양한 형태의 주기가 존재한다는 건 경험적으로 알고 있었다. 연륜과 지혜를 갖춘 사람들과 그들의 부족은 낮과 밤의 주기에 대해서뿐만 아니라 달과 계절의 주기에 대해 자각하고 있었다. 하지만 아직 농사법이 발명되지 않았던 터라 계절을 대비하고 활용하는 데까지는 이르지 못했다. 날씨가 선선해지면 견과류 채집을 멈추고 다른 곳으로 이동하거나 식량을 비축해둬야 할 때라는 것에 대한 인식이 없었다. 계절의 변화는 그저 만끽하거나 참는 것일 뿐이었다.

여러 종교와 신화에는 황금기 또는 에덴 시기와 같이 역사 시대 이전의 무시간성에 대한 갈망이 존재한다. 그때 인류는 대자연이라는 어머니 자궁 안에 있는 태아나 마찬가지였다.[3] 선사 시대의 고상한 야만인과 관련된 개념들은 대부분 잘못된 것이지만 적어도 다음과 같은 얘기는 옳다. 즉 그 무렵 인류는 자연이나 동물과 자신을 구별할 수 없었다. 자연 앞에서 속수무책으로 살아갈 수밖에 없는 것은 고통스럽고 위험한 일이나 그런 삶은 전체론에 입각한 삶이기도 했다. 전체론에 입각한 삶이란, 미디어와 문화이론가들이 볼 때, 이원론과 호불호 그리고 위계질서로 점철된 세계를 살아가는 오늘날의 우리들에겐 결여된 것이었다. 미디어이론가이자 가톨

릭 사제인 월터 옹Walter Ong은 이런 말을 한 적이 있다. "구술적 의사소통은 사람들을 어울리게 만든다. 쓰기와 읽기는 정신에 기댄 혼자만의 활동이다. (…) 구술 문화 안에서 우주란 인간을 중심에 두고 끝없이 펼쳐지는 하나의 사건이다."[4] 구술 전통의 무시간적 문명 속에서 사는 사람들은 사방에서 유일신 또는 신들을 친견했다. 다음 끼니는 어디서 구할 수 있을까 걱정하긴 했지만, 성공이나 진보 혹은 성취나 발전에 대한 강박은 전혀 느끼지 않았다. 미래라는 개념이 아직 만들어지지 않았으므로 그들에겐 앞으로 나아가야 할 바가 있지 않았다. 이런 상태가 수천 년간 지속됐다.

드디어 문자가 발명된 축의 시대Axial Age(독일 철학자 카를 야스퍼스가 만들어낸 말로 B.C. 800년에서 B.C. 200년경까지의 시대. 야스퍼스에 의하면 이 기간 중에 페르시아, 인도, 중국, 서유럽 등지에서 유사한 형식의 사고 혁명이 일어났다—옮긴이)에 이르자 모든 것이 바뀌었다. 자모로 이루어진 불연속 기호가 상형문자 체계의 그림문자를 대신했다. 디지털 저장 방식의 선구자 격이라 할 수 있는 표음문자 체계는 정교하고 추상적이었다. 이것들을 서로 조합해 항구적인 인공물의 형태로 구술 문화의 소릿값을 표현할 수 있게 됐다. 디지털 문서처럼 문자로 쓰여진 단어는 어디를 가든 같은 값이었고 바래질 까닭도 없었다. 스물두 개의 간단한 알파벳 덕분에 글쓰기는 보편화되고 계급의 영향을 받지 않게 됐으며 이제 사람들은 약속이나 채무 그리고 생각이나 사건을 기록할 수 있게 됐다. 글을 쓰면 다음에 꺼내 읽을 수 있었다.

모래밭이 아닌 곳에 하나의 획을 제대로 그릴 수 있게 되자, 진보로서의 역사 개념이 가능해졌다. 문자의 발명과 더불어 우리는 최초의 기록물 형태 가운데 하나인 계약서를 작성하고 그 내용을 영구히 기록할 수 있었다. 계약서가 만들어지면서 회계 활동이라는 것을 하게 됐고, 앞날의 일을 관리하게 됐다. 미래에 대한 개념이 생겨난 것이다. 구술 전통에서는 신의 대리자라고 하는 전제 군주의 말이 곧 종교였다. 인간이 문자를 만들어 사용하면서 신 혹은 자연과의 수동적 관계가 신과의 계약적 관계로 바뀌었다. 신이 요구하는 것은 더는 전제군주나 자연의 변덕으로 제시되지 않고 성문화된 계명으로 제시됐다. 이를 따르면 바라는 것을 얻으리라는 것이었다.

이로 인해 농사를 알게 되고 세상에 대해 "뿌린 대로 거두기" 식의 태도를 갖추게 된 사람들이 늘어나기 시작했다. 씨앗을 뿌리고 가꾸면 훗날 수확할 수 있다는 것을 사람들은 알았다. 율법을 따르면 미래에 신의 은총을 받을 수 있다. 세상은 더 이상 주기의 끝없는 반복이 아니라 과거와 미래가 깃든 하나의 공간이다. 시간은 그냥 돌고 도는 게 아니었다. 강물처럼 이전에 발생한 일들로 역사를 만들어가며 흐르는 것이었다. 새롭게 등장한 역사적 관점에서 시간을 바라보건대 한 해가 가면 다음 해가 온다. 인류에게 들려줄 스토리가 생겼다. 가령 유대교 율법서인 토라^{Torah}나 창조 신화의 형태로 말이다. 한때 이교도 축일은 계절의 주기를 기념하는 것이었지만, 이다음부터는 역사적 순간들을 기념했다. 춘분제와 다산제는 이스라엘 민족의 이집트 탈출을 기념하는 날로 바뀌었으며 동지는 성전 봉헌을 기념하는 축일이었다가 나중엔 예수 탄생 축일로 바뀌었다. 자연의 주기에 따라 돌아오는 특정 시기가 역사적 흐름 속의 순간으로 바뀐 것이다.[5]

시간에 대한 새로운 은유로 등장한 것이 달력이었다. 달력과 축일 그리고 기념일이 사람을 규정하고 그의 활동을 조직했다. 한 문화는 달력을 통해 세속적으로나 종교적으로 중요한 것들을 챙기게 됐다. 종교적인 날은 따로 떼어놓는 반면, 생산 활동에 종사하는 날은 일정을 정확히 잡고 더 늘리기까지 했다. 달력은 두 가지 기능을 수행했다. 자연적 주기를 보여주는 음력의 기능과 연도를 매겨 역사적 시간을 기록하는 양력의 기능이었다. 비로소 이전이라는 것과 이후라는 것이 존재하게 됐다. 그리고 문명은 자신의 진보를 가늠하고 지난해에 비해 얼마나 풍요로워졌는지 비교할 수 있게 됐다. 여기서 무엇보다 중요한 것은 문명이 스스로 더 나아지려고 노력할 수 있었다는 것이다. 미래를 향한 원대한 발걸음이 시작됐다. 사회이론가 제러미 리프킨Jeremy Rifkin이 말한 것처럼 우리는 '현세적 세상the Earth's universe'에서 '신의 세상God's universe'로 나아가게 됐다.[6] 즉 우리 인간은 원대한 계획의 일부로서 도덕률을 따라야 하고 시간의 흐름 속에서 눈에 보이는 성공의 지표를 찾아야 하는 존재가 됐다.

이런 종교적 세상을 사는 독실한 이들 중에 시간을 와해시킨 장본인들이 있다. 이슬람교도들은 자신들의 새로운 신앙을 위해 일정 간격으로 기도를 올려야 했다. 기도 시간을 엄격히 지키기 위해 해의 높이와 그림자 길이를 이용해 하루를 여섯 개로 쪼갰다. 유럽에서 달력을 체계화했을 뿐만 아니라 하루를 기도하고 노동하고 식사하고 씻는 활동으로 정확히 세분한 이들은 바로 베네딕트파 수도사들이었다. 작은 종을 울려 이 모든 활동을 통제하는데, 이 종소리에 따라 수도사들은 일을 하거나 기도를 올렸다. 초기 중세 수도사들에게 성무일과를 따르는 것은 영적인 복종과도 같은 것이다. 따라서 그들에게 개인 시간이라든가 자율성이라는 것은 새롭게 생겨난 집단적 정체성의 측면에선 죄악시되는 것들이었다.

하루 일과를 일사불란하게 치르는 데 좀 더 관심을 갖게 된(강박적이 됐다고 주장하는 사람들도 있다) 베네딕트 수도사들은 최초의 기계식 시계를 만들기도 했다. 베네딕트 수도사늘이 만드는 시계는 탈진기escapement 기술을 사용한 것으로 유명했다. 탈진기란 똑딱거리는 기어장치로 추의 낙하 혹은 태엽의 풀림을 조금씩 일정하게 나눠주는 장치다. 그런데 여기서 진정한 기술의 도약이라고 할 수 있는 건 탈진기보다 똑딱거림 그 자체다. 수도사들의 발견 내용은 시간을 미세한 똑딱거림으로 쪼개서 측정할 수 있다는 사실이었다. 고대 불교 문화의 물시계는 네 시간 단위로 시간을 측정했는데, 규칙적으로 떨어지는 물방울을 한데 모아 시간을 재는 식이었다. 이와 비슷하게 베네딕트 수도사들의 시계도 추가 서서히 내려오는 움직임을 쪼개서 진자의 일정한 진동으로 바꿨다. 똑딱은 '전–후'이자 '예–아니오'이며 '1/0'이다.[7] 시간이란 진자가 왔다 갔다 하면서 일정 단위로 나뉘었기에 그것을 숫자로 나타낼 수밖에 없었다. 새로운 과학문화(여기서 과학 science라는 말엔 원래 구분 짓다, 나누다, 쪼개다 등의 의미가 있었다)의 한 예인 시계는 시간을 나눌 수 있는 그 무언가로 만들었다. 그리고 여느 기술과 마찬가지로 그에 대한 수많은 가치판단과 호불호를 낳았다.

비록 중국인들이 베네딕트 수도사들보다 수백 년 앞서 정교한 물시계를 만들긴 했지만, 아시아 문화에선 시계와 시간 개념이 유럽에서처럼 널리 영향을 미치지 못했다. 서양인들은 중국인들이 이런 정교한 장치를 가지고 무엇을 해야 할지 잘 모른 데 그 원인이 있다고 보았다. 하지만 원인은 결핍보다 풍요에 있을 터였다. 중국인들은 문화와 역사에 대한 의식이 강했으며 시간을 두고 하는 일과 그 진척에 대해 서양인과 다른 태도를 지니고 있었다. 시간을 쪼갤 수 있는 시계가 만들어졌다고 해서 중국인은 서양인과 똑같은 영향을 받진 않았다. 중국인은 시간을 다른 누군가의 소유물로 바라보는 경향이 있었다. 이런 관점은 좋은 점도 있었고 나쁜 점도 있었다.

산업혁명 시대 여명기의 교회 종탑을 살펴보자. 신생 노동계급의 생산성을 높이기 위한 여러 방법을 모색하던 이들에게 시계는 매우 흥미로운 것이었다. 역설적이게도 신성한 존재의 우월성과 편재성을 보여주기 위한 발명품이 결국 세속의 경제 활동을 부흥하기 위한 도구로 바뀌었다. 그보다 한두 세기 전부터 교역 활동은 점점 활발해지는 추세였으며 숫자와 날짜를 기록하는 것이 매우 중요한 의미를 갖기 시작했다. 이전 시대를 달력의 시대로 규정할 수 있었다면, 새롭게 등장한 시계의 시대는 일정표로 규정할 수 있었을 것이다.

수도원 종소리는 새롭게 등장한 도시 사회의 종소리로 바뀌었다. 교역하고 노동하고 끼니를 때우고 물건을 사고파는 모든 활동 사이사이에 종소리가 끼어들었다. 통화와 길드처럼 중앙집권적인 르네상스의 여타 산물과 더불어, 종소리를 통제하는 것은 중앙의 권력이었다. 이는 불신의 씨앗이 되기도 했는데, 왜냐하면 노동자들로선 고용인들이 시간을 제대로 재고 있는지 확신할 수 없었기 때문이다. 시계탑이 생기면서 누구나 시간을 볼 수 있게 됐다. 그리고 시간 확인이 가능해지면서 시간의 권위는 더 확장됐다.

시계탑 덕분에 이제 일상의 리듬은 기계장치의 지배를 받게 됐다. 세월이 흐르면서 사람들은 좀 더 촘촘하게 짜인 시간표에 따라 움직였다. 달력이 주도했던 문명에서 가장 중요한 것은 신이었던 반면, 시계 세상에서 가장 중요한 것은 속도와 효율이 될 터였다. 달력을 통해 사람들은 역사를 생각하게 된 반면, 시계를 통해서는 생산성을 생각하게 됐다. 시간은 돈이었다. 시계가 사람들에게 널리 퍼지고 난 직후에 영어 어휘로 새롭게 등장한 단어가 '스피드speed(옛 철자는 spede)'였다. 그리고 원래는 시시콜콜하다

는 의미의 '펑크추얼punctual'이라는 단어도 정시에 도착하는 사람을 일컫는 말이 됐다.[8]

시계가 인간에 대한 은유가 되기도 했다. 심장박동이 초를 재는 시계 탈진기의 똑딱거림과 닮았다는 것이다. 사람 관리란 곧 시간 관리였다(여기서 관리를 뜻하는 'management'는 말을 일정한 속도로 달리게 한다는 의미의 프랑스어manege에서 유래한 것이다). 사람들은 그들이 부리는 기계장치의 정확성과 규칙성에 따라 맡은 일을 수행해야만 했는데, 어떤 의미에서 보면 사람들이 기계와 같은 존재가 되어갔다. 1800년대로 접어들자, 노동자들은 출퇴근 시간을 확인받고자 타임리코더에 시간을 찍었다. 프레드릭 테일러Frederick Taylor라는 기계 기술자는 기계를 다루는 자신의 솜씨를 사람에게 적용해 '과학적 관리'라는 새로운 영역을 계발했다. 조수들과 함께 그는 스톱워치와 클립보드를 들고 회사 곳곳을 돌아다니며 작업 과정 각 부분의 효율성을 측정하고 그것을 극대화하고자 했다. 한 업무를 완전히 마무리하는 데 필요한 표준시간을 산출한다면서 서류함 서랍을 여는 데 소요되는 100분의 1초까지 측정했다. 일단 표준시간을 산출하고 나니 그것을 기준으로 노동자가 얼마나 일을 잘했는지 가늠할 수 있었다. 능률 증진 운동이라는 것을 통해 시간이 갈수록 생산성이 증대된다는 얘기를 널리 퍼뜨리기 시작했고, 이에 반발하는 노동자들의 주장은 철저히 은폐했다.[9]

이제 인간은 기계처럼 다뤄지게 됐고, 인간에게 필요한 것과 기계에 필요한 것을 서로 구분할 수 없는 지경이 됐다. 또한 시계가 지배하는 세상 자체가 하나의 기계라고도 할 수 있었다. 새로운 혁신은 무엇보다 기술이나 그 기술의 기반이 되는 사업 활동에 보탬이 되는 것이어야 했다. 예를 들어 부분적이긴 하나 에이브러햄 링컨Abraham Lincoln이라는 이름의 철도

회사 소속 변호사의 법리 논쟁 덕분에 지방 정부의 권리는 열차 통행과 화물 운송을 위해 철로가 필요한 철도회사에게 종속됐다.

시간과 타이밍이 공간보다 더 중요한 의미를 띠기 시작했다. 대륙을 넘나들며 교역을 하기 위해서는 서로 멀리 떨어진 곳에서 벌어지는 활동을 조율할 필요가 있었다. 그래서 '표준시'가 만들어지고 지도 위에 표준시간대가 그려지게 됐다(그리니치 표준시가 영국에 위치한 것은 세계를 지배했던 대영제국의 영향이다). 핵심 통신수단으로 전신이 등장하자 열차들 간의 충돌 사고도 줄일 수 있었다. 빨간불과 파란불 신호로 열차의 통행을 제어하는 방식은 나중에 자동차 통행에도 적용됐고 더 나아가 사람들의 도로 횡단에도 적용됐다. 이 모든 것은 효율성과 생산성 그리고 속도를 극대화하기 위해 시간의 통제를 받았다. 시계로 돌아가는 세상에서 인간의 모든 활동, 즉 노동에서부터 점심식사와 TV 시청 그리고 소개팅에 이르는 행위의 관건은 자신의 몸을 시간의 움직임에 맞춰 해당 시간에 해당 장소로 이동시켜야 한다는 것을 의미했다. 우리 인간이 곧 시계가 됐다. 시계바늘 같은 팔이 있고 똑딱거리는 심장이 있고 우리 머릿속에선 자명종이 울린다. 아침이 되면 몸이라는 시계의 태엽을 감아준다.

시계로 돌아가는 세상에서 인간의 몸과 시계의 기계장치가 같은 것이라고 한다면, 디지털 세상에선 인간의 사고와 컴퓨터의 연산이 같은 것이다. 우리는 머리가 잘 안 돌아가니 부팅을 다시 하든가, 메모리를 비우든가 해야겠다는 농담을 하곤 한다. 자연 상태에서 인간의 활동을 규칙적으로 만들어주는 것은 지구의 자전이다. 시내 한가운데에 있는 시계탑이 위에서 사람들의 활동을 통제하는 것이라면, 디지털 네트워크 환경에서는 이런 통제 주체가 분산돼 있다. 최소한 그렇게 보인다. 우리에게 스스로 고른 소프트웨어를 설치할 수 있는 컴퓨터나 전자기기가 있으면 그것을 각자 개별적 방식으로 사용하게 된다. 대개의 경우 그 기기들이 외부의 지시와 동기화에 얼마만큼 영향을 받는지는 알 도리가 없다. 그리고 그 영향은 하향식으로 이루어진다기보다 개별적이며 탈중심적으로 이루어지는 것 같다.

아날로그 시계는 하루의 순환을 본뜬 것이었지만, 디지털 시계에는 시계바늘도 원판도 없고 물리적으로 움직이는 부속도 없다. 해당 시간을 가리키는 숫자만 있다. 그게 전부다. 부족사회는 전적으로 순환적 시간 속에서 살았다. 신의 세상을 살았던 농부들은 이전과 이후라는 것을 체득했고, 시계로 돌아가는 세상을 살았던 노동자들은 똑딱 소리에 맞춰 살았다. 그리고 디지털 시대를 사는 우리는 전기적 신호인 펄스에 맞춰 살고 있다. 디지털 시간은 물과 같은 흐름이 아니라 찰칵하는 순간의 움직임이다. 두 개의 선택지가 있는 것처럼 디지털 시간은 여기 아니면 거기다. 시간의 흐름에 대한 우리의 경험과 대조적으로 디지털 시간은 언제나 현재며 순간이다. 그것은 정지해 있고 유보돼 있다.

열 살 때, 나는 내 생애 처음으로 갖게 된 디지털 시계를 뚫어져라 바라보곤 했다. LED는 없었지만, 1분마다 숫자판이 찰칵 넘어가는 게 기차역 전광판과 비슷했다. 나는 가만히 지켜보는 가운데 속으로 숫자를 세면서 다음 숫자로 찰칵 넘어가는 순간을 잡아내려고 했으나 실패했다. 현재 충격의 찰나를 타고 시간은 불쑥 넘어갔다. 매일 밤, 아버지는 구식 자명종 시계의 태엽을 감은 뒤엔 자명종 시간을 맞추기 위한 장치를 돌렸다. 만 하루 동안, 아버지가 감아놓은 태엽 에너지는 시계바늘과 자명종 공이를 움직이게 하는 동역학 에너지로 서서히 바뀌었다. 그때 내 디지털 시계는 그대로 있었다. 1분마다 찰칵거릴 뿐 다른 아무 움직임이 없었다. 1분 내

내 7시 43분이라는 시간은 그대로였던 것이다. 아마 이런 연유로 디지털 시계가 아날로그 시계를 대체하지 못하는 것인지도 모른다. 물론 오늘날 손목시계를 차고 다니는 사람에게 아날로그 시계는 액세서리일 뿐이고 시간은 스마트폰으로 확인한다.

그러나 또한 우리의 이목을 집중시키고, 다음 일정을 알려주며, 수많은 일의 절차들을 펼쳐놓는 것은 스마트폰이나 노트북 컴퓨터다. 축의 시대가 달력에 의해 돌아가고, 시계의 시대가 일정표에 의해 돌아갔다면 디지털 시대의 우리는 코드의 권위를 따라야 한다. 아직 우리의 아이들은 일정표에 따라 오후 시간을 보내고 있는지 모르지만, 우리 어른들이 사는 세상은 점점 하나의 프로그램처럼 여겨지고 있다.

일정표라는 것이 단순히 우리가 참석해야 하는 약속이나 해야 할 일을 모아놓은 것이라면, 프로그램이란 것은 우리와 더불어 혹은 우리를 위해 실제 일을 수행하는 것이다. 시계는 시간에 대해서만 주인 행세를 하지만, 컴퓨터(그리고 스마트폰이나 손목에 차는 생체감지기와 같은 것)는 우리에게 언제 무엇을 해야 하는지 지시한다. 한때 우리는 책을 읽을 때 우리의 페이스대로 읽었다. 하지만 컴퓨터 애니메이션, 유튜브 영화, 비디오게임 등은 프로그래머가 미리 정한 속도에 따라 보게 된다. 자동차 대시보드 위에 놓인 GPS는 우리가 치과까지 가는 길을 다 알고 있고 그때그때 우리에게 방향을 지시한다. 운동기구의 컴퓨터 그래픽은 페달의 움직임이 얼마나 빠른지 보여주고 필요한 때에 알아서 오르막 모드로 바꿔준다. 우리는 우리의 페이스보다 이 지시들을 따른다. 대부분의 경우 우리가 원하는 목표에 도달하기 위해서는 이 프로그램들이 짜놓은 대로 하는 게 훨씬 더 도움이 되기 때문이다. 컴퓨터가 수행하는 일정은 일과라기보다 시뮬레이션 같다. 악보 음악이라기보다 피아노 롤piano roll(자동 피아노를 연주하기 위한 일종의 좌표로, 자동 피아노에 넣어 키의 움직임을 조정한다—옮긴이)에 가까운 것이다. 일정에 따라 돌아가는 세상에선, 박물관 전시를 둘러볼 수 있는 시간이 30분 정도 있다는 통보를 받게 된다. 프로그램화된 세상에선 디즈니랜드 같은 데서 놀이기구에 묶인 채 이미 입력된 페이스에 따라 놀이기구 체험을 하게 된다. 하지만 놀이기구의 작동이 아무리 정교하더라도 그것은 한계가 있다. 이미 특별한 장치가 돼 있어서, 놀이기구의 움직임에 따라 그 장치가 나타났다가 사라진다. 해골이 대롱대롱 매달린 채, 해적 깃발이 나부끼면서 연무 속에서 홀로그램으로 만들어진 해적선이 나타난다. 프로그래밍된 일상에선 시간에 맞춰 전등이 점멸되고, 커피포트가 작동하며, 시계 라디오의 주광색 전등이 저절로 꺼진다. 인간이 직접 무엇을 할 필요가 없다. 우리가 개입하지 않아도 그들의 페이스에 맞춰 작동하기 때문이다.

언제, 무엇을 할 것인지를 두고 점점 코드 의존적이 되고 있는 상황에서 우리는 너나없이 유전자 코돈codon에 의해 결정된 삶의 한 형태를 그대로 받아들이는 추세다. 우리가 할 수 있는 건 우리의 DNA 프로그램이 전개되는 것을 그냥 구경하거나 혹은 기껏해야 앞날의 일에 결정적 영향을 미치는 유전자 배열을 바꿈으로써 좀 다른 길을 모색하는 정도다. 자유의지와 자율성이란 것은 이제 우리에게 일종의 시뮬레이션으로 다가오고 있다. 반면, 우리가 그 안에 참여하고 있다고 여기는 현실이란 날것 그대로의 정보가 미리 예정된 춤을 추는 것에 불과하다. 시간을 재는 사람은 이제 시계를 만지작거리는 사람이 아니라 컴퓨터 프로그래머인 것이다.

광장 시계탑이나 스톱워치를 든 사람이 알려주기를 기다리는 대신 우리는 개인 디지털 기기를 지니고 다닌다. 일하는 시간과 퇴근 시간을 정확히 알려주던 일과표는 폐기됐다. 대신 우리는 퇴근 시간이 따로 없는 신세가 됐다. 회사 상사는 중역 사무실에 앉아 있는 사람이 아니라 호주머니에 PDA를 넣고 다니는 사람이다. 우리를 감독하는 이는 다른 인격체가 아니라 우리 안에 내재화됐다. 지난날의 노조 파괴자들보다 더 무시무시한 존재가 된 것이다. 숨 돌릴 시간이란 없다. 만일 우리가 이런 프로그램에서 시간을 들어내버린다면, 우리는 디지털 이전 시대의 존재가 된 듯 단절감을 겪으며 '문명 밖' 존재로 살아야 하는 것처럼 느낄 것이다.

디지털 시대의 시간이란 것은 더는 선형적이지 않고 분리되어 여기저기에 결합할 수 있는 것이다. 그리고 과거는 타임라인의 뒤쪽에 있지 않고 정보의 바다에 흩어져 있다. 마치 디지털 무의식처럼, 장차 프로그램에 접속되지 않는 날것의 데이터는 잊힌 것이 된다. 모든 것은 기록으로 남지만, 사실상 그 어떤 기록에도 접근할 수 없을 것만 같다. 파일 포맷을 바꾸면 수십 년치 저장파일이 날아가버리지만, 술김에 페이스북에 써넣고 잊어버린 바보 같은 댓글은 입사면접 때 수면 위로 드러난다.

디지털 세상에서 우리의 개인사와 그것에 대한 서사를 뒤잇는 것은 소셜 네트워크의 프로필이다. 다시 말해 지금 이 순간의 스냅이다. 소셜 네트워크에서의 정보, 다시 말해 '친구'와 '좋아요'로 구성된 소셜 그래프는 사람들의 행동을 예측하고 인도하고자 하는 시장 조사자들에게 하나의 상품으로 팔린다. 하지만 미래의 방향을 잡기 위해 과거의 데이터를 이용하는 일은 결국 현재를 부인하는 일이 되고 말았다. 우리는 이 장의 초반부에서 모든 것을 다 파악하고자 하는 헛된 시도에 대해 살펴봤다. 그런 시도 때문에, 특히 사업 영역에서, 사람들은 아주 새롭고 참신한 사례를 찾고자 한다. 그런 것이 있다면 현재를 정연하게 드러낼 수 있는 것처럼 말이다. 그러나 무슨 일이 됐든 지금 일어나고 있는 일에 대해선 전혀 아는 바 없이 사실상 우리가 좇는 것은 이미 발생한 일이다. 이와 비슷하게 우리 각자는 최신 트윗이나 업데이트를 유지하려고 하지만 그런다고 해서 우리가 현재와 연결될 수 있는 건 아니다. 이미 어디선가 발생한 일에 관심을 모으고 있는 것일 뿐이다. 우리가 삶을 영위하고 일을 해나가는 방식은 마치 후사경을 통해 슬라이드 형태로 뚝뚝 끊어지는 후방 상황을 보며 운전하는 것과 비슷하다. 이는 디지털 분열에서 비롯된, 일관성 없는 엉뚱한 시도다.

그러나 우리는 말 그대로 정신을 차리는 대신, 우리 행위의 전제를 뒷받침하고자 가치 체계를 바꾸고 우리의 경험 영역을 지상에서 한 걸음 끌어올린다. 공장 노동자가 몸을 움직여 만든 생산물이 컴퓨터 사용자가 머리를 굴려 만든 생산물에 자리를 내준다. 발전의 척도를 땅의 넓이나 빌딩의 높이로 재지 않고, 데이터의 바이트 크기로 잰다. 그리고 그것의 가치는 갱신되는 데이터의 단위가 작으면 작을수록 인정받는다.

시간이란 처리 과정을 밟아야 하는, 또 다른 형태의 정보 혹은 또 다른 형태의 일용품으로 바뀌고 있다. 이제 우리는 한 상태에서 다른 상태로의 변화를 측정하는 것이 아니라 그 변화의 속도를 측정한다. 그리고 그 변화 속도가 얼마나 빠르게 변하는지를 측정한다. 계속 이런 식이나. 시간은 과거에서 미래로 이행되는 것이 아니라 장소에서 속도와 가속도 등으로, 파생적 형태로 이행된다. 우리는 변화가 유일한 불변항이라고 생각하지만, 실상은 그렇지 않다. 변화 역시 변화하고 있기 때문이다. IT 연구 자문회사 가트너Gartner의 마크 맥도널드Mark McDonald는 이렇게 말했다. "변화의 본질은 변화한다는 그것이다. 정보의 흐름과 통제는 이제 난기류를 만난 듯해 정보의 흐름이 더는 위에서 아래로 흐르지 않기 때문이다. 정보의 흐름은 언제나 사방에서 흘러 들어오고 나간다. 이 말은 곧 변화를 관리하고 이끌 수 있는 능력의 기반이 더는 전기 전자 통신이나 커뮤니케이션 그리고 전통적 후원 방식에 있지 않다는 말이다. 그보다 기반은 정보를 주고받고 기록하고 개정하는 과정에 있다. 이런 과정을 임원이나 대표격의 사람들이 관리하기는 매우 어렵고 복잡하다."[10]

그리고 소셜미디어 자문회사, 다치스그룹Dachis Group의 데이브 그레이Dave Gray는 이런 말을 하기도 했다. "변화는 어쩌다 한 번 생기는 것이 아니라 늘 일어나고 있는 것이다. 변화는 거의 한시도 멈추지 않을 정도로 가속도가 붙는다. 경쟁적 우위를 점하는 시간은 점점 짧아지고 있으며, 이를 뒷받침하는 연구는 많이 나와 있다. 이는 기술 분야에서만 나타나는 현상이 아니라 거의 모든 영역에서 벌어지고 있는 현상이다."[11]

연구자들은 현재 충격의 세계가 불러일으키는 새로운 동요를 묘사한다. 이 세계에선 변화라는 것이 발생하고 있는 사건이 아니라 존재의 일반적인 상태다. 우리는 변화를 통제하기보다 우리가 거기에 익숙해져 시스템이 만들어낸 새로운 형태의 현실 속으로 들어갈 수 있기를 바랄 뿐이다. 이런 틀 안에서도 변함이 없는 단 하나의 진실은 바로 진화다. 그래서 그런지 달력과 시계 이후의 세상에 대해 적극적인 대변인 역할을 하는 사람들은 진화론 과학자들이다. 우리 인간은 선형적 시간축을 따라 움직이는 것이 아니라 일정한 프로그램이 만들어낸 불연속적이고 단속적인 단계를 밟아 나간다. 과거엔 신비로운 의식의 영역으로 여겨졌던 것이 지금은 정보의 복잡성으로부터 새롭게 대두되는 하나의 현상으로 치부될 뿐이다. 지금 우리의 지식으로 보면 그들의 말이 옳은 것 같다.

물론 다 부정적인 건 아니다. 그러한 프로그램들이 명령하는 것에 단순히 수동적으로 반응하는 데 그치지 않고 그것들을 우리 삶 속으로 인도하고 스며들게 할 방도들이 있다. 감당할 방도들이 있다는 것이다. 관리자 되기가 쉽지 않았던 산업혁명기의 노동자들과 달리 오늘날의 우리는 컴퓨터가 가진 힘으로부터 소외되지는 않았다. 물론 배우지 못했거나 배울 의지가 없는 경우를 제외하고 말이다. 앞으로 보겠지만, 프로그래밍 된 존재가 아니라 프로그래밍 하는 존재가 된다는 것은 디지털 세계에 휩쓸리지 않고 맞설 수 있는 유리한 위치를 점하는 일이라고 할 수 있다.

시간생물학

디지털 장비 덕분에 우리는 새로운 시간 질서 속에 살고 있다. 이 새로운 시간 질서는 천체의 움직임이나 계절의 마디와 순환 혹은 발전의 속도에 더는 구애받지 않는다. 자연의 법칙에 구애받지 않고 가상 세계를 만들 수 있다. 그 가상 세계에서 우리는 중력을 무시할 수도 있고 삶을 프로그래밍 할 수도 있으며 우리를 얼마든지 되살릴 수도 있다. 월드 오브 워크래프트 게임에 푹 빠져 있던 사람이 문득 시계를 보고 네 시간이나 지났음을 알게 될 때처럼, 우리는 시간으로부터 벗어난 경험을 한다. 그리고 인지과학 연구에 따르면, 게임을 통한 시간 왜곡 상태는 책 한 권을 읽거나 영화 한 편을 볼 때보다 몇 시간이고 더 오래 지속된다고 한다.[12]

적어도 우리의 가상적 자아는 이런 자유를 만끽하지만 진짜 현실 속의,

살과 피로 이뤄진 우리 인간은 그 네 시간 동안 노화가 진행되고 점심도 거른 상태고 화장실 가는 것도 잊었으며 눈은 말라서 빨갛게 충혈됐다. 우주인이 단 몇 초 동안 광속 여행을 하고 지구로 돌아와보니 90년 세월이 흐른 것처럼 우리의 디지털 자아는 우리의 신체적 시간과 분리된 시간 속에 존재한다. 결국 이 두 현실이 충돌하면서 현재 충격을 낳는 것이다. 원시 부족민이 지구의 회전에 의거한 '전체적' 시간 속에서 살았다면, 디지털 인간은 컴퓨터에 의거한 '무無' 시간 속에 살려는 것이다. 우리 신체를 거기에 끌고 들어가려 한다면, 우리는 그런 '무' 시간 속에 살 수 없다. 그러나 신체를 그냥 제자리에 둔다면, 자연성과 시간성 모두 우리 인간에 대한 저마다의 권위를 지켜낼 수 있다.

디지털 기술이 천덕꾸러기인 것만은 아니다. 사실 마이크로칩은 시간을 무너뜨리고자 하는 시도의 원인이었다기보다는 그 결과다. 선사 시대 이래, 인류는 지배적인 자연의 질서를 극복하고자 기술을 이용해왔다. 인류는 불 덕분에 더 추운 지방으로도 갈 수 있었으며 계절의 폭정을 물리칠 수 있었다. 그리고 해가 져도 잠자리에 들지 않고 음식을 만들거나 이야기꽃을 피울 수 있었다. 1800년대 초에 가스등이 널리 보급되면서 런던의 도시 풍경과 문화는 급격히 바뀌었다. 밤거리는 더 안전해졌고 24시간 도시를 밝힐 수 있었다. 새로운 문화가 도래했다. 시간과의 관계가 새로워지고 활동 내용도 달라졌다. 심야 카페와 술집이 생기면서 새로운 음악과 오락거리가 등장했다. 노동시간도 탄력적으로 조정되면서 24시간 단위로 교대 근무가 가능해지고 공장 굴뚝은 밤낮없이 연기를 뿜어낼 수 있었다. 제트 여객기의 발명으로 우리는 시간에 대해 좀 더 지배적인 위치에 서게 됐고, 단 하루 만에 몇 단계의 시간대를 가로지를 수도 있게 됐다.

그러나 기술이 얼마만큼 자연적 시간의 한계를 극복할 수 있게 해주느냐의 문제와 상관없이 우리의 신체가 겪는 어려움이 해소되거나 하진 않았다. 오늘날 야간 근무를 하는 노동자와 잦은 교대 근무를 해야 하는 노동자들이 겪는 스트레스와 피로감은 과거 미국 노동조합의 협잡보다 더 악명 높다. 그리고 그 증상이 뚜렷하게 드러나는 시차 문제로 고생하는 일이 없었다면, 우리는 신체 리듬의 배후에 생체 시계가 존재한다는 사실을 알 도리가없었을 것이다. 시차는 단순한 어지럼증과는 다르다. 시차가 우리의 생체 기능에 영향을 미친다는 사실을 과학자들이 발견하는 데는 오랜 시간이 걸렸다. 예를 들어 제트 여객기 여행이 아주 새로운 일이었던 1950년대에 미국 국무장관 존 포스터 덜레스John Foster Dulles는 아스완 댐 협약을 맺기 위해 이집트로 비행기를 타고 갔다. 그가 비행기에서 잠을 자리라고 생각한 수행원들은 첫 회담을 도착 직후로 잡아버렸다. 그러나 잠을 충분히 못 자 정신을 차릴 수 없었던 그는 협상력마저 제대로 발휘하지 못해서 회담을 완전히 망치고 말았다. 결국 소련이 협약을 성사시키게 됐으며, 지금도 많은 사람들이 냉전의 발발은 결국 이 시차 피로 때문이라고 보고 있다.

그로부터 10여 년 뒤인 1965년에야 비로소 미국 연방항공국FAA은 항공 여행이 오늘날 기정사실이 된 인간의 생체 리듬에 어떤 영향을 미치는지에 대한 조사를 시작했다. 무슨 이유에선지, 동쪽에서 서쪽으로 여행한 피실험자가 그 반대로 여행한 피실험자에 비해 '심리적 기능' 면에서 훨씬 더 떨어지는 것으로 나타났다.[13] 그 이듬해, 〈뉴욕타임스〉 스포츠 면에선 시차가 메이저리그 야구선수들에게 미치는, 그 이유를 명확히 알 수 없는 영향에 주목했다. "항공 여행으로 인한 시차 때문에 원정팀이 어떤 시즌에서든 적어도 첫 경기에서 몸이 잘 풀리지 않는 것을 볼 수 있다."[14] 코치들은 어느 쪽으로 원정을 떠나느냐에 따라 여러 다른 행동 패턴이 나타난다는 것을 인지하기 시작했지만, 거기에 어떤 기제가 작동하며 혹은 그것에 어떻게 대비해야 하는지 제대로 알고 있는 사람은 없었다.

1980년대에 들어서자, 미국 항공우주국NASA은 이 문제를 조사하기 시작했다. 항공우주국은 산하의 에임즈연구소에 항공 피로 및 시차 조사 프로그램Fatigue/Jet Lag Program을 만들어 '비행 중 피로와 졸음 그리고 생리 기능 주기circadian rhythms(약학에서는 '생리 기능 주기'라 옮기고, 생물학에서는 '활동일 주기'라 옮기고 있다—옮긴이)와 신체 기능에 관한 체계적이고 과학적인 정보 수집'에 들어갔다.[15] 바깥을 차단해 시간을 짐작할 수 없는 방에 사람을 집어넣고 관찰한 결과, 연구자들은 평균적으로 사람의 생체 시계가 25시간 주기라는 사실을 알아냈다. 바로 이런 이유 때문에 하루가 늘어나는 서쪽에서 동쪽으로의 여행보다 하루가 줄어드는 동쪽에서 서쪽으로의 여행이 훨씬 더 우리의 생체 시계를 혼란에 빠뜨리는 것이라고 그들은 결론을 지었다. 그러나 무엇보다 이 연구에서 밝혀진 중요한 사실은 우리 안에 어떤 식으로든 신체의 신진대사라든가 생화학적 작용의 지배를 받는 시계가 있다는 것이다. 우리 몸이 달의 기운 변화나 자기장의 변화처럼 보이지 않는 그 무엇과 상호작용을 할지도 모를 일이었다. 그 둘 다일 수도 있었다. 어쨌든 생리 기능 주기가 존재한다는 것은 사실로 받아들여지게 됐다.

이미 몇 세기 전 식물학 분야에선 생리 기능 주기, 다시 말해 활동일 주기를 발견하고 그것을 계산하고 있었다. 1700년대에 스웨덴의 식물학자 칼 린네Carolus Linnaeus는 정원을 설계한 적이 있었다. 한 시간 간격으로 피고 지는 식물들을 이웃해 심어놓아 시간을 가늠할 수 있는 정원이었다. 하지만 만일 인간의 활동이 튤립이나 매미처럼 어떤 알 수 없는 주기의 지배를 받는다고 한다면, 우리는 다음과 같은 고민을 할 수밖에 없다. 기술을 가지고 자연을 극복할 수 있다는 인간의 능력도 어찌할 수 없는 어떤 힘에 좌우되고 있는 것은 아닐까?

시간생물학chronobiology이라는 다소 새로운 학문 분과에서는 이 문제를 해결하고자 한다. 하지만 새로운 사실을 하나 발견할 때마다 궁금증은 더 증폭되는 듯하다. 분명히 태양빛이 바뀌기만 해도 그에 영향을 받는 생물학적 특성이 있다. 우리 눈에 있는 광수용체는 하늘이 어두워지는 것을 감지하면 멜라토닌을 분비하라는 신호를 보낸다. 그러면 우리는 졸음을 느낀다. 저녁에 텔레비전을 보거나 환한 컴퓨터 화면을 보고 있으면 이 생리 작용이 지연되거나 방해를 받아 졸음이 가시게 된다. 그런데 만일 태양빛이 우리 몸의 주기를 조절하는 유일한 단서라고 한다면, 자신만의 생활 주기를 지니고 있는 사람은 어떻게 그리고 무엇 때문에 자신의 몸이 25시간이라는 생리 기능 주기를 띠고 있는지 알 수 있을까?

그것은 우리 안에 시계들이 있기 때문이다. 그 시계들을 통제하는 것은 아직 정확히 규명되지 않은 신진대사와 내분비 작용이다. 우리는 해와 달의 주기와 계절의 순환 등과 같은 외부 요인에 대해서도 반응하는 한편 내부 리듬에도 반응한다. 우리 내부의 시계들은 서로 그 관계가 복잡하게 얽혀 있다고 한다. 낮 시간에는 일반적으로 사람의 체온이 상승하는데, 개중에는 더 빠르게 상승하는 사람이 있고 그들을 가리켜 아침형 인간이라고 한다. 반면, 체온이 서서히 오르는 사람들은 초저녁이 돼서야 가장 정신이 맑은 상태가 된다. 그런데 체온이 오를 때 우리는 시간이 느리게 가는 것처럼 느낀다. 시간은 늘 일정한 속도로 흐르지만 우리 안의 시계들은 빠르게 돌아가기 때문이다.

비록 우리가 시간이라고 부르는 것이 하나의 개념에 불과할지라도, 또 아인슈타인의 공식에 따르면 시간이란 에너지의 변주에 불과할지라도 시간생물학을 뒷받침하는 이 모든 근거들을 보건대, 이 세계 속의 서로 다른 부분들 사이에 일종의 동기화가 이루어지고 있다고 말할 수 있다. 달리 말해, 우주의 중심에 어떤 절대 시계가 있다고 할 때, 우리는 그것으로부터 벗어날 수는 있다지만 서로에게서 벗어날 길은 없다. 한 생물계나 한 문화 내에서 보면 타이밍이 전부인 것이다.

예를 들어 달이 하루 동안 움직일 때 스물네 시간 주기로 두 번의 만조 현상이 생긴다. 보름달과 초승달이 뜰 때, 이렇게 한 달에 두 번 만조 수위가 평소보다 높다. 그리고 보름 주기로 돌아오는 한사리는 해양 생물의 삶과 짝짓기에 깊은 영향을 미친다. 사람의 생리 주기는 대략 28일인데, 이는 달의 주기와 일치한다. 그 이유와 기제에 대해서는 아직 누구도 아는 바 없다. 또 다른 시간생물학 연구를 보면, 어느 시간에 화학요법 치료를 받느냐에 따라 그 효과가 크게 차이가 났다.

여기서 하고 싶은 말은 시간은 중립적이지 않다는 것이다. 시 - 분 - 초는 일반적인generic 것이 아니라 구체적인 것이다. 아침에 일이 잘 되는 사람이 있는가 하면, 저녁에 일이 잘 되는 사람이 있다. 더 놀라운 사실은 이렇게 자기에게 맞는 시간이 28일을 단위로 하는 달의 주기에 따라 바뀐다는 것이다. 어떤 주에는 아침에 일의 생산성이 높은가 하면, 다른 주에는 초저녁에 일이 더 잘 된다.[16]

기술 덕분에 우리는 시간의 구석구석 틈새까지 휘젓고 다닐 수 있다. 표준시간대 열 개 정도는 비행기로 몇 시간이면 가로지를 수 있다. 우리는 목적지에 도착할 때까지 잠을 푹 자고자 수면제를 복용하기도 하고, 도착하고 나서는 이튿날 아침까지 깨어 있기 위해, 주의력결핍과잉행동장애ADHD를 앓고 있는 아들의 리탈린Ritalin 약을 하나 꺼내 삼킬 수도 있다. 좀 더 나중에는 이렇게 바뀐 시차로 인한 우울증과 불안감을 해소하기 위해 프로작Prozac이나 렉사프로Lexapro를 처방받을 수도 있다. 아니면 혈류의 흐름을 안정시켜 밤에 마음을 편하게 가라앉혀주는 신경안정제나 성욕 감퇴 등을 다스리기 위한 비아그라를 처방받을 수도 있다.

이보다 더 쉽게 생체 시계를 어지럽힐 수 있는 방법도 있다. 주간과 야간으로 교대 근무를 하게 되면 폭력 충동, 정서 장애, 우울증, 자살 충동의 비율이 높아진다. 교대 근무자가 단 하룻밤의 야간 근무를 하게 되면, 소변 속의 전해질 수치가 정상이 되는 데 5일이 걸리고, 심장박동이 정상으로 돌아오는 데 8일이 걸린다. 세계보건기구는 교대 근무가 '잠재적' 발암 요인이 될 수 있다고 했다. 예를 들어 야간 근무를 하는 여성은 유방암에 걸릴 확률이 60퍼센트에 이를 수 있다는 것이다.[17] 그리고 심지어 야참을 먹으면 우리 몸은 지금이 낮이라고 판단해 수면의 질이 떨어질 수도 있다.

기술 덕분에 우리는 일을 언제 어떻게 할지 그 선택지가 넓어졌다. 우리가 종종 간과하는 것은 인간의 몸이란 일정표처럼 프로그래밍 할 수 있는 게 아니라는 점이다. 기술은 우리가 새로운 것을 상상하는 것보다 더 빠른 속도로 발전할 수 있을 테지만, 인간의 몸은 오랜 시간에 걸쳐 진화해왔다. 그리고 그 진화 과정에는 우리가 미미하게나마 겨우 헤아리는 정도에 그치는 어떤 힘과 현상이 깃들어 있다. 우리가 몸에 리듬을 부여하고 싶어 한다고 해서 그렇게 되는 것은 아니다. 그리고 한낮에 우리 몸에게 한밤이라고 선언할 수 있는 것도 아니며, 우리 몸이 새로운 틀에 맞추기를 기대하기도 어려운 일이다. 우리 몸이 시계처럼 얼마든지 맞출 수 있는 것이라면 가능할지 모르겠지만, 우리 몸은 시계가 아니다. 인간의 몸은 수백, 아니 수천 개의 서로 다른 시계로 이루어져 있다. 이 수천 개의 시계들이 다른 존재들의 시계 소리에 귀를 기울이고 관계를 맺고 동기화를 한다. 인간이 그리 신속히 진화할 수 없는 이유가 있는 것이다. 인간의 몸은 서로 다른 수많은 시간 척도에 맞춰 변화할 뿐이다.

속도의 조절

다행히도 우리 몸은 완고하지만 기술과 프로그램은 쉽게 대체 가능하다. 그렇다. 지금 우리는 우울증, 자살, 암, 생산력 저하, 사회적 병폐 등으로 인한 시간생물학적 위기를 겪고 있다. 이런 위기를 겪게 된 것은 우리 삶을 지탱해주고 세상이나 자연과 그 궤를 같이하도록 만들어주는 리듬을 무시하거나 악용했기 때문이다. 그러나 우리는 배움을 통해 이 위기를 기회로 돌릴 수 있는 능력을 갖추려고 하는 중이다. 우리는 디지털 기술과 그 기술의 산물이 만들어내는 인위적 리듬에 맞추고자 우리 몸을 적응시킬 필요가 없다. 그 대신 디지털 기술을 이용해 우리의 삶을 우리 몸의 생리적 상태에 맞춰 다시 짜면 된다.

기술은 우리에게 자연의 리듬을 굳이 따르지 않아도 된다는 선택의 여지를 주었다. 하지만 어떤 선택을 하든 간에 우리는 그 선택을 중심으로 사회를 만들고 경제적 질서를 구축하며 그 사회와 질서를 영원한 것이라도 되는 양 구축해왔다. 이런 문제를 해결할 수 있는 단 하나의 방법은 속도를 올리는 것이다. 우리 자신을 다시 찾으려는 경주에서 속도를 내고자 할 때 이를 잘 나타내는 상징물은 마이크로칩이었다. 만일 우리가 시간 집약적인 업무를 실리콘에 떠넘길 수만 있다면, 우리는 우리의 사고를 다시 할 수 있는 시간을 되찾을 수 있을지 모른다. 기술 분석가인 클레이 셔키 Clay Shirky가 '인지 잉여cognitive surplus'[18]라고 부르는 것이 그것이다.

그러나 마이크로칩이 그런 식으로 우리에게 쓸모가 있는 것 같진 않다. 우리는 시간 집약적인 업무를 기계에 떠넘기지 못한다. 그 대신 우리는 기계의 페이스에 맞춰 일을 하거나 네트워크의 말단에서 회사의 페이스에 맞춰 일을 하게 된다. 인터넷으로 인해 업무상 이동이 늘면 늘었지 줄어들진 않았다. 우리는 부르면 언제든 응답할 수 있는 대기 상태로 근무시간이 따로 없다. 그리고 휴일에도 이메일에 답을 하거나 소셜 네트워크에 접속한다. 화면을 주시하다보면 햇빛에 적응도 안 되고 가족이나 동료들의 심적 리듬과도 조화를 이루지 못한다. 우리는 모든 시간이 균등하며 교환 가능하다는 잘못된 디지털 가설을 그대로 받아들이는 경향이 있다.

근무시간이 따로 없는 이런 방식은 여러 사업 영역에서 유효하다. 기존의 텔레비전 방송국이라면 방송을 멈췄을 심야 시간대에도 홈쇼핑 네트워크와 QVC(Quality, Value, Convenience의 이니셜로 미국의 홈쇼핑 채널─옮긴이) 같은 케이블 채널은 바쁘게 돌아간다. 기존의 백화점에선 4/4분기가 돼야 제품 구매 담당자가 매장을 돌아다니며 어떤 제품 라인이 얼마만큼 나가는지 파악할 수 있었다. 반면, QVC의 임원들은 그 즉시 판매 보고를 받는다. QVC를 통해 제품을 판매하는 한 판매 담당자는 이렇게 말했다. "바로 그 자리에서 원하는 것을 알 수 있습니다. 판매 동향을 파악하고 그에 대처하는 일을 한시도 멈추지 않아요."[19]

홈쇼핑의 쇼핑 호스트는 더더욱 그러하다. 쇼핑 채널의 호스트는 지르코늄 다이아몬드 제품이나 디자이너 핸드백을 팔고자 열을 올리는 가운데 잘 팔리고 있다는 실시간 피드백을 계속 받는다. 컴퓨터 화면에는 판매된 제품의 개수와 재고 개수가 표시된다. 그리고 판매 속도가 상승세냐 하락세냐에 따라 호스트는 그 자리에서 바로 마케팅 전략과 강도를 조절한다. 또한 그들은 진행의 강약 정도, 온라인 배송 정책에 대한 고객 만족도 그리고 통화량 폭주 등에 관한 내용도 이어폰을 통해 전달받는다. 만일 빨간색 스웨터가 많이 팔리고 있다면, 모니터로 이를 확인한 호스트는 녹색 스웨터를 집어 들고 색감이 아름답다고 말하거나 "재고가 딱 50장뿐인데요. 이제 45장이 됐습니다. 서두르세요!"라고 말한다. 쇼핑 호스트라면 거의 누구나 이와 같은 기술적 장치의 도움을 받아 시청자들의 공감대를 더 끌어낼 수 있다고 생각한다. 10년 경력의 쇼핑 호스트 릭 도메이어Rick Domeier는 말한다. "내가 무리를 한다 싶으면 기계 장비들이 알려줍니다." 다양한 원천의 정보를 그때그때 읽고 소화하는 그들의 능력은 항공관제사의 그것과 비견된다. 적어도 쇼핑 호스트에 국한해 말한다면 그들은 시간 밖에 존재한다. 도메이어는 이렇게 덧붙였다. "마치 라스베이거스 같습니다. 오후 두 시인지 오전 두 시인지 몰라요. 내가 방송하는 그 순간이 바로 황금시간대인 겁니다."[20]

많은 사람들이 언제든 '활성화'할 수 있는 능력을 갈망하며 하루를 여러 단계로 구획하는 것을 구시대 유물로 취급한다. 사람들은 그것을 마치 가게가 적어도 일주일에 한 번은 쉬어야 한다는 고색창연한 규칙과 같은 것이라고 여긴다. 우리는 언제든 모든 것에 접속할 수 있기를 그리고 24시간 항상 준비된 이런 밀도에 자신이 적응할 수 있기를 바란다. 그럴 수 있을 때 잠들지 않는 가상의 도시를 사는 진정한 디지털 시민이라고 할 수 있지 않을까? 휴대전화를 언제 어느 때고 틈만 나면 충전시키듯 우리는 짧지만 깊은 잠을 취할 수 있다.

극도의 효율성을 강조하는 티모시 페리스Timothy Ferriss는 자신의 책《네 시간 몸The 4-Hour Body》에서 '조각 잠hack sleep'을 자는 법을 알려준다. 한번 자리에 누워 여섯 시간에서 아홉 시간 동안 수면을 취하지 말고 나누어 잠자는 법을 익히면 네 시간 간격으로 20분씩 수면을 취하는 것으로 일상생활을 영위할 수 있다는 것이다. 이는 인간의 몸을 리튬이온 전지로 보는 것인데, 페리스의 주장에 따르면, 몇몇 유명한 기술 분야 최고경영자들에 의해 입증된 방법이라고 한다.[21] 이는 인간이 되기보다 기계나 시장에 더 어울리는 존재가 되고 싶어 하는 마음을 잘 보여주는 사례이기도 하다.

그렇다고 기술이 인간에게 맞추어야 한다거나 인간의 내적 리듬을 따라야 한다고 말하는 건 아니다. 우리는 기술 그리고 무시간성의 기술이 함축하고 있는 새로운 문화적 규범과 조화를 이루고자 한다. 우리는 다른 사람보다 더 많이 이메일을 처리하고 소셜 네트워크에서 더 많은 연결고리를 만들어내고자 한다. 마치 컴퓨터로 처리하는 일이 많을수록 좋다고 여기는 것과 비슷하다. 우리는 효율성과 생산성을 목표로 심었던 시세 시대를 비동기적 환경을 만들어내는 디지털 문화에 잘못 갖다 붙였다. 과거에 그랬던 것처럼 우리는 기계 안에서 일을 한다기보다 아예 기계가 되어야 한다.

우리는 사이보그니 기술적으로 고양된 인간이니 하는 개념을 마치 대단한 것인 듯 숭배한다. 애플 운영체제가 업데이트될 때마다 그 속도로 우리 인간 개체도 발전하리라고 보는 것이다. 우리는 아침에 양치질하기 전에 이메일 답장을 쓰는가 하면,[22] 이케미스트리닷컴eChemistry.com(데이트 상대를 알선해주는 온라인 사이트-옮긴이)의 전산장비가 우리에게 가장 어울리는 짝을 찾아내주리라 믿기도 하며, 구형 모델이 고장 나지 않았는데도 아이폰 신형 모델을 사기 위해 줄을 서기도 한다.

페이스북이라고 하는 소셜 네트워크 사이트가 나스닥 거래소에 상장되던 첫날 우리의 눈과 귀는 온통 거기에 쏠렸다. 그것은 주가에 관심이 있어서라기보다 소셜 네트워크가 우리 삶에 중요한 존재가 됐음을 인정하는 일이었기 때문이다. 온라인 네트워크는 인간관계의 기본 틀이 됐으며, 거기에 실린 개인의 프로필은 그것을 통해 자기를 단장하는 거울인 동시에 자기를 드러내는 새로운 형태의 거울이었다. 알고리즘에 의해 산출되는 클라우트Klout(소셜 네트워크의 영향력을 평가해주는 웹 서비스-옮긴이) 점수가 과거에 사회적 지위를 나타내주었던 것을 대신하고 있다. 손목에 차는 나이키퓨얼NikeFuel 밴드는 우리 신체의 움직임을 추적해 우리가 그날 목표치로 설정한 운동량에 근접할수록 색깔을 달리해서 보여준다. 그리고 그 결과를 네트워크상의 다른 사용자들과 공유하고 서로에게 동기 부여를 한다.

이런 활동에는 지나치게 자의식적인 것들이 있어서 디지털 아트 이론가들은 이를 '새로운 미학New Aesthetic'[23]이라고 불렀다. 무인항공기 촬영이라든가 무차별 감시 카메라에서부터 추억의 8비트 게임과 픽셀 모양의 헤링본 옷감에 이르기까지 이 모든 것이 새로운 미학에 속하는 것들이다. 이는 디지털 기술의 언어와 물리적 세상의 언어를 한데 섞은 것이며 이를 나타내는 가장 좋은 예는 글리치glitch(순간적으로 발생하는 이상 잡음-옮긴이)라고 불리는 최신 형태의 덥스텝Dubstep 댄스다. 로봇 춤과 팝앤락Pop-and-lock을 추던 사람들이 떠난 자리를 차지한 글리치 댄서들은 인터넷상의 저해상도 동영상에서처럼 뚝뚝 끊기는 움직임을 흉내 낸다. 그들은 작동이 시원치 않은 동영상 기기 속 춤꾼의 동작을 흉내 내는 것이다.

인터넷 관련 종사자들은 사이보그 정신을 주어진 운명으로 받아들여야만 한다. 구글과 페이스북은 출퇴근 시간에 구애받지 않고 일할 수 있는 엔지니어를 선호한다. 회사 일 말고 특별히 다른 개인 생활이 없는 프로그래머들을 위해 회사에서는 식사를 제공하고 샤워 시설과 세탁 서비스를 제공한다. 구글에서는 변기에 앉아 있는 동안 읽으라고 화장실 칸막이벽에 프로그래밍 팁을 매일 바꿔가면서 걸어놓는다. 두말할 것 없이 회사 환경은 쾌적하며 음식과 시설 또한 여느 가정집보다 훨씬 낫다. 그리고 모두 즐겁게 일을 하는 것 같다. 하지만 이런 회사들은 시간의 흐름을 매우 꼼꼼하게 비축하고 배열하고 잘라내는 우주정거장과 비슷하다.

인터넷 문화라는 것은 바로 이런 감성으로부터 영향을 받게 되는데, 이 감성은 인터넷 문화를 구성하는 콘텐츠와 프로그램 속으로 스며든다. 항상 활성화돼 있는 프로그래머들은 당연히 자신들의 프로그램을 사용하는 사람들도 자신들과 같다고 여긴다. 이와 비슷하게 온라인 미디어의 전횡과 경제 논리에 따라야만 하는 인터넷 필진들은 활동 항진 상태에 있는 잠들지 않는 웹의 가치관을 받아들일 수밖에 없다. 트래픽이 가장 많은 사이트는 새로운 포스트를 몇 분 간격으로 꾸준히 올려야 하고 거기에 속한 필진들은 포스트를 작성해야 하는 압박에 시달린다. 블로그 발행자 닉 덴튼 Nick Denton은 이런 현상을 이용해 명성과 부富를 축적하는 사람이다. 이와 같은 방식으로 그는 자신이 소유하고 있는 고커Gawker, 기즈모도 Gizmodo, 제제벨Jezebel 등 여러 회사도 꾸려 나간다. 젊은 필진을 고용해 터무니없는 시간적 제약을 부과하는 방식이다. 그리하여 유명세를 얻고 고액의 보수를 받는 것은 그들의 재량이다. 덴튼의 발행물에 글을 올리는 필진들은 하루에 열두 꼭지의 글을 써야 한다. 이 정도의 글을 쓰려면 거의 하루 종일 매달려야 한다(혹은 내가 직접 겪은 바에 의하면, 스마트폰을 이용해 '실시간'의 삶 속에서 글을 써야 한다). 블로그에 올라온 포스트들을 보면 이런 절박한 즉시성과 24시간 대기 상태의 기조가 배어 나온다. 유명인들은 언제 어디서든 안전할 수도, 안전을 보장받을 수도 없다. 누가 됐든 명성에 흠을 낼 수 있는 스토리는 그가 잠든 사이에도 언제든 터져 나와 이튿날 날이 밝기도 전에 인터넷에 쫙 퍼져 있을 것이다. 이런 유의 블로그들이 만들어낸 문화에 부응이라도 하듯 덴튼은 다음과 같은 컴퓨터 프로그램을 고커에서 시행했다. 그 프로그램은 인터넷 실시간 인기 검색어에 기반한 스토리를 만들어 필진과 독자 사이에 폐쇄형 피드백 회로가 형성되도록 하는 것이다. 이는 즐기되 견뎌야 하는 식의 삶이다. 〈뉴욕매거진*New York Magazine*〉 기고가이며 고커의 속사정에 밝은 바네사 그리고리아디스*Vanessa Grigoriadis*는 이렇게 적고 있다.

블로거들은 세상의 모든 것을 바라보는 듯한 황홀한 기분을 경험하게 되면 세상 모든 사람들이 자신의 블로그를 통해 그것들을 보도록 만든다. 이는 주체이자 곧 객체가 되는 경험, 다시 말해 관음의 주체가 되는 동시에 그 대상이 되는 경험이다. 이런 기분을 더 만끽하기 위해 일부 블로거들은 화장실에서 코카인을 흡입하거나 대학생들이 학기말 시험 주간에 곧잘 이용하는 애더럴*Adderall*(암페타민에 소금과 이것저것을 섞은 각성제의 일종―옮긴이) 혹은 주의력결핍과잉행동장애 약을 먹는다. 블로거가 그토록 많은 글을 쓸 수 있는 유일한 길 가운데 하나가 바로 이런 약을 상습 복용하는 것이다. ("우린 블로거 집단이라기보다 일종의 마약 조직이

야." 고커미디어에서 일하는 어떤 사람은 내게 이런 얘기를 아무렇지도 않게 했다.) 신경
은 쥐어오고, 손목은 터널증후군을 보이며, 다리는 부어 오른다. 이 모든 것이 떳
떳하지 못한 일에 따라오는 것들이다. 이 일에서 최고가 된다는 것은 하루 아홉
시간 동안 반 시간 간격으로 RSS^{rich site summary}(사이트 요약 서비스—옮긴이)를 통해
500개의 웹사이트를 훑으면서 매 15분 간격으로 한 개의 포스트를 작성할 수 있
을 정도라는 것이다. 그리고 '근무 외 시간'에는 내일을 위해 새로운 소식을 계속
주시해야 한다." [24]

그 속도를 기술에 맡김으로써 우리는 진정한 의미의 선택이란 것을 할
수 없다. 오히려 우리는 지금 하고 있는 일로부터 소외되고 있다. 블로거
들은 모니터와 키보드로만 일하면서 정작 자신들이 다루고 있는 것들과
절연하며, 오히려 온라인 버전 속에 살아 있는 소재들을 묻어버리곤 한다.
디자이너들은 옷을 만들거나 핸드백을 만들 때, 새벽 한 시에 가정주부가
홈쇼핑에 건 전화 내역을 모은 컴퓨터 자료를 참고한다. 연인들은 자신들
이 보낸 문자에 상대가 원하는 내용의 답을 즉시 해주기를 바라지만, 상대
는 지쳤거나 과로한 상태(혹은 만취한 상태)일 수도 있다. 프로그래머들은
새벽 두 시에도 오후 두 시에 했을 때와 똑같은 수준의 코딩 작업을 할 수
있기를 바란다. 그래서 프로그래머들은 주저 없이 약의 힘을 빌리려고 하
는 것이다.

어떤 경우든 블로거, 디자이너, 연인, 프로그래머 모두가 그들이 만들
어낸 기술과 인공적 환경에 의해 좌우되는 리듬과 패턴을 따르기 위해서
는 자연 발생적인 리듬과 패턴으로부터 소외될 수밖에 없다. 그들에겐 실
시간 뉴스 주기라든가 일을 할 때와 쉴 때의 구분이 없다. 일의 능률이 최

고조일 때와 꼭 휴식을 취해야 할 때를 구분하지 않으니 그들의 일은 그만큼 효율이 떨어질 수밖에 없다. 불면증에 걸린 TV 시청자들의 전화, 그것도 한번 걸려진 전화에만 신경을 쓰는 디자이너들로선 강력하며 결정적인 문화적 경향과 주기를 알 도리가 없는 것이다. 글이 됐든 프로그램이 됐든 혹은 디자이너의 작품이 됐든 모든 것이 이런 소외를 겪고 있다.

이는 범하기 쉬운 오류 가운데 하나다. 디지털 기술은 우리에게 우리의 시간을 다시 불러들이고 우리가 가진 기기를 개별적이면서도 집단적인 리듬을 따를 수 있도록 프로그래밍 할 수 있는 기회를 주었다. 컴퓨터는 시간이라는 것에 개의치 않는다. 컴퓨터는 시간적 순서가 아닌 사건, 즉 이것이 일어난 다음 저것이 일어나는 식의 사건에 기반한 내부 시계에 따라 작동하는 기계일 뿐이다. 각 단계마다 얼마만큼의 시간이 흘렀는지에 대해서는 신경 쓰는 바가 없다. 시간과 맺는 이런 식의 관계에서 특별한 기회가 만들어진다.

예를 들어 인터넷 초창기 문화를 보면 계단식으로 짧게 끊어지는 디지털 기술의 무시간적 특성을 잘 활용했다. 최초의 게시판 서비스는 컴퓨터 프로그램처럼 비동기 방식으로 작동했다. 즉 사용자가 접속을 해서 전체 대화를 내려받은 다음 편할 때 답글을 올리는 식이었다. 어떤 사용자가 진행되고 있는 대화 답글을 작성해 게시판에 올리는 데 몇 시간 혹은 며칠이 걸릴 수 있었다. 우리의 리듬과 시간에 맞춰 대화를 나누고 글을 쓸 수 있었던 것이다. 저녁에 읽고 아침에 답글을 올리는 사람도 있었고, 그 자리에서 읽고 바로 답글을 쓰는 사람도 있었다. 그리고 나처럼 체스를 두는 사람들처럼 며칠 간격을 두고 대화를 주고받는 사람도 있었다.

며칠을 궁리해야 내놓을 수 있는 답변을 하는 사람이 가장 뛰어난 대화

상대라고 할 때, 이런 식의 대화가 참 좋은 것은 우리 모두 실생활에서보다 좀 더 현명해질 수 있다는 점이다. 결국 인터넷상에서 우리는 평소보다훨씬 더 현명해질 수 있는 것이다. 우리는 그룹 토론의 속도를 늦추는 데만 디지털 기술을 사용한 것이 아니라 주중 혹은 하루 중 가장 편한 시간대에 각자의 리듬대로 모두 대화에 참여할 수 있도록 하는 데 디지털 기술을 사용했다.

우리는 스마트폰으로 이메일을 보내고 트윗을 한다. 그리고 누가 멘션이나 이메일을 보낼 때 진동하는 알림을 바로 확인하기 위해 스마트폰을몸에 지니고 다닌다. 이런 식으로 우리는 아주 강력한 힘을 가지고 있는비동기화 기술을 그릇된 동기화 기술로 바꿔놓고 있다. 우리는 유령진동증후군Phantom vibration syndrome(아무 일도 없는데 전화나 문자가 온 것처럼 휴대전화의 진동을 경험하는 현상을 가리킨다—옮긴이)을 앓고 있는데, 예전 같으면 항공관제사나 119 응급교환원들이나 앓던 증후군이었다. 우리가 속도의 이점 혹은 잠시 양해를 구하고 표현하자면, '인지 능력 향상 약물'의 이점을취하고 있는 순간에도 우리는 서서히 모든 정력을 다 소모하고 있다. 이는4분기 보고로 짜인 시간 틀을 중심으로 업무를 재편하는 사업과 연말 평가에 대비해 비인기 종목을 매도하고 인기 종목을 매수하는 식으로 '겉치레' 하는 뮤추얼펀드에서도 마찬가지다. 사람들은 자연 발생적인 리듬을잃었거나 그에 반해 일을 한다. 그리고 인간의 모든 활동 이면에서 출렁이고 있는 파도에 다시 올라탈 수 있는 능력을 잃어버리고 말았다. 전화기가똑똑해질수록 우리는 점점 바보가 되어가고 있다.

자연과 문화 양쪽에서 찾아볼 수 있는 자기 속도 조절 체계에 대한 예는많다. 같은 기숙사에 살고 있는 여자들은 생리 주기가 서로 동기화되는 경향이 있다. 아마도 비슷한 기제를 따르는 것일 텐데, 운동장에서 노는 아이들을 관찰해보면 아이들의 활동 리듬이 이 무리 저 무리를 임의로 오가는 듯한 한두 명의 아이들에 의해 동기화되는 것을 볼 수 있다. 그 한두 명의 아이에 의해 운동장에서 노는 전체 아이들의 리듬이 꽤 정확히 일치되는 것이다. 사회과학자들은 이런 집단적 리듬을 통해 고도의 집단적 일체감이 형성되며, 개인들은 집단적 주목을 받을 수 있는 질병이나 기타 스트레스로 인해 이런 동기화 상태에서 열외가 될까 더욱 전전긍긍한다고 본다. 이런 동기화가 원시사회의 부산물 그 이상도 이하도 아닐 수 있다. 하지만 다른 한편으로 이런 동기화는 인간의 활동과 행위를 근본적으로 조정하는 것일 수도 있기 때문에 이를 대수롭지 않게 여기는 것에 대해서는 신중에 신중을 거듭할 필요가 있다.

우리는 기술에 끌려다니기보다 우리의 개인적 리듬이나 그나마 아직 기업 문화에 남아 있는 자연적 주기를 따르도록 기술을 프로그래밍 할 수 있다. 이는 어려운 일이 아니다. 혹은 기술이 그냥 우리의 리듬을 따르게만 하는 것보다 우리에게 동기화하도록 만들어 좀 더 넓은 범위의 일체감을 조성하도록 하는 것이 더 나을 수도 있다. 어쨌든 우리 인간은 농업을 발명한 이래 동기화의 이로움을 취하면서 살아왔다. 특정 곡물이 특정 기후와 계절에 더 잘 자란다는 것을 알게 된 농부는 때맞춰 거기에 맞은 씨앗을 뿌렸다. 이렇게 체계적으로 농사를 짓게 되면 곡물의 질과 양이 더 좋아지는 것은 말할 것도 없고, 특정 계절에 우리 인간의 몸이 필요로 하는 것을 제철에 수확할 수 있는 열매와 채소와 곡물에서 충분히 얻을 수 있게 된다.

감자, 고구마, 당근, 비트 그리고 그 밖의 뿌리채소 등은 겨울철에 많이 수확할 수 있는데, 이것들은 우리에게 겨울을 날 수 있는 에너지원을 제공하고 체온을 유지할 수 있도록 해준다. 여름에 수확할 수 있는, 수분이 많은 과일은 더위에 지친 우리 몸을 식혀준다. 이런 피상적인 관계 말고도 계절의 순환과 제철에 구할 수 있는 농작물의 효소 사이에는 분비샘과 호르몬의 차원에서 매우 긴밀한 관계가 존재한다. 지금 제철 음식은 인간이 수십만 년을 거쳐 진화해오는 동안에도 제철 음식이었다. 제철 음식은 갑상선에서부터 비장에 이르기까지 우리 몸의 모든 것이 일정한 주기에 따라 비축하고 비워내고 신진대사를 할 수 있도록 옆에서 돕거나 알려준다. 우리는 의식적으로 노력해 이런 식습관을 되살려놓을 수 있다. 그렇지 않으면 유기농 상점 진열대에 놓여 있는, 일 년 내내 구매할 수 있는 수경재배 채소들로 인해 우리는 자연적인 식습관을 잃어버리고 말 것이다.

계절은 우리의 정서와 호르몬 수치 그리고 신경전달물질의 분비에 영향을 미친다. 우리 문화의 많은 부분은 바로 그러한 계절의 미묘한 영향력을 중심으로 이미 어느 정도 형성돼 있다. 종교에서는 사람들의 감정 상태를 이용하거나 혹은 중화시키기 위해 종교 축일을 만들어냈다. 4월은 농사 활동과 성욕이 최고조에 이르는 때인데, 그때 고대사회에서는 풍년제를 지냄으로써 토속 신과 통치자들에게 그 에너지를 돌리도록 만들었다. 그리고 정체를 알 수 없는 계절적 정서 장애가 발생할 수 있으며 일 년 중 가장 어두운 시기에는 동지맞이 의식을 열었다. 그때 각 가정에서는 밝고 푸른색을 띠거나 기름진 음식을 장만하기도 했다. 오늘날 영화사에서 여름철에 막대한 제작비를 들인 액션 영화를 개봉하는 것은 여름철 관객들의 고조된 에너지를 겨냥한 것이라는 사실은 공공연한 비밀이다. 그런 식으로 겨울철에는 지적인 영화를 그리고 봄에는 로맨틱 코미디를 개봉한다. 영화사에서 그렇게 하는 것은 우리가 자연적인 시간생물학적 리듬에 잘 따를 수 있도록 하기 위해서가 아니라 장사에 유리하기 때문이다.

　일단 사람들은 이런 주기에 대해 알게 되면 이 주기에 맞춰 자신의 활동 계획을 짤 수 있다. 오래전부터 운동선수와 코치는 최고조의 기량과 경기력 그리고 설명할 길 없는 슬럼프 등이 계절, 달, 주 그리고 심지어 시간대에 따라 일정한 주기를 탄다는 것을 알고 있었다. 하지만 1970년대에 와서야 심장을 튼튼히 하고자 취미로 조깅을 하는 문화 덕분에 경기력과 타이밍을 한데 엮어 살필 수 있는, 최초의 중요한 계기가 마련됐다. 틀에 꽉 잡힌 훈련 방식을 주저 없이 자신들에게 맞춰 조금씩 수정하는 조깅 애호가들은 기량과 심폐 능력을 향상시키고자 시간생물학이라는 새로운 학문에 특별한 관심을 갖게 됐다. 많은 의사와 운동 코치들은 이상적인 운동 프로그램을 만들고자 시간대와 운동과 회복 사이의 상관관계를 찾아 나섰다. 그런 사람들 가운데, 심장외과 의사이자 미국 올림픽스포츠의학협회의 창립위원장인(그리고 탯줄 정맥을 이용해 바이패스 수술을 세계 최초로 시행했던) 어빙 다딕Irving Dardik은 육상 선수와 환자들로 하여금 낮 동안 엄격히 구분한 간격에 따라 운동과 휴식을 취하게 함으로써 그들의 심장박동 리듬을 비슷하게 조절할 수 있다는 사실을 발견했다.[25] 그가 진행한 연구는 환자의 심폐 리듬과 이른바 '슈퍼파superwave'라고 부르는 달 또는 해 등의 기운 사이의 관계에 기반을 둔 것이었다. 그러나 이 관계는 매우 구체적이면서도 뭔가 난해한 구석이 있는 관계였다. 이 연구를 통해 만성(이 또한 시간과 관련이 있는 표현〔만성질환이라는 표현에 쓰이는 '만성'의 영어 표현인 chronic이 시간을 상징하는 신, 크로노스Chronos에서 유래했다는 말이다—옮긴이〕이 아닌가?) 질환으로 고생하는 환자들로부터 아주 놀라운 임상기록을 얻을 수 있었다. 하지만 다딕은 거기서 멈추지 않고 자신의 가설을 좀 더 넓은 범위, 즉 상온 핵융합 연구라든가 다발성 경화증 치료 등으로 확장했는데, 이로 인해 곳곳에서 비웃음을 샀고 의사 면허를 박탈당하기까지 했다.

그럼에도 요정은 호리병 밖으로 나온 셈이었다. 보건과 스포츠 분야에서 유행하게 된 바이오리듬은 운동 코치와 대안의학에 관심이 있는 의료 종사자들에게 하나의 관리지침으로 자리를 잡았다. 과거에는 계절과 월령이 인간 활동에 영향을 미친다는 것을 그저 신화 정도로 치부했으나 지금은 뇌와 그 변화에 대해 새로운 사실을 알게 됨으로써 근거 있는 얘기로 받아들여지고 있다. 뇌의 화학작용에 대한 새로운 사실이 드러나면서 시간에 따라 인간의 정서와 능력이 주기적으로 변화하고 특정 순간에 회백질에 신경전달물질이 분비된다는 주장이 입증됐다. 정신약물치료사이자 연구자인 데이비드 굿먼David Goodman 박사는 신경과학의 주류 집단을 떠났다. 학계를 떠나 30년 이상 망명 생활을 하면서 그는 자신을 포함하여 여러 피실험자를 대상으로 연구했다. 사람들이 달의 주기에 따른 환경 변화에 적응할 수 있도록 한 달 기준으로 우리 뇌가 각기 다른 날에 어떻게 다른 신경물질을 분비하는지 알아내려는 연구였다. 그는 우리 뇌의 상태가 크게 네 가지로 분류되는데, 각 상태는 28일 단위로 끊어지는 달의 주기에서 일주일씩 나타난다는 사실을 알아냈다.[26]

한편, 우울증에 관한 유명한 안내서 《천연 프로작Natural Prozac》을 쓴 조엘 로버트슨Joel Robertson 박사는 사람이 우울 증세를 보일 때 우리 뇌의 주요 신경전달물질들이 미치는 영향을 연구해 다음과 같은 사실을 알아냈다.[27] 우울증을 느끼면 세로토닌 수치를 올려 마음을 평온하게 만드는 사람이 있는가 하면, 행동이나 음식물로 노르에피네프린과 도파민같이 기분을

'상승'시켜주는 화학물질 수치를 올려 흥분과 자극을 좇는 사람도 있다는 것이다. (전자의 경우엔 코카인 등의 약물을 남용할 수 있고 후자의 경우엔 알코올이나 발륨valium에 의존할 가능성이 있다.) 각기 다른 신경전달물질이 특정한 마음 상태와 활동을 부추기는 방식에 대해 그가 내린 결론은 그가 개발한 운동 및 행동 요법 못지않게 중요하다.

이 모든 논의를 시간과 뇌의 관계에 대한 포괄적 접근으로 수렴시킨 이는 마크 필리피Mark Filippi 박사다. 그는 소마스페이스Somaspace.org의 설립자이며 실적 향상을 도모하는 월가 중개인과 프로스포츠 구단들뿐만 아니라 자신들의 삶에서 어떤 패턴을 읽어내고자 하는, 잘난 척하는 뉴에이지형 인간들에게도 인기가 많은 컨설턴트다. 논리학자인 앨프리드 코지프스키Alfred Korzybski에서부터 과학자 데이비드 봄David Bohm에 이르기까지 각 분야의 저술가가 쓴 책들로 채워진, 수수한 그의 라치몬트Larchmont(로스앤젤레스 중심가에서 약간 떨어진 곳에 있는 쇼핑가로, 개성 있는 상점이 많은 곳으로 유명하다—옮긴이) 사무실에서 나는 그를 면담한 적이 있다. "야구선수가 왜 슬럼프에 빠질까요?" 그는 내게 질문부터 했다. "자신의 주변 세상과 파장을 공유하지 못했기 때문입니다."[28] 생전 들어보지 못했던 스포츠 통계였다.

필리피는 프로작이나 발륨 같은 향정신성 약물로 생화학적 수치를 조절해 우리의 부조화 상태를 임시변통하려 들기보다 우리의 사회적 일상에 영향을 미치는 시간생물학에 대한 깊은 이해를 바탕으로 사회적 일상을 조직할 필요가 있다고 주장한다. 그는 자신의 환자들이 컨디션은 향상시키고 스트레스는 줄이면서 심신의 건강을 찾을 수 있도록, 사회적 활동을 하거나 운동을 할 때 주변에서 일어나는 모든 자연적 주기 안에서 혹은 더

불어 공조할 수 있도록 옆에서 도왔다.

그는 둔해 보이지만 언변은 유창하며 자신의 사무실에 사회문화적 기상도를 내다볼 수 있는 창문이라도 되는 듯 작은 텔레비전을 24시간 켜놓고 사는 스포츠 광팬이다. 필리피와 스포츠 경기를 본다는 것은 완전히 다른 관점으로 라디오 중계를 듣는 것과 비슷하다. "저 친구 턱을 보세요." 필리피가 텔레비전에서 방영하는 농구 경기를 보며 한 포인트가드를 두고 한 말이다. "저러다 저 친구 발목 나갈 겁니다." 아니나 다를까 두 쿼터 지난 후에 앞서 말한 포인트가드가 정강이를 감싸 안고 경기장 바닥에 쓰러졌다. "모두 다 연결돼 있어요." 그가 이런 말을 하는데, 이는 마치 '텐세그리티tensegrity'(tension과 integrity를 이어 붙여 만든 조어. 연속된 인장재와 불연속의 압축재로 구성되고 각 부재가 유효하게 작용해 강삐의 형태를 만드는 것 같은 골격 구조의 특성—옮긴이)[29]라고 하는 것을 통해 턱과 발목 사이에 구조 동역학이 분명히 존재한다는 말처럼 들린다.

필리피는 부연했다. "우리가 텐세그리티를 말할 때, 그것이 의미하는 바는 하나의 물리적 체계가 장력을 재배분하는 중에도 동일한 물리적 형태를 유지할 수 있다는 말입니다. 우리 몸의 세포 구조에서부터 우리가 살고 있는 마을이나 도시의 바둑판 모양 길거리에 이르기까지 우리 눈앞에 현현된 현실에는 텐세그리티가 존재한다는 거지요." 아주 단순하게 말해, 텐세그리티는 모든 것을 한데 잡아매는 것이다. 숨쉬고 움직이고 얘기하는 것과 같이 가장 내재화된 행위 패턴에서도 텐세그리티는 존재한다. 그것이 없으면 우리는 존재한다고 볼 수 없다. 그저 세포 뭉치일 뿐이다. 그러나 그것은 또한 움직이는 과녁과도 같다. 외적 활동과 내적 상태에 따라 그 힘과 리듬이 바뀌기 때문이다.

앞서 연구한 이들의 성과를 바탕으로 필리피는 인간의 생체리듬을 이해하고 치료와 특정 활동에 알맞은 최적의 시간을 찾아내고자 계절과 월령에 의한 생화학적 영향을 오랫동안 분석해왔다. 그가 주장하길, 태양을 기준으로 각각 그 특성이 뚜렷한(겨울은 신체 회복에 좋은 계절이고, 여름은 신체 활동에 좋은 계절인 것처럼) 사계절이 있듯, 거기에 상응하는 월령도 있고 하루의 구분도 있고 시간의 등분도 있으며 호흡의 단계도 나뉜다고 한다. 그리고 우리는 우리 안의 네 단계 혹은 '사상四相'의 리듬과 우리를 둘러싼 드넓은 바깥세상의 리듬을 한데 조화시킴으로써 좀 더 폭넓은 일관성을 갖고 사고하고 노동하며 교류할 수 있다는 것이다.

다딕과 굿먼 그리고 로빈슨의 연구와 자신의 연구를 종합해 필리피는 다음과 같은 결론을 내렸다. 월령의 단계가 바뀔 때마다 인간의 뇌는 서로 다른 신경전달물질의 지배를 받는다. 그의 말에 따르면, 28일마다 바뀌는 달의 주기를 기준으로 볼 때, 매주 특정 화학물질의 분비가 다른 물질의 분비보다 두드러지므로 어떤 활동을 극대화할 수 있는 날이 따로 존재한다고 볼 수 있다는 것이다.

예를 들어 초승달이 시작될 때는 우리 인간의 아세틸콜린 수치가 증가하면서 일의 능률도 오른다. 아세틸콜린은 주의력과 관련이 있는 신경전달물질로 알려져왔다. "그 물질이 우리 안에서 불러일으키는 기분은 광고에 나오는 에너자이저 토끼 그 자체지요. 그 분위기를 가지고 사회적 상호관계를 맺고, 허드렛일과 정해진 일을 효과적으로 해내며 우리가 하는 활동에서 균형을 도모할 수 있습니다."

보름이 다가올수록 세로토닌의 수치가 오르면서 자기각성이 깊어지고 집중력과 기운은 최고조에 이른다. 프로작과 같은 약물에 의해 증가되기도 하는 세로토닌은 우리 뇌에 음식에 대한 포만감이나 허기 신호를 보내는 것으로 알려져 있다. "세로토닌이 분비되면 우리는 일시적으로 기분 좋은 상태가 되는데, 그 상태는 차분하고 정적이지요. 아세틸콜린은 우리를 물리적 세계에 붙들어두는 반면, 세로토닌은 우리로 하여금 정신적 세계를 떠돌게 합니다. 이 세로토닌 덕분에 우리는 명백히 유리하고 체화된 위치에서 물리적 세계를 경험할 수 있어요. 그 순간 느끼는 고독에서 실제로 얻는 바가 있습니다. 마치 예술가가 자신의 뮤즈를 발견할 때처럼 말이죠."

그다음 주가 되면 우리는 도파민의 증가로 얻게 될 이로움을 누리게 된다. 헤로인을 투약하거나 아슬아슬한 스턴트 묘기 뒤에 느끼는 격한 감정을 주관하는 이 물질은 보상으로 동기 부여를 받는 학습 행위도 주관한다. "도파민으로 인해 우리는 정해진 틀에서 벗어나 행동의 여지를 넓힐 수 있고, 지나친 몰입을 완화시킬 수도 있어요. 그리고 중요한 것은 도파민이 바로 그 순간의 에너지와 결합할 수 있다는 것입니다. 아세틸콜린이 기억과 관련된 궁극의 신경전달물질이라고 한다면, 도파민은 경험과 관련된 궁극의 신경전달물질이에요. 기능적 측면에서 보면 우리가 스스로 즐길 수 있는 사회적 활동을 할 때, 도파민이 가장 활발히 기능한다고 볼 수 있어요." 결국 도파민이 지배하는 주는 파티의 주간이다.

끝으로 그믐달이 되면 노르에피네프린이 지배한다. 흥분선날신경물질인 노르에피네프린은 불안과 본능적 행위 등을 주관하고 죽든 살든 덤빌 것인지 아니면 내뺄 것인지 그 반응을 제어한다. "우리는 깊이 숙고할 필요가 없이 체계적으로 짜인 일을 곧잘 처리하는 경향이 있습니다. 이처럼 체계화된 일이 지니고 있는 양자택일의 이분법적 속성을 바탕으로 우리는 판단하고 행동하고 영점 조정을 하지요. 노르에피네프린에서 핵심은 그것이 적절히 분비되면, 사고와 행동이 물 흐르는 듯 조화됨을 우리가 느끼고 경험할 수 있다는 점입니다. 모든 것이 우리의 제2의 천성이 되고도 남지요." 따라서 부딪칠 것인가 혹은 도망칠 것인가라는 우리 인간의 본능적 갈등을 불안 강박으로 치부할 게 아니라, 그것이 불러일으키는 거의 파충류 본능에 가까운 비감정적 상태를 우리에게 이로운 쪽으로 활용할 수 있다. 그리고 하루도 네 등분해 달의 위상 변화 단계와 각각 결부시킬 수 있다. 초승달이 뜰 때는 아침 시간에 능률이 최고조에 이를 것이며, 상현달이 뜰 때부터 보름달이 뜰 때까지는 오후 시간에 능률이 최고조에 이를 것이다.

분명 이런 얘기를 받아들이길 꺼리는 사람들이 많긴 하지만, 필리피와 여러 차례 면담을 했던 나로선 이와 같은 사고방식에 따라 이 책을 집필하기로 했다. 달이 위상 변화를 시작하는 첫 번째 주에, 책의 장을 나누고 취재를 하고 지인이나 동료들과 집필 중인 책의 주제에 대해 논의할 예정이었다. 좀 더 강도가 높아질 두 번째 주에는 연구실에 틀어박혀 본격적인 집필에 착수해 초고를 완성하기로 했다. 세 번째 주에는 교정을 보면서 새로운 자료를 읽고 순서에 상관없이 손대고 싶은 부분이 있으면 다시 쓰기로 했다. 그리고 마지막 주에는 전체 논조를 다시 살펴보고 난해한 대목을 손질하며 골칫거리인 내 홈페이지를 단장할 예정이었다. 이렇게 했던 내 경험에 의거해 보건대, 나의 생산성은 약 40퍼센트 늘었으며 전체 집필 과정에서 심적 안정감은 놀라울 정도로 향상됐다. 물론 아직 입증되지 않은 사례에 불과하다고 볼 사람들이 있겠지만, 이런 식으로 집필을 해본 결과 나는 이후부터 달의 주기 변화에 신경을 쓸 필요가 있겠다는 생각이 들었다.

여기에 디지털 기술을 결부시키면 새로운 차원의 동기화를 유도할 수 있을 것이다. 다음과 같은 생체 피드백 방식을 생각해보자. 일단 사람의 몸에 심장박동, 호흡, 혈압, 전기 피부 반응 등을 감시할 수 있는 여러 가지 장비를 연결한다. 거기서 나오는 정보를 모니터 영상을 통해 그 사람에게 다시 보여준다. 선이 움직이며 불빛이 반짝거리는 모습이 보이고 음악이나 음향이 흘러나온다. 혹은 애니메이션 형태로 정보를 보여주기도 한다. 심장박동을 느리게 하거나 혈압을 낮추고 싶은 사람은 빨간불을 파란불로 바꿈으로써 그렇게 할 수 있다. 센서가 소리를 듣고 컴퓨터가 처리를 한다. 그러나 그들이 피드백 하는 데이터는 내부의 주기적 활동이지 억압이 아니다. 예전에는 볼 수 없었던 이런 정보를 직접 보게 되자, 우리는 자연적 리듬을 접할 수 있는 새로운 방식을 얻게 됐으며, 거기서 나오는 경고 신호에 따라 리듬을 조절하거나 아니면 우리 자신과 우리의 생활을 조절할 수 있게 됐다.

우리 안의 리듬과 바깥세상의 리듬을 서로 동조시키기 위해 이런 기술들을 좀 더 적극적으로 이용해볼 수 있다. 오늘날 도시에 사는 대부분의 사람들은 실내에서 많은 시간을 보낸다. 이런 환경에서는 시간의 변화라든가 달의 위상 변화 그리고 계절의 변화 등을 알려주곤 하던 지표들이 대부분 우리 눈에 띄지 않는다. 머리로는 대략 밤이 됐음을 짐작은 하겠지만, 우리의 눈과 갑상선은 그것을 알아차리지 못한다. 또한 지금 월령이 어느 때인지, 밀물인지 썰물인지 혹은 꿀을 채취할 수 있는 시기인지 모르는 사람이 대부분이다. 우리 몸의 면역 체계는 가루가 날리는 시기를 기록해두었다가 알레르기 반응을 일으킴에도 불구하고 말이다. 우리의 감각들 중에는 지난 수십만 년 동안 거기에 맞춰 우리 몸의 장기들이 서로 조화를 이루던 주기들과 연결된 감각이 있는가 하면, 인위적 환경 때문에 혹은 일부러 잘못된 신호와 공조를 하게끔 만들었기 때문에 주기들과 연결이 끊어진 감각들도 있다.

우리 내부의 리듬과 자연의 리듬을 다시 동조시키기 위해 시간생물학자들은 컴퓨터 프로그램들을 개발했다. 이 프로그램들은 우리 신체기관의 다양한 움직임을 잡아내면서 그것들을 하루의 주기, 달의 주기, 계절의 주기와 비교하고 대조했다. 모든 사람들이 똑같은 리듬에 맞춰 움직이는 것은 아니었기에 그것을 적용하는 일은 사람마다 개별적일 수밖에 없었다. 아이하트^{iHeart}, 라이프웨이브스^{Life Waves}와 같은 회사들은 논란의 여지가 있으나 새롭고 효과적인 운동 프로그램들을 만들어냈는데, 이 프로그램들은 앞서의 프로그램들을 통해 얻어진 자료를 바탕으로[30] 한 달 단위로 하루 가운데 어느 때 어떤 운동을 해야 하는지를 제시해준다.

처음에는 이런 전략에 대해 한번 믿어보자는 식이었으나, 지금으로선 다음과 같은 상당한 증거가 존재한다. 즉 시간이란 하나의 커다란 덩어리가 아니라 서로 교환 가능한 구체적인 요소들로 이루어졌다는 것이다. 물론 이는 디지털 기기 때문에 그렇게 보이는 것인지도 모른다. 사실, 디지털 비디오 레코더라는 기기가 의미하는 바는 생방송을 보는 대신 녹화를 할 수 있다는 것이다. 하지만 그렇다고 해서 경험의 차원에서, 자신이 좋아하는 HBO의 드라마를 수요일 저녁에 보는 것이 본방송을 하는 일요일 저녁에 챙겨 보는 것과 같다는 것은 아니다. 우리가 방송사 편성 시간표에 얽매일 필요는 없지만, 그렇다고 우리가 매 시간 모든 활동에 동일한 관심을 품어야 하는 것은 아니다.

같은 이유로 사업 영역에서는 제품의 주기를 규정하는 사회적·문화적 리듬과 무관한 일정이나 절차에 매달릴 이유가 없다. 단적인 예로, 던컨

Duncan의 요요 장난감은 그 인기의 주기가 마치 장난감 자체의 움직임마냥 오르락내리락한다. 이 제품은 대략 10년 주기로 인기를 끌다가 완전히 사라졌나 싶을 정도로 묻히곤 한다. 던컨은 이 오르내리는 파도에 올라타는 법을 배웠다. 세대가 바뀌어 새로운 요요 팬들이 생길 즈음, 그 회사는 텔레비전 광고를 하고 유명인을 앞세우며 전국 대회를 개최했다.

비슷한 예로, 버켄스탁 Birkenstock의 신발은 그 인기가 들쑥날쑥한다. 다른 여러 자연주의 제품이나 활동도 같은 부침을 겪는다. 버켄스탁은 그런 유행의 흐름을 무시하다 끝내 재고만 남기고 시장 평가에 낙심하는 일은 하지 않았다. 대신 그들은 소비 흐름이 곧 바뀔 낌새를 포착할 줄 알았다. 새롭게 인기가 도래할 때면 버켄스탁에서는 신제품 군을 선보이고 새로운 매장을 오픈했으며, 소비자의 관심이 시들해지면 물러났다. 이런 전략으로 버켄스탁은 몇 종류 안 되는 신발을 팔던 회사에서 지금은 500가지에 이르는 다양한 스타일의 신발을 파는 회사로 성장했다.

내 친구 중에 애플에서 스마트폰 어플리케이션 만드는 일을 하던 친구가 있다. 그가 말하길, 스티브 잡스는 3년 주기의 제품 개발을 늘 염두에 뒀다고 한다. 잡스는 단순히 현재 벌어지고 있는 일에는 관심이 없었고 3년 뒤에 사람들이 어떤 방식으로 기술을 활용할 것인지에만 관심을 쏟았다. 이런 생각 때문에 잡스는 플로피 드라이브 슬롯이 없는 첫 아이맥iMac을 출고할 수 있었고, 당시로선 널리 쓰이던 플래시 방식의 동영상을 돌릴 수 없는 아이폰을 출고할 수 있었다. 그가 개발하고 있던 제품은 단순히 영업부가 조사한 당시의 소비자 요구를 충족시키기 위한 것이 아니라 변화하는 소비자 성향을 포착하고 그것을 창출하기(이에 대해서는 이의를 달 사람들이 있을 것이다) 위한 제품이었다.

이런 일들은 분기보고서 말고는 다른 걸 눈여겨보지도 않고, 해마다 지분이 늘어나는 것 외에는 바라는 게 없는 주주들이 지키고 있는 회사에선 쉽지 않다. 그러나 이런 식으로는 개인이나 회사가 잘 돌아갈 리 없다. 특히 사람들이 다양한 삶의 방식들을 여러모로 조화롭게 이끌고 있는 소셜 네트워크 기술을 사용하는 상황에선 더욱 그렇다. 왜냐하면 디지털 기술이 과거에 우리 인간의 활동을 제어하던 주기들로부터 우리를 떼놓기도 했지만, 그러면서도 디지털 기술은 우리로 하여금 다시금 조화를 이룰 수 있도록 해주고 있기 때문이다.

디지털 기술을 어떤 식으로 사용할 것인지는 우리에게 달렸다.

찰칵하는 사이의 공간

나는 가족 휴가라는 것이 멀리 떠나는 여행을 의미하던 시절에 성장기를 보냈다. 형과 나는 미국자동차협회에서 발행한 트립틱TripTik을 서로 갖겠다고 싸우곤 했다. 트립틱은 작은 지도들을 한 장씩 넘겨 볼 수 있도록 플라스틱으로 장정을 한 도로지도였다. 우리는 지도 위에 표시된, 우리가 타고 가야 하는 고속도로를 녹색 펠트펜으로 칠하곤 했다. 그 지도를 손에 쥔 사람은 고속도로 출구와 출구 사이의 거리를 나타내는 아주 작은 숫자를 눈여겨보면서, 창밖으로는 나무와 교통표지판이 휙휙 지나가는 가운데, 다음 목적지 혹은 휴게소까지 얼마나 남았는지를 계산해야 했다.

"멀미 날 것 같아." 지도를 쥔 사람은 어김없이 이렇게 외치면서 항법사의 권한을 다른 형제에게 넘기곤 했다.

그러면 아버지는 이렇게 말씀하셨다. "창밖을 보거라! 먼 곳에 시선을 두고, 지도는 그만 좀 봐."

회계사였던 아버지는 뇌과학이 아닌 경험으로도 고속도로를 시속 100킬로미터로 달리면서 뭔가를 자세히 들여다보기는 힘들다는 것을 알고 있었다. 이는 신경학자들이 '감각충돌sensory conflict'이라고 말하는 증상 때문이다. 우리는 공간 속에서 우리가 어떤 상태로 있는지를 알기 위해 시각, 감각, 관절의 꺾임, 내이의 기울기 등 다양한 정보원을 활용한다. 차가 달리면서 우리의 주변 시야에서 사물이 빠르게 스쳐 지나가거나 우리 몸의 내장이 진동과 가속을 고스란히 느끼게 되면 우리는 어떤 섬세한 동작을 취하거나 아주 세밀한 것에 집중하기가 어렵다. 지금 우리는 소파에 앉아 있을까, 나무에서 떨어지고 있을까, 아니면 들판을 달리고 있을까? 자동차를 타고 있으면 우리 몸은 아무것도 모른다. 내이를 통해 우리가 움직이고 있다는 사실을 알 뿐이다. 하지만 책과 같이 고정된 사물을 응시하고 있으면 시각은 뇌에게 우리가 정지해 있다고 알린다.

이와 비슷하게 우리는 디지털 시간 때문에 방향감각을 상실하기도 한다. 디지털 시간은 서로 다른 시간 척도를 동시에 한데 짜 맞추려 하기 때문이다. 예를 들어 구글 캘린더를 보면 20년 뒤 어느 날의 일정표 상자 크기가 내일 혹은 다음 주 어느 날의 일정표 상자 크기와 같다. 그리고 검색을 하면 그에 관한 최근 트윗들도 나오고 50년 동안 연구해 작성된, 신뢰할 만한 문건들도 나온다. 그런데 이 검색 결과들은 동일한 크기로 동일한 화면 위에 출력된다. 컴퓨터상에서 출력된 것만 보면 차이가 없다. 차창 밖으로 세상이 휙 하고 스쳐 지나가듯, 컴퓨터 화면 저편에 펼쳐진 디지털 세상은 우리 육체가 머물고 있는 세상과의 공조에서 벗어나 휙 스쳐 지나가려 한다.

어느 쪽 세상에서든, 운전대를 잡은 사람만이 멀미를 하지 않는다. 다른 사람이 운전하는 차를 탄 승객 그리고 디지털 세상의 유저는 앞에 요철이 있는지 혹은 커브를 돌아야 하는지 미리 파악할 수 없는 반면, 운전대를 잡은 사람은 그렇게 할 수 있기 때문이다. 디지털 분열로 고생하는 사람들 입장에선, 운전자가 된다는 것은 곧 선택의 책임을 진다는 말이다. 어떠한 선택도 할 수 없는 상황에서도 말이다.

디지털 기술은 선택 그 이상도 이하도 아니다. 디지털 경로는 연속 서사보다 컴퓨터게임에 더 가까운 것으로 더는 불가피한 것이 아니다. 그보다 디지털 경로는 결심지점들decision points로 이루어진, 여러 갈래로 뻗은 계층 구조를 띤다. 디지털 타임라인은 한 시점에서 다른 시점으로 이동하는 것이 아니라 한 선택에서 다른 선택으로 이동하는 것이다. 디지털 타임라인은 그다음 선택을 통해 디지털 시계의 숫자판처럼 찰칵하고 새로운 현실로 넘어갈 때까지 한 술의 명령줄command line에 꼼짝없이 매달려 있는 상태가 된다.

취사선택에 구애를 받지 않는 것은 디지털 시대 혹은 뉴테크놀로지의 기본적 전제다. 전등 덕분에 우리는 잠자리에 드는 시간에 따로 구애받지 않게 됐고, 아스팔트 덕분에 우리는 차를 타고 다닐 수 있는 길을 고를 수 있게 됐다. 프로작 덕분에 우리는 우울증에 사로잡히지 않은 삶을 살 선택권을 얻었다. 하지만 선택한다는 것은 근본적으로 양극화이며 이분법이다. 이것보다 저것을 좋아한다는 말이며, 만사를 일을 처리하는 우리의 구미에 맞춰 바꾸고자 한다는 말이다.

소비자 기술을 선도하는 브랜드인 애플은 다음과 같은 점을 매우 분명히 하는데, 자신들의 기기를 사용한다는 것은 금단의 열매를 베어 문 것과 매한가지라는 것이다. 철없는 존재로 누렸던 충만한 에덴과 철이 든 존재로 스스로 선택해야 하는 세계를 서로 맞바꾼 것과 매한가지라는 것이다. 종교 설화에서 '선악과'라고 부르는 것에 의해 우리 인간은 능동적 선택이라는 이진법적 세계를 얻었다. 이 세계는 오늘날 컴퓨터에 의해 우리 삶 깊숙이 들어와 있다. 부정적인 측면에서 보면, 이 새로운 선택권으로 인해 자의식과 부끄러움이 생겨났다. 아담과 이브는 자기 자신을 인식하게 되면서 알몸을 창피하게 여겼다. 그들은 모든 것이 갖춰졌던 에덴으로부터 예와 아니오, 이것과 저것, 카인과 아벨, 선과 악이라는 세계로 쫓겨났다.

오늘날의 우리도 같은 처지다. 디지털 기술 덕분에 우리는 매우 많은 사안에 대해 수많은 선택의 여지를 갖게 됐다. 하지만 디지털적 선택이 지닌 분절적 속성 때문에 다른 존재나 상위의 차원과 끈을 계속 잇고 싶은 우리의 노력은 수포로 돌아갈 수밖에 없다. 어떤 선택을 하든 결국엔 온전히 스며들지 못하고 또 다른 선택의 매트릭스로 넘어가게 된다. 딸과 시간을 보내고 있는데, 내 휴대전화는 계속 들어오는 문자로 진동을 한다. 문자를 무시하고 딸과 보내는 시간에 집중을 하기로 했지만, 매번 문자를 무시하겠다는 선택을 하는 것 자체만으로도 아이와 보내는 시간은 방해를 받을 수밖에 없다. 물론 다음과 같은 선택을 할 수도 있다. 호주머니에서 전화기를 꺼내 아예 꺼버릴까. 아니면 그냥 두고 다시 문자가 오지 않기를 바랄까.

현실의 삶과 가상의 삶을 화해시키고자 하는 많은 사람들은 서로 다른 속도에서 혹은 서로 다른 시간대에서 그 일을 시도한다는 느낌을 갖게 된다. 이런 느낌을 갖게 되는 이유는 우리가 순간순간 그것 하나에만 온 정신을 집중해 선택이라는 행위를 하면서 그와 동시에 창조성과 생산성을 이끌어낼 수 있는 큰 영감을 경험하고자 하기 때문이다. 예를 들어 내가 영감과 활기가 넘치는 가운데 글을 쓰고 있다고 하자. 그런데 이때 내가 사용하고 있는 마이크로소프트 워드 프로그램이 어떤 한 단어 밑에 녹색 줄을 죽 그어놓는다. 쓰기를 멈추고 문법 체크를 할 것인가, 계속 써 나갈 것인가? 아니면 동시에 두 가지를 할 것인가? 자동차 뒷좌석에 앉은 아이처럼, 그러다 멀미가 날 것이다.

고대 그리스인들이라면 우리에게 이렇게 말했을 것이다. 우리가 그런 문제를 겪는 것은 대표적인 두 종류의 시간이라고 할 수 있는 크로노스 chronos와 카이로스kairos가 헷갈려 그런 것이라고. 그들에게 시간이란 하나의 단어로 표현하기엔 너무도 많은 얼굴을 갖고 있었다. 크로노스는 시계로 잴 수 있는 그런 시간이다. 사건의 발생 순서에 따른 시간적 배열을 의미하는 연대순chronology이라는 표현이 크로노스에서 유래했다. 이것은 시간 그 자체는 아니지만 시계를 가지고 시간을 파악하는 특별한 한 가지 방식이다. 우리가 '세 시'라고 말할 때 의미하는 바가 바로 그것이다. 그것은 시계의 시간, 즉 시계 혹은 크로노스에 종속된 것이다.

카이로스는 콕 집어내 말하기 어려운 개념이다. 아주 단순화해 말하자면, 제때 혹은 상서로운 순간이라고 할 수 있다. 크로노스가 시간을 정량적으로 재는 것이라면, 카이로스는 정성적으로 재는 것이다. 흔히 사람들은 카이로스를 신이든 운명이든 어떤 여건에 의해 주어진 절호의 순간이라고 이해한다. 주먹을 날리기에, 청혼을 하기에 혹은 어떤 특정한 행동을 취하기에 가장 적절한 시간, 즉 적시다. 달리 표현하면, 카르페 디엠Carpe

Diem이다. 카이로스는 현재 진행 중인 일에서 잡아채는 완벽한 타이밍을 말하며, 크로노스는 시계에 표시된 숫자를 읽어내는 것을 말한다. 크로노스는 숫자로 나타내는 것이고, 카이로스는 인간이 직접 경험하고 이해하는 것이다.

시계가 있어서 우리는 크로노스에 의해 돌아가는 세상에 살고 있다고 생각하는 반면, 디지털이 있어서 우리는 크로노스를 눈에 보이는 그 무엇으로 만들 수 있다. 시계바늘이 숫자와 숫자 사이의, 규정할 수 없고 측정할 수 없는 공간을 지나갈 때, 디지털 기술로는 오직 크로노스만 나타낼 수 있을 뿐이다. 찰칵하는 그 사이에 따로 존재하는 것은 없다. 그런 까닭에 우리는 디지털을 비동기 기술asynchronous technology이라고 부른다. 어디를 거쳐 지나가는 것이 아니기 때문이다. 우리 중 누군가 그 흐름을 깨뜨리는 별개의 명령어를 입력하지 않는 한, 새로운 찰칵거림 하나하나가 한 줄의 새로운 코드 라인이며 하나의 새로운 결심지점이다. 바깥세상에서 무슨 일이 일어나고 있는지는 아랑곳하지 않는다.

디지털 시간은 카이로스가 가진 거의 모든 속성을 배제한다. 그런데 그런 식으로 카이로스를 배제하니 오히려 카이로스를 더 잘 파악할 여지가 생겼다. 애초 시계는 유기적 시간을 하나의 은유로 대체했고 그 결과 인간은 유기적 시간으로부터 소외됐다. 그런데 디지털 시간은 우리가 '시간'이라는 부르는 것을 완전히 다른 것으로 대체했기에 여기서 우리는 유기적 시간으로부터 한 발 더 멀어지게 됐다. 이런 진행 과정은 포스트모던 철학자인 장 보드리야르Jean Baudrillard가 '시뮬라크르의 선행precession of the simulacra'이라고 부르는 것과 닮았다. 현실 세계가 존재하고, 그다음 그 세계를 표상하는 은유와 지도가 존재한다. 그리고 그러한 지도를 바탕으로 또 다른 차원의 활동이 벌어지는데, 이때의 활동은 처음의 현실 세계와는 완전히 동떨어진 것이 된다. 사정이 이렇게 된 것은 우리가 스스로 만들어 낸 지도와 은유를 키워 그것들을 배후의 현실이라도 되는 양 만들었기 때문이다. 이런 식으로 우리가 시간이라고 부르는 것도 처음에는 규정할 수 없는, 여러 자연적 리듬에 대한 경험으로부터 비롯됐다. 우리는 기술로 나타낼 수 있는 시간의 국면을 아날로그 시계를 만들어서 나타낼 수 있게 됐다. 그다음에는 디지털 표시장치로 시계문자판의 상황을 나타낼 수 있게 됐다. 이로써 우리는 원래의 것으로부터 두 번의 단절을 겪기에 이르렀다.

우리는 주기와 흐름을 통해 시간을 경험하는데, 이제 이 주기와 흐름으로부터 크로노스는 완전히 동떨어진 것이 됐다. 그 결과 온갖 종류의 시계와 우리가 채택하고 있는 시간을 좀 더 수월하게 구분 짓게 됐다. 그리고 우리의 몸과 마음을 디지털 크로노스에 억지로 맞추던 것을 그만둘 수 있게 됐으며, 또 한편으론 디지털 기술을 우리의 행위에 엉뚱하게 갖다 붙이던 것도 멈출 수 있게 됐다. 마침내 우리는 크로노스와 카이로스의 차이, 다시 말해 타임과 타이밍의 차이를 제대로 구분 짓게 됐다.

혹은 이렇게 생각해보자. 디지털 기술은 일종의 정물화에 가까운 것이라고. 이건 하나의 예다. 다시 말해 시간이 정지한 것이다. 한편, 소리라는 것은 시간의 흐름이 있어야만 들린다. 소리는 그것이 울렸다가 감쇠될 때 들을 수 있는 것이기 때문이다. 이미지를 크로노스라고 본다면, 소리는 카이로스다. 짐작할 수 있듯, 디지털 세상은 시각적 세상이다. 사람들은 아무 말 없이 화면을 주시하고, 들리는 소리라곤 키보드와 마우스 클릭하는 소리뿐이다.

디지털 기술과 달리 아날로그 기술은 우리를 일시적으로 붙잡아둔다.

책이나 두루마리에서 보면, 과거는 우리 왼편에 있고, 미래는 우리 오른편에 있다. 책에서 지금 읽고 있는 부분을 기준으로 선형적 시간상에서 우리가 어디에 있는지를 가늠한다. 낱장의 쪽으로 이루어진 책이 두루마리보다는 좀 더 순차적이긴 하지만, 컴퓨터 화면과 비교하면 둘 다 시간 지향적이다. 맥락 혹은 타임라인상의 위치와 관계없이 프로그램의 어떤 화면이 됐든 지금 우리가 열어보는 화면이 디지털의 관점에서는 현재다. 블로그상에서 미래는 화면상에서 오른쪽에 있지 않고 임시 저장된 포스트 형태로 위쪽에 놓여 있다. 그리고 과거는 왼쪽에 있는 게 아니라 예전 포스트들과 함께 아래쪽에 놓여 있거나 아니면 하이퍼텍스트 링크로 이어진 다른 화면에 놓여 있다.

이런 맥락에서 보면, 결국 디지털 분열은 크로노스와 카이로스를 서로 뒤섞은 데서 기인한다. 그리고 결심지점이나 새롭게 분기되는 가지로 구성된 것이라는 디지털적 전제를 받아들일 때, 우리는 크로노스와 카이로스를 뒤섞게 된다. 우리는 크로노스라는 고정된 백척간두 위에서 삶을 영위하는데 거기서 어떤 시간적 맥락도 없는 데서 오는 현기증에 시달리게 된다. 이 현기증은 LP로 음악을 듣던 많은 사람들이 초기 CD 음악과 저음질의 디지털 음원 파일을 들었을 때 느꼈던 불편함과 비슷하다. 이들의 표본율sample rate은 노래가 나오는데 그 뒤로 짧고 날가로운 톱니파의 윙윙거림이 들릴 정도였다. 연속적인 음향처럼 들리지도 않았고 우리 몸이 느끼기에도 일정하지 않았다.

디지털 오디오는 여러 면에서 탁월하다. '노이즈'가 없고 오직 음향 신호만 고스란히 전달된다. 레코드판에서 '튐' 현상도 없고 배경에서 쉭쉭하는 소리도 없다. 그러나 이와 같은 기준점들이 없으면 우리의 청음에는 아무런 마찰도 존재하지 않게 된다. 이때의 느낌은 너무도 빨리 구글 지도를 줌인하거나 줌아웃했을 때 느끼는 어지러움과 엇비슷하다. 전경과 후경이 따로 없어 축척에 대한 감이 오지 않는다. 지도와 우리 사이에 유기적인 연결고리가 존재한다는 느낌을 전혀 받을 수 없다. 무슨 글인지 해독해야 되는, 날려 쓴 손글씨는 없고 오로지 아스키ASCII 기반의 텍스트뿐이다. 복제물은 모두 원본이다. 그리고 복제물은 그것이 존재하는 순간, 원본처럼 완벽한 것이 된다. 그것이 존재하지 않으면, 예를 들어 디지털 방식으로 녹음된 샘플링 사이에 공백이 있는 경우 그냥 무無 상태가 된다.

다른 여러 영역에서도 이런 현상은 전혀 문제가 되지 않는다. 고정형 인쇄기가 발명되면서 텍스트에서 아날로그적 요소는 이미 많이 제거됐다. 책을 읽을 때 디지털 책의 텍스트와 종이 책의 텍스트 사이에는 사실상 아무런 차이가 없다. 종이 책과 태블릿 사이에는 형태상의 차이만 존재할 뿐이다. 텍스트와 같은 상징체계는 이미 추상화된 것이며 디지털 방식으로 재현된 것이기 때문이다.

한편, 오감과 직접 소통이 가능하다면, 그 차이는 더 확연히 드러날 것이다. 가정용 교류 전기에 60헤르츠 파장으로 미세하게 깜빡이는 형광전구처럼, 디지털 기술도 미세하게 온on과 오프off를 오간다. 디지털 기술은 그것들이 재현하는 내용과 관계없이 어떤 환경을 조성하는데, 이는 마셜 매클루언Marshall McLuhan이 "미디어는 메시지다"라고 말할 때 전하고자 했던 바다. 벽면에 슬라이드나 영화 화면을 투사하지 않더라도, 광원만으로도 거기서 사태가 벌어지든 않든 간에 하나의 환경이 조성된다. 이를 가리켜 광원이 조성하는 환경이라고 한다.

디지털 기술에 의해 빚어진 환경은 선택의 환경이다. 우리는 현재성이 전혀 개입되지 않은 채 이 선택에서 저 선택으로 넘어간다. 시간의 흐름을 경험하고 절호의 순간을 잡아낼 수 있는 우리의 능력은 경시되고 마는데, 이는 마치 우리를 제대로 쳐다보지도 의식하지도 않는 댄스 파트너 때문에 정신없이 초 단위의 선택을 해야 하는 것과 비슷하다. 우리의 리듬을 좌우하는 것은 필수 입력사항과 수신 데이터가 내는 진동이다. 그것은 한 줄기 흐름이 아니라 선 위에 찍힌 일련의 점들이다. 물론, 우리 인간에게는 선택할 수 있는 능력이 주어졌지만, 그 과정에서 선택 행위는 인간의 주된 행위로 자리 잡기 시작했다. 선택을 '해야만 한다'는 것, 조작 장치가 시키는 대로 '순순히 따라야' 한다는 것은 결국 선택이 존재하지 않는다는 말이다. 특히 시간의 흐름과 리듬에 대한 우리만의 감각을 지닐 수 없을 때 우리에게 선택이란 더더욱 존재하지 않는다.

이와 같은 강제적인 선택 중에서 대부분의 사람들이 처음 겪는 것은 바로 통화 중 대기였다. 통화 중 신호음이 울리면 우리는 현재 통화를 대기로 돌려놓고 걸려온 전화를 받을 것인지 선택해야 한다. 통화 중 대기 서비스가 제공하는 기능을 활용해 걸려온 전화를 확인함으로써 우리는 새로운 선택지를 추가하게 된다. 우리는 이렇게 말할 수 있다. "지금 당신과의 통화보다 더 중요한 통화를 해야 하는 사람인지 확인하는 동안 잠시 기다려주세요." 물론 긴급 전화일지도 모른다는 이유로 그렇게 하는 행위를 정당화할 수도 있지만, 그것은 그저 또 한 번 주어진 결심지점일 뿐이다.

지금은 통화 중 대기와 더불어 발신자 표시 기능이 더해졌으므로 우리는 통화 상대방이 모르게 누구에게 걸려온 전화인지 눈으로 확인할 수 있다. 전화기를 귀에서 떼고 상대의 말을 잠시 듣지 않고 걸려온 전화번호를 확인한다. 그런 다음 우리는 하던 통화로 돌아와 귀로는 상대의 말을 들으면서 머릿속으로는 지금 통화 상대자가 누구이든 간에 새로 전화를 건 사람보다 덜 급한 상대라는 판단이 드는지, 그리하여 지금 통화를 끊을 것인지 말 것인지 고민한다. (통화 중 대기 신호음을 양쪽 다 들을 수 있다면 문제는 훨씬 더 수월해진다. 덜 실례가 될 것이기 때문이다.)

여기서 진짜 문제가 되는 것은 단순히 중간에 통화를 끊어야 하는 사람에게 범한 실례가 아니다. 문제는 통화를 나누는 그 순간의 신성함을 너무도 쉽게 무너뜨리는 그 방식에 있다. 카이로스는 별 가치가 없는 것이다. 포착해야 할 기회의 순간이 오면, 그 순간은 외부로부터 우리의 카이로스 흐름 속으로 갑자기 비집고 들어오게 된다. 인터넷을 할 때 갑자기 뜨는 팝업 창처럼 말이다. 다음 결심지점이나 기다릴 수밖에 없는 우리는 그것이 무엇이든 간에 지금 우리가 하고 있는 일을 꾸준히 하는 데서 서서히 비롯되는 기회와 솟아오르는 설렘 같은 것을 더는 생각할 수 없게 됐다.

셔키가 이와 같은 문제를 '정보 과부하information overload'라고 하는 과용되는 개념에 결부시키지 않고, 대신 '여과 오류filter failure'라고 칭한 것은 옳았다. 책이 중요한 매체가 아닌 곳에선, 텍스트를 인쇄하는 일은 금전적 위험을 무릅쓰는 일이다. 세상에 정보가 얼마나 많은가 하는 것은 출판업자와 광고업자가 얼마나 많은 돈을 쓰느냐에 달렸다. 정보가 대가 없이 만들어지고 대가 없이 배포되는 요즘 같은 세상에서 그 정보를 여과하거나 아예 유입을 막아야 하는 책임은 정보 이용자에게 부과됐다. 각각의 정보에 대해서 우리에게 여러 선택의 여지와 기회가 주어진 듯 보이지만, 정보가 주어지면 우리는 그것에 대해 반응을 해야 한다. 결국 우리의 자율성은 줄어들 수밖에 없다.

현재에 대한 경험과 카이로스의 기회를 중시한다면, 우리는 그것을 보호하기 위해 몇 가지 간단한 여과장치와 기제를 사용해볼 수 있다. 휴대전화 설정을 바꿔 가족에게서 오는 전화만 울리게 하거나 혹은 거부할 수 있고, 컴퓨터 환경설정을 바꿔 특정인의 이메일만 알림을 보내게 할 수 있으며 우리가 가입한 메일링리스트에서 보내는 불필요한 알림을 모두 꺼놓을 수도 있다. 비행기가 회사 건물에 부딪힐 희박한 가능성에 노심초사하느라 하루를 보내고 싶지 않다면, 그럴 리 없으므로 아무 탈 없이 지낼 수 있다는 믿음을 가질 필요가 있다.

집단적 사고니 공통 플랫폼이니 네트워크화된 공동연구니 하는 것에 큰 가치를 부여하는 움직임이 있는가 하면, 한 사람이 한 가지 문제를 숙고하는 것에 큰 가치를 부여하는 움직임도 있다. 크로노스를 디지털에 맡겨놓음으로써 우리는 우리만의 카이로스에 접근할 수 있는 길을 지킬 수 있다. 이메일은 시간 밖에 존재하면서 우리가 열어볼 때까지 수신메일함에 그대로 남아 있다. 그런다고 죄책감이 들지는 않을 것이다. 이메일을 무시간적 우주로 보낸 이는 이메일을 보낸 당사자다. 일단 발송되면, 이메일은 일정한 리듬에 따라 살아 숨쉬는 카이로스의 세계에 들어가는 게 아니라 순차성을 띠는 크로노스의 세계로 들어간다. 이메일은 마치 컴퓨터 프로그램에서 프로세스가 차곡차곡 쌓이듯 더미를 이룬 채, 우리가 열어볼 때까지 기다리고 있을 것이다.

디지털 활용 방식을 개선코자 기업체들을 방문할 때면, 종종 나는 직원들에게 꼬박 한 시간 동안 혹은 연속 두 시간 정도까지 이메일에 답을 하거나 확인하는 일을 하지 말라고 한다. 그러면 그들은 동요한다. 왜 많은 이들이 그걸 그리 힘들어할까? 일을 제대로 하는 데 이메일 처리가 필요해서 그런 게 아니다. 사람들이 보낸 이메일 중에 뭔가 대단한 것이 하나 있지 않을까 하는 강박 때문이다. 슬롯머신 앞에 앉아 열두 번 시도에 쿼터 몇 개 정도 따는, 강박에 사로잡힌 도박꾼처럼 우리는 약간이나마 세로토닌이 분비되기(크로노스 세계에서 보내는 행복한 소식)를 기대하며 이메일을 열어보는 게 습관이 됐다. 이보다 우리는 홀로 차분히 생각을 정리하는 데 혹은 다른 사람과 활기차게 관계를 맺는 데 그토록 많은 시간을 투자한다면 얻을 수 있는 것에 주목할 필요가 있다. 무엇이 됐든, 아이폰에서 울리는 알림 내용이 지금 우리가 나누고 있는 눈맞춤만큼 소중하지 않다.

내 친구 중 한 명은 수공예 사이트를 통해 직접 만든 양초를 판매하는 일을 하고 있다. 사업이 잘될수록, 주문도 더 많이 들어오기 마련이다. 그녀는 어떤 일을 하고 있든 간에 메일 도착 알림이 울리면 하던 일을 멈추고 문자를 확인하는 버릇이 있었다. 주문이면 열어보고 문서로 주문 내용을 출력한 뒤 주문을 처리했다. 그런 다음에야 그녀는 왁스를 녹이고 향료를 섞고 심지를 넣는 작업을 다시 시작했다. 작업 일정은 엉망이 되고 즐거움도 사라졌다. 하루 동안 이메일을 모아두었다가 한번에 처리하면서 이런 상황에서 벗어날 수 있었다. 그녀는 주문이 들어오면 즉시 반응해주기를 바라는 고객들의 기대에 부응하고자 일단 자동으로 답장을 보내긴 했으나, 흐름을 뚝뚝 끊는 주문들로부터 피와 살을 가진 양초 제작자로서의 자신을 분리시켜놓았다. 매일 오후 세 시가 되면 일종의 보상처럼 그녀는 컴퓨터 앞으로 가서 아침부터 얼마나 많은 주문이 들어왔는지 확인했다. 음악을 들으며 주문 받은 상품을 포장하고 우체국 문 닫기 전에 모두 발송하는 데 시간은 충분했다. 큰 흐름에 전념할 수 있게 되자 능률은 크게 늘었다.

디지털적인 것은 쌓아놓을 수 있지만, 인간은 실시간을 살아야 한다. 이런 경험을 통해 우리는 창의적이고 지적인 존재가 될 수 있으며, 무언가를 배우는 존재가 될 수 있다. 과학과 혁신에 관한 저술 활동을 하는 스티븐 존슨Steven Johnson의 말처럼, 위대한 아이디어는 갑작스러운 유레카의 순간에서 비롯되는 것이 아니라 문제를 붙잡고 오랫동안 꾸준히 고민한 데서 나온다.[31] 천천히 거듭 반복되는 과정에서 비롯하는 것이다. 존슨은 테드 TED 강연에서 이 점을 설명했다. 위대한 아이디어는 '긴 시간을 거쳐 서서히 그 모습을 드러내는 것'이라고. 예를 들어 찰스 다윈Charles Darwin은 진화론 발견이 1838년 10월의 어느 날 밤에 맬서스의 책을 읽다가 문득 찾아온 유레카의 순간에 이루어진 것처럼 묘사했다. 하지만 다윈의 노트를 보면 그가 진화론의 전체 틀을 잡은 것은 그 유레카의 순간보다 훨씬 더 전의 일이었다는 것을 알 수 있다. 결국 그가 자신의 발견에 대해 상세한 얘기를 하지 않았던 것이다.

존슨은 이렇게 주장한다. "역사적 기록물을 자세히 들여다보면, 중요한 수많은 아이디어들은 나오기까지 오랜 숙성의 시간이 필요했다는 것을 알 수 있습니다. 저는 이를 가리켜 '느린 직감slow hunch'이라고 부릅니다. 최근 들어 사람들은 직감과 본능 그리고 무언가 명쾌해지는 찰나의 순간에 대한 얘기를 많이 합니다. 하지만 사실, 수많은 위대한 아이디어들은 사람들 마음 한켠에 오랫동안 머무릅니다. 때로 수십 년간 그런 상태로 있기도 하지요. 흥미로운 문제라는 느낌은 있습니다만, 그 문제를 풀어낼 수단은 제대로 마련하지 못한 겁니다." 문제를 푼다는 것은 제때, 즉 카이로스에 이를 수 있는 성스러운 순간에 제자리에 깃들었다는 말이다. 얼핏 보기에 그럴 것 같지 않지만, 새로운 선택을 강요받는 것으로부터 자신을 지켜 큰 흐름에 남아 있는 것이 우리가 혁신을 이룩하는 데 이롭다.

유기적 흐름과 디지털 과정을 구분 지으면 적절한 타이밍이 올 여지는 생기고 적절치 못한 실수를 범할 여지는 줄어든다. 루시가 작업대에서 미친 듯 초콜릿을 포장하는 유명한 텔레비전 장면처럼(1950년대 미국 CBS의 인기 시트콤 〈왈가닥 루시I Love Lucy〉에서 초콜릿 공장에 일자리를 얻은 주인공 루시가 점점 속도가 빨라지는 컨베이어벨트 앞에서 벌이는 실수와 소동 장면을 가리킨다—옮긴이), 우리는 문자가 오는 대로 그리고 일이 주어지는 대로 일일이 답하고 처리하려고 한다. 그러다 결국 루시처럼 엉뚱한 곳에서 일을 엉뚱하게 망쳐놓고 만다. 지메일Gmail에선 잘못 보낸 메일을 몇 분 내에 발송 취소할 수 있다. 그러나 이런 기능이 있다고 해서 시간을 쪼개 서둘러 답을 하고 시그널보다 노이즈를 더 많이 만들어내는 짓까지 멈추게 할 순 없다.

댓글란을 채우고 있는 사람들은 생각의 속도보다 손놀림이 빠른 사람들이며 단지 이 토론을 다시 찾아와 볼 짬이 없음을 알기에 오히려 무언가를 끼적거리는 사람들이다. 자신이 단 댓글에 누군가 링크를 걸거나 리트윗을 할 수 있기에 사람들은 더 많은 댓글을 달게 되고, 결국 댓글 달기는 이메일을 열어보는 것만큼이나 강박적인 행동이 된다. 존경받는 저명인사라는 사람들이 트위터에 정말 무의미한 잡생각들을 올리는 것을 보면서 우리는 궁금해하지 않을 수 없다. 그들의 시간뿐만 아니라 우리들의 시간을 좀 더 잘 활용할 수 있을 텐데 왜 그러지 않을까 하고 말이다. 애슈턴 커처Ashton Kutcher와 같이 대중문화의 단순성을 체현하고 있는 배우가 문득 생각 없이 올리는 포스트가 자신의 대중적 이미지에 부정적인 영향을 미칠 것이라는 사실을 깨닫게 되면,[32] 우리로서도 잠시 숙고할 여지가 생길 것이다. 하지만 그러기 위해서는 적어도 한두 순간이나마 카이로스에 따라 살아야 할 것이다.

어쨌든 디지털 분열에서 기인하는 '예 – 아니오' 식의 강요된 선택 방식을 따르느라 너나없이 내달리는 세상의 모습은 그야말로 아수라장일 수밖에 없다.

좌파 교수들을 반대하는 정치 동아리에서 활동하고 있던, 테네시 주의 한 대학생으로부터 이메일 한 통을 받은 적이 있다. 내가 한 달 후에 그녀가 다니는 대학에서 강연할 예정이었기에 그녀는 10분 넘게 내 웹사이트를 돌아다니면서 내가 좌파인지 아닌지 알아내려고 했다. 하지만 내가 쓴 글 몇 개를 읽고 나서도 그녀는 나의 정치적 성향이 어느 쪽인지 알 길이 없었다. 그래서 예정된 내 강연에 반대 집회를 열어야 하는지 아닌지 쉽게 판단할 수 있게 내가 좌파인지 아닌지 말해달라는 메일이었다. 그녀에게 나는 경제학과 관련된 내 글 몇 편을 언급하면서 내 경우엔 좌 – 우로 범주를 나누는 일이 과잉 규정이 될 것이라고 설명했다. 그녀는 말씀이 고맙긴 하지만 '예 – 아니오'로 대답해주면 더 기쁘겠다고 했다.

그래서 나는 이분법적인 디지털 선택을 거부하면서 이렇게 대답했다. "'예'이면서 '아니오'입니다."

무인 폭격기 조종사가 스트레스를 받는 이유

나는 프레데터Predator 무인기에 대한 얘기를 쓰고 있었다. 미국 공군은 이 비행기를 중동과 중앙아시아의 교전지역 상공에 띄워 정보 수집을 하거나 목표물을 찾거나 이따금 한두 발의 헬파이어Hellfire 미사일을 발사했다.

무인기를 조작하는 사람들(미국 공군에서는 그들을 아예 '조종사'라고 부른다)은 조이스틱, 모니터, 인터렉티브 지도 그리고 기타 조종 장비가 갖춰진 컴퓨터 단말기 앞에 앉아 지구 반대편에 있는 무인기를 조종했다.

나는 원격 전쟁이 야기하는 윤리적 문제에 깊은 관심을 갖고 있었다. 공군의 간부들은 앞으로 몇 년 지나지 않아 미국 전투기의 대부분을 전쟁터에서 수천 킬로미터 떨어진 곳에 있는 파일럿이 원격 조종할 것이라고 했다. 비행 시뮬레이션 장치와 카메라 해상도, 그 즉시 이루어지는 피드백, 정교한 조종술만 갖춰지면 파일럿은 가상현실 속에서 마치 진짜 조종석에 앉아 있는 것처럼 효과적으로 임무를 수행할 것이다. 그렇다면 이런 기계 장비가 있는데도 왜 군인들을 사지에 몰아넣는 것일까? 왠지 정당하지 않다는 마음의 부담 말고는 달리 둘러댈 수 있는 적당한 이유가 없는 것 같다. 한쪽 군대는 목숨 건 채 전쟁을 치르고 있고, 다른 쪽 군대는 비디오게임 하듯 전쟁을 치르고 있다면, 전쟁을 벌인다는 것의 의미는 무엇일까? 우리 쪽 군대와 국민들은 그와 같은 행위로 빚어진 인간의 고통과 그 부수적 피해로부터 자유로울 수 있을까?

하지만 놀랍게도, 무인 폭격기 조종사들이 겪는 임상적 고통의 수위는 실제 폭격기를 타는 조종사들이 겪는 고통의 수위만큼 높거나 혹은 더 높았다.[33] 무인 폭격기 조종사들은 디지털 화면의 한 점, 전자오락을 할 때는 파리 떼로 보였던 점 위로 폭탄 투하 명령을 내리는, 몰인정한 비디오게임 플레이어들이 아니었다. 그들은 자신들이 앗아간 생명을 뼈저리게 인지하고 있는, 혼란스러운 죄책감에 시달리는 젊은이들이었다. 이들 가운데 34퍼센트는 심리적 소진 상태를 경험했고, 25퍼센트 이상은 치료를 받아야 할 정도로 정신적 고통을 호소했다. 공군에서 이 임무를 가장 잘 수행할 수 있는 사람들로 가려 뽑았음에도 이런 결과가 나온 것이다.

공군 전문가들은 이렇게 높은 수치의 스트레스를 받는 원인을 다음과 같은 데서 찾았다. 무인 폭격기 조종사들은 이미 전투 경험을 한 사람들인데, 그 임무가 그들에게 실제 작전에서 겪었던 스트레스를 다시금 불러일으켰으리라는 것이다. 하지만 이 조종사들의 근무·방식과 삶의 방식을 살펴본 결과, 나로선 이전의 전투 경험 때문에 무인 폭격기 조종 임무에 심적으로 큰 부담을 느꼈을 것이라는 생각이 들지 않았다. 전투는 극심한 스트레스를 불러일으키지만, 적어도 참전 중인 전투기 조종사들이 비행기에서 내리면 다른 감정 상태가 된다. 그들은 고향에서 멀리 떨어져, 공군기지나 항공모함에서 전쟁을 일상처럼 여기며 산다. 이와 대조적으로, 무인 폭격기 조종사들은 임무를 마치면 차를 타고 라스베이거스 근교에 위치한 가족이 있는 집으로 퇴근한다. 으깬 감자를 아내에게 건네고 초등학교 2학년짜리 아이와는 학교생활에 관한 대화를 나눈다. 그런 와중에 그가 그날 오후에 제거한 아프간 목표물의 동영상 이미지가 잔상으로 남아 아른거린다.

어떤 면에서 이는 좋은 소식이다. 가상적 활동이 미치는 영향에 대해 우리가 정서적 고리를 유지할 수 있다는 말이기 때문이다. 우리는 아주 멀리 떨어져 있는 대상과도 일종의 공조관계를 유지할 수 있다. 사실, 무인 폭격기 조종사는 자신이 오랫동안 예의 주시하고 있던 사람들을 죽였거나 죽는 것을 목격했을 때 그 스트레스가 최고조에 달했다. 악랄한 테러리스트를 포탄으로 날려버렸어도, 그들의 일거수일투족을 감시해왔다는 이유 하나로 그들에 대해 동정적인 반응을 보인다. 이때의 반응은 공조의 한 형태다.

그러나 이들이 겪는 스트레스, 우울증, 불안감은 동시에 두 개의 삶을 사는 데서 기인한 것이었다. 낮에는 사람을 죽이는 군인으로서의 삶을 살고 밤에는 아기를 품에 안는 아버지로서의 삶을 사는 것이다. 이런 이중의 삶을 살 수 있는 것은 기술 덕택이다. 동시에 두 개의 다른 장소에, 각각 다른 사람으로 존재할 수 있는 능력을 지니게 된 것도 기술 덕택이다. 이 두 개의 정체성과 활동을 조화시키지 못해 생기는 것이 디지털 분열인 것이다.

무인 폭격기 조종사 사례는 디지털 기술이 우리에게 요구하는 다중의 정체성과 활동들 사이의 차이를 조정하려고 할 때, 대부분의 우리가 좀 더 완화된 형태로 경험하게 되는 현재 충격의 완벽한 예다. 컴퓨터는 이런 식으로 작동하는 데 아무런 문제가 없다. 컴퓨터는 한 가지든 여러 가지든 문제가 발생하면, 해당 문제에 메모리를 할당한다. 좀 더 정확히 말하자면, 수행해야 할 작업 전체를 버킷 단위로 나누어 비슷한 작업들끼리 묶는다. 그런 다음에 일정한 메모리(프로세스 자원)를 각 버킷에 할당한다. 메모리가 다르게 할당된 각 버킷에서 해법을 보고하면 컴퓨터 칩은 그것들을 한데 모으거나 출력하거나 아니면 그다음 작업으로 넘어간다.

사람들은 이런 식으로 일을 처리하지 않는다. 물론 비슷한 방식으로 작업할 거리들을 배열하긴 한다. 뛰어난 웨이터는 만찬장을 스윽 한번 둘러보고 가장 효율적으로 서빙할 수 있는 전략을 짠다. 이런 식이다. 한 테이블에서는 주문을 받고, 다른 테이블에서는 사용한 접시를 치우면서 음식이 어떤지를 묻는다. 그리고 세 번째 테이블에서는 디저트 접시를 치운다. 이렇게 해서 주문받은 것과 다 먹은 접시들을 가지고 주방으로 돌아온다. 이렇게 하면 주방과 홀을 네 번씩 오갈 필요가 없다. 인간으로서 웨이터는 선형적 순서로 전략을 짠다.

컴퓨터 칩은 이와 다른 방식으로 작업을 분할한다. 한쪽에 할당된 메모리를 사용해 양쪽 테이블에서 동시에 접시들을 치우고, 다른 쪽에 할당된 메모리를 사용해 사람들의 주문을 받는다. (주문을 받을 때는 주문을 처리하는 영역을 사람 수만큼 나눠 동시에 처리한다) 그리고 또 다른 쪽에 할당된 메모리를 사용해 음식이 어떤지 확인한다. 웨이터는 순차적으로 일을 처리할 수 있는 최적의 순서를 찾아내지만, 컴퓨터 칩은 각각의 작업에 최적화된 한 명 한 명의 웨이터들에게 작업을 배분한다. 디지털 기술과 관련해 많은 사람들이 범하는 실수는 멀티태스킹 기능을 최대한 잘 활용하려 하지 않고 모방하려 든다는 데 있다. 우리는 자원들을 한데 모으는 것이 아니라 그것들을 배분해 효율성을 극대화하고자 한다. 동시에 둘 이상의 사람이 될 수 없으므로 우리는 조화로움을 느끼는 게 아니라 디지털 분열을 겪게 된다.

인간이 디지털 분열을 처음 겪는 곳은 효과적으로 생각하고 행동을 취하는 영역에서다. 인간은 동시에 한 가지 이상의 일을 할 수 없다는 기본적 사실을 '마지못해' 인정하게 만드는 주의 산만과 멀티태스킹에 관한 연구와 저술은 그동안 많이 나왔다.[34] 스탠퍼드대학의 인지과학자인 클리포드 나스Clifford Nass가 결정적으로 보여주었듯, 자신이 멀티태스킹을 아주 잘한다고 믿는 상당히 영특한 대학생들조차 수행 능력에서 한번에 한 가지 일을 하는 사람들을 따라가지 못했다. 실제로 수행해낸 것은 얼마 되지도 않고 그나마 제대로 하지 못했음에도 자신들이 많은 일을 해냈다고 믿는 것은 주관적인 것이다. 그리고 다른 연구들을 보면, 멀티태스킹과 중간에 일의 리듬을 끊는 것은 우리 기억력에도 좋지 않은 영향을 끼친다고 한다.

물론 한번에 한 가지 이상의 일을 할 수는 있다. 예를 들어 우리 뇌에는 호흡이나 심장박동과 같이 무의식적 작용을 관장하는 부분이 있는가 하면 읽기나 쓰기와 같은 의식적 작용을 관장하는 부분이 있다. 그러나 서커스에서 접시 돌리기를 하듯 멀티태스킹을 할 수 있는 경우는 없다. 텔레비전을 보면서 전화 통화를 하긴 어렵다. 정확히 말해, 눈은 텔레비전에 두고 전화기는 귀에 댄 채 우리의 정신은 이 두 활동을 왔다 갔다 할 수는 있다. 그렇기에 우리는 삶에서 다양한 감각을 동반한 여러 형태의 즐거움을 만끽한다. 귀로 야구 경기 중계를 들으면서 세차를 하고, 욕조에 앉아 책을 읽는다. 하지만 그럴지라도 만루 홈런에 귀를 기울이노라면 세차에 집중할 수 없고, 욕조 물 온도를 어떻게 할까 고민할 때는 책 읽기를 멈춰야 한다.

이 두 가지 활동을 동시에 하는 것은 훨씬 더 어려울 뿐만 아니라 생산성도 떨어진다. 수표책을 맞춰보면서 편지를 쓸 수는 없으며 (최근 관련 사고 피해자가 늘어나는 것을 보건대) 운전을 하면서 문자를 보낼 수는 없다. 그러나 우리가 공적이든 사적이든 어떤 일을 처리하기 위해 인터넷을 더 많이 사용하면 할수록 우리는 더욱더 컴퓨터 프로세서가 전제하는 기본 전략에 우리 자신을 맞춰 나갈 수밖에 없다. 선택의 기회가 많으면 많을수록, 열어두는 화면창도 많아지고 추가로 골라야 하는 옵션도 많아진다. 프로그램을 하나 열 때마다 관심이라는 먹이를 먹여줘야 할 입이 하나 더 느는 것이다.

우리의 관심을 끌기 위한 경쟁은 치열하다. 지난 1990년대 중반에 〈와이어드〉는 디지털이라는 부동산은 무궁무진하지만 인간의 주의력은 한정돼 있으며 다만, 그저 하루에 일인당 '눈동자 굴리는 시간$^{eyeball\ hours}$'만 엄청나게 늘어났을 뿐이라고 했다. 이는 곧 새로운 시장, 즉 새로운 희소성은 바로 인간의 주의력 그 자체가 될 것이라는 말이다. 웹사이트들은 인터넷

대양에서 사람들의 시선을 붙들어두기 위해 현란해지고 있으며, 귀에 솔깃한 음향을 만들어 수신된 메시지를 확인하고 싶도록 만든다. 주의력이 새로운 필수품으로 자리한 세상에서 다음과 같은 현상은 놀랄 일도 아니다. 예전에는 주의력결핍이라는 것이 딱 집어 말하기 어려운 그런 진단이었는데, 오늘날엔 학교 상담 선생님들이 갖다 쓸 만큼 너무도 일반적인 것이 됐다. 1997년 〈와이어드〉에서 특집으로 다룬 이래, 주의력결핍과잉행동장애 치료제인 리탈린 처방은 무려 열 배나 증가했다.

이 약의 복용 대상은 아이들만이 아니다. 요즘은 대학생과 젊은 직장인들도 리탈린을 복용하고 각성제의 일종으로 '인지 기능 항진제'라고 불리는 애더럴까지 복용한다.[35] 기량을 향상시키기 위해 스테로이드제를 사용하기도 하는 직업 운동선수들처럼, 주식중개인과 최종 시험을 치르는 수험생들은 이런 식으로 경쟁자들보다 우위를 점하고 앞서 나가려 한다. 이와 같은 약들은 단순히 각성만 시키는 게 아니라 인지 능력까지 촉진한다. 어떤 의미에서 이런 약들은 사람들이 인터넷 화면을 여기저기 옮겨 다니는 속도를 더 증가시키기도 한다. 정신의 가속 페달을 밟아 이 일에서 저 일로 힘차게 뛰어넘게 함으로써 느린 속도에서는 간극 또는 단절로 보이던 것이 더는 장애가 되지 않는다.

우리가 독서를 하거나 사색을 할 때 수반하는, 신중한 형태의 인지 활동은 속사포 같고 피상적이며 충동적인 인터넷 활동에 자리를 내주게 됐다. 그런 것에 능숙해지면, 우리는 제임스 마치James March가 '속성 학습자 fast learner'라고 명명한 그런 존재가 될 수도 있다. 속성 학습자는 즉석에서 생각의 골자나 과정의 결론만 쏙쏙 뽑아낼 수 있는 사람이다. 이 경우에 문제가 생길 수 있다. "속성 학습자는 노이즈가 낀 신호를 지나치게 바투 좇는 바람에 앞서 취한 행동의 결과가 아직 분명히 드러나지도 않은 상태에서 변화를 시도하게 되고, 이는 모든 것을 엉망으로 만들어버릴 수 있다."[36] 이런 방식은 유전 알고리즘의 문제를 풀기보다 유명 연예인이 약물중독 치료를 받으러 가다 인터넷에 올린 최근 글을 분석하려고 트위터 스트림에서부터 블로그 댓글에 이르기까지 여기저기 들쑤시고 다니는 사람한테 효과가 있다.

그런데 요즘 공립학교에서 선호하는 것은 퀴즈쇼 방식이다. 수업 시간엔 맨 먼저 손을 드는 아이에게 상을 준다. 지성과 속도가 동격이며, 학습 진도와 해낸 과제의 양이 동격인 것이다. 내가 사는 동네의 초등학교에선 아이들이 책을 한 권 읽을 때마다 교실 벽에 나뭇잎 한 개를 붙여준다. 이해의 정도를 확인하거나 잘 쓴 독후감에 상을 주는 일은 이전에도 없었고 지금도 없다. 더 많은 책을 빨리빨리 읽는 게 최고인 것이다. 훗날 상사가 "이제 연필 놓으세요!"라고 외치는 그런 직장의 취업을 준비라도 하는 것처럼, 아이들은 시험을 볼 때 시간을 의식해야 한다. 결국 시험 성적은 학교 기금과 교사 봉급을 정하는 기준으로 사용된다. 아이들은 안중에 없다.

속성 학습의 차원에 맞춰 일을 하면 할수록, 다른 식으로 일할 생각은 점점 줄어든다. 이는 초콜릿을 먹고 난 뒤 스테이크와 감자를 먹어야 하는 것과 비슷한 현상이다. 그리고 시장—언제나 소비자인 우리를 의식하긴 하지만 그것은 어디까지나 인터넷이라는 가상 체계 안에서의 얘기다—은 이와 같은 상태에 있는 우리로부터 단기간에 이득을 취하는데, 우리는 더 많은 상품을 클릭하고 더 많은 계정에 가입하면서 더 많은 바이트를 소비하기 때문이다. 인터넷에서 우리가 어떤 한 가지에만 꽂혀 시간을 보내게 되면, 초당 열두 번의 시장 기회가 소멸하고 만다.

시장의 재량에 내맡겨진 디지털 세계에서 우리는 각각 별개의 소비 개체로 원자화된다. 저마다 아이폰과 아이튠즈iTunes 계정이 있어 자신만 향유하게 될 미디어를 내려받는다. 미디어가 다시 끼어들 때까지만 다른 사람과의 관계는 그 가치를 유지한다. 만일 우리가 누군가와 입맞춤을 하고 있다면, 적어도 지금 우리는 페이스북 계정을 통해 누군가에게 '콕 찔러보기poke'(한번 클릭으로 상대에게 인사를 할 수 있는 기능―옮긴이)를 하고 있지 않은 것이다.

물론 양쪽을 다 해내려고 하는 사람들이 많다. 심리치료사인 친구는 직접 만나 상담할 형편이 되지 않을 때는 전화로 치료를 진행하곤 한다. 이런 식의 치료에서 내가 가장 우려하는 바는 바로 그의 자유로움이다. 치료 도중인데도 자신이 방금 온라인에서 본 것을 나도 한번 보라고 문자를 보낸다. 일의 흐름이 한번 흐트러졌다가 겨우 가다듬고 다시 일로 돌아오면 나로선 통상 의기소침해지는데 말이다.

사회적 환경은 멀티태스킹을 하는 디지털 환경으로 전락했고, 그로 인한 결과는 서서히 그 조짐이 보이기 시작하는 청소년들의 자살, 우울증, 극심한 스트레스, 철저히 동떨어진 느낌 같은 것들이 아닐까 싶다. 원래 디지털 기술에 사람을 의기소침하게 만드는 요소가 있어 그런 것이 아니다. 다시 말하지만 그것은 우리가 동시에 여러 역할을 하면서 살기 때문이다. 정상적인 경우라면 어떤 일에서 다른 일로 이행할 때 주어지는 시간과 표식이 여기엔 존재하지 않는다.

현실 세계에선 의사소통의 94퍼센트가 비언어적으로 이루어진다.[37] 특정 순간에 지어내는 몸짓, 어조, 얼굴 표정 그리고 홍채의 크기 등으로 우리는 말보다 더 많은 얘기를 할 수 있다. 이런 것들을 보면 상대가 우리의 말에 귀를 기울이고 있는지, 수긍하는지 아니면 그만 닥쳤으면 좋겠다고 생각하는지 가늠할 수 있다. 상대가 고개를 끄덕이고 그의 홍채가 커지면 그가 우리의 말에 수긍하고 있다는 것을 무의식적으로라도 알 수 있다. 이런 반응은 우리 뇌의 거울 뉴런mirror neurons을 자극해 긍정적 강화positive reinforcement를 더하고 도파민을 분비하게 한다. 그리고 사고의 전개를 더 길게 이어나갈 수 있도록 만들어준다.

비록 우리 인간이 지난 수십만 년 동안 이러한 유기적 표식에 똑같은 방식으로 반응하도록 진화해온 건 아니지만, 이러한 유기적 표식이 없다면 우리는 리트윗이나 '좋아요'에 기대야 한다. 결국 다시 한번 우리는 지금 듣고 있는 것과 지금 느끼고 있는 것 사이에 인지 부조화를 겪을 수밖에 없다. 그것들은 각각 다르게 우리에게 각인될 것이다. 이제 우리는 조화에서 벗어난 존재가 됐다.

우리 인간은 자신의 활동들을 조직할 때, 컴퓨터 칩이 메모리 안쪽에 작업거리들을 밀어넣는 식으로 하지 않는다. 인간은 지적으로나 정서적으로 그럴 수 있는 존재가 아니며 인간 고유의 특징이라 할 수 있는 관조와 유대를 그리 쉽게 폄훼하는 존재가 될 수도 없다. 그러나 이런 사실을 명심하면서 주의 깊게 그리고 자신이 무엇을 하는지 자각하는 가운데 디지털 시대의 동기화 방식을 우리의 삶과 일에서 벌어지고 있는 일들, 즉 디지털 분열의 탓으로 돌릴 수 없는 일들에 적용해볼 수 있다.

예를 들어 의류 소매 업체인 자라가 채택하고 있는 실시간 공급망 관리 방식은 매장 계산대와 공장 생산 라인을 동기화한다. 계산대 금전등록기 스캐너에 노란 티셔츠가 찍히는 순간, 그 정보는 생산공장, 원자재 공급업자 등 해당 제품 생산 공정에 관계된 모든 곳에 전달된다. 이에 대해 한 대표적인 물류 업체에서는 다음과 같이 말한다. "수요-공급 정보를 동기화하면 유통망에서 들쑥날쑥하는 재공품과 완제품의 재고를 줄일 수 있으며 제품이 주문, 생산, 출고되는 과정에서 발생할 수 있는 '채찍 효과'를 완화 시킬 수 있다. 그리고 전체 비용을 절감할 수 있으며 고객이 요구하는 제 품을 바로 준비할 수 있다."[38]

이처럼 신속한 생산 방식 덕분에 디자인에서부터 배송까지의 시간을 딱 두 주로 줄일 수 있었고 또한 이 덕분에 자라는 파리 런웨이에 선보인 의 상들을 즉각적으로 만들어내고 그것들이 〈보그*Vogue*〉에 화보로 실리기도 전에 매장 윈도에 진열되도록 해 스페인에서 엄청난 명성을 얻게 됐다. 디 자이너들에게 이런 일정을 감당케 하거나 금전등록기 피드백으로부터 나 오는 지표에 따라야 한다고 하면 두말할 나위 없이 디지털 분열 혹은 그보 다 훨씬 심각한 문제를 불러일으키고 말 것이다. (많은 신생 패션 업체들은 그 냥 그렇게 하고 있지만 말이다.) 하지만 단순히 모방하여 생산하고 유통하는 업체의 경우엔 이런 식으로 동기화하는 것을 운영 목표로 삼을 수 있다. 사 람들에게서 나오는 피드백을 이용해 생산 설비를 프로그래밍 하는 것이다.

이는 운송 업체에도 똑같이 적용된다. 컴퓨터가 수천 대에 이르는 트럭 의 위치와 화물의 종류 그리고 공차의 상태 등을 동시에 추적해 최적 경로 를 뽑아주면서 전체 물류의 효율을 극대화한다. 이렇게 하면 화물차 기사 에게 주어지는 스트레스는 줄어든다. 기사는 화물을 내려놓고 돌아올 때 화물을 채워 돌아올 수 있기 때문이다.

웹상에서는 HTML 5가 등장하면서 마침내 광고와 온라인 스토어 사이 의 간극이 사라지는 것을 보게 됐다. 조만간 선보이게 될 전체론적 온라 인 영업 방식에서 배너 광고는 더 이상 다른 웹사이트로 찾아 들어가는 사 용자 클릭 방식이 아니다. 온라인 스토어 사이트 자체가 배너 광고가 될 것이다. 배너 광고가 뜨면 소비자는 거기서 바로 물건을 구매할 수 있다.● 어디에 접속했다가 그 책에 대한 배너 광고를 보았는지에 상관없이 바로 그 자리에서 책을 구매할 수 있다. 굳이 아마존Amazon을 찾아 들어갈 필요가 없다. 스토어가 배너 광고 안에 포함되면서, 디지털 분열을 좀 줄어들 것이고 매출은 늘 것이다.

오늘날엔 어떤 회사든 직원과 고객에게 디지털 분열을 덜 겪게 함으로써 자신들을 다른 회사와 차별화할 수 있다. 자동응답장치를 사용하면 전화 응대를 해야 하는 사람의 인건비는 절약할 수 있을지 모르겠으나 고객과 협력 업체로선 안내에 따라 버튼을 누르느라 엄청난 시간을 허비해야 한다. 예를 들어 우리가 통화 시도를 하다 지쳐 포기하기를 바라는 의료보험 민원창구나 휴대전화 해지 상담창구에서처럼 전화를 피하려는 게 아니라면, 자신들의 고객에게 비용을 표면화하지 않는 게 상식적인 일이다. 소규모 사업자의 경우엔 일에 방해를 받을 수 있기 때문에 자동응답장치를 사용하는 것이 맞다.

이 모든 경우에서 디지털 분열을 극복하고 동기화를 이뤄낼 수 있으려면 우리 자신의 삶과 일을 위한 디지털 공정을 직접 프로그래밍 하는 정도까지 스스로 능력을 갖춰야 한다. 디지털 세상에선 프로그래밍 하지 않으면 프로그래밍 될 수밖에 없다. 이는 결국 운전자가 될 것이냐 승객이 될 것이냐의 문제이기도 하다.

아버지는 매일 저녁 자명종 시계의 태엽을 감았다. 나는 내 디지털 시계

● 지금 접속한 곳에서 빠져나와 다른 데로 가서 물건을 구매한다는 이런 불연속적인 경험은 결코 현실적이지 못한 것이었다. 웹사이트란 것이 어떤 특정한 장소를 점유하고 있는 것이 아니며 다른 쪽을 클릭한다고 해서 진짜 어디로 가는 것은 아니기 때문이다.

의 전자음 소리에 반응하듯 아버지가 자명종 소리에 그렇게 놀라지 않는 이유는 자명종 소리가 달라서가 아니라 아버지가 직접 태엽을 감아서 그런 것이라고 생각했다. 자명종의 울림과 아버지의 관계가 남다른 것은 그것이 아버지의 운동에너지, 즉 근력의 표출이었기 때문이다. 어떤 의미에서 자명종 소리의 원천은 아버지였다. 반면 내 디지털 시계의 전자음의 원천은 저 어딘가에 있는 발전소였다. 그러니 내가 준비하기도 전에 그것은 항상 먼저 울리고 말았다.

PRESENT SHOCK

3장
태엽 감기
짧은 영원

PRESENT SHOCK

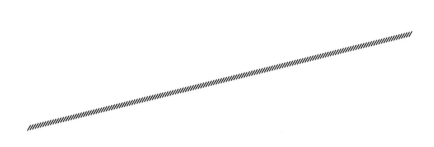

2012년에 내가 좋아하는 농구선수들 가운데 여럿이 부상을 입었다. 시즌이 시작된 지 두 달밖에 안 됐는데, 지난 시즌에 비해 부상으로 벤치 신세를 지게 된 선수들의 수가 크게 늘었다. 이전에는 매일 평균 7.3명의 농구 선수가 부상을 입었는데, 2012년엔 매일 10명의 부상 선수가 나왔다.[1]

농구 팬들은 그해 가을 길게 지속된 NBA 구단 폐쇄 사태로 인해 경기 일정이 너무 짧고 촘촘해진 탓이라고 보았다. 선수와 구단주가 협상을 타결 지을 즈음, 이미 전체 시즌의 7개월이 지난 뒤여서 선수들은 주당 게임 수를 늘린 빡빡한 일정을 소화해야 했다. 스포츠 매체들이 이구동성으로 동의했듯, 선수들은 사실상 훈련캠프와 시즌 전 체력 강화 일정도 갖지 못한 채 코트에 나서야 했고 그로 인해 평소보다 더 많은 부상을 당했다는 것이다. 혹은 그렇게 보였다는 것이다.

수치상으로 보건대, 짧고 빡빡한 일정 때문에 스트레스와 부상이 더 늘어난 것처럼 보였지만, 그건 우리의 관점이 시간에 의해 왜곡됐기 때문이다. 사실 당시 NBA에는 하루 부상자가 다른 때보다 많이 발생했다. 그러나 이는 하루 동안 치러지는 경기가 더 많았기 때문일 수 있다. 지난 세 시즌 동안 경기당 부상 발생률은 큰 변화가 없었다. 그 세 시즌들 사이에 차이가 있다면, 부상자가 발생한 경기의 누적횟수가 총 50경기에 이르는 것을 기준으로 할 때, 최근 시즌일수록 그 기록에 도달하는 일수가 단축됐다는 것이다. 부상자가 다른 때보다 빨리 발생했기 때문에 누구나, 심지어 전문가들까지도 이번 시즌에 더 많은 부상자가 나왔다고 생각했다.

결국 부상 발생률이 증가했다는 것은 일종의 착시였다. 그것은 미디어의 상어 관련 보도가 늘자 실제로 상어의 공격이 늘었다고 믿는 사람들의 착각과 동일한 것이다. 오늘날의 글로벌 미디어들은 언제 어디서 발생했든 간에 그 뉴스들을 즉시 보도할 수 있는 시스템을 갖추고 있다. 그러니 상어의 공격이 급증했다고 믿지 않을 도리가 없었다.

그러나 선수들이 짧은 시간에 더 많은 부상을 당한 것은 사실이었다. 이는 곧 부상에서 회복할 시간적 여유가 많지 않고, 아직 치료가 끝나지 않은 상태에서도 계속 출전해야 하며, 결국 벤치를 지키고 있어야 하는 경기가 매주 더 늘어나지 않을까 걱정해야 한다는 의미였다. 따라서 비록 아주 구체적인 차원에서 부상자가 더 많이 발생했다는 걸 입증해줄 정확한 수치를 가지고 있지 못해 수치상으로 잘못된 판단을 하긴 했지만, 어떤 면에서 농구 팬들과 스포츠 기자들의 판단이 틀린 것도 아니었다. 스트레스와 부상 그리고 회복의 과정 등으로 점철된 촉박한 일정이 장기적으로 어떤 영향을 미칠지에 대해서는 아직 분명히 알려진 바가 없다.

이는 아이스 쇼에서 집단 군무 형태로 바람개비 회전 기술을 선보일 때, 그 무리의 맨 바깥쪽에 있는 피겨스케이트 선수가 경험하는 바와 비슷하다. 맨 바깥쪽에 있는 선수는 더 많은 거리를 더 빨리 이동하면서도 무리 중심에 있는 선수와 같은 횟수의 회전을 해야 한다. 거의 똑같은 원을 돌지만, 그 기술은 전혀 다른 척도에서 시행된다. 무리 중간쯤에 있는 선수들은 미소를 띠며 움직이는 둥 마는 둥 하지만, 무리 맨 끝에 있는 선수는 링크 둘레를 전력 질주하는 것이다. 하지만 이런 일이 바깥세상에서 일어나면 우리는 시간의 척도가 다르다는 것을 한눈에 판단할 길이 없다.

물리학자 프리먼 다이슨Freeman Dyson은 '시간 다양성temporal diversity'이라는 개념을 고안해 이 문제를 규명하고자 했다. 그는 종의 생존은 서로 다른 여섯 가지 시간 척도에 적응하고 그것을 학습하는 능력에 좌우된다는 사실을 알아냈다. 가장 짧고도 즉각적인 시간 척도에서 볼 때, 개별 종은 한 해 한 해 살아남아야 한다. 이처럼 해마다 생존해야 하는 단위는 생물체의 형태를 띤 개체다. 십 년 단위의 시간 척도에서 생존 단위는 가족이다. 세세손손 이어지는 가족은 한 개체의 수명보다 훨씬 길게 존속된다. 백 년 단위의 시간 척도에서는 부족이나 국가가 단위다. 천 년 단위의 시간 척도에서는 하나의 문화 전체가 단위다. 만 년 단위의 시간 척도에서는 종 자체가 단위다. 백억 년 단위의 시간 척도에서는 '지구상의 생물망 전체'가 생존의 단위가 된다.[2] 인류가 지금까지 생존해올 수 있었던 것은 이 여섯 가지 생존 척도에 잘 적응했고, 서로 갈등을 일으키는 각 척도의 요구들을 잘 조정했기 때문이다.

시간 다양성이라는 개념 덕분에 각 시간 척도들의 특징을 이해할 수 있는 새로운 길이 열렸다. 시간생물학자들은 생명 과정에 영향을 미치는 다양한 자연적 주기에 주목한다. 반면, 시간 다양성을 주장하는 사람들 덕에 우리는 각기 다른 존재 차원에 있는 사물들의 속도 차를 이해하고 구분 지을 수 있게 됐다.

한때 메리 프랭크스터Mary Pranksters 그룹(미국 작가 켄 키세이Ken Kesey를 중심으로 형성된 일단의 모임으로 환각제의 사용을 주창했다—옮긴이)의 일원이었으며 〈홀 어스 카탈로그Whole Earth Catalog〉를 창간한 스튜어트 브랜드Stewart Brand는 시간 다양성을 다양한 층위의 사회에 적용해보았다. 그는 자신의 책 《만년시계The Clock of the Long Now》(한국에는 《느림의 지혜》라는 제목으로 출간됐다—옮긴이)에서 우리는 시간 척도가 다양한 세상에 살고 있다고 주장한다. 삼라만상이 동시에 움직이지만, 그 속도는 각각 다르다는 것이다. 브랜드는 이를 두고 '문명의 질서'라 한다. 자연의 시간 혹은 지질연대는 아주 느리게 움직인다. 바람개비 회전을 할 때 무리 중간쯤에 있는 선수들처럼 느리게 간다. 그것은 누대에 걸쳐 빙하에서 협곡이 생성되며 종에서 아가미가 생겨나고 날개가 돋을 때의 속도다. 그다음 시간 척도는 중국 문화니 유대 문화니 할 때 얘기하는 문화로 흔히 수천 년 이어지는 것이다. 그다음 회전 고리는 정치체제라는 시간 척도다. 이는 제정 혹은 공화정과 같이 다소 오래 지속되는 것이다. 그다음 척도는 한 사회의 기반시설과 관련된 것으로 정부가 건설하거나 개축하는 도로와 공공시설 등을 말한다. 그런데 이 사회기반시설을 통해 이루어지는 교역의 시간 척도는 이보다 더 빠르다. 그리고 마지막으로 맨 바깥쪽 회전 고리를 이루는 것은 유행이라는 시간 척도다. 이는 상업의 쳇바퀴를 끝없이 굴리는 변화무쌍한 스타일과 기분이다.

그런데 서로 다른 시간 척도를 구분할 수 없어 어떤 시간 척도의 활동을 다른 시간 척도의 틀에 엮어놓게 되면 문제가 생긴다. 앞서 살펴본 농구선수들의 경우, 그들은 계약과 농구협회 규정에 근거한 일회적이며 추상적인 대회 일정에 하나의 문화라고 할 수 있는 시합 일정을 맞춰야 했다. 정치가들의 경우엔 정치 활동을 할 때는 통치라는 시간 척도에 맞추지만, 선거에서는 유행이라는 시간 척도(혹은 가치 체계)에 맞춘다. 사업체의 경우엔 가치를 창출하려고 할 때는 사회기반시설이라는 시간 척도에 맞추지만, 투자 요건을 충족시키기 위해서는 상업이라는 시간 척도에 맞춘다. 환경의 경우를 보면, 당장 우리의 관심은 값싼 주유소를 찾는 데 있을 뿐이고 화석연료가 만들어지기까지 수억 년이 걸린다는 사실은 거의 자각하지 못한다. 혹은 재활용품 분리수거함이 좀 떨어져 있다고 해서 그냥 일반 쓰레기통에 페트병을 버리면, 수백 년 뒤에 지구가 쓰레기 천지가 될 수 있고, 거기에 더해 그것들이 유독성을 띤 물질로 분해되기까지 다시 수백 혹은 수천 년이 걸린다는 것을 자각하지 못한다.

브랜드가 제시하는 해법은 이렇다. 우리의 인식 범위를 좀 더 넓은 차원에서 느리게 돌아가는 시간 주기로 확장해야 한다는 것이다. 그는 시간에 대한 우리의 고정관념을 바꿀 만년시계, 곧 '긴 현재the long now'의 시계를 만들기 위해 발명가인 대니 힐리스Danny Hillis와 손을 잡았다. 그의 바람은 사막에서 이 거대한 시계 구조물을 봄으로써, 하루 단위의 일상에서 벗어나 거대한 주기를 경험하는 것이었다. 아니면 적어도 그런 거대한 주기를 감지라도 하는 것이었다. 그리고 브랜드는 예를 들어 2020이 아니라 02020처럼 네 자리 숫자가 아닌 다섯 자리 숫자로 연도를 표기해볼 것을 제안한다. 그렇게 하면 좀 더 큰 단위의 시간 척도에서도 여전히 중요한 활동이 이루어지고 있음을 알 수 있다. 우리는 인간과 삼라만상을 한데 엮어주는 더 큰 주기를 인지하는 가운데 계절 따라 변하는 유행이나 텔레비전 방송시간표와 같은 시간 척도에 바탕을 둔 삶을 영위할 수 있다.

이처럼 다양한 시간 척도를 인식하고자 하는 일이 추구할 만한 목표가 될 수 있긴 하지만, 그것이 사람들을 잘못된 길로 인도할 수도 있다. 특히 영원한 현재라는 새로운 형태의 시간 속에 살고 있는 지금의 우리를 말이다. 다이슨과 브랜드, 이 두 사람이 인식을 같이하는 부분이 있었다. 인류의 모든 활동, 특히 서구문화에서의 활동들이 바람개비의 바깥쪽, 더 빠르게 움직이는 쪽을 지향하는 경향이 있다는 것이다. 시간이 금인 시대에는 만사가 유행의 시간 척도에서 돌아가는 경향이 있다. 브랜드는 이렇게 말했다. "지금 당장을 추구하는 경향에 대한 대안은 늘 존재하는데, 그것은 휴지부가 아니라 깊디 깊은 책임의 통감에 의해 마련된다."[3] 더 큰 시간 척도를 자각하며 살아가는 유일한 사람들은 태어나면서부터 산에서 양치기 일을 하는 사람들이거나 인류가 환경 파국으로 치닫고 있다고 여기는 기상학자들일 것이다. 유행의 시간 척도에서 사는 오늘날의 우리가 더 큰 시간 척도를 일상에 끼워넣고자 한다면 어떤 일이 벌어질까?

달리 말해, 1초도 안 걸리는, 페트병을 일반 쓰레기통에 그냥 버리는 행위가 만년 뒤에 어떤 영향을 미칠지 상상해본다면 어떨까? 혹은 만년 삭힌 화석연료를 차를 몰고 출근하느라 혹은 셔츠를 다리느라 써버리는 것을 생각해보면 어떨까? 생활환경이 나아지는 것일 수는 있지만, 마냥 좋아할 만한 일은 아니다. 완전히 자연에 귀의한 삶을 사는 게 아닌 바에야 만년 단위의 사고를 하는 것만으로도 악몽 같은 강박에 사로잡힐 수 있다. 마음 한켠이 무거워질 수 있고 때로 넋이 나갈 수도 있다. 지금 하는 행동 하나하나가 의도치 않은 결과를 빚어낼 수 있는 블랙홀이 되는 것이다. 우리는 이미 과거로의 여행을 다녀왔던 사람처럼 삶을 살아나가야 한다. 우리가 일으킨 변화는, 심지어 그것이 그저 쓰레기통을 옆으로 치우는 것이라 할지라도 시간의 흐름에 잔잔한 파문을 일으키고 급기야 역사의 흐름을 바꿀 수도 있다는 것을 명심해야 한다. 긴 현재가 아니라 짧은 영원이 되어야 한다.

이처럼 모든 행위에 무게를 두는 것, 다시 말해 현재에 비중을 싣는 것은 현재 충격의 또 다른 형태가 있을 수 있다는 것을 암시한다. 이와 같은 형태의 현재 충격에 생각보다 훨씬 더 다양한 곳에서 다양한 방식으로 영향을 미친다. 이처럼 압축된 시간을 가리켜 우리는 '과도한 태엽 감기 overwinding'라고 부른다. 이는 커다란 시간 척도를 쪼개 그보다 훨씬 작은 시간 척도로 만들거나 아니면 무시간적 시간 척도로 만드는 것이다. 앞으로 벌어질 일의 결과에 대한 책임을 '현재'에 부과하고자 하는 것으로, 이는 시계가 오래 잘 돌아갈 수 있도록 끊어지기 전까지 태엽을 감는 것과 비슷하다.

헤지펀드가 수익성 있는 장기 자산이 아닌 파생상품에 투기함으로써 회사를 위태롭게 만들 경우, 과도한 태엽 감기가 되는 것이다. 그런데 지역 경제를 되살리기 위해 장기 이자부 중앙 화폐를 사용하고자 할 때도 같은 현상이 일어난다. 투자를 하거나 장기 비축용으로 고안된 화폐는 당장의 필요로 거래와 교환을 하는 데 적합하지 않기 때문이다. 또한 즉흥적 재미를 추구하는 리얼리티 프로그램에서 잘 짜인 5막극에서나 기대할 수 있는 카타르시스를 경험하고 싶어 할 때도 태엽 감기가 일어나고 있는 것이다. 역도 선수가 스테로이드제를 복용해 단기간에 운동 효과를 향상시켜 경기력을 최대치로 끌어올리고자 할 때도 태엽 감기가 존재하는 것이다. 어떤 경우에서든 태엽 감기로 인해 스트레스와 정상적이지 않은 행위가 비롯될 것이며 이는 자기 고갈과 실패로 이어질 것이다.

그러나 최상의 환경에서는 일부러 이와 같이 시간을 압축시킬 수 있다. 그 과정을 충분히 인지하고 있는 상태에서 서로 다른 시간 척도가 상호작용을 하고 서로 보완할 수 있다. 우리는 태엽 감기를 하는 대신 필요할 때 사용할 수 있도록 시간을 '장전spring-loading'할 수 있다. 미국 해군 특수부대 네이비실Navy SEAL이 한 가지 형태의 전술을 수개월 혹은 수년 동안 준비하는 것이 그 예다. 네이비실은 인질을 구출하거나 적을 제거하라는 명령을 받았을 때, 수백 시간에 걸쳐 '장전'시켜놓았던 훈련 내용을 단 몇 초 동안의 작전에서 풀어낼 수 있다. 기말시험을 치르기 위해 벼락치기가 아닌 몇 주 전부터 공부하는 것도 또 하나의 예다. 그렇게 하면 한 시간짜리 시험이 끝난 뒤에도 공부한 내용이 우리 머릿속에 남아 있을 것이다. 풍력 에너지를 배터리에 모으는 기술이나 시장에서는 흑자를 쉽게 내기 어려운 일을 정부로 하여금 시행케 하는 것도 그런 예에 속한다.

서로 다른 시간 척도를 넘나들 수 없는 사람은 시간 과식증이라는 것에 걸려 한 척도의 시간만 폭식했다가 토하듯 뱉어냈다가 하는 일을 반복하게 된다. '장전'과 태엽 감기를 구분하기 위해서는 각각 어떤 시간 척도에 따라 사건이 일어나는지 가려낼 줄 알아야 한다. 그리고 다른 것을 할 수 없을 정도로 폭식하거나 기력이 남아나지 않을 정도로 토해내는 일 없이 '장전'과 태엽 감기 사이에서 균형을 유지할 줄 알아야 한다.

시간 속박

일반의미론General Semantics을 주창한 앨프리드 코지프스키는 인간이 다른 생명체와 달리 '시간 속박time binding'이라고 하는 시간적 압축을 활용하는 방식에 매료됐다. 그가 관찰한 바에 따르면, 식물은 에너지를 속박할 수 있다. 광합성을 통해 태양으로부터 에너지를 얻어 화학적 형태로 그 에너지를 비축할 수 있다. 매일매일의 태양에너지는 식물의 세포 안에 쌓여 압축된다. 거기서 한 발 더 나아가면, 동물은 공간을 속박한다. 동물은 움직일 수 있으므로 먹이를 구할 수 있고, 위험에서 도망칠 수 있으며, 붙박이로 있는 식물보다 더 넓은 지역에서 에너지와 자양분을 구할 수 있다. 다람쥐는 몸길이가 기껏해야 30센티미터 정도지만, 그 안에 1에이커 분량의 견과류를 저장 또는 압축할 수 있다.

그런데 인간은 시간을 속박할 수 있다. 우리는 언어와 상징을 통해 한 세대의 경험을 받아 그것을 다음 세대로 넘겨준다. 실시간으로 후손에게 사냥이나 낚시 등을 가르치지만, 그렇게 가르치는 내용은 스토리나 지침서 혹은 도식의 형태로 압축되기도 한다. 뒤에 오는 세대는 앞 세대가 떠난 그 자리에서 시작하는 것이다. 코지프스키는 이렇게 말한다.

인간이라는 생명체에는 다른 생명체에겐 없는 새로운 요소가 있다. 그것은 각자가 경험한 내용들을 한데 모으는 능력이다. 그런 능력 덕분에 한 개인이 다룰 수 있는 경험적 지식의 양은 크게 늘어나고, 그 결과 자신과 세상에 대한 우리의 앎은 더 정확하고 구체적인 것이 된다. 우리가 시간 속박 능력이라고 부르는 이 능력을 발휘할 수 있는 것은 오직 다음과 같은 이유 덕이다. 동물과 달리 우리 인간은 그동안 신경계 외의 수단을 개발했거나 혹은 그것을 완성했던 것이다. 그 수단 덕분에 우리는 기존 신경계를 그대로 둔 채 신경계의 활동과 범위를 더 키울 수 있었다.[4]

문명은 이전 세대가 성취한 것과 경험해 터득한 것을 지렛대 삼아 발전한다. 역사를 문자로, 스토리로, 상징으로 압축해놓음으로써 산 자는 죽은 자의 경험으로부터 배우고 그 이로움을 취한다. 유년이라는 공간에서 우리는 인류가 수백 년 걸려 알아낸 것을 배운다. 동물에게도 새끼를 가르치는 능력이 있긴 하다. 하지만 인간은 가르치고 배우는 능력에 한계가 없다. 스토리와 책 그리고 상징체계 덕분에 우리는 우리가 결코 만난 적이 없는 사람들로부터 배울 수 있다. 상징들 혹은 코지프스키의 표현에 따르면 추상물을 만들어 우리는 인류가 성취한 것과 경험해 터득한 것을 다른 사람이나 후손에게 더 효과적으로 전할 수 있다. 이때의 상징은 아이콘, 브랜드, 종교적 상징, 익숙한 비유 등으로 그 안에 우리는 제 몸보다 더 큰 정보를 압축해놓는 것이다.

그리고 추상이라는 행위를 할 수 없는 동물과 달리, 우리 인간은 추상물을 거의 무한정 만들어낼 수 있다. 우리는 말을 하고, 문자로 적으며, 숫자로 표시한다. 우리는 가치가 있는 물건을 서로 주고받기도 하며 그 가치를 대신하는 금으로 거래를 하기도 한다. 그리고 금의 가치를 나타내는 보증서를 가지고 거래를 하기도 한다. 더 나아가, 우리는 가치의 척도가 되는 근대적인 통화를 가지고 거래를 하기도 한다. 물론, 그다음 우리는 통화 가치에 입각해 선물先物을 매입하고, 선물 가치에 입각해 파생상품을 매입하거나 선물의 시장변동성에 입각해 파생상품을 매입한다.

추상적인 상징체계 덕분에 우리 인간은 텔레비전 화면 구석에 표시된 섭씨 영하 2도라는 기온을 보고 외투를 챙겨야 한다는 것을 알 수 있다. 기온을 측정하는 기술에서부터 영상을 전송하는 기술에 이르기까지 그 모든 것이 더해져 우리는 1초도 안 되는 시간에 무엇을 입고 나갈지 결정할 수 있다. 수천 년 저장된 문명의 풍요를 바로 그 자리에서 거둬들일 수 있다. 이것이야말로 짧은 영원의 묘미라 할 수 있다.

물론 이 모든 추상적 결과물은 어쩌면 거리화의 소산인지 모른다. 철로를 건설하는 데 들어간 노동이나 개발을 위해 밀어버린 문명의 흔적이 우리 눈엔 보이지 않는다. 지금 이 순간 우리가 그것들을 사용하고 있지만, 공룡이나 플랑크톤이 화석연료로 변해갔던 수천 년의 시간과 아이폰을 만드느라 중국인 노동자들이 겪고 있는 반복 작업으로 인한 스트레스성 장애와 같이 시간이 집약된 과정을 우리 눈으로 직접 목격할 길은 없다. 우리는 수학이나 과학을 처음부터 그렇게 체계화된 것으로 여긴다. 시간의 흐름 속에 저장된 지식 체계라는 생각을 하지 못한다. 코지프스키가 말한 것처럼, 앞 세대의 '어깨에 올라탄' 덕에 우리는 더 멀리 볼 수 있는 것인데 말이다.[5]

이런 처지에서 위험한 것이 있다면 우리가 발을 땅에 딛고 있다는 사실을 망각할 수 있다는 점이다. 우리는 지도를 땅의 표상으로 보지 않고 실제 땅인 것처럼 대한다. 그러나 상징 제조자의 시간 속박에만 의존한다면, 우리는 동물들의 공간 속박이나 자연의 에너지 속박을 접할 길이 없다. 우리 몸은 24시간 주기 리듬을 따라 움직이게 되어 있는데, 초과근무를 하는 노동자들은 이를 무시한다. 시간 속박에만 의존하는 우리는 이런 노동자들처럼 상징체계를 따라 움직이려 할 뿐, 바깥세상에서 유래하는 그 어떤 피드백도 받지 않는다. 이는 마치 비행기 계기판에서 얻을 수 있는 정보에만 의지한 채 눈으로 지평선을 보지 않고 비행하는 것과 같다.

우리는 양쪽 모두와 접촉할 수 있어야 한다. 다시 말해 줄곧 속박되어왔던 모든 시간으로부터 이로운 것을 다 취하는 동시에 지금 우리의 삶에서 얻을 수 있는 바깥세상으로부터의 피드백에도 적절히 대응해야 한다. 그 둘은 서로 상충되는 것처럼 보일 때가 많지만, 우리가 각각의 장단점을 파악할 수 있다면 그 둘이 전적으로 양립 가능한 것이며 심지어 보완적이라는 것을 알 수 있다. 이는 브랜드가 주장하듯 적정한 '시간 다양성'을 설정하는 차원의 문제만은 아니다. 시간 다양성은 역사적 시간 속에서 전개되는 과정들을 설명하는 데는 유용할지 모르나 현재주의의 현실 속에서 우리가 고군분투하는 '지금'에 대해서는 말해주는 바가 없다. 우리 인간은 자연의 시간 속에 있지 않으며, 유행의 시간 속에도 있지 않다. 우리는 무시간no time 속에 있다. 현재주의자인 우리가 만년의 시간을 갑자기 축소하는 데서 얻는 것이라곤 현기증뿐이다.

시간 속박이라는 것, 즉 모든 정보를 집약한 것은 하드 드라이브의 데이터와 같다. 현재주의적 삶을 사는 공간은 RAM과 비슷하다. RAM은 실제 작업을 수행하는 실행 기억장치다.* 역사적 감성에서 현재주의의 감성으로 옮아가는 것은 우리 관심이 하드 드라이브에서 RAM으로 옮아가는 것과 비슷하다. RAM 상태는 모든 것이 진행 중일 뿐, 손에 잡히는 무언가가

---

* 물론, 실행 메모리가 부족하면 컴퓨터는 특별히 마련된 보완 프로세서를 돌려 여분의 하드 드라이브 공간을 임시 RAM(가상 RAM)으로 사용할 수 있다. 하지만 과부하 때문에 하드 드라이브에서는 요란한 소리가 나고, 프로그램은 곧잘 버벅거리거나 멈춰버리곤 한다. 결국 이를 통해 우리는 해당 작업에 적합한 하드웨어를 사용하는 것이 얼마나 좋은 것인지 확인할 뿐이다. 여기서 한 가지 흥미로운 사실은 항상 인터넷에 접속된 현재주의의 세상에서 RAM은 그 반대의 경우와 달리 하드 드라이브로서의 기능은 훌륭히 해낸다는 것이다.

존재하지 않는 상태다.

끝내 과도한 시간 압축을 해 데이터가 과하다는 기분이 들게 하는 수많은 일들은 RAM이 하드 드라이브처럼 기능하기를 바라거나 혹은 그 반대의 경우에서 비롯된다. 이는 마치 바티칸에 기대어 진보적 가치를 추구하거나 신생 첨단기술 업체에 기대어 제도적 기반을 기대하는 것과 같다. 우리는 저장된 시간을 풀어내거나 현재를 속박하지 않으면 어느 한쪽을 가지고 다른 쪽을 도모할 수 없다. 관조적인 긴 현재 대신 우리는 강박적인 짧은 영원을 취하게 된다.

흐름과 저장

우리에게 긴 현재라는 개념이 그리 쉽게 다가오지는 않는다. 그것은 다른 종류의 시간들이 아닌 다른 척도의 시간들을 서로 견주기 때문이다. 다이슨과 브랜드가 살펴본 시간 척도들은 하나같이 동일한 선형적 과정의 양상을 띠고 있다. 속도만 다를 뿐 모두 선형적 과정이다. 유행의 시간 척도에 따라 공무를 보거나 교역의 시간 척도에 따라 지구환경 문제에 대응하고자 한다면 그 자체로 문제가 생길 수밖에 없다. 대통령의 직무 수행은 매일 발표되는 지지도 여론조사에 끌려 다니게 될 것이고, 기업 대차대조표에 환경오염으로 인한 미래 비용 항목은 없을 것이다. 하지만 이 모든 것들은 수백 년간 발전해온 문화적 가속화의 양상들일 뿐이다.

현재에 천착했을 때 비로소 우리는 다음과 같은 사실을 알 수 있다. 오늘날의 진정한 분열은 시간 척도들의 갈등에서 빚어지는 게 아니라 시간과의 관계에서 서로 다른 두 입장들을 융합하려는 데서 비롯된다는 것이다. 정보와 상징에 의해 결속되는 저장된 시간stored time이 존재하고, 그다음에 한순간 발생했다가 사라지는 흐르는 시간flowing time이 존재한다. 하나는 펼쳐져야 할 시간이고, 다른 하나는 그 자리에 있어야 하는 시간이다.

저장된 시간은 시내보다 연못에 가깝다. 그 안에서 생명이 자라고 문화가 성장할 때까지 충분히 머무르는 시간이다. 연못은 괴어 있기에 식수로는 적합하지 않을 수 있지만 생태계는 그 안에서 충분히 보존 가능하다. 반면, 시내의 특징은 끊임없는 흐름이다. 머물러 있는 법이 없다. 그렇다고 아무것도 할 수 없는 것은 아니다. 오랜 세월에 걸쳐 물줄기가 단단한 바위 사이로 길을 내기도 한다. 하지만 그렇게 흐르는 물에선 문화를 일구기가 어렵다. 연못은 가만히 머물러 있음으로써 자신 안에서 변화를 창출하고, 시내는 끊임없이 움직임으로써 자신을 넘어선 곳에서 변화를 창출한다. 연못과 시내를 미디어라고 생각해보자. 그렇다면 연못은 그 안에 내용을 담고 있는 것이며, 시내는 주변 세상을 내용으로 삼는 것이다.

또한 연못과 시내의 형태, 다시 말해 저장된 정보와 흐르는 정보로 우리는 정보의 가치를 지닌 내용을 취하게 된다. 백과사전이 상대적으로 정적이며 저장된 것인 반면, 24시간 뉴스 채널은 흐르는 것에 가깝다. 물론 백과사전도 개정판을 내면서 몇 년에 한 번씩 바뀌며 24시간 뉴스 채널에서도 녹화해둔 영상을 방영한다. 그럼에도 백과사전의 의의는 그 내용의 지속성과 주류 제도적 역사 속에서 누적 형성된 권위에서 찾을 수 있다. 24시간 뉴스 채널의 의의는 정보의 새로움, 즉 뉴스의 새로움에서 찾을 수 있다.

흐르는 정보와 저장된 정보를 뒤섞어 처리할 때 문제가 발생한다. 특히 디지털 환경에서 그런 문제가 발생하기 쉽다. 디지털 환경에선 근본적으로 다른 성격의 정보와 활동들을 겉보기에 다름이 없는 것으로 만들어버린다. 그래서 우리는 전자책이나 논문을 읽을 때도 마치 트위터 스트림이나 페이스북 업데이트 목록을 볼 때처럼 쓱 일별하고 마는 일이 비일비재하다.

이런 식이기에 긴 글을 읽을 때도 골자만 잡아내고자 빠르게 훑고 지나간다. 그러나 골자는 행간에 깊이 스며 있으므로 내용을 제대로 파악하기 어렵다. 서두르다보니 우리는 심오한 사고를 우리의 기억 체계 가운데 일시적인 것을 담당하는 영역으로 몰아넣게 되고 결국 숙고라는 것을 할 수 없게 된다. 선형적으로 길게 이어지는 과정을 흐름의 한순간으로 압축하고자 한다는 의미에서 우리는 과도하게 태엽 감기를 하고 있는 셈이다.

혹은 우리는 헛되게도 트위터 피드를 따라잡으려고 한다. 마치 놓치고 못 본 텔레비전 연속극을 챙겨 보듯 어제 날짜의 트윗을 보려고 한다. 그러나 트위터는 흐름 자체로 받아들여질 필요가 있다. 사람들의 살아 있는 흐름이자 그 적정성 여부는 순간순간의 조건에 따라 달라지는 그런 것으로 받아들여져야 한다. 트위터란 스포츠 중계방송 중에 문제가 되는 장면을 바로 돌려보기 해주지 않는다고 불평을 늘어놓거나, 속보로 전해진 교내 총격 사건을 두고 불안한 마음을 나누거나, 지금 벌어지고 있는 시위에 대해 연대의 목소리를 내거나 혹은 시위대에게 경찰이 지키고 있는 장소를 알려주는 등의 것이다. 지나간 트위터를 따라잡는 것은 어제의 주식시세 라이브 스트리밍을 밤새 지켜보고 있는 것과 같다. 그것들이 지닌 가치는 '현재'에 있었다. 그 '현재'란 지금의 시점으로 보자면 '그때'인 것이다.

책처럼 저장된 정보는 처음부터 끝까지 다 흡수하고 싶은 그런 것이다. 그런 정보의 수명은 다른 무엇보다 훨씬 더 길며 그 정보가 생산된 시점에 크게 좌우되지 않는다. 우리는 편한 시간에 책을 읽을 수 있고, 원할 때 멈추었다가 다시 읽을 수 있다. 이런 식으로 책을 끝까지 읽는다. 24시간 뉴스나 MTV 영상처럼 흐르는 정보는 전자음악이나 익스트림 스포츠에서 할 수 있는 비서사적 경험에 가깝다. 이를 통해 감각적인 경험을 할 수도 있고, 일기예보를 들을 수도 있으며, 대강의 요지를 파악할 수도 있다. 하지만 우리는 결코 결말에 이르지 못한다. 우리가 거기서 주의를 돌리면 그것은 우리와 상관없이 계속 나아갈 것이기 때문이다.

더 까다로운 경우는 저장과 흐름의 두 특성을 다 가지고 있는 정보를 다룰 때다. 겉보기에 이메일의 받은편지함은 트위터 스트림과 비슷하지만, 둘의 성격은 전혀 다르다. 물론, 각각의 목록이 시간 순서대로 화면에 죽 나열되는 것은 같다. 하지만 하나하나의 메일은 저장된 정보에 가까운 것이고, 트위터 스트림은 순전히 흐르는 정보다. 분당 한 개의 메일을 받는다고 할 때, 메일을 열어본다는 것은 시내의 흐름에서 빠져나와 정적인 상태의 연못에 들어가는 것과 같다. 메일의 내용이 바뀌는 경우는 거의 없을 테니까 말이다. 우리가 내용과 느낌을 파악하고 그에 대한 답장을 보낼 때까지 하나하나의 메일은 정적인 상태에 있다. 이론상(비록 많은 사람들이 그렇게 하고 있지는 않지만) 이메일은 붙잡아둘 수 있다. 몇 분 뒤, 몇 시간 뒤, 심지어 며칠 뒤에 다시 돌아와 메일을 처리할 수 있다. 물론 이메일을 확인하는 자리에서 이메일이 요구하는 어떤 일을 바로 처리하지도 않을 것이며, 심지어 모든 메일을 다 열어보지도 않을 것이다. 그러나 적어도 우리는 메일의 제목만큼은 다 훑으면서 급한 것은 바로 처리하고, 나머지는 머릿속에서만 정리해둘 것이다.

하지만 이메일에 대한 이런 틀을 바꾸는 것은, 즉 편지함의 목록을 저장된 정보로 취급하고, 그 하나하나의 내용을 흐르는 정보로 취급하는 것은 어려운 일이 아니다. 업무 효율성 전문가들 중에는 이른바 '수신함 제로inbox zero', 즉 받은 메일에 대해 빠짐없이 답해야 한다고 주장하는 사람들이 있다.[6] 업무 생산성과 인지과학을 바탕으로 그들은 받은 메일을 단순히 확인만 하는 것은 비능률적이라고 주장한다. 만일 이메일을 처리하지 않으면, 즉 답신을 하든, 삭제를 하든, 따로 분류를 하든, 아무튼 어떤 식으로든 조치를 취하지 않으면 할 일to-do 목록만 늘어나게 된다는 것이다. 이 논리에 따르면, 메일을 읽고 다음 단계로 이행하지 않으면 메일 제목만 확인하는 시간조차 헛된 시간이 된다. 그리고 더 문제는 이렇게 했을 경우, 우리 뇌에서 하나의 새로운 루프loop(컴퓨터 프로그램에서 끝없이 순환, 반복되는 연속적인 명령을 일컫는다. 종결의 조건도 없고 충족시킬 방법도 없기 때문에 일단 루프가 시작되면 전체 시스템의 반응이 아주 느려진다—옮긴이)가 열려 있는 상태 그대로 있게 된다는 것이다. 다시 말해 우리 뇌리를 떠나지 않는 게 하나 더 생긴 것이다.

이런 주장을 뒷받침하는 근거는 새로운 미해결 과제가 주어지면 사람들이 정신적 스트레스를 받는다는 것이다. AS센터 접수대에 놓여 있는 수리 전표처럼 말이다. 우리가 파악하지 못한 문제 하나하나는 똑딱거리는 시계처럼 우리 뇌리에 자리 잡는다. 해결하지 못한 문제와 아직 일정을 잡지 못한 과제들은 우리 뇌에서 가장 활성화된 부분에 자리 잡고서 처리되기를 기다린다. 이와 같은 정신적 스트레스를 줄이기 위한 방법은 열린 상태로 계속 돌아가고 있는 루프를 최대한 많이 닫는 것이다. 그렇다고 해서 우리가 손댄 모든 일들을 완수해야 한다는 말은 아니다. 그보다 언제 어떻게 그 일을 처리할 것인지 머릿속에서 그림을 그릴 수 있어야 한다는 말이다. 예를 들어 아내가 우유를 사오라고 했다고 하자. 퇴근하면서 사갖고 가겠다고 머릿속으로 메모를 하기 전까지 루프가 열린 상태로 있게 된다. 우유 살 돈이 있는지 확인하고, 퇴근하는 시간에도 가게가 계속 영업을 하는지 기억을 더듬으며 가게에 들렀다 오는 가장 짧은 동선은 어떻게 되는지를 생각한다. 일단 그 일을 어떻게 처리해야 할지 알면, 아직 그 일을 마치지 않은 상태라 할지라도 열린 상태로 있던 루프는 닫힌다. 지금 현재 할 수 있는 것 혹은 할 필요가 있는 것은 없다. 뇌에서 활성화됐던 부분이 이제 해소됐기 때문이다. 이는 스트레스를 해소할 수 있는, 입증된 한 가지 방법이다.

받은메일함을 다 비우라고 주장하는 사람들 눈엔 메일 하나하나가 다 열린 루프다. 따라서 그들은 메일을 받으면 그냥 내버려두지 말고 그것을 매듭지을 수 있는 어떤 조치를 취하라고 한다. 답을 하든가, 달력에 표시를 하든가, 할 일 목록에 올리든가, 아니면 그냥 지워버리든가 하라는 것이다. 《비트 리터러시*Bit Literacy*》의 저자 마크 허스트Mark Hurst에 따르면, 받은메일함을 깨끗이 비우지 않을 경우, 결코 '개운한 기분'을 가질 수 없다고 한다.[7] 메일함은 비우기가 무섭게 곧바로 채워지며, 메일은 우리 일정이 아닌 보내는 사람의 일정에 따라 발송된다는 사실을 생각한다면, 개운한 기분은 일시적이거나 전혀 가져볼 수 없는 것이다. 오히려 개운함을 좇는 것 자체가 강박적인 루프일 수 있다.

흐르는 정보와 머무르는 정보라는 관점에서 보면, 받은메일함은 완결되지 않은 하나의 커다란 루프다. 그것은 온전히 완결 지을 수 있는 책이라든가 문서가 아니다. 하나의 흐름일 뿐이다. 물론, 중요한 메일에 표시를 하거나 다른 곳으로 이동시켜 거기에 우선권을 부여하고 처리 순서를 조정할 수는 있다. 하지만 이메일을 받고 처음으로 하는 것은 루프를 여는 것이다. 어느 한 메일을 열기로 결정했다는 것은 그것이 정적인 정보로 진입한다는 말이다. 여기서 문제는 발신자가 메일에 많은 시간과 공력을 '장전'했을 수 있다는 점이다. 그런 메일을 열어본다는 것은 읽을거리와 책임질 거리로 가득한 판도라 상자를 여는 것과 같다. 발신자가 메일을 준비하느라 보낸 일주일의 시간이 지금 우리의 현재 안에서 펼쳐진다.

발신자가 '시간이 장전된' 문서 작성을 하고 그 문서를 메일에 첨부해 보냈을 때, 그나마 그것을 나중에 볼 메일로 분류한다면 발신자로선 불쾌한 기분이 덜할 것이다. 그리고 온라인상의 어딘가 다른 곳에 있는 문서에 링크를 걸어둔다면 한결 더 나을 것이다. 물론, 컴퓨터에 능통한 사용자라면 부담이 되는 메일을 첨부 문서 메일을 처리할 때처럼 아주 손쉽게 처리할 수도 있다. 하지만 그는 보존해야 할 정보를 흐르는 정보로 잘못 판단하고 그것을 밀쳐내게 된다.

이메일을 주고받는 과정에서 이런 구분이 크게 중요하진 않을 것이다. 하지만 이와 다른 영역에서 흐름의 성격을 띤 것과 저장의 성격을 띤 것을 구분하지 못하면 사업과 경제가 큰 타격을 받을 수 있다. 단적인 예로, 통화수단이 있다. 아니, 지금은 종류가 아주 많으니 통화 수단들이라고 해야겠다.

중세 말에 견고한 봉건주의 권력 구조가 흔들리기 시작했는데, 이는 지방을 중심으로 생겨나기 시작한 곡물 기반의 통화 때문이었다. 그런 일이 있기까지 천 년 동안, 농부들은 바닥의 삶을 영위하면서 그들이 일구는 농지를 소유한 영주에게 절대적으로 복종했다. 중세의 시간은 멈춰 있었다. 귀족 가문이 영지를 지배하고 있는 동안, 역사의 흐름은 사실상 정지된 상태였다. 그런 연유로 중세를 암흑기라고 부르는 것이다.

사람들 사이에 교환은 조금씩 있었지만 신속하지도 효과적이지도 못한 교역 형태였다. 닭을 가지고 있는 사람은 신발이 필요하면 닭을 필요로 하는 신발 장인을 찾아야 했다. 그들이 교역을 할 때 사용할 수 있는, 가치가 정해진 물건이 있다면, 누구나 자신이 원하는 것을 얻을 수 있을 터였다. 곡물 수령증이 초기 형태의 통화 구실을 했다. 농부가 수확한 것을 곡물을 보관해주는 곳으로 가져오면 곡물 양에 따라 수령증을 내주었다. 100킬로그램의 곡물을 수령하면 종이처럼 얇은 금속 박편에 낙인이 찍힌 수령증을 내주었다. 이 수령증은 더 작은 조각으로 나눌 수 있도록 천공이 돼 있었다. 이 수령증을 가진 사람은 작은 조각을 떼어 시장에서 원하는 것을 구입할 때 사용했다. 그 수령증의 가치를 서로 인정하기 때문에 곡물이 필요하지 않은 사람도 이 수령증을 사용할 수 있었다. 그리고 나중에 곡물이 필요하면 수령증에 적시된 양의 곡물을 요구할 수 있었다.

오늘날 우리는 이 곡물 수령증을 가치의 저장물로 여기지만, 사실 이 수령증은 흐름의 성격을 띤 것이다. 곡물 수령증을 만든 것은 그것을 통해 곡물의 가치를 보존하기 위해서라기보다 그것을 화폐로 만들어 주고받기 위해서였다. 폐기 처분될 수도 있었던 곡물을 사람들은 이 수령증 덕분에 거래할 수 있었다. 사실상 지역 화폐인 이 수령증을 흐름의 영역으로 밀어 넣자 그 가치는 시간이 갈수록 떨어졌다. 곡물을 보관해주는 사람에게 대가를 지불해야 했고 오래 보관할수록 곡물이 상하거나 설치류의 피해를 입을 수밖에 없었기 때문이다. 이런 문제를 보완하기 위해 일정 시간이 흐를 때마다 곡물 수령증의 가치를 떨어뜨리게 됐다. 첫해에 10파운드의 가치였다면, 이듬해에는 9파운드의 가치가 되는 식이었다. 따라서 수령증은 가지고 있는 것보다 사용하는 것이 유리할 터였다.

그렇게 그들은 수령증을 사용했다. 경제사를 돌아보건대, 그때만큼 화폐가 빨리 회전되고 널리 퍼진 적이 없었다.[8] 그때만큼 노동자들이 많은 보수에 적게 일한 적은 이전에도 없었고 이후에도 없었다. 사람들은 하루에 네 끼를 먹었다. 1970년대에 들어서 달라지긴 하지만, 그 어느 때보다 여성들의 신장도 커졌다. 그리고 엄청난 발전과 부를 누린 시기였다. 한편, 시간의 흐름 앞에서 이와 같은 화폐의 가치를 보존하거나 혹은 늘릴 수 있는 방안이 없자, 사람들은 성당과 같은 건축물에 막대한 투자를 하기 시작했다. 그렇게 하면 앞으로 순례자와 관광객을 유치할 수 있다는 계산이었다. 그들 나름의 미래에 대한 투자인 셈이었다. 르네상스 직전의 이런 풍요로운 시기를 우리는 '대성당의 시대Age of Cathedrals'라 부른다.

적어도 부분적으로나마 지금 우리가 겪고 있는 경제 위기의 원인은 우리가 사용하고 있는 돈의 저장적 성향을 제대로 인식하지 못한 데서 기인한다. 우리가 알고 있는 돈은 한 종류니, 모든 곳에 그것을 사용한다. 당연히 우리는 우리가 현재 사용하고 있는 종류의 돈이 흐름과 저장, 즉 거래와 저축 모든 부분에서 두루 적합하다고 생각한다. 하지만 실상은 그렇지 않다. 바로 이런 이유 때문에 미국 연방준비은행에서 자금을 투여해도 정책 입안자들의 계획대로 자금이 원활히 돌지 않는 것이다. 또한 바로 그 이유 때문에 정부가 은행으로 하여금 경기 침체에 빠진 지역에 기업이 공장을 짓고 대형 매장을 만들 수 있는 대출을 알선해도 문제를 해결할 수 없는 것이다. 침체에 빠진 지역 경제에 필요한 것은 더 많은 저장이 아니라 흐름이기 때문이다.

지역 단위로 개별 거래를 활성화하고자 하는 정책으로 인해 사람들은 서로를 위해 가치를 창출하고 지역 경제는 과거와 같은 방식으로 유지할 수 있게 된다. 위에서부터 아래로 향하는 중앙 통화는 이런 일에서 최적의 수단이 아닌 것이다. 예를 들어 일본에서는 거대한 경기 침체를 어찌할 도리가 없어 보이자 지난 정부에 이어 현 정부 관료들까지 지역 중심의 대안적인 통화 혁신을 장려해왔다. 그 결과 600개 이상의 성공적인 통화 체계가 만들어졌고 그 가운데 가장 널리 알려진 것이 '후레아이 키푸'라고 불리는 거래망이다. 이 거래망에 가입한 수십만 명의 사람들이 크레딧을 쌓으면 그에 해당하는 액수만큼 그들의 연로한 친인척을 보살펴주는 데 필요한 노후 비용으로 보전해주는 시스템이다.[9]

물론, 이런 통화 체계는 흐름의 속성에 더 많은 여지를 열어주었다. 오늘날의 자본주의 위기를 거의 아무런 투자도 없이 새로운 사업을 창출해낸 이런 통화 체계의 탓으로 돌릴 수도 있을 것이다. 아무 자본도 없이 가진 거라곤 달랑 노트북 한 대뿐인 청소년 두 명이 음악이나 텔레비전 프로그램 혹은 스마트폰 앱을 만들어 배포해 수백만 달러를 벌어들일 수 있다. 벤처투자가들은 무엇을 할 수 있을까? 이제 흐름이라는 속성에 의해 규정된 혁신의 지평 위에서 자본은 투자할 곳을 찾아 경쟁하게 된다. 그 결과 이자율은 곤두박질치고 급기야 은행이 파산할 지경에 이른다.

침체에 빠진 지역사회는 은행에서 돈을 빌리지 않고 흐름의 특성을 지닌 대안 통화를 사용함으로써 지역 경제를 다시 회생시킬 방안을 모색할 수 있다. 단적인 예로, 시간 달러time dollars와 지역경제대체제도local economic transfer systems, LETS 같은 것을 통해 사람들은 자신이 할 수 있는 바나 필요한 바를 웹사이트에 올려놓으면 서로 원하는 사람을 찾아 해당 지역 안에서만 사용할 수 있는 크레딧 또는 '시간'으로 대가를 지불하는 것이다. 모두가 일정한 '금액' 혹은 빈 계좌에서 똑같이 시작해 재화와 서비스를 제공하거나 받는 것에 따라 계좌의 잔액은 증감할 것이다. 잔액은 거래에 사용할 때만 진가를 발휘하는 것이므로 그것을 많이 보유하고 있다고 해서 더 이로울 것은 없다. 따라서 사람들은 균형을 유지하려고 할 것이다. 이는 현재에 기반한 통화로 지금 여기에 기반한 거래를 촉진한다.

아직 대안 통화가 모든 경제적 문제를 해결해주진 못하지만, 흐름의 성격을 띤 문제를 해결하는 데 저장의 성격을 띤 매개물들이 맞지 않다는 점은 잘 보여준다. 물론, 그 반대의 경우도 잘 보여준다. 저장과 관련된 것들을 흐름과 관련된 매개물에 집어넣거나 혹은 사물을 저장해놓은 미디어로부터 흐름에서 얻을 수 있는 이점을 바라면, 그로 인해 우리는 현재 충격에 빠지게 된다.

매시업과 메이크업

〈베벌리힐스의 주부들The Real Housewives of Beverly Hills〉(미국 브라보Bravo 채널에서 2010년 8월부터 시작한 리얼리티 프로그램—옮긴이)이라는 프로그램에 나오는 여자들은 아주 빈번히 상대의 마음을 상하게 한다. 모든 에피소드는 두세 명의 주부들이 같이 밥을 먹다 한 가지 오해가 빚어지면서 시작된다. 이 오해는 문자와 페이스북을 통해 부풀려지고 결국 제대로 한판 붙기에 이른다. 여기서 벌어지는 싸움은 〈폭력단의 아내들Mob Wives〉(2011년 4월부터 VH1 채널에서 방송되고 있는 리얼리티 프로그램으로, 남편이나 아버지가 마피아와 연계된 범죄로 수감된 스태튼Staten 지역의 여성들을 추적하는 프로그램—옮긴이)이나 뉴저지 스타일의 리얼리티 프로그램에서와 달리 머리채를 잡아당기는 것과 같은 물리적 형태를 띠지는 않는다. 그럼에도 싸움의 본질을 들여다보면 물리적으로 훨씬 더 살벌하고 격렬하다.

이 시리즈에 등장인물들의 독성 강한 재산 말고 또 한 가지 특징이 있다면 그건 바로 성형수술이다. 이 프로그램에 나오는 모든 사람들의 얼굴은 온갖 시술을 통해 시간이 멈춰버린 상태다. 눈가의 피부는 팽팽히 당긴 상태라 주름은 온데간데없다. 입술에는 묵직한 콜라겐 덩어리를 주사해 웃음소리가 잘 나지 않고 만성 축농증에 걸린 사람처럼 입을 반쯤 벌리고 있다. 그리고 그들의 이마는 보톡스 주사 때문에 말 그대로 마비된 상태며 눈썹 모양은 지난번 주름살 제거 수술 때 각지게 맞춰놓은 그대로다. 항상 누가 어떤 말을 하든 믿을 수 없다는 듯 눈을 부라리고 있는 표정밖에 지을 수 없다. 달리 선택의 여지가 없다.

그들 사이에 수많은 오해가 빚어지는 게 놀랄 일도 아니다. 상대를 헤아릴 길이 없는 것이다. 인간의 의사소통 가운데 94퍼센트는 언어 외적인 것으로 이루어진다. 우리가 하는 말뿐 아니라 말을 하면서 우리가 만들어내는 시각적 신호가 더 큰 비중을 차지한다. 입가의 떨림, 눈의 움직임, 이마의 주름, 눈썹의 방향 등 이 모든 것이 우리 감정을 전한다. 진지한 반응과 비꼬는 반응 혹은 농담과 불평을 달리 어떻게 구분할 수 있을까? 때로 얼굴 표정이 무의식적으로 말을 보완해주면서 의사소통에 간접적으로 참여한다. 으름장을 놓는 소리조차도 부드러운 눈빛에 엷은 미소라도 띠고 있으면 그 공포는 덜할 것이다. 이런 것을 보면 말로는 으름장을 놓는 상황에서도 우리 신체는 그것을 누그러뜨릴 줄 아는 것 같다.

'베벌리힐스의 주부들'에게는 인간 표정을 읽어낼 판이 존재하지 않는다. 그들은 서로 소통하면서 지금 이 순간을 같이 즐기는 것과, 시간을 잃어버린 아름다움에 대한 이해할 수 없는 환상에 완전히 빠져 있는 것을 맞바꿔버렸다. 시간의 이행을 멈추고 젊음을 지속시키고자 그들이 성공적으로 한 일이라곤 실제의 삶이 일어나고 있는 현재로부터 자신을 소외시키는 것이었다. 실제의 시간 속에서 다른 사람들과 어우러지지 못하는 그들로선 상대에게 엉뚱한 신호를 보낼 수밖에 없다. 그들의 얼굴은 그들이 표현하고자 하는 생각과 감정에 호응하지 못했으며 거짓말을 하거나 무언가를 덮는 듯한 인상을 주었다. 그 얼굴이 발하는 말 없는 신호는 항상 부적당하다. 그리고 다른 이들의 생각과 표현에 대해 어떤 감응도 할 수 없다.

어찌 보면 그들은 또 다른 형태의 짧은 영원에 갇힌 상태다. 그것은 인생의 어느 특정 시기가 다른 때보다 더 낫다는 생각에 그 이전과 이후의 모든 것은 그 특정 시기의 이미지에 맞춰 재구성되는 상태다. 열두 살과 마흔 살, 둘 다 똑같이 열아홉 살처럼 꾸미려고 하는데, 어린 여자아이는 어설프고, 중년의 여인은 우스꽝스럽다. 그리고 열아홉 살인 사람 누구나 인정하듯, 그때가 다른 어느 시기보다 더 대단하다고 여길 만큼 인생의 완벽한 시기도 아니다. 사실 패션잡지, 광고 업체 그리고 허구 미디어^{fictional} media가 이 시기를 인간이 경험할 수 있는 절정의 시기라고 집중적으로 조망하는 까닭에 10대 후반의 사람들은 신체적으로나 성적으로 그리고 사회적으로 완벽한 존재가 되려는 압박을 느낀다. 대학에 갓 들어간 이들에게 이는 너무도 무리한 기대다. 이들 가운데 25퍼센트 가량이 체중 관리를 한

답시고 식이요법에 매달려 있다보니[10] 열아홉이라는 나이가 신경성 과식증을 보이기 시작하는 평균 나이가 되고 있다.[11] 신경성 과식증은 과도한 태엽 감기와 그로 인한 폭발을 잘 보여주는 질병이라고 할 수 있다.

누구나 살면서 어떤 특정 시기에 발을 깊숙이 담글 때가 있다. 그런 때가 되면 시간이 천천히 가기를 바라고 한번 그것을 놓치면 우리는 원래 나이로 다시 튕겨 나가고 만다. 어떤 한순간을 너무 자주 개입시키고 다음 순간으로의 이행을 막는 일이 생길 경우, 이와 같은 시간의 압축은 시간의 흐름을 경직되게 만들 수 있다. 이는 피터팬 신드롬과 같은 현재 충격이다. 피터팬 신드롬은 어른이 어린아이의 가치관을 그대로 갖고 있는 상태를 말한다.

이렇게 시간적으로 압축된 삶의 방식을 가리키는 표현들이 늘어나기 시작했다. 예를 들어 '그럽Grup'은 〈뉴욕매거진〉 기자인 애덤 스턴버그Adam Sternbergh가 만든 표현으로, 나이 든 여피 힙스터를 가리킨다. 그럽이란 '성인grown-ups'을 압축한 표현이며, 아이들이 지배하는 세상이 등장했던 〈스타 트렉〉의 한 에피소드에서 사용됐다. 사춘기가 넘은 사람들을 아주 빨리 늙어 죽게 만드는 정체불명의 바이러스가 창궐해 성인이 남아 있지 않은 세상이 됐고, 그 세상에서 어린아이의 수명은 수백 살에 이른다는 내용이었다. 이처럼 현실 세상 속의 그럽들은 유행에 민감하고 제멋에 사는 40대로서, 스턴버그의 말마따나 "스물두 살처럼 말하고 행동하며 외모와 옷차림도 그 나잇대다. 그리고 이는 잠깐 그러다 마는 유행이 아니라 계속 반복되는 현상이 아닐까 싶다."[12] 그럽들은 어렸을 때 신었던 빈티지 운동화를 신고 다니며, 자신의 아이들에게 인디 록 밴드의 티셔츠를 입힌다. 그리고 서류가방 대신 메신저백을 메고 다닌다.

결국 이와 같은 시간 압축에 우리는 큰 영향을 받아 집중을 요하는 정신적 훈련이 필요하게 된다. "만일 내 나이 서른다섯인데, 중학생 때나 신던 컨버스의 올스타즈 스니커즈를 신고 출근한다면, 과연 나는 록 밴드 스트로크스The Strokes(1998년에 결성된 미국의 록 밴드로 리드 보컬 줄리언 카사블랑카 Julian Casablanca, 기타와 백 보컬 닉 발렌시Nick Valensi 등으로 구성됐다. 2001년에 데뷔 앨범 〈이즈 디스 잇Is This It〉을 내놓았다—옮긴이)를 흉내 내는 늙은이인가? 아니면 젊은이들이 나를 따라 하는 것인가? 그런데 그건 그렇고 스트로크스 멤버들의 나이는 어떻게 되지?"[13] 앞서 〈스타 트렉〉 에피소드에서처럼, 어른이 됐다는 자각은 불현듯 드는 것이며 그 자각은 고통스럽고 치명적이다. 이는 태엽을 빡빡하게 감아놓았던 시계가 한참 뒤에 갑자기 풀려버리는 것과 같다.

힙스터Hipsters는 안티패션antifashion이라는 패션을 선보이는 젊은 층을 가리킨다. 브루클린의 윌리엄스버그에서부터 샌프란시스코의 미션이나 로워 헤이트에 이르기까지 유행을 선도하는 지역에서 찾아볼 수 있다. 이들은 역왜곡reverse distortion으로 고통받고 있다. 힙스터는 시간을 초월한 정통의 느낌을 자아내기 위해 이전 세대의 스타일을 전용해 현재 속에 압축해서 집어넣는다. 그럽들과 달리 힙스터들은 젊긴 하지만 창조성과 정통성이 과거 그 어딘가에 존재한다는 암묵적 전제하에 행동한다. 그들이 팝스트Pabst 맥주를 마시고 디키즈 Dickies를 입을 수는 있다. 두 브랜드는 브랜드의 역사만큼이나 오래된 것이다. 하지만 힙스터들이 모르는 사실이 있다. 창조성과 정통성과 관련해 자신들이 그 진가를 잘 알고 있다고 여기는 여러 회사들이 실은 시장 전략을 바꾼 것에 불과하다는 사실을 말이다. 유행하는 복고 밴드처럼 리바이벌한 것이다. 지포Zippo 라이터와 브이넥 티셔츠는 미국의 노동 역사에서 한 시대를 풍미했던 것이다. 하지만 그것을 패션 소품으로 구입한다는 것은 기껏해야 겉멋이지 그것을 걸쳤다고 해서 노동자 계급과 무슨 관련을 맺게 되는 건 아니다. 그런 물건들이 오늘날의 젊은 사람들에게 어떤 기반과 현실감을 제공한다는 말은 대량 생산된 20세기 중엽의 상품이 갖고 있는 품질과 정통성에 관한 얘기가 아니라 힙스터 경험이 주는 자유분방한 무시간적 특성에 관한 얘기다. 여기서 정통성이라는 것은 그것이 깃든 어떤 대상이나 경험을 거슬러 올라가다보면 과거의 어느 한 순간에 닿게 된다는 의미다. 그 물건을 월마트Walmart나 아마존에서 구입했다고 해도 말이다.

어떤 물건이든 누구나 쉽게 구할 수 있다는 것은 처음 그 제품이 나왔을 때 거기에 깃들어 있었다고 볼 수 있는 원래의 것이 빠져 있다는 말이다. 20세기 중엽 문화이론가 발터 베냐민Walter Benjamin은 기술 복제가 예술작품에 미치는 영향에 대해 고민했다. 사람들이 책에서 복제판 회화를 보거나 현장에서 직접 연주를 접해본 적도 없이 레코드로 음악을 듣는다는 것은 무슨 의미일까? 원본의 아우라는 영영 사라진 것일까?

그러나 20세기에 자란 사람들이라면 반문화counterculture라든가 아직도 계속되고 있는 예술운동에 대해 알거나 들은 바가 있다. 일부 중고 레코드 가게와 헌책방에서만 이런 운동과 관련이 있는 제품들을 취급할 것이며 어떤 것을 구해야 하는지 알려면 예전 세대에게 물어봐야 한다. 그리고 그런 도움을 받을 수 있다는 것은 그만 한 시간을 들여 후견을 받을 자격이 된다는 것이다. 비트족 시, 사이키델릭 문학, 일본 대중가요, 존 케이지 음반 등은 구글 검색으로 구할 수 있는 게 아니었다. 그에 대한 지식과 자료들을 축적하기 위해서는 시간이 필요했다. 그리고 그 시간은 반문화 경험을 형성하는 데 있어 필요조건에 해당했다. 그렇다고 해서 은밀한 곳에서 소수만 즐기는 그런 문화는 아니었다. 그것은 바다보다 조수 웅덩이에 가까운 것이었다. 고요히 머물러 있으면서도 딱히 고정된 것은 아니기에 이런 장르들이 고유한 문화로 자리 잡을 수 있었다.

모든 것이 구글과 아이튠즈를 통해 바로 접속 가능한 시대에는 문화 전체가 홑겹의 두께를 지니게 된다. 시간적 과정은 사라지고 모든 지식은 현재형으로 드러나기 때문이다. 짧은 영원 속에서는 준비할 시간도 고대할 시간도 없다. 사람들이 젊었을 때의 음악 스타일과 패션 스타일을 고집하는 것은 이상할 것도 없다. 그런데 그때의 음악과 패션을 되찾기 위해서는 어떤 종류의 시간, 다시 말해 어떤 특별한 태엽 감기가 필요하다. 그것은 문화를 찾아 다니는 오늘날의 사람들에겐 허용되지 않는 시간이다.

또한 그 시간은 문화를 창조하는 사람들에게도 허용되지 않는다. 새로운 문화가 생기자마자 최신 유행을 선도하는 잡지 〈바이스*Vice*〉나 〈뉴욕타임스〉 스타일 섹션 혹은 MTV 방송에서 바로 다루어지고 이어 책과 음반 그리고 영화에서 다루어진다. 이와 같은 것들이 자신들을 따로 분리시켜 사람들의 눈길을 끌지 않기 위한 극단의 조치를 취하지 않는 이상, 한 사람의 예술가나 하나의 사건만으로는 새로운 문화를 발전시킬 수 있는 시간적 여유가 없다. 결국 한 장르가 무르익는 데 필요한 여러 겹의 경험들이 누적될 시간이 없는 것이다.

이런 과정을 대체하기 위해 시간적 압축은 '매시업*mashup*'의 형태를 취한다. 원래 매시업은 프로듀서가 악기 녹음 트랙에 목소리 트랙을 입히는 방법을 일컫는 말이었다. 그런데 지금은 이전의 작업을 새로운 것에 덧씌우는 작업을 일컫고 있다. 매시업과 문화의 관계는 유전공학과 생물진화론의 관계와 같은 것이다. 어떻게 장르라는 것이 생겨나고 시간이 흐르면서 그것이 어떻게 문화로 기능하는지를 가만히 지켜보는 대신, 예술가들은 거기에 깃든 문화적 요소들을 잘라 붙인다.

그렇게 한 것들 중에 재미있는 것이 매우 많다. 예를 들어 너바나Nirvana 의 〈스멜스 라이크 틴 스피릿Smells Like Teen Spirit〉과 보스턴Boston의 〈모어 댄 어 필링More Than a Feeling〉을 매시업한 유튜브 영상이 있는데, 이것을 보면 두 곡이 얼마나 닮았는지 알 수 있다.[14] 하지만 매시업 중에는 진지하게 공들여 만든 작품도 있다. 댄저 마우스Danger Mouse가 2004년에 발매한 〈그레이 앨범The Grey Album〉은 아카펠라 버전의 래퍼 제이-지Jay-Z의 〈블랙 앨범Black Album〉과 비틀즈의 〈화이트 앨범White Album〉에서 따온 악기 연주 부분을 매시업한 것이다. 저작권이 있는 비틀즈 콘텐츠를 무단 사용했다는 혐의로 소송까지 갔지만 이 앨범은 〈뉴요커New Yorker〉의 비평가로부터 관심을 받고 〈엔터테인먼트 위클리Entertainment Weekly〉가 선정하는 그해의 앨범에 선정됐다. 걸토크Girl Talk라는 예명의 매시업 믹스 아티스트인 그렉 길리스Gregg Gillis는 평론과 흥행 모두에서 성공을 거둔 여러 개의 음반을 발매했다. 〈뉴욕타임스〉의 평은 거의 찬양 수준이었다. "걸토크는 지난 오십 년간 돌고 도는 대중음악의 트렌드를 모두 아우르는, 새로운 형태의 유인 요소를 만들어냈다. 그 유인 요소는 냉소주의가 될 수도 있으며, 유머, 불안, 아이러니, 공격성, 섹스 혹은 진지함이 될 수도 있다. 걸토크의 음악은 이 모든 것을 동시에 다 드러낸다."[15] 뉴욕현대미술관MoMA에서는 정기적으로 매시업 아티스트들의 전시나 공연을 유치한다. 그중에는 디제이 스푸키DJ Spooky의 〈국가의 재탄생Rebirth of a Nation〉이라는 작품도 있다. 그것은 데이비드 그리피스David W. Griffithh(1875-1948, 미국의 영화감독으로 대표작 〈국가의 탄생〉, 〈인톨러런스Intolerance〉 등이 있다—옮긴이)의 영화 장면에 현대적 이미지를 뒤섞은 것이다. 매시업 덕분에 우리는 시간을 압축할 수 있는 한편, 거기에 새로운 해석과 의도 혹은 아이러니를 덧붙일 수 있다.

20세기에 등장한 입체파는 산업 시대의 해체화 과정에 대한 반응으로 모든 것을 해체된 형태로 표현했다. 예술가들은 동일한 회화 장르 안에서 하나의 특정한 시점에서 사물을 바라보는 기존의 관습을 벗고 여러 시점을 채택했다. 입체적 사물을 평면으로 해체하고, 그 평면들은 어떤 특정 시점에서만 제대로 인지할 수 있다. 이런 기법 덕분에 예술가들은 여러 각도에서 사람 모습이나 풍경을 동시에 보여줄 수 있다. 입체파가 한순간에 여러 시점에서 사물을 바라보는 것이라면, 매시업은 한 시점에서 여러 순간의 사물을 바라보는 것이다. 매시업을 21세기적 입체파라고 보면 이해가 쉬울지 모르겠다. 매시업은 전도된 입체파다. 여러 시점에서 한순간을 공유하는 것이 아니라 여러 순간을 한 덩어리로 파악하는 것이기 때문이다. 1920년대의 재즈, 1960년대의 록, 1990년대의 일렉트로니카 등 이 모든 것이 동시에 존재하는 것이다. 입체파가 공간을 압축하는 것이라면, 매시업은 시간을 압축하는 것이다. 입체파로 인해 우리는 동시에 여러 곳에 존재할 수 있게 됐고 매시업으로 인해 우리는 한 장소에서 여러 시간대를 경험할 수 있게 됐다.

비록 매시업이 앞 세대의 예술작품처럼 고전적으로 구조화되거나 정서적으로 뿌리가 내려진 것은 아니지만, 그것이 우리 모두가 일상생활에서 경험하는 시간적 압축을 보여주고 있는 것은 사실이다. 예를 들어 페이스북을 하며 보내는 15분이라는 시간을 통해 초등학교 시절의 우정에다 미래의 인간관계에 대한 새로운 요구를 매시업할 수 있다. 우리가 겪은 모든 것과 우리가 만난 모든 사람이 하나의 가상적 현재로 압축돼 있다. 그동안 초등학교 때의 친구관계라는 건 유년시절의 추억일 뿐이었다. 그런데 그것들이 지금 우리 눈앞에 놓여 있다. 잊힌 기억들이 현재의 의식 속으로 의도적으로 밀고 들어온다. 우리는 한번에 우리의 전 생애를 산다. 그 무엇도 온전히 기억 속에만 머물러 있지 않는다.

디지털 기억은 잊는 법이 없기 때문이다. 캐나다 국경에서 근무하는 미국 이민국 직원은 간단한 구글 검색만으로 일흔 살의 대학교수인 앤드류 펠드마Andrew Feldmar의 입국을 거절한 적이 있었다. 구글 검색에서 그가 1960년대에 LSD(환각제−옮긴이)를 투약했을지도 모른다는 자료를 찾았기 때문이다. 이 사건은 신문 머리기사로 오를 만큼 사람들의 관심을 끌었고 현재에서 과거를 분리시킬 수 없다는 사실은 모든 사람들에게 깊은 영향을 미쳤다. 마이크로소프트에서 실시한 조사에 따르면, 기업 인사과의 75퍼센트가 지원자에 대해 온라인 조사를 실시한다고 한다. 즉 검색엔진, 소셜 네트워크 사이트, 개인 블로그, 사진 공유 사이트 등을 이용하는 것이다. 고용주 가운데 70퍼센트는 지원자들이 올린 사진이나 댓글을 보고 지원자의 당락을 결정한 적이 있다고 했다.[16] 그리고 아무리 우리가 온라인 활동을 깔끔하게 한다고 해도 문제의 소지를 완전히 없앨 수는 없다. 누군가 파티에서 술 취한 내 모습을 찍어 페이스북에 올릴 수 있기 때문이다. (요즘 스마트폰 같으면 그렇게 찍은 사진들이 자동 업로드되기도 할 것이다.) 안면 인식 온라인 소프트웨어를 사용하면 일일이 입력하지 않아도 사진에 우리의 이름이 꼬리표로 붙을 것이다. 그리고 비록 우리가 먼저 찾아내 삭제하더라도 다른 누군가의 기록이나 하드 드라이브에 고스란히 남아 있을 가능성도 있다. 더구나 페이스북은 임시 휴면 계정으로 만들 수는 있으나 완전히 삭제할 수는 없게 돼 있다.

결국 이런 것으로 인해 현재보다 과거가 더 중요해진다. 대부분의 사회에서는 개인들이 시간의 흐름 속에서 자신을 탈바꿈할 수 있는 여지를 준다. 과거의 실수에 대해 용서를 받을 수도 있고, 사람들이 그것을 더는 기억하지 않을 수도 있다. 유대교 탈무드 율법에서는 사람들에게 일정 기간마다 다른 사람들의 죄를 용서하라고 한다. 이뿐만 아니라 다른 사람들이 과거에 혹은 어린 시절에 겪은 부끄러운 순간을 다시 끄집어내지 말라고 한다. 옛 사람들은 이미 이런 사실을 알고 있었다. 어떤 사람을 오랫동안 알고 지내는 것이 도움이 되지 않고 오히려 사회적 약점이 된다면 공동체는 제구실을 하기 어렵다는 것을 말이다. 비교적 최근까지 문서 기록물들이 일정 시간이 지난 뒤 폐기되는 경우가 종종 있었고, 사람들은 새로운 동네로 이사를 하여 새 출발을 할 수도 있었다. 그리고 7년이 지나면 파산 기록이 말소되기도 했다.

오늘날엔 가장 소소한 활동마저 잊히는 법이 없으며 이런 소소한 활동들은 이제 우리에 관한 법적, 금융적 그리고 직업적 정보의 한 부분으로 자리하고 있다. 이로 인해 모든 일시적 생각이나 행위까지도 지울 수 없는 공공의 기록으로 남게 됐다. 이력서와 개인의 데이트 역사가 따로 구분이 안 될 지경이다. 여기서 사라진 것은 단순히 공적 활동과 사적 활동의 경계선이 아니다. '지금'과 '그때' 사이의 거리가 사라진 것이다. 과거는 현재 안으로 태엽 감기듯 감겨 들어갔는데 이제 과거는 더 이상 짐작할 수 있는 차원의 것이 아니다. 특정한 순간이 어떤 중요성을 갖느냐 하는 것은 전적으로 그 순간을 포착한 이가 누구며 그것을 어디에 사용하느냐에 달렸다. 정치학과 헌법학을 전공한 우수한 학생들 가운데 정치가나 판사로서의 삶을 꺼리는 이가 많다. 자신과 자신의 가족이 겪어야 할 인사 검증이 두려운 것이다. 아주 오래전의 일일지라도 예외가 되는 것은 없기 때문이다. 잊혔던 일이라도 갑자기 현재의 수면 위로 솟아나와 명성과 직장 혹은 결혼생활을 위태롭게 할 수 있다.

바로 이 순간에 대한 주도권을 잡기 위해 기록된 과거와 경험된 현재가 서로 경쟁을 벌인다. 빅토어 마이어 쇤베르거 Victor Mayer-Schönberger는 자신의 책 《잊혀질 권리Delete》에서 한 여자의 일화를 들려준다. 그는 예전에 사귀었던 남자를 우연히 다시 만나 데이트 약속을 잡았고 헤어지고 한참 지난 그 시점에서 그와의 관계를 다시 생각하게 됐다. 여자는 먼저 휴지통 폴더에 분류한 그와의 지난 메일들을 다시금 꺼내 보았다. 힘들었던 기억이 현재의 수면 위로 다시 올라왔다. 여자는 데이트를 취소했다. 하지만 둘이 헤어진 후, 그 여자 혹은 그 여자의 옛 남자친구가 달라졌거나 더 성숙해졌을 수도 있는 일이다. 만일 다시 사귀기 시작했다면, 새롭게 형성될 두 사람의 관계는 기술의 발전 덕에 자세히 들여다볼 수 있었던 과거와는 무관한 것이 됐을 것이다.

페이스북 타임라인을 통해 우리의 과거가 그 형체를 드러내기 시작하면, 감겨 들어가 있었던 페이스북에서의 우리 모습이 풀려나올 수도 있다. 나중에 친구 맺기를 끊게 된 페이스북 친구들, 한때 좋아했던 어설픈 영화나 책들, 저 멀리 보내고 싶은 낯부끄러운 글과 행동들, 우리는 이런 것들이 깨끗이 사라지길 원한다. 하지만 짧은 영원 속에서는 어렴풋한 것이 없다. 한때 조금이라도 관련이 있었던 것이라면 지금에 와서는 밀접한 것이 돼 있다.

과거로부터 밀어닥치지 않는 것은 미래로부터 우리에게 닥치기 마련이다. 우리의 페이스북 프로필과 구글 계정은 빅데이터 뭉치의 일부가 되고 거기서 사람들은 수많은 다른 사용자들의 프로필이나 계정에 반하는 어떤 유형과 틀을 끄집어낼 수 있다. 시장조사 회사인 액시옴Acxiom이나 빅데이터 전문 분석회사인 오페라솔루션스Opera Solutions 같은 회사에서는 컴퓨터를 이용해 데이터를 분석할 때, 단순히 우리가 무슨 행동을 했는가를 알고자 하는 게 아니라 무슨 행동을 할 것인지를 알고자 한다. 오페라솔루션스의 경우, 단순히 데이터 분석만 하는 게 아니라 그들의 표현처럼 예측 분석predictive analytics을 한다. 그들은 이렇게 말한 바 있다. "우리는 안정적이면서도 적응력이 뛰어난 빅데이터 분석 플랫폼인 벡터Vektor™를 고안해냈다. 이 플랫폼은 막대한 양의 데이터 홍수 속에서 유력한 신호와 기미를 추출해 영업 일선에 지침과 조언이 될 풍부한 분석 자료로 제공한다."[17]

이는 뛰어난 지력을 요하는 게 아니다. 그저 전산 작업을 할 수 있는 머리면 충분하다. 빅데이터를 처리하는 기업들은 사람들로부터 별다른 거부감을 불러일으키지 않는 데이터를 수집한다. 예를 들면 문자를 주고받은 횟수, 구입하는 책의 목록, 전화를 받을 때까지 전화벨이 울리는 횟수, 자동차의 문 개수, 웹에서 사용하는 검색어 등의 데이터다. 이것들을 가지고 그 사람에 관한 방대한 프로필을 만들어낼 수 있다. 그리고 이 프로필을 다른 사람들의 프로필과 비교한다. 그 이유는 알 수 없으나 데이터를 보면 문짝 두 개짜리 자동차를 소유하고 있고, 벨이 세 번 이상 울려야 전화를 받으며, 고양이를 키우는 사람은 수프 광고에 반색하는 경향이 매우 두드러진다. 그러므로 이런 사람들에겐 수프 광고를 많이 노출시키게 될 것이다. 시장 조사를 하는 사람들은 데이터포인트data points라든가 행위들 간의 논리적 연관성엔 관심이 없다. 그들의 관심은 오로지 사람들이 통계적으로 가장 함직한 행동을 예측하는 것이다. 그들이 우리에 관해 어떤 특정한 사실을 알고 있다 해도 그것이 우리가 의식조차 못 하고 있는 것이라면 사생활 침해가 되진 않는다.

오늘날 대부분의 사람들이 인터넷에 자리를 잡은 이상, 빅데이터 기업들이 활용할 수 있는 데이터포인트 수치는 사실상 무한에 가깝다. 마우스를 클릭하며 이동한 경로, 주고받은 이메일 목록의 길이, 화면을 두 개 이상 열고 인터넷을 하며 보낸 누적 시간 등 이 모든 것을 하나하나 분석한다고 해서 우리의 마음이 어떤 식으로 돌아가는지에 대한 논리적 실마리를 확실히 얻을 수 있는 건 아니다. 하지만 동일한 규모의, 다른 사람들의 데이터포인트들과 비교해보면 확실해진다. 모형 제작자는 이 모든 데이터를 비교하고 대조함으로써 사춘기 이전의 아동이 앞으로 어떤 성적 취향을 지닐지, 임신 촉진을 위한 처방을 받을 가능성이 있는지, 지지 정당을 바꾸게 될 여지가 있는지 혹은 조만간 독감에 걸릴 수 있는지 등을 판단할 수 있다. 그런데 그것들은 놀랍게도 정확히 맞아떨어진다.

따라서 우리의 과거뿐만 아니라 미래도 현재 안으로 압축되는 것이다. 결국 우리는 짧은 영원, 즉 일종의 정신적 매시업 상태에 놓이게 된다. 이 짧은 영원은 모순으로 가득하며 지울 수 없는 과거의 무게와 미리 지워진 운명의 그림자로 인해 옴짝달싹할 수 없는 상태다.

지금 구매하세요!

미국의 검은 금요일Black Friday은 해가 갈수록 상황이 좋지 않다. 추수감사절 이튿날 시작되는 이 유명한 마라톤 할인 행사는 크리스마스 쇼핑 시즌에 맞춰 진행되며, 매장에서는 그해 가장 파격적인 할인을 단행한다. 그런데 검은 금요일은 매해 더 극단적이고 조급하며 공격적으로 변해가고 있다. 문제가 심각해지고 있는데 그 심각성은 문을 열자마자 월마트 안으로 밀고 들어가려고 다른 사람을 짓밟고, 심지어 그 때문에 사람이 죽기까지 하는 소비자들에게만 있는 게 아니다. 검은 금요일의 성과를 국가 재정건전성에 대한 믿을 만한 지표라고 주장하는 많은 시장분석가들과 경제학자들도 똑같이 심각하다.

검은 금요일 매출액이 신문 머리기사를 장식하고, 돌아오는 월요일의 주가지수에 중요한 영향을 미치리라는 것을 잘 알고 있는 투자가들은 어떻게 처신하면 좋을지 그 실마리라도 찾을까 하고 검은 금요일 전날 상황을 주시한다. 이는 크리스마스에 벌어질 상황에 대한 나름의 대처이기도 하다. 이미 자신들의 수가 읽혔음을 깨닫고 경쟁자들보다 앞서나가기 위해 소매상인들은 개점 시간을 점점 더 앞당기는 추세다. 2000년대 초만 해도 가장 일찍 시작하는 검은 금요일은 금요일 오전 아홉 시였다. 그러나 지금은 새벽 여섯 시나 다섯 시로 앞당겨진 상태다. 소비자들은 화요일 밤부터 추운 대형 매장 바깥에서 줄을 선다. 그리고 지역 방송의 뉴스에서는 그 광경을 취재한다.

2011년에 타깃Target, 베스트바이Best Buy, 메이시즈Macy's와 같이 매우 공격적인 영업 방식을 취했던 매장들은 더 극단으로 몰고 갔다. 자정에 검은 금요일을 시작했던 것이다. 월마트는 아예 당겨서 목요일 저녁 10시에 시작했다. 소비자들이 찾아오긴 했지만 이 경우엔 불만이 있었다. 앞줄에 서려면 가족들과 함께하는 추수감사절 만찬 자리를 박차고 나와야 해서 화가 난 사람도 있었고, 할인행사 시간을 연장한 것은 그저 인내심을 시험하는 날짜만 늘린 것일 뿐이라고 여기는 사람도 있었다. 자신들 때문에 매장 직원들이 과로하고 있으며, 검은 금요일의 즐거움을 위해 모든 사람들이 더 많은 일을 한다고 생각하는 사람들도 있다.

직원들도 불만이다. 일부 대형 매장에서는 추수감사절 철야 근무를 거부한 직원들을 해고했다. 언론에서는 노동 시간을 두고 투쟁을 벌였던 19세기 말 노동조합에 대한 기억을 상기시키기도 했다. 타깃에서 일하는 한 노동자는 〈뉴욕타임스〉에 다음과 같이 말하기도 했다. "제아무리 불황이라 하더라도 우리의 아버지와 할아버지들, 즉 앞 세대가 힘겹게 싸워 얻어낸 모든 것을 우리가 팔아먹을 순 없는 일입니다."[18] 유통 업체인 제이시페니JC Penney는 이런 생각에 공감한다며 남 다르게도 새벽 네 시 개장 시간을 고수했다. "우리는 직원들에게 가족들과 함께하는 추수감사절을 선사하고 싶었습니다"라는 것이 이유였다.[19]

과도하게 감는 것은 소비자와 매장 직원들을 한계까지 밀어붙이고 크리스마스 대목 전체를 위태롭게 만들 수 있다. 한때는 계절마다 돌아오는 이런 할인행사가 즐거웠지만 지금은 많은 이들에게 고역이고 남은 연휴의 분위기까지 망치고 있다. 대형 매장 쇼핑이라는 연옥 속에서 일시적으로 의지할 수 있는 도구를 발견한 상인들은 그것이 망가질 때까지 '장전'하지 않을 수 없었다. 추수감사절 이튿날 크리스마스 대목을 시작한다는 것은 이미 '장전' 상태 직전에 들어간 것이다. 추수감사절에 그렇게 몰아치는 것 자체가 과도한 태엽 감기인 것이다. 그것은 예로부터 내려오는 추수감사절의 정신을 무너뜨리면서 사람들로 하여금 막무가내로 더 많은 전자제품과 상품을 구매토록 해 신용카드 빚만 키운다. 이때의 제품들은 중국 공장에서 생산되어 대형 매장에서 판매되는 것으로 지역 경제를 죽이는 장본인이다. 우리가 명심할 것은 이 모든 것이 돈을 빚지고 시간을 빚지게 만든다는 것이다. 이로 인해 우리의 소비 경제가 현재 충격에 빠지는 것은 놀라운 일이 아니다.

이 과정에서 소비자와 매장 직원은 너 나 할 것 없이 이 모든 일의 작위성을 깨닫고는 거기서 돌아선다. 반소비주의 입장에 선 잡지 〈애드버스터스Adbusters〉는 '아무것도 사지 않는 날'을 제정했고, 이는 월가 점령 운동이라는 삶 전반에 걸친 활동으로 탈바꿈했다. 이처럼 곳곳에서 새롭게 밀어닥치는 현재주의적 가치는 사람들과 쇠락하는 미국 기업을 구하기 위해 사람들이 의무적으로 행하고 있는 소비 사이의 불협화음을 더 강화할 뿐이었다.

검은 금요일은 좀 더 집약적인 형태의 '시간 이동time shifting'이다. 이는 우리의 소비 경제 전체와 작금의 위기를 잘 보여주는 것이기도 하다. 소비문화에 내재된 시간적 압축을 극복하기 위해서는 먼저 그 압축을 다시 풀어내어야 하는데, 그 책임은 상업에 있는 것이다. 한마디로, 우리는 다양한 형태의 압축된 시간이 득보다 실이 되는 상황을 이해할 필요가 있다.

가장 근본적인 차원에서 보면, 소비사회는 대량생산을 통해 시간을 압축할 수 있는 능력에 좌우된다. 착취와 같은 윤리적 문제는 차치하고 대량생산과 산업 시대의 기술은 본질적으로 멀리 떨어져 있는 사람들의 노동을 압축해 우리의 일상용품을 만들어내는 것이다. 앞서 살펴보았듯, 농부들은 손기술도 익히고 교역도 하면서 생계형 농사에서 벗어날 수 있었던 한편, 산업 시대에 와서는 여기서 한 발 더 나아간다. 중세 말기에 이르러 쇠락하던 귀족계급은 중앙 화폐를 만드는 동시에 '면허받은 독점the chartered monopoly'이라는 것도 만들어냈다. 이때 '면허'란 군주와 회사 사이에 맺어진 적법 계약으로, 특정 지역에서 사업할 수 있는 혹은 특정 장사를 할 수 있는 배타적 권리를 부여하는 것이었다. 면허를 받은 회사는 경쟁에 신경을 쓸 필요도 없었고, 기후나 화물선 난파 등의 예기치 않은 천재지변으로 사업을 접을 필요도 없이 법에 의해 독점적 지위를 보장받았다. 이런 혜택의 대가로 회사에서는 왕 또는 여왕에게 수익의 상당한 양을 바쳐야 했다.

따라서 영국의 동인도회사라든가 네덜란드의 동인도무역회사와 같은 대규모의 회사들은 머나먼 해외 국가에 대한 배타적 권리를 부여받고 그곳으로 가서 원자재를 가져왔다. 여기서 가져온 원자재로 현지 공장에서 옷감과 식료품 등의 제품을 만들었다. 뭔가 그럴듯하지만 이로 인해 사람들은 현재 안에서 사업할 수 있는 능력을 빼앗겼다. 일단 현지에서 생산된 제품을 구입한 적이 있는 사람들은 이제 면허를 받은 독점 업체들로부터 제품을 구입하지 않으면 안 되게 됐다. 그뿐만 아니라 제품 생산에 참여했던 사람들은 회사에 고용되어 일을 할 수밖에 없게 됐다. 일반적인 지역 경제가 전제하는 현재 기반의 현실이라는 것이 결국 다른 무엇으로 대체된 것이었다.

이는 산업 시대가 번성할 수 있는 최적의 환경이었다. 기계는 단지 세상만 빨리 돌아가도록 만든 것이 아니었다. 그 덕분에 회사는 숙련된 일꾼을 많이 고용할 필요가 없어졌다. 한때는 신발을 만들려면 숙련된 구두장이가 있어야 했다. 그런데 지금은 각자 기계를 조작하는 분업으로 신발을 만든다. 기계를 조작하는 이들은 신발을 만드는 전체 공정에서 작은 일부분을 수행하는 것뿐이었다. 그런 일을 할 노동자는 구하기 어렵지 않았기에 보수를 많이 주지 않아도 됐고, 무슨 기술을 유출할 수 있는 것도 아니었기에 큰 어려움 없이 해고도 할 수 있었다.

구두장이나 여타 장인들이 수년간의 도제를 거쳐 익힌 전문기술은 소용없는 것이 됐다. 한때 인력 훈련 과정에 투자된 시간은 기계가 작동하는 과정 속으로 압축되어 들어갔다. 물론, 처음에는 그런 기계를 만드는 과정에서 구두 장인의 도움이 필요했을 수도 있다. 하지만 기계가 완성되면 그는 쓰다 버리는 물건이 된다. 특히 독점적 지위를 획득해 더는 그런 장인을 필요로 하지 않는 회사에서 그는 쓸모없는 존재가 된다. 따라서 아주 기본적인 차원에서, 시간 압축은 예전엔 장인이 자신의 경험을 강화하기 위해 사용했다면, 이제는 기계의 일이 됐다. 노동자는 늘 현재에 있다. 즉 첫째 날보다 백 일째 되는 날 몸값이 더 나가는 게 아니다.

창조적 가치라는 관점에서 바라보면, 전체적으로 산업 시대의 모델은 와해가 시작된 것이다. 예를 들어 미국 개척민들은 들판에서 면화를 재배함으로써 가치를 창출했다. 하지만 그들은 자신들이 생산한 것의 시장 가치를 거둬들일 도리가 없었다. 개척민이 수확한 것을 개척민들끼리 거래하는 것은 법으로 금지됐기 때문이다. 대신 영국 동인도회사에 정해진 값을 받고 팔 수만 있었다. 이 회사를 통해 면화는 영국으로 실려 갔고, 거기서 또 다른 독점 업체가 옷감을 지으면 그것은 다시 미국으로 실려 와 웃돈을 받고 판매됐다. 이런 방식은 어느 누구에게도 효율적이지 않았다. 독점적 지위를 부여받은 쪽 이외에는 면화로 돈벌이를 할 수 없었다. 미국 개척민들은 가치 창출의 과정에서 제외된 채 오로지 체제에 복종할 수밖에 없었다. 그런 체제에서는 지금 그들이 투여하는 고된 노동은 시간상으로나 공간상으로 긴 생산주기 속에 투여될 뿐이었다.

미국의 백인 개척민들 혹은 적어도 그들을 지도하는 위치에 있던 지식인들은 그런 조건을 그대로 받아들이지 않고 독립전쟁을 일으켰다. 영국은 여기서 교훈을 얻었는데, 이 교훈이 지금 우리가 간절히 찾고 있는 그런 것이 아닐 수도 있다. 여기서 영국인들이 깨달은 것은 가치를 뽑아내는 그들의 방식이 노예나 다름없는 원주민들에게 훨씬 더 잘 먹혀들어갔다는 것이다. 그런 원주민 노예들은 무언가 포부를 세우는 일도 없으며, 그것이 안 된다고 무력 투쟁을 벌이지도 않았기 때문이다.

빅토리아 여왕이 통치하던 시대의 식민제국들은 자원을 개발하고 그것으로 제품을 만들기 위해 해외법인을 설립했다. 그런 회사들은 완전히 폐쇄회로나 다름없었다. 영국은 예를 들어 방적기를 인도로 보내 손으로 옷감 짜는 것을 금지해 생산에서도 독점적 지위를 유지했다. 손으로 짜는 것이 허용된 경우는 영국 방적기 소유자의 옷감을 짤 때뿐이다. 오늘날 장기적으로 볼 때, 이런 조처가 인도가 부를 축적하는 데 정확히 어떤 식으로 영향을 미쳤는가에 대한 의견이 분분한 실정이지만, 이런 조처가 당시 사람들의 일상에 어떤 영향을 미쳤을 것이라고 보진 않는다.

당시 사람들은 영국이 수행한 착취적 무역방식에 별로 개의치 않았을 수도 있지만, 외부에 위탁해 생산한 제품을 구입하는 것은 익숙한 일이 아니었다. 1851년, 빅토리아 여왕과 그녀가 후원하는 회사들은 수정궁이라고 이름 붙인, 100만 평방피트 면적의 첨단 유리 전시관을 지었다. 1만4천 개의 업체가 자신들의 공장에서 만드는 제품과 그 제품을 만드는 데 사용하는 기계 설비를 전시했으니, 산업혁명기에 걸맞은 세계박람회였다. 관람객들은 새롭게 도래한 기계화 시대가 만들어낸 증기 해머, 유압프레스, 기압계, 잠수복 등을 보면서 감탄을 쏟아냈다.

졸저 《보이지 않는 주인 *Life Inc.*》에서 주장했듯, 만국박람회를 개최한 본래 의도는 국내 대중의 관심을 전 세계적인 산업 근대화의 어두운 이면으로부터 돌리기 위한 것이었다. 이런 구경거리를 통해 빅토리아 여왕과 그녀가 후원하는 회사들은 기술과 그 기술이 야기한 인간적 희생을 분리해놓았다. 사람들은 마치 쇼핑 매장을 돌아다닐 때처럼 증기 파이프와 기어 장치들 앞에서 넋 놓고 감탄만 할 뿐, 그것들로 인해 화상을 입거나 다친 사람들의 얼굴과 손은 전혀 생각하지 못 했다. 사람들은 상품과 그 제조 과정은 눈으로 볼 수 있었지만, 그것을 만드는 사람은 볼 길이 없었다. 오히려 그들 눈에는 근대적 산업이 수공업보다 훨씬 더 간결하고 깔끔한 것이었다. 도약이 과감한 만큼 지난날에 대해서도 포용적이었다.[20]

만국박람회 개최 의도는 이런 정서를 영국인들에게 전하면서, 새로운 것으로 인한 충격파를 완화시키는 것이었다. 조직위원회는 홍보와 운영을 약삭빠르게 해냈는데, 축하 행사는 중세풍으로 하고 고딕 건축물을 재현해 전시장 입구의 중앙 홀을 만들었다. 이는 중세 전통의 분위기를 재현함으로써 빅토리아 시대 영국의 산업화 국면을 감추기 위한 노력의 일부였다. 첨단 공장의 시대를 중세 군주정의 낭만적 재현이라고 치장할 판이었다.

소비자라는 존재는 다른 이들의 압축된 시간 덕분에 가능해진 현재를 살고 있는 자들이다. 소비자는 다른 사람들이 만들고 운송하는 데 몇 달이 걸렸을 것을 단 몇 분 만에 소비하는 자들이다. 그들도 시계가 정상적으로 똑딱거리는 일터에서 일했지만, 상점에만 들어서면 다른 시간대로 이동했다. 그들은 물건을 생산하는 데 얼마나 많은 시간이 들어갔는지에 상관없이 쇼핑을 하는 동안은 멈춰버린 현재가 되는 시간대에 머물러 있다. 사람과 상품 사이에 형성된, 새로운 형태의 이런 관계는 더는 해외무역에서만 존재하는 것이 아니었다. 한 나라 안에서도 멀리 떨어진 곳에서 만들어진 상품에는 해외무역에서와 마찬가지로 보이지 않는 노동과 시간이 스며들어 있었다.

하지만 기계화된 대량생산에 속도가 붙을수록, 소비도 그만큼 더 이루어져야 했다. 공급이 수요를 쉽게 추월했다. 20세기 초반에 백화점들은 상품 진열을 통해 소비자의 구매 욕구를 불러일으키고자 프랭크 바움Frank Baum(훗날 《오즈의 마법사》를 쓴) 같은 실내장식가를 고용했다. 바움은 오늘날 우리가 아는, 선망하는 삶의 방식을 시간이 정지된 단 한 컷의 장면으로 표현한 매장 쇼윈도를 창안한 장본인이었다. 바움은 테마라는 개념을 고안해 개별 매장의 특색을 살리기도 했다. 존 워너메이커John Wanamaker(1838-1922, 미국의 사업가이자 종교 지도자이며 정치가로 '마케팅의 선구자', '백화점 왕'으로 불린다—옮긴이)에게 고용됐던 바움은 사실상 최초의 혼수 관련 매장을 만들었는데, 그곳은 바움이 결혼과 관련한 모든 아름다움을 표현한 하나의 무대였다. 일단 예비 신부가 이 세계 안으로 들어가면 자신이 그곳의 주인공이라고 느낄 수 있는 유일한 길은 한 세트로 차려진 상품을 구입하는 것뿐이었다. 거기서 하나라도 빠지면 온전한 주인공으로 느낄 수 없었다.

바움을 비롯해 다른 백화점에서 같은 일을 하는 이들은 스토리를 통해 즉석에서 분위기를 만들어줄 필요가 있다는 사실을 깨달았다. 판매되는 상품이 만들어지기 위해서는 많은 시간이 필요하지만, 소비자는 무시간 속에 존재한다는 사실을 우리는 기억할 필요가 있다. 매장 윈도에는 서사를 실어 나를 선형적 시간이 존재하지 않는다. 대신, 매장 윈도에서는 크리스마스 때 교회 앞에 전시된 성탄의 한 장면처럼 정지된 이미지를 통해 소통해야 한다. 이런 식으로 각 개별 매장은 특정 순간에 마치 다른 곳에 와 있는 듯한 착각을 불러일으킴으로써 소비자들의 구매를 유도했다. 제2차 세계대전 직후, 이런 시도들은 거의 여성 고객에게만 집중됐다. 그들이 충분히 구매를 해주어야 참전 군인들이 공장 일터로 돌아와 물건을 열심히 생산할 터였다. 1950년대에는 소비를 하면서 이런 요지경 세상의 주인공이 되고 싶은 욕구가 너무 강한 나머지 여성들이 충동적으로 물건을 훔치기 시작했다. 이른바 '도벽kleptomania'이라고 불리는 것인데, 1960년대 초에 와서야 미국정신의학회American Psychiatric Association에서는 이를 하나의 병으로 인정했다. (흥미로운 것은 1950년대와 60년대에 이런 증상으로 고통받았다고 보고된 사람은 전부 여성이라는 사실이다. 하지만 미국의 경우 1970년대에 접어들면서 여자들이 일을 갖기 시작하고, 영업부 직원들이 관심을 아이들에게 돌린 뒤로는 10대들이 병적 도벽으로 가장 많은 고통을 받기 시작했다.) 병적 도벽이란 시간이 흐르면서 자연히 완화되는 하나의 증상일 뿐이다. 과도하게 감긴 것의 또 다른 표현인 셈이다. 상품을 구매하는 과정의 짧은 영원이라는 시간 속에서 우리는 구매를 통해 다른 세상으로 가고 싶은 마음에 언제나 일탈 상태가 된다.

대중매체는 영원히 충족될 길 없는 갈망에 사로잡힌, 오로지 현재뿐인 소비자에게 행복의 상상도를 각인시켜놓았다. 대량생산으로 인해 노동자는 자신이 지닌 기능의 가치로부터 유리됐던 반면, 대량판매로 인해 소비자는 생산자와 유리됐다. 소비자는 그것을 만든 사람으로부터 직접 상품을 구입하는 것이 아니라 수천 마일 떨어진 공장에서 만든 것을 구입한다. 한때 동네 제분업자, 약제상, 푸주한 등과 맺었던 실시간 인간관계를 다시 창출하고자 원격지 상인이 만든 것이 바로 브랜드였다. 그런 것이 없었다면 그냥 평범한 포장 상자에 불과했을 것에 퀘이커 교도의 얼굴이라도 있으면, 한때 동네 제분업자와 맺었던 인간적 유대감이 상자에 깃들었다.

대중매체는 적어도 부분적으로나마 그런 관계를 미리 만들어두는 일을 한다. 인쇄물 광고와 텔레비전 광고는 우리 정신에 '장전'될 수 있도록 브랜드 신화를 주입한다. 그렇게 '장전'해놓으면 매장에서 그 상표를 보았을 때, 브랜드 신화가 바로 펼쳐질 것이다. 쇼핑이라는 경험은 크리스탈 궁전을 관람하러 간 사람의 경험과 비슷하다. 더는 시간이 정상적으로 흐르지 않고 감겼던 시간이 연이어 풀려나오는 경험을 하게 된다. 상표를 보면 광고가 떠오르고, 이어서 거기에 스며들어 있었던 문화적 차원의 신화가 풀려나오게 된다.

당연히 소비자는 결코 목적지에 이르는 것을 용납받지 못한다. 그럴 경우 소비를 중단할 것이기 때문이다. 그러므로 소비자는 결코 현재에 만족할 길이 없고, 더 만족스러운 미래를 향해 나아가려는 노력도 그만두게 될 것이다. 소비는 미국 내에서 벌어지는 모든 경제 활동 가운데 반가량을 차지하므로, 행복한 소비자는 재난을 가져오게 된다. 경제가 성장하기 위해서는 품질이 나아지고 패션이 바뀌는 속도가 더 빨라져야 한다.

소비 경제학이 줄곧 의지해왔던 것은 모든 것이 점점 더 즉각적이 되고 새로워지리라는 환상과 사람들이 언제나 더 많은 것을 더 빠르게 생산하고 소비하는 현실이었다. 즉각적인 보상과 만족에 대한 기대감은 매체에 의해 근 백 년간 구축돼왔다. 구매(혹은 벌이)와 희열 사이에 놓였던 시간적 간격은 점점 줄어들다 제로가 돼버렸다. 무엇을 구매하든 간에 구매라는 것은 소비라기보다 보상에 더 가까운 것이 됐다. 길거리에서 며칠 동안 줄을 서서 기다린 애플 고객들은 방금 구매한 신제품을 허공에 치켜들며 매장 밖으로 나온다. 마치 그것을 획득한 것이 보상 그 자체인 것처럼 말이다. 이렇게 보면, 구매 행위엔 역사성이 함축돼 있는 듯하다. 구매 행위는 실제 어느 한순간, 즉 특정한 날짜에 속하는 것이기 때문이다. 시스타디움^{Shea}

Stadium에서 열린 저 유명한 비틀즈 공연을 보러 간 적이 있다고 자랑하듯, 애플 구매자들은 발매일에 최신 아이폰을 손에 넣었다고 말할 것이다.

예전엔 "지금 구매하세요"라는 말이 특별 할인가 판매 이벤트가 곧 마감된다는 의미였다면, 오늘날엔 특정한 어느 순간에 무언가를 할 수 있다는 의미다. 그 무언가의 일부가 된다는 것이다. 혹은 더 간단히 말해, 무언가를 한다는 것이다. 20세기 중반에 대량생산됐던 제품이 오늘날 우리에게 왠지 더 유서 깊고 진짜처럼 보이듯, 기술과 스타일 면에서 절정에 이른 제품을 손에 넣을 때, 우리는 진짜 현재를 살고 있다고 여기게 된다. 우리가 포착하기 어려운 것은 혼수 매장의 윈도 디스플레이가 아니라 끊임없이 변화하는 신기함과 색다름의 기준이다. 현재가 가만히 머물러 있다 해도 그 순간에 온전히 뛰어들기 위해서는 우리가 변화무쌍해야 한다.

"지금 구매하세요"라는 말은 행위를 이끄는, 한 번에 끝나는 외침이 아니라 귀에 딱지가 앉을 만큼 끝없는 외침이 되어가고 있다. 디지털로 강화된 소비 세상에서 우리는 최신 제품과 다양한 서비스의 유행을 향유하기 위해 일할 뿐만 아니라 다른 목적 없이 유행 그 자체를 위해 제품과 서비스를 구매하기도 한다. 아이패드와 안드로이드 제품은 생산적 작업을 수행하기 위한 여느 전산 기기와는 다르다. 물론 출발은 거기에 있었을지 몰라도 그것들은 우리가 쉽고 편하게 소비를 할 수 있도록 만들어진 구매 플랫폼인 것이다.

소비에 가속도가 붙었다는 것은 우리가 소비하는 물건에 대해 우리 자신이 주인 노릇을 못 한다는 말이다. 우리가 구매한 물건은 새로운 모습을 띠는데 그것은 점점 손으로 직접 만질 수 없는 것이 된다. 물건을 사게 되면 그것을 만지고 사용하고 처리하는 등의 행동을 하는데, 그런 것이 줄어든다는 것이다. 이제 우리는 자동차를 사지 않고 리스를 한다. 주택을 구매하지 않고 대출담보계약서를 작성한다. 마치 영주와 봉신의 시대로 돌아간 듯, 우리 소유의 농토는 없고 그것을 경작하는 권리만 갖는 대가를 지불할 뿐이다.

마찬가지로 예전에 음악을 갖는다는 것은 물리적 형태를 지닌 음반, 연주 실황을 녹음한 그 물건을 구입한다는 말이었다. 그러다 디지털 방식으로 저장된 CD가 등장했다. 그러고 나서는 인터넷에서 음원을 내려받는 식으로 음악을 구입하게 됐다. 물리적 매개체는 전혀 존재하지 않는 것이다. 그리고 지금은 스포티파이^{Spotify}나 턴테이블 에프엠^{Turntable FM}과 같이 음원 서비스를 하는 곳에 유료 가입을 한다. 그곳에서는 음악을 들을 권리만 있고 어떤 형태로든 소유할 순 없다. 이때 이용권이란 오직 현재형으로만 존재한다. 다시 말해 계속해서 이용권 갱신을 해주지 않으면 언제든 끝이 날 수 있는 것이다.

그런데 참으로 이상하게도, 우리가 듣는 음악이나 우리가 구매한 것이 점점 더 만질 수는 없고 디지털화될수록, 그것이 공유되거나 오픈 소스가 될 여지는 점점 줄어든다. 음반은 녹음해 직접 팔 수 있고, CD는 복제해 온라인에서 공유할 수 있다. 온라인에서 내려받은, 복제방지장치가 된 음원 파일은 구입자의 개인 기기에서만 개인적으로 소유할 수 있다. 다른 기기에서 공유할 수 없도록 암호 처리가 돼 있는 것이다. 문학도 예외가 아니다. 다 읽으면 돌려 보거나 호텔에서 읽다가 다른 여행자가 읽도록 두고

갈 수도 있었던 책이 요즘에는 전자책으로 읽히고 있는데, 전자책은 사용자 단 한 사람의 기기에서만 읽힌다.

'장전'에 관해 마지막으로 되풀이해 말하자면, 소비라는 행위는 점점 공연 관람을 닮아가고 있다. 소비자 입장에서 진정한 의미의 소비는 없다. 단지 경험만 있을 뿐이다. 다른 이가 소유한 물건과 정보와 서비스를 이용할 권리를 갖기 위해 끊임없이 대가를 지불할 뿐이다. 어떤 면에서 이는 얽매이지 않는 것이기도 하다. 예전에 구입한 디지털 음원이 혹시나 유실될까 봐 관리하고 백업할 필요도 없고 이사할 때마다 싸야 할 책과 음반도 없다. 화재와 홍수로 피해 입을 일도 없고, 원본이 훼손될 리도 없으며, 버릴 일도 없다. 하지만 우리는 계약에 의해서만 접근할 수 있고, 업체가 우리의 개인 정보를 함부로 취급할 수도 있으며, 사람들과 나누며 교류할 수 있는 길이 소프트웨어적으로 막혀 있다.

소비가 점점 더 편리하고 빨라지다보니 실제로 소유한 것은 아무것도 없는 지경에까지 이르렀다. 어떻게 보면 마치 공유사회라도 된 듯하다. 모든 것을 공유하는 새로운 형태의 집단만 아직 만들어지지 않았을 뿐이지, 우리의 삶은 언제나 단위로 환산할 수 있는, 일련의 금전적 경험으로 바뀌고 있는 중이다.

시간은 돈이다

사람들은 이렇게 생각할 터였다. 소비 분야에서 나타난 이 모든 급격한 변화 덕분에 적어도 그것을 부추긴 기업들은 거기서 막대한 이익을 얻었을 것이라고 말이다. 그러나 실상은 그렇지 않았다. 딜로이트앤드투쉬 Deloitte & Touche의 재무분석가들에 따르면, 미국 기업의 자산수익률은 지난 40년에 걸쳐 75퍼센트 하락했다고 한다.[21] 기업은 재원의 대부분을 해외에서 거둬들이기는 했지만, 그것을 더 키우기 위해 재투자하는 법을 모르고 있다.

따라서 우리가 얼마나 많이 혹은 빨리 소비하든, 소비라는 행위를 하기 위해 얼마나 크게 마음을 먹든 소비를 통해 금전적 측면에서 기업에 어떤 영향을 줄 수 없는 듯하다. 우리는 이 이상 더 빠르게 소비할 수 없다. 생명을 영위할 수 있도록 해주는 우리의 환경을 위협할 만한 속도로 우리가 자원을 소비해버린다 해도, 성장을 위한 시장의 요구를 충족시킬 만큼 빠른 속도로 소비를 할 수는 없다.

두말할 것 없이 미국은 이미 물질적으로 충분히 차고 넘친 상태다. 너무 많은 집을 지었기 때문에 은행으로선 주택의 시장 가치를 높게 유지하기 위해 저당에 잡혀 있는 필요 없는 집들을 허무느라 정신없다. 미국 농무부는 물가에 영향을 미치는 곡물 공급 과잉을 막기 위해 해마다 엄청난 양의 곡물을 태워버리고 있다. 이런 관점에서 본다면, 실업 문제는 미숙련 인력의 문제가 아니라 고급 인력의 문제, 혹은 적어도 생산성이 지나치게 좋은 인력의 문제인 것이다. 우리가 물건을 만들고 서비스를 제공하는 데 정말 탁월하다면 모두가 그런 일에 매달릴 필요는 없기 때문이다. 풍요의 문제에 직면했을 때, 일자리를 만들고자 하는 가장 중요한 이유는 사실상 넘쳐나는 모든 것을 분배하는 데 대한 일말의 정당성을 확보하기 위해서다.

아무리 열심히 소비한들 그리고 소비에 많은 시간을 압축한들 우리가 소비를 통해 이 수렁에서 빠져나올 도리는 없다. 우리는 소비를 통해 좀더 밀도 있는 시간 압축 형태를 만들어내려 하기 때문이다. 시간이 돈이듯, 돈도 시간인 것이다.

우리는 돈을 시간을 멈추는 하나의 방편이라 여기곤 한다. 심리학자 어니스트 베커Ernest Becker는 고전이 된 그의 책《죽음의 부정*The Denial of Death*》에서 은행 잔고란 생존을 위한 정서적 대리물이라고 주장했다. 우리는 시간을 저축할 수 있는 하나의 대안으로 돈을 저축한다는 것이다. 모아둔 시간은 그 실체를 알 수 없지만, 모아둔 돈은 그 실체가 뚜렷하다. 소유자가 누구였건, 날씨가 어떠했건, 어느 쪽이 전쟁에서 이겼건 황금은 변함없는 가치를 유지한다. 돈이 가치를 지녔던 것은 견고하고 지속이 가능해서였다. 장기 이자부 중앙 화폐를 보호하기 위해 지역 화폐를 불법으로 규정한 것만 봐도 이를 알 수 있다. 지역 화폐는 싸구려 종이 쪼가리에 인쇄된 것이라 할지라도 가맹점인 양곡상을 개인적으로 알고 있기에 사람들은 별 거부감 없이 지역 화폐의 가치를 인정했다. 그에 비하면 중앙에서 발행된 통화에는 그런 인간적 요소가 없으며, 더 먼 지역까지 통용되어야 했다. 사람들은 군주를 신뢰하지 않았고, 그가 다스리는 영토라는 것도 인정하지 않았다. 그래서 군주는 사람들이 화폐를 인정할 수 있도록 화폐를 주조할 때 그 안에 일정량의 귀금속을 집어넣어야 했다.

그것을 얼마나 오래 보존할 수 있을까에 대한 사람들의 편견에도 불구하고, 중앙에서 발행한 화폐는 국가 경제의 태엽을 돌리는 데 영향을 미쳤다. 이때의 영향이란 단리simple interest가 화폐에 미친 영향이었다. 이자가 붙는 화폐는 그냥 돈이 아니었다. 시간에 의해 숙성되는 돈인 것이다.

한때 돈은 나무에서 열리는 것('쉽게 얻을 수 있다'는 영어식 관용 표현이다.

'흙 파서 장사한다'는 우리말 표현과 유사한 의미다—옮긴이)이었다. 지역 화폐는 농부가 벌어들이는 혹은 글자 그대로 농부가 키우는 것이다. 현찰은 수확 철의 농산물만큼 풍부했다. 현찰의 가치는 수확량에 따라 변동됐다. 돈의 목적은 거래가 이루어질 수 있도록 하는 것이기에 가치의 변동은 문제가 되지 않았다. 돈의 가치를 알고 있는 한, 사람들은 그것을 사용할 것이기 때문이다.

중앙 화폐를 빌리면 이자가 붙는다. 아주 간단한 예를 들어 사업을 하기 위해 은행에서 10만 달러를 빌린 사람은 10년 뒤에 20만 달러를 상환해야 한다. 10년이면 원금의 두 배가 되는 것이다. 그렇다면 추가된 10만 달러는 어디서 생긴 것일까? 궁극적으로 이는 빌린 돈을 사용하고 있는, 같은 처지의 다른 사람과 사업으로부터 생긴 것이다. 노동자가 받는 임금도 이런 순환 고리의 어디쯤에서 빌려온 것이다.

그런데 이를 보면 제로섬 게임이 연상된다. 돈을 빌린 사람이 은행에 돈을 갚기 위해서는 다른 사람이 대출한 돈을 벌어야 한다. 은행이 열 개의 사업에 10만 달러를 대출해줬고, 각 사업이 빌린 돈을 갚기 위해 경쟁해야 한다면, 적어도 그 가운데 반 이상은 빚을 갚을 길이 없다. 물론 사업을 추가하거나 확장한다면서 은행으로부터 더 많은 돈을 대출받은 사람이 없다면 말이다.

이자가 붙는 화폐의 좋은 점과 무서운 점이 여기에 있다. 이자는 불려지는 것이다. 경제가 성장하는 한, 아무 문제도 생기지 않는다. 이자를 붙여 상환해야 한다는 것은 사업하는 데 동기 부여가 된다. 악덕 사채업자의 독촉에 매주 빚을 갚아 나가야 할 때만큼이나 확실한 동기 부여가 된다. 사업을 한다는 것과 사업을 키운다는 것은 결국 같은 말이다. 하나의 사업에서 빌린 돈을 다 갚았다 할지라도, 곧이어 다른 사업으로 빚을 지게 된다. 채무자가 이자를 감당하고자 사업을 확장할 때는 다른 이들이 진출한 기존 사업에 끼어들거나 새로운 사업을 개척해야 한다. 정체돼 있으면 실패하는 것이다.

바로 그런 이유 때문에 채무 화폐가 통용되고 수백 년간 유럽 제국주의가 전 세계로 팽창하는 속도가 아주 빨랐으며, 많은 경우 무자비하기까지 했던 것이다. 그럴 수밖에 없었다. 성장을 위해 돈을 붓듯 제국주의의 패권도 성장을 목표로 한 것이었다. 흥미롭게도 오스만제국의 경우, 밀레트 체제하에서 통용되던 비채무 형태의 지역 화폐들을 활용했으며 유럽제국과는 달리 성장을 해야 한다는 부담을 느끼지 않았다. 오스만제국은 식민지를 유지하면서도, 경제적 측면에서 지불 능력을 유지하기 위한 재정 시스템이 필요하지 않았다. 그럼에도 유지가 불가능한 것은 아니었다.

근대적 형태의 중앙 화폐가 생겨난 이래, 600여 년간 전례 없는 규모의 팽창과 발전이 있었던 것은 분명한 사실이다. 유럽은 중국, 인도, 아프리카, 중동, 아메리카 그리고 오대양의 여러 섬들을 식민지로 만들었다. 20세기에 들어서는 미국도 영토 쟁탈 경쟁에 끼어들었다. (오직 프랑스만 해군력의 한계로 다른 제국주의 국가들처럼 팽창할 수 없었다. 이에 재무장관 장 밥티스트 콜베르Jean-Baptiste Colbert는 프랑스제 명품이라는 개념을 고안해 수출을 통해 팽창의 효과를 누렸다. "프랑스 패션은 스페인이 소유한 페루 금광에 대한 프랑스식 대응이어야 한다"고 그는 말했다.)[22]

제2차 세계대전이 끝난 후, 유럽의 마지막 식민지였던 인도와 팔레스타인 같은 나라마저도 더는 지배하에 둘 수 없게 됐다. 더는 노골적으로 다른 나라와 그 나라의 국민을 종속시키는 일이 어렵게 되자, 서구 열강은 눈에 띄지 않는 방식으로 그 일을 해나갔다. 세계은행World Bank과 국제통화기금International Monetary Fund을 만듦으로써 서구 열강은 다른 나라를 지배하지 않고서도 자신들의 경제 활동 범위를 넓힐 수 있는 새로운 길을 마련했다. 과거 식민지 국가의 독립을 위한다는 명분으로 서구 열강은 이른바 개발도상국에 이자를 붙여 막대한 차관을 해주었다.

채무를 지는 대가로 채무국은 채권국 기업과의 교역에서 규제를 철폐해 시장을 개방해야 했다. 이는 외국 기업이 들어가 공장을 마음대로 지어 현지 산업이나 농업을 고사시킬 수 있다는 말이었고, 그렇지 않으면 신생 독립국을 식민지로 만들 수 있다는 말이었다. 물론 지금은 채무국들을 수혜국이라는 이름으로 부르게 됐다. 또한 아니나 다를까, 세계은행이 제정한 공개시장무역협정은 외세에 유리한 것이었다. 현지 국민들은 갈수록 빈곤해졌다. 그들은 사업을 시작한 외세 기업과 경쟁할 수 없었고, 무역협정과 외국 공장이 유발하는 공해와 폐수 같은 것 때문에 최소 생존을 위한 농업 활동도 제대로 할 수 없었다. 더 기가 막힌 것은, 독극물 방출과 크게 불거진 위생 문제를 두고 해당 국가의 국민총생산GNP이 증가한 결과라고 주장하며 세계은행 보고서에서 이를 성공 사례로 홍보한 것이었다. 폭력의 문제와 가치판단의 문제는 제쳐두고, 차관과 관련된 의무사항만 남아 있는 상황에서 서구의 경제성장은 거침이 없었다.

서구 소비자 사회에서도 비슷한 전략이 취해졌다. 신용카드가 등장하고, 연방 차원에서 주택담보대출을 사전 승인하며 20세기 중엽에 신용 한도가 늘어난 것은 두 가지 방식으로 경제성장에 이바지했다. 가장 단순한 첫 번째 방식은 사람들이 실제 가진 돈으로 살 수 있는 것보다 더 많은 물건을 사게 하는 것이다. 이것은 액면 그대로의 시간 압축이다. 앞으로 벌어들일 수 있는 돈을 현재라는 순간에 집어넣는 것이다. 두 번째 방식은 채무를 지고 이자를 갚아 나가야 하는 사람들을 만들어 경제를 성장시키는 것이다. 3천 달러짜리 신차를 구입하기 위해 소비자는 이자를 포함해 총 9천 달러를 지불해야 한다. 이 9천 달러는 앞으로 벌어들일 9천 달러다. 이런 식이면 성장은 매우 손쉽다. 장사를 통해 채무를 변제하는 길은 그 채무를 고객에게 넘기는 것이었다. 그들이 지불해야 하는 것보다 더 높은 이율을 적용하면 완벽하다.

그리고 세계은행이 개발도상국을 지원하면서 제1세계 경제권의 일원이 되는 희망찬 미래를 꿈꾸도록 만드는 것처럼, 소액 거래 은행과 신용카드 회사는 사람들에게 앞으로 대출금을 쉽게 갚을 수 있다고 설득함으로써 시간적 왜곡을 교묘히 이용했다. 행동금융학behavioral finance으로 대출 약정의 허점을 이용하는 동시에 사람들이 자신의 결정이 어떤 결과를 빚을지 서류상으로 잘 이해하지 못하는 점을 이용한다. 행동금융학은 유사과학이 아니다. 제이피모건체이스JP Morgan Chase는 미국행동금융그룹을 자체적으로 두고 있고, 이 그룹은 특히 금융 위기와 같은 상황에서 투자가의 정서와 비합리성을 관찰하는 데 주력한다.[23] 이제는 행동경제학자들이 스탠퍼드, 버클리, 시카고, 프린스턴, 엠아이티, 하버드 등에서 교편을 잡고 있으며 경제학 부문 노벨상까지 수상하기에 이르렀다.[24]

행동금융학은 사람들이 재정적으로 자신에게 가장 이로운 것을 추구하지 않고 일관되게 그 반대로 처신하는 행태를 연구할 뿐 아니라, 문제가 있는 증권이나 금융상품을 판매할 때 사람들의 심리적 약점을 이용하는 방안도 연구한다. '화폐착각 편향성money illusion bias', '손실혐오 이론loss aversion theory', '비합리적 편향성irrationality bias' 그리고 '기한 할인time discount'

과 같이 금융업계에서 인정하는 공인된 행동들도 있다. 예를 들어 사람들은 돈을 빌릴 때 상황을 봐서 빌리는 게 아니라 무분별하게 빌린다. 이는 마치 거리를 두고 바라보면 현재 지불해야 하는 것보다 미래에 지불해야 하는 것이 훨씬 더 작아 보이는 것과 비슷하다. 실제로는 더 큰데도 말이다. 사람들은 어떤 거래를 할 때, 다른 가능성이 있건 없건 큰 액수의 돈을 버는 것보다 작은 액수의 돈을 잃을까 봐 전전긍긍한다. 어떤 물건을 구매한 날과 그것에 대한 돈을 지불해야 하는 날 사이에 예기치 않은 일이 부정적인 방향으로 일어날 가능성을 전혀 염두에 두지 않는다. 바로 이것이 현재 충격이다.

은행은 사람들의 부정확한 인지와 비합리적인 행동을 노린 신용카드 상품과 대출 상품을 개발하고 있다. 중개수수료가 없다는 것은 30퍼센트에 육박하는 정기 금리를 감추기 위한 위장막이다. 미불잔고 기준 5퍼센트에서 2 내지 3퍼센트로 최소 지불요건을 낮춘다고 하면, 돈을 빌리는 사람들 귀엔 솔깃하다.[25] 매달 갚을 돈이 줄어들기 때문이다. 하지만 그런 속도로 빚을 갚아 나가면 상환 기간이 더 늘어날 수밖에 없다. 결국 지불 비용이 원래 상환금보다 세 배 이상 늘어나게 된다. 사람들이 이런 조건에서 물건을 구매하고 대출하거나 기존의 조건보다 새로운 조건을 더 선호한다는 것은 합리적이라고 볼 수 없다.

미국의 은행들이 오랫동안 국내외적으로 이런 교묘한 속임수를 쓴 것도 합리적인 행동은 아니었다. 결국 채무국들 중에 차관에 대해 디폴트를 선언하는 나라(아르헨티나)가 나오는가 하면, 가치사슬에 한 자리를 꿰차려고 하는 나라(중국)도 나왔다. 채권국들은 이내 자신들이 빚더미에 올라 무역수지 적자를 감수해야 하는 처지라는 것을 깨달았다. 바로 이즈음, 미국 소비자들도 누가 돈을 빌려준다 하더라도 자신들의 소비 속도를 더는 지탱할 수 없다는 사실을 깨닫기 시작했다. 새로운 시장이라고 생각했던 곳에 제약이 걸리면서 팽창에 적신호가 켜진 듯했다. 그렇다면 어디서 성장의 발판을 마련할 수 있을까?

은행들은 현실에서 어떤 개혁을 모색하기보다 금융상품으로 눈을 돌렸다. 돈 그 자체에서 부를 짜내는 식으로 은행은 수백 년간 이자만으로도 충분히 재미를 볼 수 있었다. 그런데 그 공식을 되풀이할 수 있을까? 더 많은 시간을 이자에 집어넣을 수 있을까?

이자라는 것이 있어서 돈이 있으면 그것을 빌려주고 거기서 부를 축적할 수 있었다. 아주 단순화해 말하자면, 이자는 시간을 통해 돈을 표현하는 하나의 방식이다. 돈을 빌려주고 나서 시간이 흐르면 그 돈은 불어난다. 은행이 기업에 대출을 한 것이든, 투자가가 주식을 산 것이든 혹은 퇴직자가 채권을 매입한 것이든 간에 모두가 시간이 흐르면 투자한 것에서 수익이 나기를 기대한다.

이와 같은 일차 투자가 하락세를 보일 때, 적어도 경제성장에 필요한 속도와 비교해서도 그리 신통치 않을 때 사람들은 그것을 끌어올리기 위한 길을 모색하기 시작했다. 이 지점에서 파생상품이 등장했다. 주식이나 채권 혹은 저당권 같은 것을 매입하는 대신, 투자가들은 파생상품이라는 이름으로 시간에 따라 변동하는 금융상품의 유동가치에 직접 돈을 걸었다. 투자가들은 바로 눈앞에 있는 주식과 채권을 매입하지 않고 미래의 어느 시점에 매매할 수 있는 권리를 매입한다.

많은 사람들이 투자가가 파생상품을 이용해 적은 돈을 큰돈으로 키우는 방법을 어렵지 않게 이해할 수 있다. 투자가들은 주식에 비해 아주 적은 비용으로 옵션을 구매할 수 있다. 일단 옵션을 행사할 경우, 현물에 대한 비용을 지불하기만 하면 된다. 그때 투자가가 한몫 잡을 수 있게, 배당 가치가 옵션 행사가격보다 훨씬 상회하기만을 바랄 뿐이다.

하지만 자세히 들여다보면, 투자가는 단순히 돈만 집어넣은 것이 아니다. 그는 시간도 집어넣었다. 옵션은 금융적 '장전' 장치라고 할 수 있다. 즉 미래 가격의 불안정성을 현재의 거래에 반영하는 것이다. 투자가는 더는 회사 혹은 그 회사채에도 투자하지 않는다. 그보다 그 회사채의 변동가치에 투자한다. 다시 말해 파생상품은 가치 상승곡선에 올라타지 않고 변동률에 돈을 걸 수 있는 길을 열어놓는다. 시간 또 시간과 결부된 가치를.

시간을 더 압축하기 위해 이런 과정을 거의 무한대로 반복할 수 있다. 증권업자들은 파생상품, 거기에 더해 파생상품의 파생상품에까지 미래 가격을 걸고 투자하거나 불안정한 가격 요동 그 자체를 걸고 투자한다. 그 과정에서 각 단계를 거칠 때마다 투자되는 대상은 점점 더 실체에서 멀어지고, 투자 규모는 점점 더 커지며 시간은 점점 더 많이 압축된다. 실제로는 이자를 불리는 데 필요한 팽창의 속도에 맞춰 가치가 그렇게 빠르게 창출될 수 있는 건 아니다. 따라서 현재의 거래에 미래의 가치를 집어넣을 수 있는 금융상품에 가치를 압축해 넣는다.

일반인들도 결국 같은 방식으로 돈에 시간을 압축해 넣는다. 내가 뉴욕에 방 세 개짜리 아파트를 살 수 있으리라고 믿어 의심치 않았던 때가 있었다. 그때 부동산 중개인은 내 예산을 훨씬 초과하는 집들을 보여주었다. 그녀는 내가 첫 5년 동안은 대출이자 특별할인이라는 조건하에 ARM^{adjustable-rate mortgage}, 즉 변동금리저당대출을 받을 자격이 된다고 했다. 그렇게 하면, 나는 상환해야 할 원금은 줄어들 기미도 없는 상황에서 내가 감당할 수 있는 대출이자나 매달 내고 있어야 할 것이었다. 그리고 첫 5년이 지나면, 이자율은 원래대로 돌아와 나로선 감당하기 벅찬 금액이 될 것이었다. 그녀는 그때 가서 다시 5년짜리 ARM 차환대출을 받을 수 있으니 그런 건 아무 문제도 되지 않을 것이라고 했다.

이런 제안은 내가 다시 대출을 받아야 할 즈음엔 아파트 시세는 더 올라 있을 것이니 높은 감정가에 차환할 수 있으리라는 논리의 발상이었다. 부동산 시세가 오르면, 내가 소유한 아파트도 아주 미세한 몫의 가치 상승이 있을 것이며 이에 따라 내가 차환해야 하는 담보물도 생길 것이다. 매번 융자를 받아야 할 액수는 항상 같지만, 아파트 담보비율은 계속 떨어진다. 따라서 이론상으로 보면, 아파트 시세가 오를수록 나는 더 많은 것을 가지게 되고, 더 쉽게 차환할 수 있는 것이다.

물론 그런 일은 없었다. 나로선 다행스럽게도 그 아파트를 매입하지 않았다. (아파트를 매입하기 위해 대출을 받지도 않았다.) 하지만 이와 비슷한 계약을 한 수십만 명의 미국인들은 큰 곤경에 처하게 됐다. 부동산 가격은 오르지 않고 그들이 부채를 진 액수보다 더 아래로 떨어졌기 때문이다. 이 글을 쓰고 있는 시점에서도 담보대출을 받은 주거용 부동산 가운데 31퍼센트가 흘수선 아래에 있다. 금융업계 애널리스트들은 이를 가리켜 '역자산negative equity'이라고 부른다.[26] 집의 현재 가치가 아닌 30년 만기 담보대출금을 기준으로 부채를 지고 있으니 이는 현재 충격을 일컫는 또 다른 방식이다.

일부 증권업자들이 이상한 기미를 눈치채기 시작했고 주택시장이 이와 같이 시간적으로 압축된 대출상품에 지나치게 의존하고 있다는 사실을 파악했다. 이와 관련해 유명한 일화가 있다. 골드만삭스Goldman Sachs는 개인투자가와 연기금에 패키지 대출상품을 팔고 있는 와중에도, 이런 대출 광풍이 계속될 수 없으리라 판단하고 이른바 '신용부도스와프credit default swaps'(금융기관이 채권이나 대출을 해준 기업의 채무불이행 등의 신용 위험에 대해 일정한 수수료를 지급하는 대가로, 보장매도자가 신용사건 발생 시 손실을 보장받는 일종의 파생보험상품—옮긴이)라 불리는 파생상품의 파생상품을 통해 대출상품 판매의 반대 전략을 취하기 시작했다. 신용부도스와프로 낭패를 겪던 AIG가 손해를 메워야 했을 때, 미국 정부만이 긴급 구제를 위해 돈을 찍어낼 수 있었다.[27]

그러나 돌이켜보면, 골드만삭스가 성공적으로 파생상품을 다룰 수 있었던 것은 놀라운 일이다. 그들의 투자 결정은 앞으로 오래 갈 수 없는 체제라는 판단에 바탕을 둔 것이었다. 거기서 이익을 취할 수 있기를 바랐던 그 비극에 일조하면서, 그들은 미래가 어디로 가고 있는가를 분석한 바탕 위에서 예측을 하고 투자를 했다. 제아무리 시간적으로 압축돼 있다 하더라도, 여전히 그것의 바탕은 현재에 내리는 결정이다. 가치는 시간과 더불어 창조된다. 아무리 추상적이라 할지라도 가치는 인과 구조를 가진, 시간적 우주의 산물인 것이다.

오늘날 대부분의 주식 거래는 전적으로 시간이 조성하는 가치의 세계를 둘러싸는 식이다. 컴퓨터로 돌아가는 거래 혹은 요즘 말로 알고리즘에 기반한 거래는 원래 군비 경쟁에서 유래했다. 레이더를 피하기 위한 방법을 고안하고자 수십 년간 수학자들이 매달린 끝에 마침내 스텔스 기술을 개발했다. 자기장을 이용한 스텔스 기술은 하나의 거대한 물체, 예를 들어 비행기와 같은 물체가 여러 개의 작은 물체로 나타나도록 만들었다. 그러다 1999년, 스텔스 기능을 채용한 F-117 전투기 한 대가 세르비아에서 격

추당했다. 아마도 헝가리 출신의 수학자들이 대공 감시 체제는 하늘에서 비행체를 찾는 것이 아니라 전기장을 찾아야 한다는 사실을 발견한 듯싶다. 그들과 그들의 후임들은 지금 월가에 고용되어 비밀리에 서로의 움직임을 예측하고 있다. 가령 한 은행에서 막대한 액수의 주식을 이전하려고 할 때는 그것을 세상이 다 알도록 하고 싶지 않다. 대량 매수가 마무리되기 전에 그 소식이 새어 나가기라도 하면, 가격이 급등할 것이기 때문이다. 자신들의 움직임을 숨기기 위해 그들은 스텔스 항공기와 같은 기술을 채택한다. 알고리즘을 이용해 커다란 거래를 서로 무관한 것처럼 보이는 수많은 작은 거래로 쪼갠다. 그렇게 하면 크기와 타이밍은 제각각이 된다.[28]

이와 같은 알고리즘에 의한 스텔스 움직임을 포착해내고자 경쟁 관계의 은행들은 또 다른 수학자들을 고용해 거래 동향을 파악하면서 이처럼 거대한 규모로 이루어지는 거래의 낌새를 찾아내기 위한 알고리즘을 만들게 한다. 레이더 장비와 아주 유사한 이 알고리즘 체계는 시장의 반응을 주시하면서 대규모의 움직임이 있는지를 유추해내고자 소소한 거래들을 하나씩 제거한다. 원래 알고리즘은 미세한 움직임을 탐지해 추가 대응과 눈속임을 하기 위한 것이다. '블랙박스트레이딩black box trading'으로 알려진 알고리즘 댄스는 오늘날 월가 거래 활동의 70퍼센트를 차지한다. 빈도가 높은 알고리즘 거래에선 속도가 전부다. 알고리즘은 상황을 알아야 하고 상대 알고리즘이 반응해 맞춰 나가기 전에 움직여야 한다. 프로그램을 아무리 잘 짰더라도, 사용하고 있는 컴퓨터가 아무리 강력하더라도, 알고리즘이 필요한 정보를 얻는 데 가장 중요한 요소는 물리적 차원에서 네트워크상의 요지다. 증권사의 컴퓨터와 거래를 수행하는 컴퓨터 사이의 물리적인 거리가 알고리즘이 시장 움직임을 읽고 반응하는 속도에 영향을 미친다.

게임 디자이너였던 케빈 슬레이빈Kevin Slavin이 대담과 기사를 통해 지적했듯,[29] 인터넷을 분배적이며 비국소적 현상이라고 생각하는 게 통념일 때, 그 인터넷과 우리의 멀고 가까움은 우리와 가장 큰 통신 교점 사이에 놓인 케이블이 얼마나 긴가에 달려 있을 수 있다. 뉴욕의 경우, 이 근간이 되는 교점은 허드슨가 60번지 소재의 낡은 웨스턴유니언 빌딩에 있었다. 모든 인터넷 선로는 이 건물을 통해 나온다. 이런 곳을 흔히 '콜로케이션 센터colocation center' 혹은 '캐리어 호텔carrier hotel'이라고 한다. 모든 광섬유 케이블은 약 1천400평방미터에 달하는, 단 하나의 공간으로 이루어진 그 건물 9층으로 모인다. '미트미룸 meet-me-room'이라고 불리는 이곳을 1만 암페어의 직류발전소가 돌리고 있었다.

만일 어떤 업체가 그 건물에 입주해 있다면, 그들이 사용하는 컴퓨터들은 통신망 교점 바로 위에 놓여 있게 되는 셈이다. 따라서 그들의 알고리즘은 사실상 거의 지체가 없는 상태에서 돌아가게 된다. 반면, 월가의 컴퓨터에서 돌아가는 알고리즘은 교점으로부터 거의 1마일 이상 떨어진 상태가 된다. 알고리즘을 돌릴 때마다 2밀리세컨드씩 늦는다고 한다면, 그로 인한 격차는 엄청날 것이다. 캐리어 호텔 안에 있는 고속 컴퓨터는 다른 알고리즘의 거래 시도를 포착하고 그 거래가 이루어지기 전에 조치를 취할 수 있다. 통신망 교점에 기까이 있으려는 것은 난지 거래를 빨리 하기 위해서가 아니다. 경쟁자들을 속여 엉뚱한 곳으로 보내기 위한 것이다. 여기서 명심할 것은, 알고리즘은 특정 투자가 실질적으로 어떤 가치를 띠는지에 대해서는 관심이 없다. 오로지 현재의 거래에만 관심을 둘 뿐이다.

타이밍이 관건인 블랙박스트레이딩을 하는 가상 세계에서는 허드슨가 60번지 소재 건물 9층에 있는 '미트미룸'에 최대한 붙어 있을수록 돈이 된다. 기업들은 자신들의 컴퓨터를 유리한 위치에 두기 위해 치열한 경쟁을 한다. 결국 그로 인해 주변 부동산 가격이 치솟는다. 알고리즘이 교점에 최대한 빨리 접근해야 할 필요성이 있어서 그렇다는 것 말고는 달리 설명이 안 되는 일이다. 건물에 육중한 서버로 채울 공간을 마련하기 위해 건축가들은 해당 층을 강철로 보강하느라 정신이 없다. 아무튼 부동산시장과 로어 맨해튼 지역의 환경 디자인은 밀리세컨드에 돈을 압축해놓기 위한 알고리즘 경쟁에 최적화되고 있다. 그곳은 이제 하나의 거대한 마이크로칩 혹은 디지털 스톱워치로 바뀌어 나가고 있다.

　남아 있는 유일한 가치가 시간일 때, 세상은 시계가 되어간다.

더욱 강조되는 현실 세계

하나의 경제 체제가 빽빽하게 압축되고 추상화된 상태라 컴퓨터 프로그램을 돌려야만 그 체계를 제어할 수 있다면, 우리는 놀랄 수밖에 없다. 그것이 어떻게 돌아가는지 잘 모른다 할지라도, 알고리즘이 일의 효율을 높이는 데 큰 도움이 되고 세상을 좀 더 편리한 곳으로 만들어주는 것은 사실이다. 요즘은 알고리즘 덕분에 층수를 누르는 버튼판이 없는 엘리베이터도 많이 생겼다. 이용자가 건물 로비에 설치된 콘솔을 조작해 자신이 갈 층을 선택하면, 알고리즘은 이동 시간이 가장 적게 소요되는 엘리베이터로 이용자를 안내한다. 클리어 채널Clear Channel 방송국에서 선곡을 해주고, 데이트 알선 사이트에서 가장 알맞은 상대자를 골라주며, 최적의 주행 경로를 찾아주고, 심지어 할리우드 영화 대본에 필요한 반전까지 골라주는 것이 바로 알고리즘이다. 그리고 그 방법은 가능한 모든 순열에 의거해 경험 자료를 압축함으로써 이뤄진다.

하지만 그렇다고 해서 언제나 순조롭고 예측 가능한 결과가 나왔던 것은 아니다. 알고리즘에 의해 돌아가는 주식시장은 다음의 일이 벌어지기까지 모든 게 더할 나위 없이 좋았다. 그 일이란 주가지수가 까닭 없이 단 몇 분 만에 1000포인트가량 떨어진 사건을 말한다. 나중에 이 폭락을 일컬어 플래시 크래시flash crash(순간 폭락, 갑작스런 붕괴라는 뜻으로 2010년 5월 6일 다우지수가 거래 종료를 15분 남기고 무려 998.5포인트 떨어진 일을 말한다―옮긴이)라고 부르게 된다. 서로 주거니 받거니 하던 알고리즘이 루프에 걸리자, 갑자기 액센추어Accenture는 주당 10만 달러에 거래가 되는가 하면, 프록터앤드갬블Proctor & Gamble은 주당 1페니로 떨어지기도 했다.[30]

역설적이게도, 말 그대로의 현재 충격 상황에서 초단타매매를 중심으로 하던 거래소가 상장 첫날 세간의 이목을 집중시킨 플래시 크래시를 맞았던 것이다. 공교롭게도, 그날 나는 이 책의 이 장을 마무리하고 있었다. 그 문제를 일으킨 배츠글로벌마켓BATS Global Markets은 배츠BATS(Better Alternative Trading System)라 불리는 주식 거래 시스템을 운영하고 있는데, 이는 애초에 초단타매매 편의를 위해 **특별**히 만들어진 것이었다. 그리고 이 회사가 점유하고 있는 미국 주식 거래량은 전체의 11퍼센트에 이른다. 그들의 주식 공모에 대한 사람들의 기대는 매우 컸고, 그 공모는 기술이 주도하는 주식 거래로 한 발 더 도약한다는 상징이 됐다.

배츠는 주당 17달러에 600만 주의 주식을 발행했는데, 곧이어 무언가 크게 잘못 돌아갔다. 갑자기 그들의 시스템이 배츠의 주식을 주당 3 내지

4센트에 거래하기 시작했던 것이다.[31] 그리고 배츠에서 거래되던 애플 주식이 갑자기 10퍼센트 가까이 떨어지자, 급기야 배츠는 그 두 티커심볼 ticker symbol(개별 증권을 주식 호가 시스템에 표시할 때 사용하는 약어─옮긴이)의 거래를 중단시켰다. 도대체 무슨 일이 벌어진 것인지 사태 파악이 안 돼 허둥대던 배츠는 자신들의 주식 공모를 취소하고 사람들에게 돈을 돌려주는 매우 이례적인 조치를 취했다.

알고리즘이 지배하는, 고도로 압축된 또 다른 영역의 경우, 플래시 크래시에 해당하는 현상으로 어떤 것이 있을까? 온라인 데이트나 페이스북 친구 맺기의 경우, 플래시 크래시와 비슷한 것은 무엇일까? 법을 집행하고 범죄를 억제하는 경우엔 어떨까? 특히 이 경우엔 알고리즘이 어떤 식으로 일을 처리하는지 아무도 알 길이 없다. 알고리즘 형태의 현재 충격은 찰나적이다. 그로 인한 결과는 우리가 알아차리기도 전에 우리에게 영향을 미친다.

적어도 주식시장의 경우, 이와 같은 압력솥 안으로 들어갈지 말지는 우리의 선택에 달렸다. 많은 투자가들이 더는 요행에 기대려고도 하지 않으며, 시장에 알고리즘을 끌어들이려고도 하지 않는다. 알고리즘은 그들을 과도하게 압축된 상태로 만들 수 있으며, 심각한 경우엔 시스템 전체를 통제 불능으로 만들 수 있기 때문이다. 주식 트레이더들이 대거 월가를 떠나 익명으로 거래를 할 수 있는 제네바의 다크풀 dark pool(주식 시장에서 장 시작 전 기관투자가의 대량 매수 매도 주문을 받은 뒤, 장 종료 후 당일 거래량 가중평균 가격으로 행해지는 거래. 시장에 주는 충격을 방지하고 거래 비용을 줄이는 것이 목적이다─옮긴이)로 향하고 있다. 애초에 다크풀은 기관투자가들의 거래가 개인 투자가들에게 드러나지 않도록 하기 위한 것이었다. 하지만 지금은 자신의 거래가 알고리즘에 노출되지 않았으면 하는, 혹은 단순히 알고리즘 방식의 '장전' 효과로부터 되도록 거리를 두고 싶어 하는 투자가들이 이 방식을 사용하고 있다.[32]

이때부터 트레이더들은 짧은 영원 상태에서 태엽 감기의 위험에 빠지지 않기 위해 두 가지 핵심 전략 가운데 하나를 취하고 있는데, 어느 쪽이든 그것들은 '장전'된 상황을 아예 회피하게 해주는 것이다. 트레이더들로선 극도로 집약된, 초단타매매의 이점을 상실했지만 대신 시간이 흐르면서 투자 가치가 누적되는 이점을 취할 수 있게 됐다. 그리고 그들은 실제 그것이 지닌 가치와 상관없이 시장의 유동성에 기대어 현금화할 수 있는 기회를 상실하긴 했지만, 적어도 투자 결정을 하는 데 실제 돌아가는 세상에 대한 일말의 지식과 논리를 적용할 수 있게 됐다. 그뿐만 아니라 통제 불능의 알고리즘에서 발생하는 혼돈의 피드백 루프로부터도 비켜날 수 있었다.

이는 현명한 투자를 하고 더 안전한 거래를 하기 위해 현재를 단념하는 것이 아니다. 그보다 알고리즘에 의지하지 않고 거래를 하면, 진정한 현재적 가치로 돌아갈 수 있는 것이다. 자산, 생산성, 다시 말해 잠재성의 측면에서 지금 이 순간, 이 종이 한 장의 실제 가치는 어떻게 될까? 투자란 시간에 시간을 더한 아홉 겹의 파생적 시간 가치를 난해하기 그지없는 단 하나의 추상적 티커심볼에 우겨 넣는 것이 아니라, 어느 정도는 이해할 수 있는 범위 내의 현재 시제적 가치제안을 하는 것이다.

좀 더 보조를 맞춰가며 세상을 살아가는 즐거움을 만끽하고자, 사업 영역에서든 아니면 공동체나 개인의 영역에서든 '장전'을 선택의 여지로 두지 않는 건전한 예는 이외에도 많다. 멀리 떨어진 곳으로부터 신용 창출 유로화를 차입함으로써 지역 산업과 상업에 파국을 초래한 유럽의 경우,

사람들은 거시경제의 폭풍으로부터 거리를 둘 수 있는 대안 화폐로 눈을 돌리고 있다.

예를 들어 그리스의 항구 도시 볼로스에 사는 시민들은 그들과 뜻을 같이하는 한 은행과 실험을 하고 있다. 이 실험을 두고 대부분의 언론은 물물교환 경제로 잘못 치부했지만, 현금 없이 경제 활동을 하고자 하는 이들의 노력은 교환망을 가능케 했다.[33] 누구나 온라인 계정을 하나씩 갖고 있는데, 그것을 보면 자신들이 벌었거나 혹은 지출한 대안적 지역 화폐, 즉 템tem이 어느 정도인지 알 수 있다. 사람들은 서로에게 재화와 서비스를 제공하며, 규정을 따르고, 교환을 한다. 그러면 그에 따라서 그들의 계정은 채워지거나 비워진다. 그러나 누구도 잔액이 1천200템을 넘을 수 없다. 이 시스템은 개인이 시간 속에서 화폐를 모아 부를 축적하는 것이 아니라, 교역과 생산과 서비스를 장려함으로써 공동체가 윤택해지는 것을 목적으로 하기 때문이다.

이런 교환망을 위해 웹사이트를 구축한 사람은 이렇게 말했다. 유로화 위기 때문에 그리스는 "공포에 사로잡혀 꼼짝할 수 없는 상태가 됐어요. 마치 벽돌로 머리를 맞은 사람처럼 정신을 차리지 못했지요. 그리고 그들은 조심스러웠습니다. 여전히 '유로가 필요해. 없으면 무엇으로 지불할 것인가'라는 생각을 했던 겁니다."[34] 이는 짧은 영원에서 빚어진 현기증, 다시 말해 시간이 전제된 교환 매개물에 전적으로 의지한 데서 비롯한 현재 충격이다. 너무 과하게 의지했던 탓에 한번 문제가 생기자, 지나치게 감은 스프링이 끊어질 때처럼 아예 튕겨 나가버린 것이다. 상호작용의 스케일은 거의 양자 충돌과 비슷한 것이었다. 전 세계 투자은행이나 각 나라 국고에서 우선순위에 두는 것은 조그만 마을들이 우선순위에 두는 것과 다르다. 조그만 마을의 구성원들이 서로에게 제공하려는 것은 삶을 영위하는 데 필요한 먹거리와 기초적인 서비스다. 스페인, 이탈리아, 포르투갈까지 포함해 그리스의 국가부채에 관한 거시경제학적 문제는 오랜 시간에 걸쳐 누적되고 압축된 것이었으나, 그 문제는 사람들의 실시간 경제를 압도하면서 한순간에 해소돼버렸다.

그들이 수행하는 새로운 형태의 교환 형식이 가진 스케일과 특성으로 인해 실시간 상호작용뿐만 아니라 현실 세계가 더 강조되고 있다. 다양한 지역 교환망에 참여하고 있는 구성원들은 정해진 장날에 모여 물건을 사거나 그다음 주에 해주었으면 하는 소일거리 계약을 맺는다. 적어도 유로화와 전통적인 은행업에 기반을 둔 저장 중심의 경제와 비교할 때, 이는 현재주의 경제의 한 모습이다. '장전'되거나 차입된 것은 하나도 없으므로, 시장으로선 계절 변화의 제약을 버텨낸다든가, 여러 해가 소요되는 계약을 유지한다든가 혹은 수동적 투자 기회를 제공한다든가 하는 데서 많은 애로가 있다. 그럼에도 불구하고 이런 방식의 거래를 통해 공동체가 장기적 차원에서 얻는 이점도 있다. 인간적 유대가 돈독해지고, 거대 외국 기업보다 지역 업체가 유리한 위치를 점할 수 있으며, 해당 공동체가 필요로 하는 것을 채우기 위해 시간과 노력을 기울일 수 있는 것이다.

몰락하는 유로화의 그늘에 놓여 있었던 그리스의 소도시 주민들만이 시간이 압축된 투자 전략에서 손을 뗀 것은 아니었다. 볼로스는 유럽, 아시아, 아프리카 등 전 세계에서 비슷한 노력을 기울이고 있는 수백 곳의 공동체 가운데 하나일 뿐이다. 그곳에서는 이자가 붙는, 중앙에서 관리하는 화폐가 더는 실시간 거래의 근간이 되지 않거나, 결국 지역 상거래에 실익을 주지 못하는 중앙 화폐의 특권을 필요로 하지 않는다. 이런 대안 화폐에 대한 관심은 힘겨운 상황에 처해 있는 채무국에게만 한정되지 않고, 거대 재정으로 인해 지역 상거래가 활성화되지 않는, 독일과 같이 채권국 경제를 영위하는 나라에서도 일고 있다.[35]

한편, 그와 같은 경제 체제 그리고 그런 경제 체제를 바탕으로 한 사회의 이면을 보면, 선물거래사commodity trader는 이미 실시간적 특성을 지닌 오늘날의 농업과 시장에 의해 현재 충격을 받고 있는 상태다. 일반적으로 선물거래사는 특정 상품을 선물 거래하는 사람이다. 그들이 하는 일(자신들을 위한 돈벌이 외에)은 농부와 구매자들로 하여금 미리 상품 가격을 정할 수 있게 해주는 것이다. 면화 가격이 오를까 봐 걱정이 되는 의류 업체가 있다고 할 때, 미리 작물을 구매했으면 하는 업체가 있을 수 있다. 그 의류 업체는 선물거래사를 대리인으로 세워 날짜와 가격을 정해 면화를 선물 매입한다. 한편, 이듬해 면화 시세가 하락할지도 모른다 싶은 면화 재배업자들 중에는 현재 시세로 작물을 현금화하려는 사람이 있을 수 있다. 그 업자도 상품거래소를 통해 의류 업체를 대리하는 거래사와 거래를 할 수 있는 선물거래사를 수소문하게 된다. 선물거래사는 가치를 축적하기도 하고, 미래에 돈을 걸기도 하며, 선물 계약을 이용해 미래의 현실에 대해 현재의 기대치를 부과하는 것이다. 그들은 어떠한 유형의 가치를 창출하지 않고 막대한 돈을 벌어들일 수 있지만, 분명한 것은 유동성이 필요한 시장에 유동성을 창출하는 데 일조하며, 공급이 딸릴 조짐이 보일 때 계획 소비를 하거나 긴축을 하도록 강제하는 역할을 한다는 점이다.

그런데 새로운 기술과 글로벌 공급망 덕에 한때 계절을 타던 상품이 지금은 일 년 내내 유통되는 상품으로 바뀌고 있다. 그리고 계절에 대한 자각이 점점 약화되는 소비자로선 지역 시장에 언제 가야 어떤 상품을 구할 수 있다는 생각을 더는 안 하게 된다. 공급곡선과 수요곡선의 현재가 더 길어진 이런 현상이 선물거래사들에게 미친 영향은 24시간 케이블 뉴스가 기존 저녁 뉴스에 미친 영향과 비슷한 것이다. 영속적인 흐름 속에 있는 세상에서 시간을 압축하려는 것은 부질없는 일이 되고 있는 것이다.

돈육 선물거래소가 이와 같은 형태의 현재 충격에 빠진 지는 몇 해 되지 않았다. 주로 시카고상품거래소CME에서 거래가 이루어지는 돈육 선물 거래를 통해 투자가들은 수요 및 공급이 들고나는 것에 모험적인 투자를 했다. 돼지들이 대량 도축되는 시기가 있는가 하면, 베이컨이 대량 소비되는 시기가 따로 있었던 것이다. 선물거래사들은 거래의 양 측면을 장전하거나 푸는 데 매달렸다. 그들은 일정량의 냉동육을 매입해서는 시카고 냉동 창고에 보관했다가 3월과 4월이 되어 부활절 브런치용으로 수요가 급증할 때 팔았다. 또 토마토를 수확하는 늦여름이 되면 BLT샌드위치(베이컨bacon, 양상추lettuce, 토마토tomato가 들어간 샌드위치로 이 재료들의 머리글자를 따서 지은 이름—옮긴이)를 만들어 먹는 수요가 늘어나 이때 다시 돈육을 내다 팔았다. 선물거래사들은 공급의 흐름만 있을 때는 모아두었다가, 저장만 있을 때는 흘러나가게 했다. 돈육은 시카고상품거래소에서 가장 인기 있는 상품으로 등극했다.

소비자들로선 왜 특정 시기엔 구할 수 있는 게 냉동 베이컨뿐인지 그 내막을 알 도리가 없었다. 그러는 사이 돈육 생산자들은 지속적 흐름이 가능하도록 수요를 제어하는 법을 터득하게 됐다. 이제 흐름을 저장으로 바꾸고, 그 방향을 다시 바꾸는 데 다른 수단이 필요 없는 선물거래사들은 돈육 선물에서 손을 털었다. 그리하여 가장 오래된 가축 선물은 상장이 폐지됐다. 선물거래사들은 상시 접속 상태에 있는 현실과 직접 맞닥뜨리기 위해 거래소를 통한 중개에서 벗어나기 시작했다.

따라서 경기 침체에 빠진 유럽에서는 유로화를 사용하기 위해 치러야 할 대가가 만만치 않아 해당 지역 상인들이 저장 기반의 유로화를 버리고 있는 한편, 양돈산업에서는 신선도와 회전에 초점을 맞추는 것이 '장전' 전략과 더는 양립할 수 없어 선물 거래를 멈춘 상태다. 그리고 그 밖의 사업 영역에서는 저장에서 흐름으로 옮아가는 것이 과거에 대한 과도한 의존 상태에서 벗어나는 데 유용하며, 지금 이 순간에 주어지는 피드백을 잘 활용할 수 있다는 사실을 배워 나가고 있다.

단적인 예로, 월트 디즈니Walt Disney의 테마파크가 있다. 이 테마파크는 1990년대 중반에 이르자 옛 명성과 수익률이 하락하기 시작했다. 당시 디즈니 CEO였던 마이클 아이스너Michael Eisner는 상황이 심각해지고 있는 것을 알아차리지 못했다. 한동안 그는 디즈니의 보물상자 같은 캐릭터들과 지적 자산을 쥐어짜 미디어 업계에서 제법 큰 성공을 거두는 듯했다. 하지만 현실에선 식스플래그Six Flags, 유니버설스튜디오Universal Studios 같은 테마파크들과의 경쟁에서 밀려 디즈니를 상징하는 테마파크 사업이 점점 위축되고 있었다. 창업자 월트 디즈니는 1966년에 사망했는데, 이때는 디즈니 테마파크를 꾸려 나가는 직원들 대부분이 아직 태어나기도 전이었다. 이 테마파크를 맡은 새 수장은 과연 디즈니의 정신을 되살려 전 직원으로 하여금 디즈니 특유의 마법을 다시 불러일으킬 수 있었을까?

아이스너는 최고재무책임자CFO 저드슨 그린Judson Green에게 성장가도에 있는 테마파크와 라디오, 텔레비전, 스포츠 영역으로 뻗어 나가려는 디즈니 스튜디오가 서로 조화롭게 일할 수 있게 하라고 지시했다. 그린은 과연 미키나 도날드같이 이미 전설이 된 디즈니의 지적 자산에 축적된 잠재력이 분출되게 할 수 있었을까? 그린은 정반대의 전략을 취했다. 거의 한 세기 가까이 '장전'된 디즈니의 콘텐츠와 무관하게 테마파크라는 것은 언제나 현재에 존재한다는 사실을 깨달았다. 갈수록 힘을 잃어가는 디즈니의 정신을 살려낼 길은 '디즈니 아저씨Uncle Walt'(월트 디즈니가 TV 프로그램을 진행할 때, 어린이 시청자들이 부르던 애칭—옮긴이)를 무덤에서 불러내는 데 있지 않았다. 오히려 그 전설적인 애니메이션 황제의 천재성과 축적된 브랜드 가치에 대한 절대적인 의존에서 벗어나는 데 있었다.

그린은 테마파크가 온전히 현재주의에 입각해 돌아가도록 만들었다. 탈 것을 더 좋은 것으로 바꾸거나 투모로우랜드Tomorrowland를 건설하는 것(둘 다 실행하긴 했다)보다 현장에서 일어나고 있는 소통과 혁신의 방식을 바꾸는 것에 더 관심을 기울이는 전략이었다. 그린의 사업 철학은 이랬다. 혁신은 위에서 내려오는 것도 아니요, 축적된 과거의 경험에서 비롯되는 것도 아닌, 맨 앞에서 지금 이 순간 땀을 흘리는 사람에게서 비롯된다는 것이다. 경영이란 지금을 살아가는 직원들에게 한데 모아 압축한 지난날의 지혜를 주입하는 것이 아니라, 그들이 해야 하는 일들을 할 수 있도록 힘을 실어주는 것이다. 경영이란 사업을 책임지고 있는 직원들을 위한 일종의 고객 서비스 업무다.

예를 들어 몇 년 전 디즈니월드 입장객들이 테마파크를 순환하는 협궤 열차에 대여한 유모차를 실을 수 없다며 불만을 제기했다. 평소대로라면, 회사 측에선 열차 크기를 키우라는 식으로 상명하달의 해법을 취했을 것이다. 그러나 회사는 직원들에게 해결책을 찾아보라고 맡겼다. 아나나 다를까, 한 직원이 묘안을 냈다. 열차를 탈 때 유모차를 두고 탄 뒤, 다음 내리는 곳에서 새 유모차를 빌려 타면 된다는 것이었다. 유모차 이름표를 떼었다 붙였다 할 수 있게 만드니 그로써 문제는 다 해결됐다. 디즈니월드 입장객들로선 물 흐르듯 풀려나가는 해법 속에서 월트 디즈니의 마법이 여전히 살아 있다는 생각을 하게 됐다. 그리하여 효율성과 수익성은 물론이고 각 분야의 서비스 지표도 정점에 이르렀다. 하지만 그린의 경영 방식은 아이스너의 그것과 달랐고, 결국 테마파크를 역사적 유물에서 혁신의 실험장으로 바꿔놓았던 임원은 해고를 당했다.[36]

그도 그럴 것이, 아이스너로선 디즈니의 대용량 하드 드라이브를 포기하고 전적으로 RAM에 기대어 산다는 것은 썩 내키는 일이 아니었을 것이다. 결국 아이스너는 일요일 저녁에 〈디즈니의 놀라운 세상Wonderful World of Disney〉이라는 텔레비전 프로그램을 다시 방영하는 것으로, 그리고 월트 디즈니가 했던 것처럼 카메라 앞에서 직접 프로그램을 소개하는 것으로 자신의 CEO 임기를 시작했다. 또한 그는 사고자 하는 데만 있으면 어디든 디즈니 캐릭터 사용권을 팔았고, 사업 계약에 필요하다면 디즈니의 이름과 브랜드를 마구잡이로 사용했다. 이렇게 체결한 계약들 중에는 이익보다 가치를 먼저 고려하던 디즈니의 전통과 온전히 양립한다고 볼 수 없는 것들도 있었다. 축적된 디즈니의 유산을 한번에 다 써버리려는 그의 성마름으로 인해 디즈니 주가가 치솟기는 했으나, 디즈니의 후손들은 충격을 받았다. 로이 디즈니Roy Disney는 아이스너가 디즈니를 '영혼이 없는 탐욕적인' 회사로 만들었다며 디즈니 이사직을 사임하고 소송에 들어갔다. 이로 인해 아이스너는 몇 년 뒤 사임을 하게 됐다.[37] 자신의 책에서 이 시기를 언급할 때조차, 여전히 아이스너는 문제의 핵심을 제대로 파악하지 못하고 있는 것처럼 보였다. 그때의 일을 그는 문화 전반에 퍼진 현재 충격의 한 사례로 간주하지 않고 경영 방식과 개성의 충돌로 이해하고 있는 것 같으니 말이다.

저장된 과거의 영향력과 현재의 요구 사이에서 균형을 잡는다는 말은 일종의 감언이설이며, 그 말에 많은 사람들이 혼란스러워한다. 얼마나 많은 이전 세대가 노년에 편안히 지낼 수 있는 노후자금을 마련하기 위해 젊을 때 열심히 벌고 저축하라고 했던가? 이는 마치 야생의 동물에게 나중에 먹지 않고도 살 수 있을 만큼 지금 많이 먹어두라고 하는 것과 같다.

그러나 이와 반대되는 경우도, 생존주의자의 관점이 아무리 솔깃하다 하더라도 실현 가능성이 없긴 마찬가지다. 전적으로 RAM에 의지한 삶을 살겠다는 것은 앳킨스 다이어트Atkins Diet(고단백질 식품만 먹고 고탄수화물 식품은 피하는 다이어트. 한때 우리나라에서 '황제 다이어트'로 일컬어지기도 했다—옮긴이)로 연명하겠다는 것과 차이가 없다. 모든 것이 그냥 우리 몸을 스쳐 지나가는 것이다. 저장되는 것도 축적되는 것도 없다. 끌어다 쓸 여분의 영양을 남겨두지 않고 항구적인 움직임과 흐름만 있을 뿐이다. 경영이나 삶에 대한 절대적인 현재주의 접근법은 오래갈 수 없다. 그야말로 탁발 그릇 하나만 들고 세상을 돌아다니는 불교 승려들 외에는 누가 기업이나 조직을 그런 식으로 운영할 수 있을까? 누구든 불가능하다.

대신 우리는 적절하게 장전하는 방법을 배워야 한다. 시간을 압축하고 풀되, 미래를 훔치거나 보존된 과거를 고갈시키지 않고 현재적 순간을 부양해야 한다. 현재를 약탈하고 그것에 지나치게 부담을 줄 만큼 우겨 넣어서도 안 되지만 그렇다고 너무 아껴도 안 된다. 새로운 흐름에 접근할 수 없을 정도로 축적된 것이 없다면 생존이 불가능하다. 과도하게 감지 않는 수준에서 장전하는 방법을 배워야 한다.

감아올리기

시간 압축이라면 뭐든지 회피하기보다 대신 그 강점과 약점을 파악해 자신에게 유리한 방향으로 활용해야 한다. 어떤 프로젝트를 위해 사전에 시간을 꾸리는 방식은 항상 존재해왔으며, 필요한 순간에 준비된 방대한 시간, 곧 세월을 펼칠 수 있었다.

최초로 불을 사용했던 혈거인들은 자연계엔 에너지라는 스프링이 장전돼 있고 이것이 '열'이라는 현재로 펼쳐진다는 점을 인식했다. 한 그루의 나무는 수백 년간 태양에너지를 받아 목질의 형태로 비축된 것이다. 석유는 그보다 더 많은 시간 동안 에너지가 저장된 것이고 석탄은 그보다 더 오래된 것이다. 그것들이 화석연료로 불리는 것은 이 때문이다. 우리는 조밀하게 우겨 넣어진 장구한 삶이라는 투입량을 지금 이 순간 우리가 살고 있는 세계에 동력을 공급하기 위해 방출한다. 이를 통해 우리는 다시 채우는 속도보다 더 빠르게 미래를 위해 쓰일 비축물을 고갈시킨다. 우리는 또한 청결하고자 노력하는 속도보다 더 빠르게 미래를 오염시킨다.

'저장'이 기능하지 못할 때 우리는 '흐름'으로 눈을 돌린다. 화석연료의 고갈을 눈앞에 두고 우리는 바람이나 햇빛 같은 지속 가능하고 재생 가능한 에너지원에 주목하게 된다. 이들 에너지원은 어떤 것도 고갈시키지 않는 듯 보인다. 태양은 계속 빛나고 바람은 계속 분다. 이것들은 우리 후손들이 호흡하거나 오염을 제거해야 할 어떤 잔여물도 남기지 않는다. 문제는 이것들이 진정으로 지속적이지 않다는 데 있다. 태양은 밤에는 사라지고 바람은 불규칙적으로 분다. 다시 한번 해법은 한순간의 에너지를 압축하고 저장해 필요한 순간에 사용하는 길에 있다.

이는 보기보다 어렵다. 지금 재생 가능한 에너지로의 접근을 막는 것은 (대체에너지를 통해 오늘날의 화석연료 시장을 해체하고 싶지 않은 마음 외에) 에너지를 효율적으로 저장하고 배분하는 능력의 부재다. 현재의 배터리 기술은 더 이상 이런 일에 적합하지 않을 뿐더러 리튬이나 몰리브덴 같은 희토류 광물을 필요로 한다. 그런데 이 또한 석유만큼 고갈되기 쉽다. 자동차가 석유 의존 상태에서 벗어난다 하더라도 이번엔 다른 희소한 배터리 물질에 의존하게 되는 것이다. 최대한 실용적으로 에너지를 압축하고 해제할 방법을 찾아내야만 배터리용 저장 물질을 충당하기 위해 모두들 리튬으로 몰려가는 일을 피할 수 있다. 여기엔 또한 석탄이나 석유가 무한정한 게 아니고 대기 상태도 불변의 것이 아님을 전혀 지각하지 못했던 지난 20세기에 우리가 그랬던 것보다는 에너지를 훨씬 아껴 쓰는 태도가 요구된다. 자연은 에너지를 매우 상이한 시간 척도에 따라 저장하지만 인간의 점화 기술은 그것을 일시에 태워버린다.

어쩌면 이것이 프로메테우스가 필멸의 존재에게 불을 가져다준 죄로 벌받는 이유일지도 모른다. 이 신화는 불은 신들의 시간, 다른 말로 하면 자연이 축적한 시간을 해제하는 것이고 인간의 이해와 통제를 넘어서는 힘을 풀어내는 도구라는 점을 말하고 싶었을지도 모른다. 흥미롭게도, 벼랑에 묶여 독수리에게 간을 쪼아 먹히는 프로메테우스가 받은 형벌은 고통스러운 현재 충격의 형태다.

하지만 우리 인간은 전적으로 짧은 영원 속에서만 살 수 없다. 문명을 건설한다는 것은 시간을 저장하고 용의주도하게 사물을 '장전'하는 것을 의미한다. 우리는 신을 화나게 하거나 세상을 파괴하지 않고도 얼마든지 그렇게 할 수 있다. 장전하기는 화석연료로 뭔가를 만들어내는 일뿐 아니라 전적으로 의도적이고 예측 가능한 전략이 될 수 있다.

많은 기업과 조직들이 자연에서 단서를 얻어 시간을 자신들의 업무 속으로 응축해 넣고 있다. 그리하여 자동으로 펴지는 소형 텐트처럼 필요한 때 펼쳐질 수 있도록 한다. 예루살렘 샤르제덱메디컬센터Shaare Zedek Medical Center에선 이런 전략을 채택해 2011년 쓰나미 피해자들을 위해 일본의 한 축구 경기장에 임시 수술실, 진찰실, 병동을 세웠다. 야전병원은 한 세기 가까이 군대에서 사용되어왔지만 샤르제덱의 의사들은 이 개념을 받아들여 새로운 차원으로 격상시켰다. 모든 것이 다 수송 가능한 상태로 갖추어져 있는 확장 가능한 메디컬센터는 실제적으로 전 세계 어디서나 비행기로 운반되어 설치될 수 있다. "설사 사막 한가운데 떨어뜨린다 하더라도 우리는 일할 수 있다"라고 이 병원의 한 심장외과 의사는 말한다.[38]

샤르제덱은 1979년부터 이 일을 해왔지만 세간의 이목을 끈 것은 2010년 아이티 지진 이후였다. 이 병원은 지진 피해자에게 평상시에는 받을 수 없는 수준의 의료 서비스, 이를테면 첨단 인공호흡기라든지 완벽한 적합도 검사를 거친 수혈 처치 등의 봉사를 제공함으로써 신화적인 위치까지 오르게 됐다. 일본에서는 샤르제덱만이 홀로 야지에 병원을 세웠을뿐더러 장비도 가장 훌륭했다. 산부인과에서 안과에 이르는 모든 진료 과목이 다 개설됐다. 이 야전병원은 지금까지 열두 번의 봉사를 했고 새로운 의료 봉사를 할 때마다 이전 봉사에 뭔가가 항상 더해졌다. 하나의 시간 관리 시스템으로서의 샤르제덱은 최선의 장전 모델을 제시했다. 수년간의 경험과 학습 위에 몇 주간의 준비와 물리적 장착 시간을 더한 다음 이를 수송용 컨테이너에 응축해 넣는다. 그리고 이른바 비상 상황, 즉 시간의 여유가 없는 곳에서 일시에 그것을 개봉해 전개하고 세운다.

우리는 새로운 형태의 '장전'이 사회의 다양한 부문에서 행해지고 있음을 본다. 특히 우리가 갈수록 디지털적 공간에서 살게 되면서 이런 현상은 더 분명해지고 있다. 예를 들어 조이치 이토Joichi Ito는 인터넷 기업가이자 MIT 미디어랩 소장이다. 그는 새로운 기술의 개발 주기가 압축될 필요가 있다고 생각한다. 이전에는 어떤 상품을 그대로 복제하는 것과 그것을 넷에 출시하는 것이 과정상 구별됐지만 지금은 같은 게 됐다. 흐름에 대한 숙고 끝에 이토는 다음과 같이 말했다. "그냥 뭔가를 해보는 게 앉아서 뭘 해볼까 말까 생각해보는 것보다 비용이 덜 드는 일이 됐다. 제조 공정도는 이제 너무 복잡하고 만들려면 너무 많은 돈이 들어 그냥 스스로 되는 대로 해보는 게 더 낫다. 지금은 지도보다 나침반이 필요한 때다."[39] 다른 말로 하면, 시장조사를 하고, 시제품을 만들며, 테스트를 하고, 나중에 본 제품을 만드는 것이 아니라 개발자는 이 과정을 한 번의 흐름에 압축해 넣는다. 계획, 시제품, 테스트, 제품 출시가 동시에 이뤄지는 것이다. 이는 미래를 감는 동안에 풀린 과거를 되감는 일이 동시에 현재에서 일어나는 도교적 세계인 것이다.

이런 전략은 이를 적극적으로 지원해줄 공동체를 요구한다. 고객들은 자신들을 개발 초기 단계에 투자한 소프트웨어의 수혜자로 여겨야 하고, 경쟁자들은 자신들을 그 개발 계획이 유도한 선반적인 가치 창출 과정의 참여자로 생각해야 하며, 초기 개발자들은 현재 스스로가 보이고 있는 혁신 능력을 믿어야 한다. 설사 그들이 공유한 것이 다른 사람들에 의해 복제된다 하더라도 말이다. 이 전략이 제대로 적용되기 위해서는 이것을 공통의 관심사로 받아들일 수 있는 보통 사람들이 필요하다. 보통 사람들만이 개발과 출시 이후에 나타나는 장기적인 반향의 이해당사자가 될 수 있기 때문이다. 하지만 지금까지 우리들 대다수는 이런 식으로 생각할 수 없었다.

이것이 바로 보통 사람들의 비극이 의미하는 것이다. 자기이익의 관점에서 독자적으로 행동하는 일군의 개인들이 공유자원을 고갈시킬 가능성이 높다. 그것이 모든 사람들에게 해를 입힌다 해도 그들은 그렇게 할 것이다. 이는 환경오염 비용을 외부화하는 기업들에게도 적용된다. 넷에서 사용자들이 다른 사람들에게 팔기 위해 음악이나 영화를 불법 다운로드하는 경우도 이에 해당된다. 음악을 훔치는 행위는 각 개인의 단기적인 자기이익 추구에 기인한 것이다. 여기에 돈을 낸다는 것은 나쁜 짓에 동조하는 것이다. 모든 사람들이 다 이런 식으로 생각한다면 음악인에게 돈을 낼 사람은 아무도 없게 될 것이다. 그리고 음악 창조도 멈추게 될 것이다.

음악을 훔치거나 자원을 고갈시키는 개인(주의)적 행위는 일종의 압축 행위라고 볼 수 있다. 미래로부터 뭔가를 훔쳐내 아무런 비용을 지불하지 않고 현재에서 즐기는 행위다. 우리가 개인으로 살아가는 한, 먼 미래는 그리 큰 문제가 되지 않는다. 긴 현재를 외치는 철학자들은 이 즉각적인 소비 시대의 자기만족 너머를 볼 수 있는 유일한 방법은 미래를 내다보는 것뿐이라고 주장한다. 아이를 가져라. 장기적으로는 나만의 이익이 더 이상 실현되지 않는다는 것을 알게 되는 순간, 우리는 개인적으로도 행동과 태도를 바꿀 것이다. 비록 우리가 이기적으로 생각한다 해도 '결국에 가선 나me'를 우선시하는 태도가 '지금 바로 나me'를 중시하는 것만큼 나쁘지 않은 것이다.

장기적인 관점에서 사고하는 것은 비록 그것이 자기이익을 위한 거라하더라도 사람들로 하여금 좀 더 협력적인 해법을 모색케 한다는 몇 가지

증거들이 있다. 예를 들어 '죄수의 딜레마' 실험에서 각 개인들은 경감된 형량을 받으려면 공범에게 불리한 증언을 해야 한다. 게임은 간단하다. 두 사람이 체포돼 분리 수감된다. 한 사람이 공범에 대해 불리한 증언을 했는데, 공범이 묵비권을 행사하면 배신자는 방면되고 침묵을 지킨 자는 감옥에서 1년을 보내야 한다. 만일 둘 다 아무 말도 안 하면, 둘 다 감옥에 한 달간 갇혀 있게 된다. 양쪽 다 배신 행위를 하면 각각 세 달씩 감옥 신세를 지게 된다.

개인적인 측면에서 최악의 결과는 자신만 침묵을 지킨 상태에서 상대방이 배신하고 방면되는 경우다. 이 때문에 다수의 사람들은 가장 안전하면서도 겉보기에는 자기이익이 가장 극대화되는 해법을 택하게 된다. 바로 공범을 배신하는 것이다. 그런데 사람들이 이 게임에 참여하는 횟수가 늘어날수록 점점 더 협력적인 해법을 선택하는 경향이 생겨난다. 게임을 누군가와 함께 거듭한다면, 상대방을 배신하지 않을 것임을 보여주는 게 자기이익 실현에 도움이 된다는 사실을 깨달은 것이다. 협력적인 팀들을 보면, 둘 다 침묵을 지킴으로써 전체적으로 가장 짧은 형기를 살게 된다. 이런 협력 의식은 이 게임을 거듭할 가능성이 높을수록 커진다. 정치학자 로버트 액슬로드Robert Axelod의 설명에 따르면, '미래의 그림자'가 길어지면 우리는 좀 더 내구력 있는 관계의 기초를 다질 수 있게 된다.[40]

이는 확실히 옳은 방향으로 한 걸음 전진하는 것이다. 미래에 대해 갑자기 염려하게 될 때, 우리는 더 이상 과거의 내용물을 태워 현재의 비용을 치르지 않을 것이다. 나는 딸을 낳을 때까지 지구온난화나 물 고갈에 대해 진정으로 걱정하지 않았다. 그러나 딸의 존재는 내 정신의 타임라인을 연장시켰다. 그러나 내가 이런 식으로 미래에 대해 생각하면 할수록, 우리는 긴 현재, 즉 쓰레기통 위에 넘쳐나는 플라스틱 병들과 함께 동결된 이 순간 때문에 무기력해진다.

불편한 진실은 이해당사자를 계몽시키기보다 불안에 떠는 신경증환자를 만들어낼 가능성이 더 높다. 짧은 영원 속에서 성공적으로 운항하는 자들은 사고를 길게 하는 것이 아니라 넓게 하는 걸 배운 사람들일 것이다. 우리는 우리 의식을 자기이익에 충실한 제로섬 게임 너머로까지 고양시켜야 한다. 현재 충격을 경감하는 일에서 중요한 것은 긴 시간의 지평이 아니라 같은 딜레마에 빠져 있는 다른 모든 '죄수'들에 대한 의식 여부다. 공통의 관심사를 보유한 보통 사람들이 우리가 자기이익 중심적 태도를 뛰어넘을 수 있는 명분을 제시하는 위에 짧은 영원의 불안을 진정시킬 수단을 제공해줄 수 있는 이유가 여기에 있다. 훌륭한 공동체는 우리의 시간과 경험을 보호해줄 수 있다.

이렇게 생각해보자. 개인은 흐름이다. 공동체는 저장이다. 오직 개인만이 행동을 취할 수 있다. 오직 공동체만이 시간 속에서 모든 충격을 흡수할 수 있다. 현재주의자들의 활동, 이를테면 그리스에서 대안적 통화를 시도하고 있는 사람들의 활동이 그렇듯, 개인은 더 이상 가치를 축적할 수 없다. 하지만 큰 공동체가 움직이면 사람들 사이에서 상품과 서비스도 움직인다. 상인도, 식당도, 서비스업자도 없던 동네에서 그렇게 할 수 있다. 빚을 내지 않고도 가능하다. 그런가 하면 공동체가 개별 상인들과 더불어 경험한 것들은 지식 은행의 일부로 축적되며 공유될 수 있다.

삶의 공동체에서 누군가의 평판은 가장 순수한 형태의 지식 전승 도구이자 사람들로부터 가장 쉽게 수혜를 입는 길이 된다. 이베이eBay에서 당신의 사용자 이름 옆에 있는 성공 거래 횟수는 공동체가 당신과 함께 축적한 경험들이다. 판매자이자 구매자로서의 당신 자체가 하나의 숫자로 남은 것이다. 자기이익 중심적 개인들이 네트워크, 이를테면 온라인상 음악 절도 네트워크 같은 곳에서 훔친 거라 해도 파일 자체는 제대로 평가받을지 모르지만 그걸 올린 자들은 그렇지 않다. 그들은 익명으로 남게 된다. 단순히 그들이 법을 어겨서가 아니라 자신들이 보통 사람들에게 해를 입히고 있음을 그들 스스로가 알고 있기 때문이다.

우리를 무기력하게 만드는 짧은 영원의 자장磁場을 뛰어넘으려면 개인이나 기업을 막론하고 개별적 미래를 너무 멀리 내다보지 말아야 한다. 대신 지금 당장 자신과 다른 사람, 사물들을 이어주고 있는 것을 더 많이 의식하고 생각해야 한다.

4장
프랙털 강박
피드백에서 패턴 찾기

PRESENT SHOCK

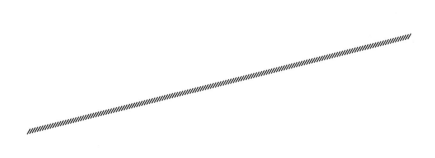

"모든 것은 다 의미가 있어요everything is everything." 마치 인생의 퍼즐을 풀기라도 한 것처럼 셰릴은 단언한다. 심야 라디오 프로그램에 전화를 건 그녀는 마침내 '모든 것이 어떻게 맞아떨어지는지'를 알아냈다고 말한다.

그녀는 처음엔 어떤 화학물질 구름에 대해 말한다. 비행기가 하늘에 그려놓은 비행운에는 분명 제트기관에서 연소 배출된 물질 외에도 뭔가가 더 함유돼 있을 거라고 셰릴은 역설한다. "그 패턴이 바뀌었다고요. 그리고 쓰나미가 들이닥쳤을 때, 그게 갑자기 분명해졌어요. 나는 큰 그림을 봤어요."

셰릴이 맞춰낸 그림은 다음과 같았다. 비행기 항로에 남는 응결된 수증기 흔적은 그 모양이 이리저리 바뀐다. 어느 순간 그것은 하늘에 매우 특별한 패턴을 그려내는데 이전과는 달리 이번에는 쉽게 모양이 흐트러지지 않았다. 그 속에는 무지개 같은 빛나는 입자들이 있는 것처럼 보였다. 이는 그 위에 여러 가지 화학물질들이 층을 이루고 있기 때문이고, 결국에는 우리 머리 위로 쏟아져 내릴 것이었다.

미국의 다른 많은 화학물질 구름 감시자들과 마찬가지로 셰릴은 의혹과 염려가 혼재하는 상태에 있었다. 그녀는 그 화학물질들이 어떤 용도인지 추정할 뿐이었다. 정신 통제용? 강제 불임용? 새로운 세균전 기술 실험? 2011년 3월 일본에 지진이 일어나고 쓰나미가 강타했을 당시는 일본이 미국 주도의 무역협정 체결을 거부한 직후이지 않았나? 그녀는 그 화학물질 구름엔 매우 전도성 높은 입자들이 포함돼 있어 알래스카의 하프HAARP 일기통제소가 원격으로 일기를 통제하는 데 도움을 준다고 생각했다. 미국 방위고등연구계획국Defense Advanced Research Projects Agency 산하에 있는 하프는 고주파 활동성 오로라 연구 프로그램High Frequency Active Auroral Research Program의 약어로, 이름 그대로 전리층만을 연구하는 곳이 아니다. 이곳은 일기를 바꿀 수 있는 신호를 발사하고, 지진을 일으키고, 세계정부 수립을 위한 합의를 만들어내고자 하는 곳이라는 것이다.

라디오 프로그램 진행자는 셰릴의 분석으로 많은 것이 분명해졌다면서, 자신도 빠른 시일 내에 화학물질 구름 전문가가 되어 '느슨하게 풀어져 있는 이 모든 것들을 확실하게 맞추는 일'에 동참하겠노라고 말한다.

'모든 것이 백일하에 드러났다'는 셰릴의 주장은 그리 유별난 게 아니다. 수십여 개의 웹사이트와 유튜브 동영상이 이와 유사하게 일기, 군사, 경제, 하프, 자연재해, 제트기관 배출물질 등의 연관성을 제기하고 주장한다. 그들은 이른바 '음모론의 작은 조각'이라 할 만한 것을 만들어내는데, 이는 온라인을 위시한 여타 미디어의 관심을 유발하는 효과가 있다. 이들에 따르면, 언뜻 무관해 보이는 수많은 사실들이 모두 연결돼 있다. 9·11 테러와 오바마 대통령의 출생지에서부터 빌더버그 그룹Bilderberg Group(빌더버그 콘퍼런스, 빌더버그 클럽이라고도 하며 미국과 유럽 각국의 정계, 재계, 왕실 관계자들 약 100~150명이 모여 다양한 국제정치, 경제 문제를 논의하고 비밀리에 정책을 결정하는 모임을 말한다. 네덜란드 빌더버그호텔에서 제1차 회의가 개최됐기 때문에 '빌더버그 그룹'이라고 부른다—옮긴이), 면역 문제에 이르는 모든 것들이 말이다.

그들은 자신들이 제기하고 비난하는 문제에 대한 해법보다 그들 모두가 그렇게 할 수밖에 없는 필요성을 더 중시한다. 이는 그들 나름의 현재 시제로 세계를 이해하려는 시도다. 더 이상 선형적 시간이 존재하지 않는다면, 어떻게 현재 진행 중인 것을 파악할 수 있겠는가. 예전에는 분명하게 구별됐던 원인과 결과가 마구 뒤섞여버린 나머지 그들에겐 왜 현재가 지금처럼 됐는지에 대한 어떤 스토리나 서사도 없다. 또한 어떤 것을 행하는 것과 그 결과를 보는 것 사이에 시간적 차이가 존재하지 않는 대신, 결과라고 할 수 있는 것이 축적되어 우리가 행동을 완료하기도 전에 우리에게 영향을 가한다. 그리고 한번에 수많은 곳에서 무수한 정보들이 쇄도하기 때문에 시간을 두고 어떤 플롯을 따라갈 여유가 없다. 사안을 관통하는 선형적인 실마리가 없기 때문에 우리로선 〈로스트〉나 〈와이어〉 같은 서사 이후 드라마의 주인공이 깨달음을 얻는 방식, 즉 모든 것을 다 연결시킬 수밖에 없다.

음모론이 그토록 쉽게 퍼지게 된 이유를 인터넷 탓으로 돌릴 수도 있다. 사실, 모든 것을 다른 모든 것과 연결하는 일이 가능하도록 만들었다는 점에서 인터넷은 더 큰 책임을 져야 한다. 하이퍼텍스트 연결은 우리로 하여금 어떤 사실이나 생각을 다른 사실이나 생각과 연결할 수 있게 했다. 온라인에서 새로운 콘텐츠는 새로운 스토리나 정보가 아니라 어떤 것을 다른 것과 연결하는 새로운 방식을 의미할 뿐이다. 소셜 네트워크가 "제인은 이제 톰과 친구입니다"라고 말하면 연결이 이뤄지고 그림은 좀 더 완벽해진다.

모든 사람이 다른 모든 사람, 모든 것과 연결돼 있는 것처럼 보인다. 물론, 한번 모두가 다른 모두, 모든 것과 연결되면 더 이상 문제될 게 없다. 세상의 모든 이들이 페이스북 친구라면, 구태여 페이스북 친구가 필요할 이유가 없으며 다시 원점으로 돌아간다. 궁극의 복잡성은 또 하나의 무질서entropy이거나 아니면 셰릴이 말한 것처럼 "모든 것이 다 의미가 있다."

사람과 사물 사이에 얼마나 쉽게 연결선을 그려 넣을 수 있는가는 일관된 스토리라인이 없는 세계에서 패턴을 찾고자 하는 욕구에 좌우된다. 시간이 존재하지 않는다면, 그것이 어디서 와서 어디로 가는가의 관점에서 사물을 이해할 수 없고 어떤 목적과 의도 그리고 시작과 끝이라는 관점에서 사물을 서로 연결할 수도 없다. 더 이상 경력경로career path가 없고 연결도와 조직도만 있을 뿐이다. 더 이상 시간의 흐름에 따라 행해지는 투자의 경제가 없고 현재의 관계들로 이뤄진 경제만 있을 뿐이다. 더 이상 파워포인트 슬라이드의 순차적 논리를 이어가지 않고 확대 축소가 가능한 프레지Prezi 캔버스로 갈아탄다. 온라인 프레젠테이션 도구인 프레지에서는 수많은 연결된 부분들의 총합이라 할 수 있는 하나의 복잡한 그림이 모습을 드러낸다. 세계의 역사는 없고 그 지도와 시각화된 데이터만 있을 뿐이다. 스토리는 말하는 데 시간이 걸리지만 그림은 고정된 순간 속에 존재한다.

시간 안에서 맥락을 만들 수는 없지만 링크를 통해 그것을 창조할 수 있다. 이는 이것과 저것이 연결되고, 이것이 저것을 환기시켜주며, 이것이 저것을 반영하는 것을 말한다. 온 세상이 홀로그래피처럼 보이기 시작하는데 여기서 모든 조각과 부분은 전체를 반영한다.

우리가 발견한 것은 시스템 이론과 카오스 수학으로 강화된 어떤 지각력이다. 프랙털fractal(컴퓨터 기반 위상 기하학으로 초기 사이버 문화와 관련이 있으며 1960년대의 페이즐리 패턴과 유사하다)은 구름과 파도에서부터 바위와 숲에 이르는 자연 현상을 대강이나마 이해하는 데 도움이 된다. 전통적인 유클리드 수학과는 달리 프랙털은 그 복잡성을 순화해 지나치게 단순화된 직선과 곡선으로 환치시킨다. 프랙털 기하학은 실물이 실제로 1, 2, 3차원으로 존재하지 않고 그것들 사이에 모호하게 존재하는 방식을 주목한다.

프랙털은 실제로 반복되는 숫자를 기반으로 반복되는 재귀방정식에 불과하다. 그러나 이것이 컴퓨터로 표현되면 아름답고 복잡한 패턴으로 나타나 산호초나 양치류 혹은 날씨 시스템처럼 보인다. 프랙털이 흥미로운 이유는 그것이 자기유사self-similar 성향을 갖기 때문이다. 어떤 패턴의 한 부분을 고배율로 확대하면, 새로운 이미지에서 전체와 유사한 형상이 나타나고, 다시 이 형상의 한 부분을 고배율로 확대하면 또다시 전체와 닮은 패턴이 보인다.

한편으로 이는 위로, 아래로 진행되는 방향성을 보이며 엄청난 프랙털을 이뤄 나간다. 자연에는 패턴이 있으며 그것은 숲속을 산책하는 동안 우리에게 기운을 불어넣어주는 풍경의 일부가 된다. 나뭇가지 모양은 엽맥이나 나무줄기 사이로 난 통로의 패턴과 비슷하다. 프랙털에서 반복되는 패턴은 카오스 아래 어떤 일관성logic이나 양식이 자리하고 있는 것처럼 생각하게 한다. 한편으로 프랙털을 확대해 들어가다보면 급기야 어떤 단계를 들여다보고 있는 것인지 가늠할 수 없게 된다. 어떤 세부든지 확대를 해놓으면 다른 차원이나 단계의 세부와 같기에 몇 단계만 들어가도 영원히 길을 잃게 된다. 영화 〈인셉션Inception〉에서처럼 꿈속의 꿈속의 꿈 같으므로 어떤 차원에 있는지 알아보는 일 자체가 난제다. 어떤 면에서는 구태여 그럴 필요를 느끼지 못한다.

한편, 프랙털을 가지고 좀 더 환원주의적 관점에 도전하는 사람들도 있다. 프랙털은 IBM의 브누아 망델브로Benoit Mandelbrot(1924‒2010, 폴란드 태생의 프랑스, 미국 수학자. 프랙털 기하학의 선구자로 IBM에서 35년간 일했고 예일대학에서 가르치기도 했다—옮긴이)가 성공적으로 응용해 전화선의 무작위적이고 간헐적인 간섭 문제를 해결한 이래, 날씨 시스템과 컴퓨터 파일 그리고 박테리아 배양 등에서 기저에 내재된 패턴을 알아내는 데 쓰였다. 때로 프랙털 기하학의 열광적 지지자들은 좀 더 멀리까지 나갔는데, 그들은 이 비선형 방정식을 통해 (유형의) 어떤 것도 존재하지 않는 시스템의 패턴을 찾아내려고 했다. 주식시장이나 소비자 행동 분석에 적용한 결과, 프랙털은 이 시스템 자체보다 그 안에서 패턴을 찾고자 하는 사람들에 관해 더 많은 것을 알려줬다.

프랙털에는 우리를 어떤 방향으로 이끄는 동시에 어떤 척도와 적합성에 대한 우리의 감각에 도전하는 이중 속성이 존재한다. 그것은 우리로 하여금 복잡계의 기저에 내재된 패턴에 접근할 수 있게 해주는 동시에 우리를 꾀어 어떤 것도 존재하지 않는 곳의 패턴에 주목하게 만든다. 이런 특성으로 인해 프랙털은 현재 충격과 관련된 모종의 패턴 찾기의 놀라운 아이콘이 된다. 이는 '프랙털 강박fratalnoia'이라는 신드롬과 밀접한 관계가 있다. 〈미스터리 과학 극장 3000〉의 로봇들처럼 우리는 어떤 것을 다른 것과 연결하는 일을 하면서 우리 또한 연관되게 된다. 설사 그 연결하기가 강제되거나 허구의 것이라 해도 마찬가지다. 쓰나미와 화학물질 구름을 연결하다보니 상황이 이해됐고, 화학물질 구름을 다시 하프와 연결하자 전모가 파악된다는 식이다.

프랙털 강박에 입각해 매사를 연결하는 일은 음모론자들만 하는 게 아니다. 시간이 사라진 세계에선 모든 이해가 동시적으로 이뤄져야 하며 이런 동시성이야말로 우리가 가진 모든 것처럼 보인다. 현재 충격 상태에 빠진 사람들이 동시에 일어난 것들을 모두 연결하는 성향을 보이는 이유가 여기에 있다. 기저에 그것들을 단번에 꿰는 어떤 논리가 있다고 믿는 것이다. 경제 뉴스 채널을 보면 어떤 사건이나 대통령 기자회견 화면 하단에 실시간 종목별 주가를 알려주는 디지털 주가 표시 막대가 흘러간다. 대통령의 말이 다우지수에 어떤 영향을 주는지 안 볼 도리가 없다. 거래소 안의 분위기가 실시간으로 뉴스에 반영되는 듯하거나 아니면 최소한 그럴 수 있을 거라고 생각된다.

시장 프랙털 강박의 좀 더 분명한 버전은 주식시장의 변동을 정당화하는 뉴스를 보도하는 데 주력하는 〈월스트리트저널*The Wall Street Journal*〉 웹사이트나 CBS 〈마켓워치*Market Watch*〉 같은 온라인 경제 뉴스 서비스에서 볼 수 있다. 그들은 그리 관련성이 없어 보이는 두 사건이 관련돼 있다는 걸 진작 알았다는 듯 유럽중앙은행발 낙관적 소식과 그날 아침 다우지수 50 포인트 상승을 연결하려 안간힘을 쓴다. 이 스토리가 웹사이트에 올라갈 무렵 주가지수는 떨어지고, 뉴스업자들은 주택 문제나 소비자 물가지수 등에서 그 이유가 될 만한 것을 찾아내 서로 연결시킨다. 뉴스를 만드는 일이 마치 꼬리잡기와 같다.

그렇다고 패턴 찾는 일이 쓸모없다는 건 아니다. 다만, 아무것도 없는 곳 혹은 무언가 있다 해도 그 연관성이 매우 희박한 것에서 그토록 쉽게 연결이 이뤄지고 있다고 말하는 게 무모하다는 의미다. 마셜 매클루언조차 카오스로 가득 찬 전자 미디어 시대에는 패턴을 찾아야 제대로 헤쳐나갈 수 있다고 말한 바 있다. 이는 우리가 미디어를 대하는 방식에 국한되지 않고 기업이나 사회 혹은 전쟁 등의 영역에서 상황을 주시하고 결단을 내리는 방식에도 적용할 수 있다.

기업 세계에선 급격한 변동이 일어나더라도 이것이 재빨리 새로운 질서로 자리 잡게 된다. 코닥^{Kodak} 같은 거대 기업의 몰락과 페이스북 같은 신흥 세력이 대형 석유회사보다 더 가치 있게 인식되는 현상이 대표적인 예다. 차기 징가^{Zynga}(미국의 소셜 네트워크 게임업체. 페이스북이나 마이스페이스^{MySpace}와 같은 소셜 네트워크 서비스에 독립형 혹은 애플리케이션형 브라우저 기반 게임을 제공한다—옮긴이), 그루폰^{Groupon}(할인된 상품권을 판매하는 사이트—옮긴이)이 될 만한 곳은 어디일까? 확실한 것은 또 다른 소셜 네트워크 게임업체나 온라인 할인쿠폰 업체는 아닐 거라는 점이다. 그러나 그 순간에는 징가나 그루폰과 등가물이 될 수 있는 그런 회사일 것이다. 우리는 어떻게 이런 사실들을 연결할 수 있을까? 지정학적 무대로 이동해보자. 전쟁은 더 이상 전쟁터나 어떤 외교적 서사와 연결된 지점에서 발생하지 않고 계속 이어지는 일련의 위기이자 테러리스트의 공격이며, 기껏해야 비대칭(일방적) 전투일 뿐이다. 언제 어디서 다음 공격이 일어날까?

이런 사실들에 담긴 내용이 아니라 그 사실이 이루는 패턴의 형상을 포착하는 데 묘수가 있다. 메시지가 아니라 미디어를 주목해야 한다. 내가 이해한 바로는, 어떤 문화적 요동이나 미디어적 사건은 그것에 담겨 있을

법한 목적이나 의도보다 그것이 채우고 있는 공간과 더 큰 관련이 있다. 찰리 신이 트위터상에서 화제가 된 것은 그가 시트콤에서 퇴출됐기 때문이 아니라 기이한 트윗들을 올렸기 때문이다. 그는 자신의 사건이 일어나기 바로 직전에 화제가 됐던 '아랍의 봄' 스토리가 효력을 다하고 텅 빈 공간을 자신의 스토리로 채웠다. 지나치게 미디어에 의존하는 문화에선 알맹이가 없는 시점이 항상 존재하는데, 이는 또 다른 명사나 스토리로 채워지게 된다. 졸저《미디어 바이러스*Media Virus*》에서도 말했다시피, 특정한 바이러스의 확산 여부는 바이러스 내부의 코드가 아니라 문화 전반의 면역 체계 반응에 달려 있는 것이다.

이는 직관에 반하는 것처럼 보인다. 때로 무엇이 어디로 가고 있는지 제대로 파악하려면 그 공에서 눈길을 떼야 한다. 최근의 것, 마지막 것만을 주목해선 다음의 큰 투자 기회가 어디에 있는지 알아낼 수 없다. 마지막 것이 충족시킨 니즈가 무엇이었는지 그리고 그전의 것은 어떤 니즈를 충족시켰는지를 알아야 한다. 외교정책 저널에 실린 어느 나라의 내부 소요를 정당화하는 기사를 읽는 것만으로는 다음 자살 폭탄 테러를 예측할 수 없다. 테러 네트워크의 각 결절들이 어떻게 연결돼 있는지 추론해야 하는 것이다. 파도타기를 하는 서퍼처럼 물이 아닌 파도를 봐야 한다.

이번 장에서 더 알아보겠지만, 패턴을 찾는 일은 일종의 공동 행위라고 할 수 있다. 3차원 세계는 두 눈을 뜨고 봐야 가장 잘 보이는 것처럼, 복잡한 연결도는 복수의 관점에서 동시에 접근해야 효과적으로 이해할 수 있다. 공통의 문제를 다양한 차원에서 들여다볼 때 사람들의 네트워크는 고독한 개인보다 그 연결망의 맥을 제대로 집어낼 수 있다. 작가이자 사회비평가인 스티븐 존슨*Steven Johnson*이 환기시켜주듯, 아이디어는 개인이 아니

라 집단에서, 그가 '유동적 네트워크'라고 부른 것에서 나온다.[1] 계몽주의
는 18세기 런던의 카페를 중심으로 아이디어가 확산됐고, 애플 컴퓨터는
어느 한 개인의 머리에서 나온 게 아니라 스티브 잡스와 스티브 워즈니악
Steve Wozniak이 속해 있던 홈브루 컴퓨터 클럽Homebrew Computer Club의 집단
적 상상력이 만들어낸 것이다.

　고독한 개인이 로댕의 '생각하는 사람'처럼 외따로 앉아 아이디어를 창
출해낸다는 관념이 완전히 틀렸다고 볼 순 없지만 그것이 오늘날의 네트
워크 사고 문화를 중시하지 않는 생각임은 확실하다. 다른 사람들과 더 많
이 연결되고 이해를 돕기 위해 연결하기에 의존할수록, 아이디어는 네트
워크에서 나온다는 이해가 실제적으로 도움이 되고 불안감을 없애준다.
예를 들어 케빈 던바Kevin Dunvar라는 연구자는 실험실에서 일하는 과학자
들의 모습을 수백 시간 동안 영상에 담았다. 그 영상을 분석하면서 그는
대다수의 괄목할 만한 성취가 과학자들이 홀로 현미경이나 데이터를 들
여다보고 있을 때가 아니라 주중 실험 회의 시간이나 점심을 같이 먹으면
서 서로 어울릴 때 나왔다는 사실을 발견했다.[2]

　이런 관찰 결과는 사고가 더 이상 개인의 행위가 아닌 집단의 행위라는
개념에 익숙해지고 있는 사람들에겐 다소 고무적이다. 우리가 네트워크에
스스로를 연결할 때 사용하는 기기를 제외하고 그 어떤 것도 개인적이지
않다. 새로운 아이디어는 언제나 비슷한 시간에 여러 곳에서 출현해 신비
로운 시대정신의 일치 현상으로 불린다. 그러나 우리는 그것이 동일한 사
고 네트워크에서 나타난 한 가지 아이디어의 여러 관점임을 알게 된다. 마
찬가지로 개별적인 인간의 뇌도 그 자체가 뉴런들의 네트워크로서 탈중심
적이고 입체적으로 할 일을 분담하고 수행한다. 커다란 연결체인 인간 문

화에서 사고는 어떤 특별한 세포에 속하지 않고 아이디어는 어느 개인의 뇌에만 들어 있는 게 아니다.

누군가에게 영향을 받을지도 모른다는 불안감은 친밀함과 수용과 신뢰의 공유에 자리를 내주고 있다. 내가 만난 많은 젊은이들이 이미 편안한 마음으로 소셜 네트워크에 자신들의 프라이버시를 내놓고 있었다. 네트워크로 이뤄진 풍경에서 어떤 아이디어에 대한 소유권 주장은 기이하고 방어할 수 없는 관념이 된다. 저작권이나 특허권이 아닌 것이다. 누군가의 아이디어는 다른 누군가의 논리 위에 세워진 것이기에 독자적인 기원을 추적해낼 길이 없다. 모든 것은 공유된 의식에 접속되고 있을 뿐이다. 모든 것이 다 의미가 있다. 이 전제를 수용하면 공산주의자나 유토피아주의자처럼 느껴지고, 거부하면 편집증 환자처럼 느껴진다.

이런 연결성 문화가 우리에게 높은 수준의 혁신과 번영을 가져다줄 것인가와 무관하게, 이 문화가 우리를 에워싸고 있음은 확실하다. 전적으로 프랙털 강박에 빠지지 않으면서 패턴을 찾아내고 이를 이용하는 방법을 아는 것이 조만간 개인과 기업 그리고 국가의 생존을 위한 필수 요건으로 대두될 것이다.

피드백 회로: 비명의 분석

"트윗은 종말의 시작이 될 수 있다." 마치 밖에서 일하는 사람들에게 상황의 위중함을 들키지 않으려는 듯 자신의 사무실 문을 서서히 닫으면서 그

CEO가 내게 말했다. 140명이 채 안 되더라도 충실한 팔로워가 있다면 납치한 비행기를 빌딩에 추락시키는 것만큼 일방적이고 강력한 공격을 기업에 가할 수 있다.

트윗 공격의 내용은 중요하지 않다. 트위터에 의해 증폭된 공격은 알고 보면 어떤 회사가 고용한 온라인 홍보대행사가 해시태그hashtag('#' 뒤에 특정 단어를 넣으면 연관된 글과 사진을 모아 볼 수 있는 기능—옮긴이)를 잘못 사용한 것 같은 일로도 촉발될 수 있다. 이런 부주의가 바이러스가 되고 이것이 다시 주류 미디어가 취재할 만한 악몽으로 진화하는 속도는 충격적일 정도로 빠르다. 최소한 전통적 미디어의 점잖고 느린 변화 속도에 익숙한 CEO라면 충분히 충격을 받을 만하다. 그 시절에는 일이 터지면 누군가가 회사 측에 해명을 요구하거나 기사화되기 전에 CEO가 몇몇 유력 언론의 편집인들에게 전화를 하면 모든 것이 해결됐다. 좀 유능한 홍보대행사에 맡기면 아예 싹을 잘라버릴 수도 있었다.

그런데 이제는 이런 싹 자체가 없다. 있다면 꽃가루 정도이며 그것도 여기저기에 뿌려져 있는 형국이다. 이는 단순히 아이들이 배달하던 신문에서 TV 방송으로 미디어 기능의 속도가 변화한 정도가 아니라 전달의 방향이 바뀐 것이다. 그리고 그것이 전부가 아니고, 우리가 예상했던 것보다 훨씬 복잡하고 혼란스러워졌다. 여기서 정신 못 차리는 정치인이나 CEO에겐 온 세상이 적이 된다. 모든 것이 다 의미가 있다.

대다수 사람들에게 이는 직관에 반하는 일이다. 우리는 더 많이 연결돼 있으면 더 분위기가 활기찰 거라고 생각한다. 친구가 많으면 좋은 게 아니던가. 물론 그렇다. 네트워크에는 강점이 있다. 특히 오랜 시간을 두고 자연스럽게 성장하면서 다방면에서 서로 도움을 주고받는 풀뿌리 네트워크는 매우 좋은 것이다. 하지만 이런 것까지 포함해 모든 종류의 연결은 우리를 덜 활기차게 만들 가능성도 있다.

전 지구적으로 연결돼 있는 경제에서 고립된 불황은 존재하지 않으며 어떤 시장의 침체는 다른 시장의 성장을 의미하는 일이 다반사가 돼버렸다. 모든 시장들은 다 연결되어 있으며 혼자 주저앉는 법이 없다. 유럽의 작은 나라에서 경제가 붕괴되면 그 나라에 자금을 빌려준 수많은 해외 은행들이 영향을 받게 된다. 다른 시장의 문제를 신경 쓰지 않고 투자할 수 있는 곳은 단 한 군데도 없다. 마찬가지로, 상호 연결된 식량 공급망과 운송 네트워크 덕분에 중국의 가금류에서 발생한 질병은 이내 전 세계적으로 확산된다. 이처럼 연결된 세계는 쥐덫 하나가 찰칵하고 닫히면 나머지 것들도 매우 빠르고 불길하게 잇달아 닫히는, 쥐덫으로 뒤덮인 테이블과 같다. 가족 여행길에 자동차 뒷자리에서 일어난 형 동생 간의 싸움처럼 누가 시작했는가는 중요하지 않다. 이제는 모두가 다 개입돼 있는 것이다.

20세기에 우리를 기대에 부풀게 했던 대부분의 기술에 대한 믿음 때문에 나 역시 다른 사람들과 마찬가지로 새천년을 앞두고 세상이 좀 더 연결되고 개방되는 방향으로 나가야 한다고 생각했다. 붕괴하는 하향식 사회에 대한 유일한 해법은 모두가 그리고 모든 것이 상호 연결된 상태에서 좀 더 개선된 방식으로 좀 더 정직하게 소통하는 길에 있는 듯했다. 어떤 군주제나 공장 조직을 닮지 않고 우리 사회는 각각의 유기체와 군락이 커다란 전체의 일부인 상태로 독자적으로 살아가는 산호초 시스템을 닮아야 한다고 생각했다. 누군가는 그것을 '가이아'라고 했고 누군가는 '혁명'이라고 불렀으며, 또 다른 누군가는 '자유시장'이라고 명명했고, 시스템 이론 속에서 이를 보는 사람도 있었다. 그 명칭이 무엇이고 어떻게 은유적으로 표현됐든 간에, 연결된 세계는 멀리 떨어진 곳에서 일어난 위기에 대해 보다 신속하고 보다 감정이입적인 반응을 보일 것이고, 자신의 안녕을 위협하는 것을 보다 잘 지각할 것이며, 전체적으로 보다 협력적인 무엇이 될 것이었다. 이렇게 네트워크로 연결된 인간 사회는 스스로 사고할 줄 알고 목적을 가진 무엇이 될 가능성도 있어 보였다.

그러나 적어도 지금까지로 볼 때 지구가 그 개방성의 최대치에 도달한 2001년 9월 10일 당일과 그다음 날 우리는 이 모든 개방성이 어떻게 영향을 미쳐, 문방구 칼을 든 몇 사람에 의해 납치된 여객기를 인구가 밀집한 현대 마천루에 폭탄처럼 충돌시켰는지 알게 된다. 바로 그 순간 연결된 세계라는 꿈은 네트워크 효과에 취약한 악몽이었음이 드러났다. 통제 불능의 트윗으로 인해 어떤 정치인이 실각했든 위키리크스 폭로로 인해 미 국무성이 망신을 당했든 아니면 진보 성향의 고객들을 보유한 회사의 휴대 전화를 중국 공장의 저임금 노동자들이 조립했다는 사실을 알게 됐든 간에 이 연결성은 모든 사소한 오류를 치명적 타격으로, 모든 상호작용을 살상으로 이어지게 할 수 있음을 보여줬다.

테러리스트의 공격과 기업의 홍보 잘못으로 인한 혼란을 등치시키는 것이 억지처럼 보일 수 있다. 그러나 지금 끝나지 않을 것 같은 공격을 받고 있는 것들이라는 관점에선 양자가 같은 문제다. 어떤 곳에서 그리고 모든 곳에서, 언제든 일어날 위기에 어떻게 더 효과적으로 대응할 것인가? 어떻게 이런 위기를 초기에 예측하고 피할 것인가? 모든 것이 연결돼 있다면 도대체 이 연결은 어디서부터 시작됐는가? 브라질에 있는 나비의 날갯짓이 중국에 태풍을 몰고 오는 것처럼 어딘가에서 취한 행동이 모든 판도를 바꿀 수 있다. 그런데 이 모든 것이 동시에 일어난다. 원인과 결과는 동일한 순간에 융합돼 있기 때문이다.

피드백과 반복의 세계, 프랙털이 기반하고 있는 주기적 순환 과정의 세계로 가보자. 정상적 상황이라면 피드백은 누군가가 행한 것에 대한 반응을 의미할 것이다. 그것은 계곡에 대고 소리를 지를 때 되돌아오는 메아리 같은 것이고, 생소한 것을 알려줬을 때 학생들의 얼굴에 떠오르는 야릇한 표정 같은 것이며, 새로 나온 비료를 뿌린 후에 거두게 되는 수확량 같은 것이다. 우리는 행동을 하고 피드백을 얻는다. 그리고 이 피드백을 가지고 다음에는 어떻게 조절하고 적응해야 할지 파악한다. 화살을 쐈는데 과녁 중심의 왼쪽에 박히면 다음에는 중심에서 오른쪽을 겨냥해 시위를 당긴다. 마찬가지로, 우리는 매 순간 조정을 하며 우리와 과녁 사이에 생긴 피드백 순환회로를 다시 돌린다.

피드백이 유용해지기 위해서는 우리가 행한 것과 그것이 초래한 결과 사이에 일정한 시간 간격이 존재해야 한다. 어떤 일이 일어났고 무엇을 조정해야 하는지 파악하려면 시간이 필요한데 현재주의 세계에서는 이 피드백 회로가 너무 촘촘하다. 피드백이 너무 빨라 무슨 일이 일어났는지 가늠하기가 어렵다. 마이크를 쥐고 있는데 갑자기 스피커에서 찢어지는 소리가 나는 상황을 누구나 경험해봤을 것이다. 이때 어떻게 해야 그 소리가 멈출지 아는 사람이 과연 얼마나 될까? 이것이 바로 지금 우리가 다뤄야 하고 제어해야 할 피드백의 모습이다. 정상적인 경우, 마이크는 우리의 음성을 수음해 그것을 확성 스피커에게 전달한다. 그러나 우리가 이 스피커와 지나치게 가까운 위치에 있으면 마이크가 스피커에서 나오는 소리를 듣게 되고, 이 소리(소음)는 다시 증폭되어 스피커로 되돌아간다. 바로 이 순간에 마이크는 또다시 증폭된 소음을 받아들여 다시 증폭시킨 뒤 스피커로 되돌려 보내고, 또다시 이 소리는 마이크로… 다시 스피커로… 다시 마이크로… 이렇게 반복된다. 반복되는 각 단계에서 소리는 증폭을 거듭하고 수천 번 이런 일이 일어나면 우리는 무한하면서도 즉각적인 피드백 회로가 내는 합성되고 혼란스런 비명을 듣게 된다. 우리에게 순환 고리 자체는 들리지 않는다. 우리가 듣는 것은 찢어지는 듯한 괴성이다. 이것이 바로 세계가 대다수 정부와 기업을 향해 내는 소리다. 모든 것이 다 의미가 있다.

프랙털은 이 비명을 파악할 수 있는 길이다. 비명 속 저 깊은 곳에는 순환적이고 겉보기에는 반복만 거듭되는 듯한 필립 글래스Philip Glass(1937 – 현재, 미국의 현대 음악 작곡가로 이른바 미니멀 음악의 창시자다―옮긴이)의 작품과 유사한 것이 들어 있는 것이다. 우리에겐 그것을 들을 능력이 없지만 컴퓨터는 그것을 분석하고 똑같은 방식으로 반복할 수 있을 만큼 빠르다. 마치 스피로그래프spirograph(작은 플라스틱 톱니 원을 큰 톱니 원 가운데서 돌리면서 여러 도형과 문양을 그려낼 수 있는 장난감―옮긴이)를 가지고 겉보기엔 마구잡이로 도형을 그리는 것 같은 아이처럼, 컴퓨터는 각각의 피드백 순환 회로가 한 바퀴 돌 때마다 그들 사이의 미묘한 차이를 추적한다. 그야말로 아름다운 태피스트리, 산호초나 숲, 사구를 연상시키는 문양이 나타날 때까지 이 과정을 계속한다. 이것 자체가 자연 세계에서 일어나는 주기적 반복의 산물이 아닌가?

즉각적인 피드백이라는 무서운 야수의 모습으로 나타날 때도 있지만 프랙털은 아름다우며 우리를 기분 좋게 한다. 프랙털로 인해 우리는 표면적인 카오스 아래 내재된 패턴을 볼 수 있으며, 모든 것이 동시에 일어나는 세상이 내는 비명에 담긴 순환주기를 파악할 수 있다.

예전에는 피드백이 느렸다. 어떤 회사가 제품을 업그레이드해 시장에 내놓고 한 시즌 정도를 보낸 뒤라야 그 반응을 알 수 있었다. 대개 피드백은 재고량과 반품의 형태로 돌아왔다. 제품 판매 상황에 대한 피드백이 이뤄졌고 회사는 이를 기초로 다음 시즌의 계획을 세웠다. 전통적인 정치에서는 피드백이 선거의 형태로 몇 년에 한 번 돌아왔다. 하지만 최근에는 주간, 심지어는 일일 여론조사의 형태로 그 주기가 바짝 당겨지긴 했지만 항상 그 과정에 대한 어떤 통제와 수행 절차가 있다는 점은 변함없었다. 정책에 관한 정보를 슬쩍 흘려보고 여론을 떠본 다음, 최종적으로 발표하거나 하지 않거나 둘 중 하나였다.

피드백이 한번에 즉각적으로 이루어지는 시대가 되면서 사람들이 우리가 하는 일에 어떻게 반응하는지 혹은 그들이 보이는 반응이 우리가 하는 어떤 일에 대한 것인지 파악하기 어렵게 됐다. 소셜미디어는 사람들로 하여금 즉각적으로 반응하게 만들었고, 관련 기업이나 정치인에게 향하던 것을 모두가 공유하게 만들었다. 그 결과 사람들은 어떤 제품이나 정책에 반응하듯, 다른 사람들의 반응에도 반응하게 됐다. 여러 곳에서 즉각적으로 피드백이 이뤄지는 환경에서 그들은 서로에게 피드백을 전한다. 이를테면 어떤 영화의 개봉 첫날에 영화 자체와는 무관한 것임에도 누군가가 올린 남는 좌석에 대한 트윗이 다음 날 영화를 보려던 사람들에게 영향을 미친다. 부정적 반복이 이어지고, 신문이나 비평지 같은 전통적인 피드백 채널을 통해 좋은 평가를 얻었다 하더라도 그 영화는 결국 흥행에 실패한다.

기업들은 웹사이트 게시판에 올라오는 제품 평가나 업데이트되는 기사 내용을 실시간으로 반영한다. 이런 일이 계속되면 어느 것이 정말 실제 그 제품을 봤거나 만져본 사람이 보낸 피드백인지 구분하기 어려운 경우가 종종 발생한다. 브랜드 매니저들은 자신들이 활동하는 세계가 기업들이 무소부재로 나타나 반응하고 조정하고 해명하고 소비자에게 아첨을 떨어야 하는 곳임을 잘 알고 있다. 그러나 모두가 동시에 떠들면서 서로에게, 제품에게, 경쟁사에게, 주주에게 피드백을 주고받는 지경에 이르면 실상을 파악할 수 없게 된다. 피드백과 그것의 반복 덕에 한 개의 트윗이 버섯처럼 증식해 엄청난 불협화음으로 변질된다. 아이디어 창출부터 기업 내 배양, 개발, 생산, 제품화, 소비자 조사, 판매에 이르는 모든 것이 모두 반복적이고 순환적인, 그리하여 원인과 결과가 더 이상 구분되지 않는 방정식의 일부가 된다. 통제 불가능한 방식의 순환주기를 거쳐 오는 피드백은 마치 스피커 바로 옆에서 마이크를 잡고 스스로의 소리를 계속 증폭시키는 것과 같다. 우리가 듣는(받는) 것(피드백)은 비명밖에 없고 그 소리를 멈추게 하려면 어디로 가야 할지 알 수 없다. 스피커는 사방에 있다. 모든 것이 다 의미가 있다.

이런 환경에서는 종래의 기업 커뮤니케이션은 기능하지 않을 것이다. 기업이란 사용자 간 직접 연결peer-to-peer, 혹은 사방에서 사람들이 모이는 장터의 연결성에 대한 일종의 반작용으로 탄생된 것임을 명심해야 한다. 앞서 살펴본 것처럼, 기업 브랜드는 공동체 구성원들 가운데 제품을 제공하는 일을 담당하는 사람들 그리고 현재는 먼 거리에서 필요한 물건을 수송해 오는 사람들의 대역이라고 할 수 있다. 기업은 우리가 먹을 쿠키를 만드는 공장에 대해 우리 자신이 깊게 생각하지 않기를 바란다. 그것을 멀리서 수송해 오거나 건강에 해로운 방부제를 넣지 않고 동네에 사는 친구가 만드는 것처럼 보이게 하려 한다. 공장에 관한 진실을 말하는 대신 기업은 우리에게 어떻게 요정들이 속이 빈 나무에서 쿠키를 구워내는지 보여준다. 소위 브랜드 신화는 이렇게 탄생하며, 이는 진실을 앙양하기 위해서가 아니라 그것을 대체하기 위해 개발된다.

어쨌든 기업의 이런 전략은 인쇄와 방송 미디어 시절에는 잘 먹혔다. 이런 미디어들 자체가 크게 보면 기업과 소비자 사이에서 순차적으로 오가는 커뮤니케이션을 증진하기 위해 발달된 것이기도 하다. 사실, 신문에서 말하는 균형 잡힌 보도라는 개념도 그 자체가 신화적으로 구축된 것이긴 하지만, 기업의 광고 필요성에 의해 출현했다. 신문 사설이 잠재 고객을 밀어낼 수 있다고 생각하는 기업은 광고가 사설 바로 옆에 실리는 걸 원치 않았다. 이와 유사하게, 기업에게 텔레비전은 광고하는 전자 벽지에 지나지 않았다. 골치 아픈 아이디어는 영화와 PBS 그리고 나중에는 HBO 정도가 떠맡았다.

비교적 최근까지 기업은 대중을 향한 대다수 메시지들에 대해 독점적인 지배력을 행사했다. 이 덕에 기업은 자신들이 원하는 대로 스토리를 가공하고 미디어를 통한 유포를 통제할 수 있었으며, 규칙적으로 들어오는 판매 피드백이나 소비자 조사 결과에 대한 조치를 취할 수 있었다. 원활한 상호작용을 가능하게 해주는 기술이 발달하면서, 결국 소비자가 직접 기업의 웹사이트에 실시간으로 피드백을 전할 수 있는 길이 열렸다. 이로 인해 많은 기업들이 스토리가 아니라 대화의 관점에서 생각하고 소비자를 다루기 시작했다.

한때 거대 기업이었던 사치앤드사치Saatchi & Saatchi(영국의 국제 광고대행사로 1970년에 런던에서 찰스 사치Charles Saatchi와 모리스 사치Maurice Saatchi 형제가 설립했다—옮긴이)의 CEO 케빈 로버츠Kevin Roberts는 "이제 소비자가 모든 것을 통제하고 있습니다"라고 말했다. 그는 소비자의 새로운 지배에 대해 설명하는 동안 감상적으로 변했다. "내가 말하고 싶은 건 언제, 어디서, 무엇을, 어떻게 사야 할지를 모두 소비자가 결정한다는 점이에요. 당신도 알 겁니다. 전 연령대의 소비자들이 모두 그런 힘을 갖고 있어요. 그들은 냉소적이지 않아요. 그들에겐 완전한 지배력이 부여돼 있습니다. 그들은 자율적입니다. 모든 두려움은 사라졌고 모든 통제권은 소비자에게 넘어갔습니다. 그건 아주 바람직한 일이죠."[3]

많은 기업들이 소비자들이 진실로 자신들과 얘기하고 싶어 한다고 생각하며 이런 대화에 참여하려고 한다. 하지만 그들이 놓치고 있는 것이 있다. 소비자는 소셜미디어를 통해 기업과 대화하고 싶어 하지 않고 서로 대화하고 싶어 한다는 것이다. 그들은 더 이상 스스로를 소비자라고 생각하지 않으며 그냥 사람들people이라 생각한다. 중세 장터에서 그토록 활발했던 사람들 간의 직접적인 대화가 상업적 커뮤니케이션이 등장하면서 효과적으로 봉쇄됐다 되살아나고 있는 것이다. '항상 가동 중'이 됨으로써 얻을 수 있는 한 가지 이점은(관점에 따라선 부작용이라고도 할 수 있다), 여기선 우리가 어느 한 가지 역할을 하는 것으로 한정되지 않는다는 것이다. 스마트폰 덕에 우리는 해변에서 가족과 휴가를 보내면서 고객과 대화할 수 있게 됐다. 일하면서 이베이에서 물건을 낙찰받고, 침대에 누운 채로 알맞은 짝을 찾아 인터넷을 누빌 수 있다. 소셜 네트워크상에서 우리는 소비자이자 생산자이며 시민이자 부모이고 연인이다.

게다가 사람들은 '쿠키 만드는 요정'이나 '빨래하는 곰'(미국의 삼성전자 세탁기 광고에 자신의 가죽을 세탁기에 넣고 돌리는 곰이 나온다—옮긴이)에 관해 트위터나 페이스북에서 직접 의견을 교환하지 않으며 팔로워들에게 일일이 말할 필요도 없다. 단지 사실만 공유할 뿐이다. 현재 시점에서 화제가 되는 관심사만 업데이트하는 것으로 충분하다. 이 쿠키엔 진짜 뭐가 들어 있을까? 이것을 만드는 공장에 대해 알게 된 게 있는데, 당신도 들은 적 있나요? 이 섬유유연제에 첨가되는 화학성분이 아기 피부에 흡수되면 어떡하죠? 사람들이 이런 식으로 관심을 표하기 시작하면 브랜드 신화는 더 이상 타당한 것이 될 수 없다. 아이러니하게도 현장의 사실과 대비를 이룰 뿐이다. 사람들은 대신 다른 사람들과 경쟁하며 네트워크 내에서 일종의 사회적 통화social currency가 되는 '인기'를 얻기 위해 가치 있는 정보나 의견을 제시하려고 애쓴다. 사람들은 기업과 정부에 피드백을 전달할 뿐 아니라 다른 사람들과 서로 간에도 피드백을 주고받는다.

지금껏 살펴본 것처럼, 서사는 붕괴했고 브랜드는 타당성을 잃었다. 소비자는 스스로를 그냥 사람들로 보기 시작했고 모든 사람들이 항구적이고 실시간적인 사용자 대 사용자의 사실적 커뮤니케이션을 하게 됐다. 기업은 소비자를 대상으로 브랜드 신화에 관해 호출−응답 형식의 선형적인 대화를 유지하려 노력한다. 그런 와중에 매우 사소한 실수로 인해 장기간에 걸쳐 많은 비용을 들여 수립한 전략이 무위로 돌아가는 일이 종종 일어나는 게 전혀 이상하지 않다. 피드백에 의해 증폭되고 무한 반복되면서 그리 중요해 보이지 않는 진실 하나가 수십 년에 걸쳐 부풀려진 스토리의 허상을 폭로하는 일도 가능해졌다.

기업뿐 아니라 기업의 커뮤니케이션과 운영 스타일을 차용하고 있는 정치 캠페인, 정부, 재단, 종교단체 등의 모든 곳에서 기업과 동일한 취약성을 보이고 있다. 다시 말해 그들 또한 모든 것이 연결된 상황에서 갈팡질팡하고 있다.

스스로 변화하는 세상의 법칙을 잘 알고 있다고 생각하는 사람들은 지지자를 규합할 수 있지만 그들이 노리는 것은 결국 더 큰 신화의 창조다. 예를 들어 힐러리 클린턴Hilary Clinton의 대선 출마 실패는 지지자들의 피드백을 무리하게 선거 캠페인에 적용하는 과정에서 빚어진 허구적 노력의 결과다. 그녀는 미 전역을 순회하는 경청 여행listening tour으로 선거 캠페인을 시작했다. 보통 사람들이 자신들의 생활에서 무엇이 잘못되고 있는지 호소하는 동안 그녀는 가만히 앉아서 그들의 얘기를 듣고 동정을 표하며 고개를 끄덕였다. 이는 국가 정책 창출과 무관하며 그저 지지자의 피드백에 반응하는 상황을 연출한 행동이었다. 자신이 '들은 것'을 취합해 대통령에 출마하기로 결심했으며 이후에도 그녀는 피드백을 선거 캠페인의 중심에 두고 더욱 강하게 밀고 나갔다. 힐러리는 지지자들에게 캠페인 주제곡을 선택하도록 했는데, 자신의 웹사이트에 올려놓은 여러 가지 노래 가운데 한 곡을 선택하도록 했다. 그녀의 캠페인은 〈아메리칸 아이돌〉의 민주성을 흉내 내면서 구식 피드백의 시대로 퇴보했다(나중에 그녀는 〈소프라노스〉를 어설프고 서투르게 패러디한 노래를 발표했다. 자기반사적이고 자기복제적 미디어 공간에서 '모든 것이 다 의미가 있는' 울림을 만들어내는 일이 얼마나 쉬운지 보여주기라도 하는 것처럼 말이다. 그 과정에서 그녀가 유일하게 성공을 거둔 것은 클린턴 왕조와 허구로 가득한 그 마피아 가족을 같은 반열에 놓은 일이었다. 그녀가 프랙털 강박증 환자는 아니었겠지만 관객들은 그 모든 것을 연결하기 위해 매우 분주했을 것이다).

기업은 또한 제한된 피드백을 일으킬 기회를 만들기 위해 피드백 고리 안으로 진입하려 시도한다. 소비자의 무작위 피드백을 특정한 과업 수행에 연동시키는 크라우드소싱은 이런 노력의 일환이다. 하지만 불행하게도 그들은 거기에 따르는 위험을 전혀 감지하지 못했다. 예를 들어 제너럴모

터스GM는 소비자를 끌어들여 자사의 한 온라인 SUV 광고를 직접 만들어 보게 했다. 매우 정교하게 개발된 이 회사의 웹 유틸리티를 가지고 소비자가 직접 영상을 선택하고 편집하며 음악을 입히고 타이틀 카드를 만들고 특수효과를 낼 수 있었다. 이는 신뢰와 소비자 파워가 극상의 조화를 이룬 상황처럼 보였다. 하지만 창조성이 넘쳤는지 소비자는 SUV를 위한 광고가 아니라 기름 먹는 하마 쉐비 타호Chevy Tahoe를 비판하는 영상을 만들었다. 그 '작품'에서 GM은 에너지를 낭비하고 남성 우월주의적이고 국수주의적인 집단으로 그려졌다.[4] 웹사이트 방문자들이 재빠르게 이 영상을 자신들이 좋아하는 목록의 맨 위에 올렸고 그 바람에 이 광고는 급기야 텔레비전 뉴스 프로그램의 관심을 끌게 됐다. 사실, 이 사건의 결과는 GM이 희망했던 것보다 훨씬 쓰디쓴 것이 돼버렸다. 비명screech이 터져버린 것이다.

GM으로선 나중에 이 웹사이트를 닫아야 했는데 이는 일종의 사회운동가들의 장난이나 미디어 테러리즘이며 자사에 대한 공격이나 다름없었다. GM이 한 일이라곤 사람들에게 영상을 만들 기회를 준 것밖에 없는데, 그들은 왜 이 회사를 공격했을까? 이것이야말로 크라우드소싱이 초래할 진짜 결과가 아닐까? 영상을 만든 사람들 입장에서는 그저 GM이 제공한 도구를 사용해 그 회사가 나누고 싶어 한 대화의 상대가 되어준 것뿐이었다. 또다시 개방성이 지닌 한계가 드러났다. 피드백은 자발적이고 즉각적으로 반복되면서 비명이 됐고, 다른 기업들은 소셜미디어 전략을 계속 유지해야 할지 재고하게 됐다.[5]

물론, 모든 사람들이 연결돼 있으면서 모든 것에 대해 서로 피드백을 주고받는 환경에서는 소셜미디어 전략이 없는 것은 상상할 수 없다. 모든 조직, 심지어 비밀 조직이라 해도 내부와 외부 사람들은 친분관계를 유지하고 있으며, 동료도 있고 경쟁자도 있다. 그런가 하면 온라인상에서는 미지의 인물이 되기도 한다. 그들은 자신의 일, 구매, 대표자, 학교, 은행, 정부 체제에서 행복이나 불행을 느낀다. 온라인 사기꾼처럼 돈을 받고 온라인에서 활동하는 소수를 제외하면 그들 대부분은 진실을 말한다. 아니면 최소한 침묵 속에서 그것을 내비치거나 그에 관한 미묘한 단서나 데이터 흔적을 남긴다. 어쨌든 모든 것이 개방돼 있다.

전문 홍보대행사에서 대행하는 공식적인 소셜미디어 전략은 기업 조직이 자사 제품에 대해 제기되는 불만을 처리하는 데 도움이 된다. 필터링 서비스를 이용하면 인터넷에 올라오는 해당 기업이나 제품과 관련된 언급을 거의 다 찾아낼 수 있다. 기업은 그것을 보고 불과 몇 분 안에 소비자의 불만이나 비난에 답할 수 있다. 현재주의 세계에서 기업은 반드시 항상 대기 중이어야 하며, 스스로에게 쏟아지는 부정적 의견에 즉각 반응할 채비를 갖춰야 한다는 점은 두말할 나위가 없다. 하루 동안 처리해야 할 트윗과 내용 업데이트 그리고 게시물들이 몇 천 건에 불과하다면 이는 충분히 관리 가능하다.

그런데 이런 접근법 또한 하향식으로 쉽게 커뮤니케이션 통제가 이뤄지던 방송 미디어 시대의 유산이다. 텔레비전과 다른 전자 커뮤니케이션 기술 시대에 '글로벌 미디어'는 전 세계에 올림픽 경기를 중계할 수 있는 위성 텔레비전을 의미했다. 이는 매클루언이 말한 '지구촌'으로 요약되는 전자적으로 중재된 세계다. 글로벌리즘과 글로벌 마켓 그리고 글로벌 초강대국들이 우리 삶과 문화에 가하는 영향력에 대해 경고하면서, 그는 그토록 많은 사람들이 생각하는 히피적 가치라는 것도 TV 수상기가 한데 규합한 세계 속에서 나타난 것이라고 은근히 비꼬았다. 그러나 디지털 미디어의 부상과 함께 이런 추세가 역전될 수 있다. 전자시대의 방송 네트워크와 달리 디지털 네트워크는 사용자 간 직접 접속 교환과 커뮤니케이션에 경도돼 있다. 대규모 기관들이 전 세계의 개인들이 보내는 피드백에 응답해주는(어떤 경우에는 달래주는) 방식이 아니라, 여기서는 개인들이 상호 간에 피드백을 주고받으며 기관들은 대화에 참여할 수조차 없다.

소비자나 지지자들의 피드백에 단순히 응답하는 대신 기관들은 사용자 간 직접 연결 미디어 공간과 경쟁하며 메시지 보내기를 멈추고 대신 사람들에게 어떤 사실과 화제가 될 만한 것을 던져준다. 그러면 사람들은 그것을 중심으로 상호 유익한 대화의 장을 만든다. 이는 고객, 직원, 주주, 경쟁사를 생각한다는 것이 별개의 일이 아니라 어떤 전체적인 것임을 의미한다. 소셜미디어는 그야말로 '사교적social'이며 사용자는 다양한 아이덴티티를 계속 바꿔 달 수 있다. 하루 일과가 끝난 컴퓨터 수리공은 노트북의 내구성에 대해 기술 평가 웹사이트보다 더 많은 것을 얘기해줄 수 있다. 주주는 고객과, 고객은 직원과, 직원은 경쟁사와, 경쟁사는 공급자 및 제휴사와 연결된다. 대화의 장에서 그들 사이에 이뤄지는 모든 커뮤니케이션은 소속된 조직의 이름을 내걸고 행해지는 것이 아니다. 모두가 지금 그 자리에서 행하는 모든 것이 중요하다. 거기에는 손실 통제나 위기 관리 따위는 없으며 '지금 일어나고 있는 것'만 있을 뿐이다.

기관이 할 수 있는 유일한 선택은 고객의 피드백에 답하는 행위를 멈추고 '지금'을 조직의 목표에 도움이 되는 방향으로 활용하는 것이다. 터무니없고 물정 모르는 소리처럼 들릴 수 있겠지만, 이는 분리된 작업으로서의 커뮤니케이션을 포기하고 말하고 싶은 모든 것을 바로 지금 말한다는 것을 의미한다. 커뮤니케이션의 크기와 지속성 그리고 복잡성 등은 더 이상 의식적인 관리가 불가능하다. 그것은 살아 있는 그리고 그 성장과 확산이 개인과 불가분의 관계로 엮여 있는 문화의 표현으로 간주돼야 한다.

이는 말처럼 쉽지 않은 일이다. 나는 거의 정기적으로 투명성을 제고하고자 하는 회사나 조직들의 도움 요청 전화를 받는다. 문제는 그들 가운데 다수가 일반에 충분히 공개할 수 있는 내용을 공개하지 않는다는 데 있다. 미국의 한 텔레비전 제조업체는 커뮤니케이션 전략을 세워 '좀 더 사교적' 이 되고 싶다고 했다. 그렇지만 TV 수상기를 디자인하거나 제조하지 않는 지금은 그것이 불가능하다는 걸 깨닫지 못하고 있다(이 회사는 이 두 가지 일을 외부 기업에 맡기고 있었다). 그럼 대체 온라인 교류를 할 때, 누가 이 제조 회사를 대표해야 할까? 마찬가지로, 소셜미디어를 통해 동네 영웅 이상의 존재로 인정받고 싶어 하는 정치인도 있었다. 그런 그가 출마하기로 마음먹은 지역에 살기 시작한 게 겨우 몇 주 전이었다니!

2004년에 미국 의회는 '알후라 Alhurra'(자유로운 것)라는, 버지니아에 본부를 두고 아랍어권을 대상으로 방송하는 국제 뉴스 채널에 대한 자금 투자를 승인했다. 9 · 11 직후 시작돼 매년 1억 달러 이상의 비용이 투입되는 이 미국 정부 채널은 잠재적인 적대 세력권의 시청자들과 관계 개선을 도모하기 위한 목적으로 설립됐다. 알후라가 아랍어권 국가에서 균형 잡힌 뉴스 채널로 신뢰받게 하기 위해 막대한 자금을 지원했음에도 불구하고 시청자들은 즉각 이 채널이 대외 선전용이란 것과 여기서 배어나오는 문화의 실체를 알아차렸다. 반면, 아랍 위성방송 알자지라 Al Jazeera의 영어 방송은 '아랍의 봄'과 월가 점령 기간 중에 예상치 못한 높은 시청률을 기록했다. 그 이유는 간단했다. 알자지라는 온라인 생방송으로 보도를 계속했고 우월한 현장 취재 능력을 보여줬기 때문이었다(수십만 명의 미국인들이 아직도 알자지라를 시청하고 그에 대해 얘기를 나누며 이 방송국과 의견을 교환한다. 미국의 주요 케이블 뉴스 채널들이 인터넷 법의 규제를 받지 않게 되는 시점까지 이런 현상은 지속될 것이다).

비허구적인 소셜미디어 공간에서는 사실만이 중요하다. 오직 사실만이 지금 이 순간에 일어나고 있는 일이기 때문이다. 어떤 회사나 조직이 내릴 수 있는 최선의 선택은 할 일을 제대로 하는 것이며 이는 진정으로 경쟁력을 갖추게 됨을 뜻한다. 가령, 어떤 회사가 매우 창의적인 최고 직원들을 고용하고 있다면, 이 회사는 사람들이 조언을 구하거나 신제품을 고를 때, 혹은 취직을 할 때 가장 먼저 고려하는 대상이 될 것이다. 문화의 중심지가 돼 모든 것이 연결되기 시작한다. 그리고 그렇게 되면 조직도는 프랙털의 유동적인 연결보다 덜 중요해지기 시작한다.

컴퓨터게임 엔진회사인 밸브Valve의 직원들과 고객들은 특히 이런 원칙들 아래 행하는 실험들에 잘 적응하고 있다. 이 개인 회사의 대표적인 제품은 비디오게임 플랫폼인 스팀Steam인데 4천만 명이 넘는 진 세계 게임 플레이어들을 대상으로 1천800개 이상의 게임을 배포하고 관리할 수 있다. 그들은 인적자원에 대해서도 자신들의 제품에서 구현하는 것과 동일한 '놀이정신playfulness'을 바탕으로 접근해 웹사이트 방문자들을 회유해서 이 회사에 구직하게 한다. 이를테면 이런 식이다. "초똑똑하고 초재능 있는 동료들과 자유분방하고 혁신적인 환경에서 일하는 걸 상상해보세요. 상사도 없고 중간관리자도 없으며 관료주의도 없답니다. 오직 사기충천한 친구들이 모여 함께 멋진 걸 만드는 일밖엔 없는 거죠. 아무도 이래라 저래라 하지 않는 곳에서 창조적인 사람들이 무엇을 만들어내는지 본다면 깜짝 놀랄 겁니다."[6]

이는 채용 전략인 동시에 훌륭한 홍보 수단이 된다. 고객들은 자신들이 하는 게임들이 창조적이고 놀이정신이 넘치는 일군의 혁신가들의 작품이라고 믿는다. 그러나 사용자 간 직접 연결 커뮤니케이션 시대에 이 회사의 전략이 먹히려면, 그런 인식이 사실과 어긋나지 않아야 한다. 뉴미디어 이론가인 코리 닥터로Cory Doctorow가 이 회사의 직원 매뉴얼을 입수해 일부 내용을 발췌한 다음 기술문화 전문 블로그인 '보잉보잉BoingBoing'에 올린 것은 밸브에게 행운이었다. 닥터로는 이렇게 말했다. "밸브의 직원 매뉴얼은 내가 본 최고의 직장 선언이라 할 만하다. 이 매뉴얼은 지상낙원 같은 직장이 뭔지 잘 보여주고 있다. 나조차도 태어나서 처음으로 이 회사에서 진짜 일을 해보고 싶다는 생각이 들었다."[7]

매뉴얼에서 발췌한 내용 가운데에는 조직도도 포함되어 있었는데 이는 위계를 도표화해놓은 것이라기보다 피드백 회로도에 가까웠으며, 믿을 수 없을 만큼 직원들에게 자유로운 실험을 허용하고 있었다. "밸브는 완전히 평등하기 때문에 직원들은 지시를 받고 프로젝트에 참여하지 않는다. 대신, 그들은 스스로에게 제대로 된 질문을 하고 난 연후에 어떤 일을 할 것인지 결정한다. (…) 직원들은 하고 싶으면 프로젝트에 참여하고(책상을 밀고 들어가거나) 하기 싫으면 안 한다. 직원들이 보기에 큰 가치를 창출할 것 같은 프로젝트가 인기가 좋으며 그런 프로젝트는 팀이 쉽게 조직된다. 이는 이 조직에는 항상 일정한 정도의 내부 충원 노력이 존재함을 의미한다. 만일 내가 여기서 일한다면, 그것은 내가 그 일에 정통하다는 의미다. 사람들은 내가 자신들의 프로젝트에 들어와 함께 일하길 바랄 것이고, 또 나와 함께 일하기 위해 열심히 노력할 것이다. 그러나 결정은 여전히 나 자신에게 달려 있을 것이다."[8] 어떤 회사가 이렇게 할 수 있을까? 게임회사라면 얼마든지 가능할 것이다. 특히 밸브처럼 개인 소유이며 주주에게 신경 쓸 필요가 없는 회사는 말이다. 그러나 그것이 전부가 아니다. 작업장에서 이런 유토피아적 태도가 쉽게 수용되려면 직원 개개인이 헌신하고자 하는 문화를 스스로 구현하고 그것이 자신들에게서 배어 나오도록 해야 한다. 그들은 게임 문화에 반응하고 응답하는 것이 아니라 그것을 창조해야 한다.

프랙털은 그 형상이 안에서 밖으로 나올 때 덜 위협적이다. 비명 안의 패턴을 찾아내고 추적하려고 하는 것은 부질없으며 대부분의 경우 편집증으로 이어진다. 최고의 조직이 되려면 패턴을 창조하고 그것이 확산되는 걸 즐겨야 한다. 혁신기업인 애플이나 구글을 생각해보라. 문화를 대변하는 파타고니아Patagonia나 허먼밀러Herman Miller를 생각해보라. 고객 옹호라는 관점에서는 비영리단체 EFF(Electronic Frontier Foundation, 전자프런티어재단)이나 국제앰네스티Amnesty International(국제사면위원회)를 생각해보라. 대중문화 밈meme(복제 가능한 문화 유전자. 한 사람이나 집단에게서 다른 지성으로 생각 혹은 믿음이 전달될 때 함께 전달되는 모방 가능한 사회적 단위를 총칭한다. 1976년 리처드 도킨스Richard Dawkins의 《이기적 유전자》에서 문화의 진화를 설명할 때 처음 등장한 용어다—옮긴이)의 생성 측면에서는 레이디 가가Lady GaGa나 크리스토퍼 놀란Christopher Nolan을 생각해보라. 그들은 우리가 어디서나 볼 수 있는 형상들을 만들어냈다.

소셜 네트워킹의 세계에서 실제로 패턴을 창조해낼 능력을 갖춘 사람들은 기업이나 첨단기술 스타트업에게만큼 교회나 정부기관에도 중요하다. 그들이 뭔가를 '참신하게' 해내면 친구들은 그걸 다른 친구들에게 말하고, 그 친구들은 또 다른 친구들에게… 이렇게 이어진다. 만일 어떤 조직이 이미 그런 훌륭한 사람들을 확보하고 있다면, 다음으로 해야 할 일은 스스로를 활짝 개방해 그들로 하여금 관련 있는 전 세계의 다른 훌륭한 사람들과 어울리게 하는 것이다. 그렇다. 이는 누군가가 최근에 거둔 혁신적 결과에 대해 조금 덜 비밀스러운 태도를 취하는 걸 의미하며, 아직 최고의 혁신은 이뤄지지 않았다고 생각할 만큼 자신감이 있어야 한다.

그런 사례는 주변에 차고 넘치며 우리도 이미 많이 알고 있다. 자신들에 대한 모든 이들의 반응을 통제하는 일에 주력하는 조직들은 마치 신경증과 편집증에 걸린 사람들처럼 돼버릴 것이다. 세상에서는 너무나 많은 일들이 한꺼번에 일어나기 때문에 모든 이들을 대상으로 한 그 어떤 예측도 불가능하다. 시간과 에너지를 자신과 연관된 것들 그리고 자신이 속해 있는 문화에 주저 없이 쏟아 붓는다면, 스스로가 그 대상들과 분리되지 않을 것이며 생산적이고 상호 연결되며 복잡하고 살아 있는 어떤 일체가 될 것이다.

프랙털은 진리의 강처럼 자연스럽게 흐른다. 처음부터 거짓말을 하지 않는 사람만이 잡힐 걱정을 하지 않는다.

혼돈의 관리

과도한 연결 상태의 프랙털 현실과 대부분의 제도권 기관들이 작동하는 방식은 양립할 수 없다. 특히 정부의 경우, 국가 통치 차원에서 이뤄지는 행위들은 특정한 피드백 주기에 기반하고 있는데 그것은 인터넷보다 전서

구가 물어오는 메시지에 어울리는 피드백이다. 이런 상황에서 오늘날의 무한히 빠른 피드백 회로를 빙빙 돌아가는 메시지에 시선을 집중한다 한들 혼란스럽고 어지럽기만 할 것이다.

문제는 우리가 동작이 아닌 대상에, 매클루언이 말한 바와 같이 서 있는 곳이 아닌 서 있는 형상에, 찰리 신이 들어가 있는 환경이 아닌 찰리 신에 집중한다는 데 있다. 잠시 집중 모드에서 빠져나와 전체적인 그림을 조망할 필요가 있다. 하지만 뒤로 물러나 전체적인 그림을 바라보는 것 또한 위험하긴 마찬가지다. 사물을 성급하게 연결하는 오류에 빠질 가능성이 높기 때문이다. 우리는 이런 종류의 패턴 찾기와 가지치기 사고를 덜 논리적인 반면 더 직관적이고, 명징하기straight보다 모호한stoned 것으로 간주한다. 이는 우리들 다수, 최소한 서구에 거주하는 사람들 가운데 다수가 그런 식으로 사물을 보면서도 어떤 엄격함과 규율을 유지해본 경험이 몹시 부족하기 때문이다. 일단 우리는 사물이 어떻게 연결돼 있는지 찾기 시작하면, 어떻게 멈출지를 모른다. 일종의 환각 체험에 빠져 최초로 생물망web of life 혹은 물질과 에너지의 상호작용을 접하게 된다.

20세기에 부상한 복잡성에 맞서 정부나 기업이 초기에 보인 반응이 '단순화'였던 것도 이런 이유 때문이다. 그들은 귀를 틀어막고 커지는 비명 소리를 애써 외면하며 모형과 지도 그리고 계획안 따위만 들여다봤다. 안전한 상황실에 꾸민 미니어처 전장에서 모형 탱크를 움직여 소란스럽고 폭력적인 전쟁을 재현하는 장군들처럼, 정부와 기업의 리더들은 시끄러운 피드백에서 떨어진 채 자신들만의 전략을 수립한다. 그들은 멀찍이 떨어진 저 위에서부터 도전을 감행하려 하고 마치 게임판에서 움직이는 것처럼 동작을 취한다. 복잡성은 단순하고 전략적인 놀이의 차원으로 떨어진다.

이것이 '게임하는' 시스템이 실제로 의미하는 것이고 냉전을 치른 강대국들로 하여금 20세기의 좀 더 나은 시절에 대비해 컴퓨터를 서둘러 개발하도록 만든 요인이기도 하다. 결과적으로 원자폭탄의 발명과 사용은 우리가 이전에 알고 있었던 것보다 인간은 훨씬 더 긴밀하고 복잡하게 연결돼 있다는 사실을 일깨워줬다. 우리는 쿠바에서의 사소한 정책적 · 전략적 오류가 인류의 생존을 보장할 수 없는 전 지구적 수소폭탄 전쟁으로 확대될 수 있다는 걸 알게 됐다.

게임은 리더에게 경청해야 할 피드백과 무시해야 할 피드백을 가리는 방법을 제시했다. 비록 수백만의 잠재적인 행위자들과 행위들과 관계들이 존재했지만, 현실에선 오직 두 개의 초강대국 소련과 미국만이 있었을 뿐이었다. 군대의 리더들은 포커의 수학에 기반한 게임이론으로 이 행위들을 모형화할 수 있다고 생각했고 일반인인 우리에겐 아주 간단한 참가 원칙만을 알려줬다. 그리고 랜드연구소RAND Corporation(미국의 대표적인 싱크탱크 가운데 하나—옮긴이)가 이전에 살펴본 '죄수의 딜레마' 유의 실험을 위해 동원됐다. 그리하여 가능한 산출물을 파악해 컴퓨터에 프로그래밍 해넣은 다음, 다양하고 특정한 상황에서의 적절한 대응법을 구하고자 했다. 그때까진 편집증적 정신분열 진단을 받지 않았던 존 내시John Nash(그의 인생을 소재로 〈뷰티풀 마인드A Beautiful Mind〉라는 영화가 만들어진 바 있다)가 이끄는 연구자들은 MAD 혹은 상호확증파괴mutually assured destruction라고 불리는 원칙을 채택했다. 이는 어떤 핵무기의 사용이 분쟁 당사자 양쪽을 완전히 절멸시킨다는 게 확실한 상황에선 양쪽 당사자 가운데 어느 쪽도 핵무기 사용을 선택할 수 없다는 원칙이었다. 이 원칙은 초강대국들이 좀 더 작은 단위로 벌이는 대리전을 막진 못했지만 직접 상호 타격하는 대전의 발생은 억제할 수 있었다.

　이러한 성공에 고무된 내시는 자신의 게임이론을 모든 형태의 인간 상호 행위에 적용했다. 그는 의심과 자기이익에 의해 추동되는 시스템은 모든 사람들의 욕구가 만나는 평형 상태에 도달할 수 있다는 걸 증명함으로써 노벨상을 받았다. "협력적 이상^{ideal}이란 없다고 생각했다"고 훗날 그는 시인했다. 최소한 그 시절에는 내시나 랜드연구소나 인간이 협력적 존재라는 걸 생각하지 못했다. 내시의 방정식에 의하면, 사람들의 협력 결과는 보다 위험하고 혼란스러우며 예측 불가능한 게 됐다. 이타주의는 너무 모호했다. 좋은 계획이라면 모든 행동이 예측 가능해야 했고, 단기적 자기이익 추구 원칙에 따라 모든 것이 분명하고 쉽게 드러나야 한다는 가정이 전제돼야 했다.

　게임이론과 분석이 지배하던 몇십 년이 지나고 내시와 랜드연구소의 사고에 명백한 결점이 드러났다. 헝가리 수학자이자 논리학자인 라즐로 메로 Lázló Mérő는 게임이론의 재고를 주장한 책 《윤리적 계산$^{Moral\ Calculation}$》[9]에서, 게임이론의 경쟁적 가정은 현실 세계의 표본에선 일관된 결과를 도출하지 못한다는 게 증명됐다고 말했다. 연구를 거듭한 끝에 그는 사람과 동물, 심지어 박테리아조차 경쟁하는 것 못지않게 협력한다고 주장했다. 실제 인간 행동이 이론상에서 자기이익만을 추구하는 죄수들의 그것과 다른 이유는 후자들이 처음부터 죄수였기 때문이다. 감금당한 사람은 폐쇄된 환경에 사는 존재의 가장 충실한 본보기가 된다. 이들은 정보에 접근할 수 없으며 기본적인 자유도 허용되지 않는다. 모든 피드백과 반복이 제거된 상태에서 교류 대상은 오직 다른 죄수와 간수들뿐이다. 죄수의 딜레마를 두고 진행된 수백 건의 연구 결과를 바탕으로 메로는 데이터와 차이들을 찾아내려 했으며, 마침내 자신과 동료 죄수들의 상황을 더 많이 알고 있는 죄수일수록 덜 이기적으로 행동한다는 사실을 알아냈다. 죄수들 사이의 커뮤니케이션이 더 많은 협력을 일궈낸다는 사실은 분명했다. 고립은 편집증을 낳았으며 규칙이 어떻게 작동하는지 불투명할 때의 결과도 마찬가지였다. 반면, 커뮤니케이션은 추가적인 피드백 고리를 만들어냈고 시간의 지평을 좀 더 확장하는 데 기여했다.

메로의 인간 및 다른 생물 시스템 연구는 다음과 같은 사실을 보여줬다. 삶과 죽음의 결정에서 종들은 게임이론처럼 계산하긴 했지만 포커게임에서처럼 이기적으로 결정하지는 않았다. 추가적이고 부차적인 피드백을 충분히 얻을 수 있는 많은 상황에서는 생물 종들은 혼성 전략mixed strategies을 써서 '싸우거나 도망치거나' 하는 결정을 내렸다. 더 나아가, 이런 결정들은 무의식 속에서(어쩌면 본능적으로) 일종의 확률 계산식을 만들어냈고, 그것을 통해 종과 전체 생태계의 생존을 극대화하는 답을 구해냈다. 하나의 협력적 행위에 먹을거리를 둘러싼 경쟁이 내포돼 있다 하더라도 많은 종들은 위협의 몸짓만으로 실제 싸움을 대신했다. 이런 식의 협력적인 의사 타진과 싸움 자세, 이전 경험들, 본능(종들에 내재된 기억)을 바탕으로 종들은 싸움에서 이기거나 질 확률을 산출해냈으며 경쟁 당사자들도 서로를 죽이거나 죽지 않고 미래를 기약할 수 있었다.

이와 대조적으로, 죄수의 딜레마와 같은 게임이론 테스트는 경쟁을 정보가 부족하고 선택이 강요되는 상황 속에 둔다. 여기에는 커뮤니케이션이 부재한다. 상대의 생각을 가늠해보거나 투명하게 의사 결정을 할 수 있는 공간과 여유가 없을뿐더러 산출물의 양과 범위를 늘릴 수 있는 방향으로 참여하는 게 전혀 허용되지 않는다. 죄수들은 현실적으로 가장 있을 법하지 않은 상황에서 협력 행위를 할 것을 강요당하는 것이다.

그러나 게임이론의 제로섬 논리에는 아직도 유효한 부분이 있으며 특히 폐쇄적인 문화에서는 그것이 실현될 가능성이 높아진다. 여기서 노동자들이 합심하지 않고 상호 경쟁하는 환경에서 기업이 더 많은 이익을 거두고 더 큰 힘을 행사할 수 있는 이유를 찾을 수 있다. 이것이 비교 대상이 없는 시장에서 부동산업자들이 가격을 마음대로 올릴 수 있는 이유이며, 위키리크스의 폭로가 인터넷에 게시되지 않던 시절 강대국이 개도국을 마음대로 주무를 수 있었던 이유이기도 하다. 네트워크가 열악하고 투명성이 낮은 곳에선 모두가 보다 이기적이고 개별적으로, 또한 그런 면에서 예측 가능한 행동을 보인다.

정보가 통제되는 환경에서는 위의 전략들이 꽤 오랫동안 적중했다. 폐쇄된 하향식 방송 미디어는 시장과 홍보 전문가들에게 개인들로 이뤄진 나라를 커뮤니케이션의 대상으로 내줬다. '당신, 당신이 바로 그 사람You, you're the one', 이런 문구를 써서 광고는 우리에게 메시지를 주입한다. 루스벨트 정부에서 일했던 심리학자들의 자문을 받아 설계된 레빗타운 같은 교외 주거지들은 거주자들로 하여금 스스로의 내부에 집중하도록 만들었다.[10] 분리된 구획과 영역으로 나뉜 동네는 핵가족을 구현한 것이며 그 대가로 다른 가족들과의 폭넓고 광범위한 관계를 희생했다. 기업 광고에서부터 전쟁에 대한 공공의 동의를 조작해내는 등의 사회적 통제 작업이 많은 의도를 내포한 단일 캠페인 방식으로 이뤄졌고, 이에 따라 공동체 구성원들로부터의 그리고 그들 사이의 피드백은 약화됐다. 사람들이 다른 사람들과 상호 제휴하지 않고 대신 서로 기꺼이 경쟁하는 바람에 그들의 행동과 투표 행태 그리고 정서 등은 매우 예측 가능하게 됐다. 비명이 나타날 가능성은 극히 희박했다.

하지만 냉전은 우주 경쟁 그리고 최초로 우주에서 찍힌 지구 행성의 사진이 불러온 예기치 않았던 파장 등 색다른 무엇을 탄생시켰다. 과거 메리 프랭크스터 그룹의 일원이었던 스튜어트 브랜드는 1966년부터 인간의 인식을 바꿔놓을 수 있다고 주장하며 미국 항공우주국이 지구 사진들을 공개해야 한다고 주장했다. 그 사진을 보면 사람들이 우주 안에서의 삶터라는 생각 외에 서로의 관계에 대해서도 달리 생각할 수 있을 거라고 믿었다. 결국 1972년에 항공우주국은 사람들이 지구를 '크고 푸른 대리석'으로 받아들이는 계기가 됐던 AS17 - 148 - 22727 이미지를 공개했다. 작가 아치볼드 맥레이시Archibald MacLeish는 이렇게 썼다. "지구를 진정 있는 그대로 본다는 것, 영원한 침묵 속에 떠 있는 작고 푸르고 아름다운 이것을 본다는 것은 우리 자신을 지구의 탑승자로 보는 것이며, 영원한 차가움 속에서 밝게 빛나는 사랑스런 별 위를 살고 있는 형제들, 우리 모두가 형제라는 사실을 이제 알게 된 형제들을 보는 일이다."[11]

그 후 얼마 지나지 않아, 이 또한 냉전의 부산물인 인터넷의 발달로 인해 네트워크 속 사람들 간의 이런 확장된 동무 관계에 대한 의식이 구체화됐다. 명령과 통제의 위계는 피드백과 반복의 네트워크에 영역을 내주기 시작했고 새로운 방식으로 사람들의 행동을 모형화하고 게임화해야 했다.

1940년대에 수학자 노버트 위너Norbert Wiener는 피드백을 어떤 혼합에 대입해보자는 생각에 이르렀다. 그 일이 있기 얼마 전까지 군사용 운항 시스템과 대공 무기 부문에서 일했던 그는 발생하는 모든 사건에 대비해 미리 계획을 세우는 것이 사건이 일어난 후 조건의 변화에 맞춰 경로를 바꿔주는 것보다 훨씬 어렵다는 것을 알았다. 위너는 한 동료에게 이렇게 설명했다. 선박이 정동향으로 방향을 정하고 출항했는데 바람과 조류가 남쪽을 향하고 있다. 항해사는 나침반으로 피드백을 읽고 선수를 북쪽으로 약간 틀어 오차를 교정한다. 조건은 다시 바뀌고 정보는 피드백 형태로 돌아온다. 항해사는 오차를 측정해 새 경로를 그리고 또다시 피드백이 들어오고, 다시 방향을 수정하는 식으로 진행된다. 이는 자동차를 몰 때 전방을 주시하면서 노면의 요철을 피하기 위해 핸들을 조작하는 것과 같다. 또한 건물 안에서 엘리베이터가 움직일 때, 층간 거리를 측정하는 대신 각 층의 표시자를 감지해 멈추고 움직이는 것과 같다. 기온이 떨어질 때 온도조절기가 켜지고 목표한 온도에 도달하면 꺼지는 이치와도 같다. 그것은 느낀다.

위너는 기계가 로봇과 비슷한 무엇으로 진화하려면, 미리 프로그램된 명령을 따르는 것 이상을 수행할 수 있어야 한다고 생각했다. 다시 말해 그것은 세상의 피드백을 받아들일 수 있어야 했다. 사이버네틱스cybernetics 라고 부르는 명령과 통제에 대한 이런 새로운 이해는 모든 발생 가능성에 대한 계획을 수립하는 일 대신 실시간 측정과 피드백을 요하는 것이었다. 명령과 통제에 대한 위너의 새로운 이해는 전쟁터에서 부상당하고 돌아온 병사를 위한 좀 더 개선된 의수족 제작에 적용됐다. 손가락은 만지고 집는 것에 관한 데이터를 피드백 해줄 수 있었다. 그는 피드백을 이용해 인간에게 좀 더 기여할 수 있는 개선된 기계를 만들고 싶었다.

심리학자 그레고리 베이트슨Gregory Bateson에서부터 인류학자 마거릿 미드Margaret Mead에 이르는 사회과학자들은 이 피드백 이론에서 인간 사회를 위한 새로운 모델을 발견했다. 랜드연구소의 예측적인 게임이론과 인간은 이기적이라는 가정에 의존하지 않고도 사이버네틱스는 현실적 사건이 계획대로 일어나지 않는 상황을 토대로 모형을 만들 수 있었다. 정성적 연구와 여론조사 그리고 포커스그룹 등이 피드백 기능을 수행하며, 이를 통해 좀 더 유연한 형태의 커뮤니케이션과 설득이 이뤄질 수 있었다. 이런 점에서 제2차 세계대전 기간 동안 그리고 이후 일본 사회는 이른바 '심리전' 연습이라는 측면에서 미국 학자들의 살아 있는 실험실 역할을 했다. 하지만 훗날 베이트슨은 미드와의 결혼 생활이 깨진 부분적 이유로 이것을 들었으며 후회해 마지 않았다. 그리고 역설적으로, 그가 슬픔에 젖어 추억한 미드는 사회적 통제나 군국주의 같은 조작적인 정부 연구 과제를 보다 많이 수행하는 학자로 남았다.[12]

단순한 피드백의 수학으론 성이 차지 않았던 베이트슨은 세계와 그 안에서 일어나는 모든 상호작용을 이해하게 해줄 보다 포괄적인 방식을 갈망했다. 그는 개인과 사회 그리고 자연 생태계를 그가 '마인드mind'라고 부른 최고의 사이버네틱 시스템의 일부로 봤다. 이는 인간의 통제를 넘어서는 것이며 인간 존재는 어느 정도 그것에 굴복해야 했다. 우리는 다음 장에서 이 모든 복잡성과 시스템 이론에 담긴 종교적 암시에 대해 살펴볼 것이다. 그건 그렇고, 여기서 가장 중요한 대목은 베이트슨이 사이버네틱스를 기계 시스템에 응용해 인간 삶에 기여하도록 하겠다는 생각보다 인간 사회와 사이버네틱 시스템을 동일한 것으로 간주했다는 것이다.

복잡계의 하나인 이런 인간성 모형에 당시 신세대 사회과학자와 경제학자들로 불리던 사람들은 저항할 수 없었다. 그들은 비선형수학과 컴퓨터의 힘을 빌려 겉보기엔 매우 혼란스러운 인간 행동의 문제, 특히 경제 문제를 풀어낼 방법을 찾고 있었던 것이다. 냉전은 순전한 군사 게임에서 이데올로기 게임으로 비화된 것이었다. 미국 대학의 상아탑에서부터 미 하원 반미反美 행위 청문회장에 이르기까지 자본주의는 바람직한 삶의 방식으로 옹호되고 장려됐다. 이 시기 동안 미국 지식인들은 정부에서 포드재단과 록펠러재단에 이르는 그들의 돈줄과 마찬가지로 자본주의의 우월성을 과학적이고 수학적으로 입증하기 위해 분주하게 움직였다. 그들은 결과적으로 중앙 계획적인 공산당 관료주의가 추구하는 데 실패한 질서와 공정성을 자유시장은 자동적으로 가져올 수 있음을 증명하려고 했다.

애덤 스미스Adam Smith는 1700년대에 이미 자유시장이 어떻게 인간 행동을 조정하는 큰일을 해내고 있는지 발견했다. 자유시장은 그 안에서 누구도 다른 사람들의 의도를 알지 못함에도 자율적으로 유지되고 있었다. '보이지 않는 손'이 작용하는 이 시장에서는 한 개인이 자기이익을 극대화하면 할수록 상품 가격은 적절한 수준을 찾아가고 공급은 수요를 맞추며 상품 품질은 개선됐다. 한 발 더 나아가, 스미스는 시장을 통한 경쟁은 개인의 욕망을 사회적으로 유익한 결과를 창출하는 방향으로 흘러가게 한다는 주장까지 내놓았다. 그것이 일어나는 메커니즘은 제대로 알려지거나 표현되지 못하고 있었다.

헝가리 출신의 저명한 경제학자인 프리드리히 하이에크Friedrich Hayek는 1945년에 시장의 '보이지 않는 손'에 관한 새로운 해석을 내놓았다. 하이에크는 시장이 어떤 마술적이고 설명 불가한 방법으로 스스로의 문제를 적절하게 해결한다기보다 좀 더 체계적인 과정에 의존한다고 봤다. 그의 관점에서 가격은 수천, 수만 혹은 수백만 명의 개별 행위자들에 의해 집단적으로 결정되고 있었다. 이들은 각자 자신이 조금씩 알고 있는 것을 근거로 행동하고, 시장은 이 모든 데이터 조각들을 '캐털랙시catallaxy'(하이에크가 쓴 용어로, 교환과 전문화가 만들어내는 창발적 질서를 뜻한다—옮긴이)라는 과정에 녹여 넣는 일에 기여한다. 캐털랙시는 자발적 협력을 근간으로 하는 자가조직적 시스템으로, 그 안에서 피드백과 반복이 일어난다. 가격 메커니즘은 인간의 발명품이 아닌 좀 더 낮은 질서 수준에서 이뤄진 집단 행위의 결과이며 인간은 자발적 질서를 형성한 큰 시스템의 일부다.

카오스 이론과 사이버네틱 시스템 그리고 컴퓨터 사이에서 경제학자들은 시장을 하나의 '일하는 캐털랙시'로 보고 이에 접근하는 데 필요한 도구를 선택했다. 그들은 일하는 캐털랙시를 인간 삶만큼 복잡하고 안정적인 자연의 산물로 여겼다. 특히 산타페연구소Santa Fe Institute의 경제학자들은 카오스 모형을 만들어 집단적인 경제 행위를 설명했는데, 집단적인 경제 행위라는 커다란 프랙털 현실의 구성원인 인간이 무의식적으로 그것에 기여한다고 생각했다. 1984년에 세워진 산타페연구소는 복잡적응계complex adaptive systems 이론을 물리, 생물, 컴퓨터, 사회과학에 적용하는 데 주력했다. 그들의 연구 프로젝트는 돈의 비용에서부터 전시 성폭력, 생물학 시스템, 문명의 동력학 등에 이르는 매우 방대한 범위에서 진행됐다.

이 작업에서 가장 관건이 됐던 것은 '발생emergence'이라고 알려진 무엇인데, 이는 자유롭게 행동하는 무수한 개인들의 상호작용을 통해 질서와 지성이 자율적으로 성취되는 것을 의미했다. 새들도, 벌들도, 자유시장 경제도 그렇게 한다. 그리고 프랙털이란 게 나타났고 그것을 바탕으로 모든 것을 포착하려 들게 됐다.

스펙트럼의 어느 쪽인가에 관계없이 과학자들은 시스템 이론에 편승했으며 시장 평형의 수학적 증거를 거의 모든 것에 적용했다. 언어학자인 스티븐 핑커Steven Pinker는 하이에크와 시스템 이론 안에서 자신의 진화심리학 학설과 컴퓨터적인 마인드 이론을 정당화할 만한 것을 찾아냈다.

하이에크는 개개인의 선택으로부터 큰 규모의 질서가 나오는 걸 최초로 주목한 인물들 가운데 한 명이다. 이 현상은 어디에나 있으며 경제적 시장에 국한되지 않는다. 모든 사람들로 하여금 갑자기 SUV를 몰게 하고, 자신들의 딸 이름을 에델Ethel이나 린다Linda가 아닌 매디슨Madison으로 짓게 만들며, 챙이 뒤로 가게끔 야구 모자를 쓰게 하고, 문장 끝에서 소리를 높이도록 하는 것은 무엇인가? 그런 행동 요인을 외부에서 찾는 사회과학적 방법으로는 이 과정에 대한 이해가 불가능할 수밖에 없다. 본질적인 것은 지적인 삶에 있는 거대한 틈, 즉 개인의 심리와 집단의 문화 사이의 간극을 이어주는 일일 것이다.[13]

상이한 차원에 놓여 있는 것을 동일한 법칙에 복속시키려는 노력은 노골화됐다. 경제저술가이자 《군중의 지혜The Wisdom of Crowds》의 저자인 제임스 서로위키James Surowiecki는 자유의지주의libertarian 잡지 〈이성Reason〉에 쓴 칼럼에서 하이에크의 캐털랙시 개념과 산타페연구소의 컴퓨터에 의해 증폭된 이 개념은 인간을 이해하는 보편적 접근법이 될 수 있다고 말했다. "20세기에 이 통찰은 사람들이 시장에 대해 생각하는 방식을 바꿔놓았다. 다음 세기에는 좀 더 일반적으로 사람들이 조직과 네트워크 그리고 사회 질서에 대해 생각하는 방식을 바꿔놓아야 할 것이다."[14]

그리하여 과학자와 경제학자, 문화이론가, 심지어는 군사전략가들조차도[15] 프랙털 강박을 개별 행위자들과 그들이 살고 있는 보다 큰 시스템을 설명하고 예측해줄 수 있는 새로운 접근법으로 채택하기에 이르렀다. 날씨, 플랑크톤, 개밋둑, 도시, 사랑, 섹스, 이익, 사회, 문화 등이 모두 같은 법칙에 복속됐다. 그야말로 모든 것이 의미 있게 된 것이다. 베이트슨의 마인드 이론은 컴퓨터가 발생시킨 프랙털 속에서 구체화됐다.

그러나 이 모든 과학자들과 사회계획가들이 가장 조심스러워했던 부분은 어떤 기준에선 유사하지만 다른 기준에선 상이한 것들 사이에 일치성과 등가성을 설정해줄 수 있는가 하는 것이었다. 프랙털이 모든 차원에서 유사성을 띠고 있지만 반드시 똑같지는 않다는 사실을 기억할 필요가 있다. 산호초 사이에서 사는 플랑크톤들 간의 상호작용과 페이스북 가입자들의 그것은 유사하지만 똑같지는 않다. 분자 수준에서 일어나고 있는 것과 사회적 혹은 지적 수준에서 일어나고 있는 것들 사이에 너무나 많은 연결선을 그릴 경우, 이는 매우 무모하고 관련된 모든 이(것)들에게 위험한 일이 될 수 있다.

　심지어는 이런 모형들을 내놓은 경제학자들의 예측이나 권고조차 종종 부정확해지는 경우가 있다. 헤지펀드에서 일하는 계량분석가들과 주식거래소의 리스크 관리팀들 가운데 다수가 주식시장의 움직임에서 기술적 패턴을 찾기 위해 프랙털을 이용한다. 그들은 종래의 측정 방식이나 예측 방식과는 달리 이런 비선형 시스템은 생각할 수 없는 것을 상상할 수 없는 인간의 한계를 뛰어넘고 있다고 믿었다. 경제학자나 투자가들이 미래를 내다보겠다고 달려드는 일의 위험성을 경고했던 《블랙 스완 *Black Swan*》의 저자인 나심 탈레브^{Nassim Taleb}조차 프랙털에는 현실 시장의 갑작스런 변동과 종잡을 수 없는 궤괴를 예측해줄 수 있는 힘이 깃들어 있다고 믿었다. 그는 자신의 책을 브누아 망델브로에게 헌정했다.

　프랙털 기하학은 1930년대 대공황기 시장의 움직임에서 강력하고 반복적인 패턴을 찾아내는 일에는 도움이 되지만 2007년의 금융시장 붕괴를 예측해주진 못했다. 프랙털을 활용하는 경제학자들 또한 모기지론 사태와 유럽은행의 과다 차입금 그리고 찰나의 가변성 위에서 이뤄지는 알고리즘에 의한 거래 등으로 촉발된 위기로부터 은행과 증권사를 보호해주지 못했다.

좀 더 최근 경우로는 2010년 초반에 세계적인 경제예측가 로버트 프렉터Robert Prechter가 프랙털을 시장에 적용한 것을 들 수 있다. 그는 시장이 지난 300년간 일어났던 그 어떤 불황도 우습게 보일 만큼 큰 불황에 접어들고 있다고 외쳤다.[16] 프렉터는 1930년대의 경제학자인 랠프 넬슨 엘리엇Ralph Nelson Elliott의 통찰에서 자신의 방법론을 이끌어냈다. 엘리엇은 시장의 가격 데이터상에서 반복적으로 일어나는 것처럼 보이는 다수의 패턴들을 따로 정리했다. 그것들은 항상 동일한 시간 척도와 크기로 일어나진 않았지만 같은 모양을 취하고 있었다. 그리고 좀 더 치밀하게 구조화되면서, 좀 더 높은 수준의, 좀 더 커다란 형태로 진전 통합되고 있었다.

프렉터는 이 진전에 '엘리엇 파동wave'이라는 이름을 붙였고 우리는 그것을 '프랙털 강박'이라고 부른다. 패턴들은 상이한 척도와 시간의 틀 속에서 동일한 모습으로 반복돼야 할뿐더러 상이한 산업 분야와 다양한 인간 행동 속에서 반복돼야 했다. 프랙털과 주식시장에 관한 보고서인 〈인간의 사회적 경험이 프랙털을 형성한다The Human Social Experience Forms a Fractal〉에서 프렉터는, 1720년 남해회사 거품The South Sea Bubble(남해회사는 근대 유럽에서 만들어진 특권 회사의 하나로, 아프리카 노예를 스페인령 서인도 제도에 수송하고 이익을 얻는 것을 주된 목적으로 1711년 영국에서 설립됐다. 이후 금융회사로 변신해 1720년에 남해 거품 사건을 일으켰다—옮긴이) 사건 이후 사상 최대의 시장 붕괴가 있을 거라고 주장했다.

이런 종류의 프랙털 강박은 부정확한 예측을 개별적으로 고객이나 사업자에게 들려주는 경우에는 덜 위험하다. 하지만 인간성 전체를 조망하려는 환원주의자들에 의해 기계, 수학방정식, 분자, 박테리아, 인간 등 유사하지만 등치될 수 없는 요인들을 한꺼번에 아우르려는 의도에 이용될 때는 더없이 위험해진다. 그런데도 모든 것을 모든 것과 연결하려는 충동은 너무 압도적이라서, 이런 논리적 도약을 하기 위해선 먼저 더 많은 것을 알아야 할 사람들이 여기에 굴복하는 경향이 있다. 인간과 문화의 수준에서 일어나는 행동의 개별성과 특이성 그리고 역설 등을 무시한다는 것은 누군가의 순간적 경험을 무시한다는 뜻이고, 컴퓨터 시뮬레이션 안에 모든 것을 다 녹여 넣고 싶은 충동에 그런 개별적 독특함을 희생시킨다는 의미다.

존재하거나 존재하기

아이러니하게도, 인간의 예측 불가능성이라는 문제를 극복하는 방법은 그것과 함께 그리고 그것을 통해 어떤 일을 도모하는 게 그것을 무시하는 것보다 더 나을 수 있다는 점에 있다. 프랙털은 컴퓨터에 의해 생성되지만 그 안의 패턴들을 가장 잘 인식하고 응용할 수 있는 주체는 사람이다. 달리 말하면, 패턴 찾기는 과학이나 수학이라기보다 하나의 예술적인 일에 가깝다. 예술은 감지하는 것이며 직관적인 것이다. 하지만 우리 자신을 포함해 모든 것이 급속히 변하는 시대에는 과학보다 오히려 예술이 더 엄격하고 냉철해질 수 있다.

처음 컴퓨터라는 것을 접한 1970년대 중반에는 내가 괴짜들 사이에 있는 아티스트처럼 느껴졌다. 내가 다닌 고등학교의 컴퓨터 실습실에 모인 아이들은 전부 수학광들이었으며 유일하게 나만 연극에 빠져 있었다. 그들이 IBM 단말기에서 사용한 프로그램은 피타고라스 정리를 증명하거나 플랑크 상수를 활용하는 것과 관련이 있었다. 나는 글자를 가지고 그림을 만들어내는 일과 내 나름의 '퍼포먼스 예술' 프로그램에 관심이 있었다. 나는 당연히 환영받지 못했고 곧 기술을 예술에 활용해보겠다는 생각을 접었다.

1980년대 중반에 대학에서 연극학 학위를 받고 졸업한 후, 나는 대학 시절에 예술가연하면서 환각제나 먹던 친구들 대부분이 실리콘밸리로 가서 프로그래머가 됐다는 사실을 알게 됐다. 컴퓨터라는 게 계산이나 하는 게 아니었다는 사실을 깨닫고 나도 캘리포니아로 날아갔다. 도대체 그레이트풀 데드Grateful Dead의 음악이나 들으면서 해시시나 말아 피우던 친구들을 그토록 반듯하고 진지하게 만든 게 뭔지 알아보고 싶었다. 그들은 사이버스페이스를 건설하고 있었는데 이 일에는 자신의 가장 거친 꿈을 펼치는 것을 두려워하지 않는 사람들이 필요했다. 그들은 하루 종일 일했고 밤에는 페요테peyote 선인장(페요테는 텍사스와 멕시코 등지에서 나는 선인장과의 식물로, 메스칼린을 주성분으로 하는 향정신성 물질이 있어 환각제로 쓰인다—옮긴이) 싹을 먹었다.

노스럽Northrup과 인텔Intel 그리고 선Sun 등의 임원진 십여 명을 인터뷰한 뒤 나는 그들이 이 환각제를 복용하는 '장발들'에 의존해 인간이 기계와 교류하기 위한 혹은 인간 상호 간에 교류하기 위한 인터페이스를 개발하고 있음을 알았다. "그들은 그것이 환각을 일으킨다는 걸 이미 알고 있어요." 어떤 임원이 설명했다. 실리콘밸리는 삶에 코드를 부여하기 위해 예술가적 몽상가들을 필요로 했고 이 몽상가들은 그 동네에 예술적 문화라는 장식을 붙였다.

그 후 20년이 훌쩍 지난 지금, 테크놀로지스트technologist를 따라잡으려 하는 사람들은 예술가가 됐다. 리좀Rhizome이나 아이빔Eyebeam 같은 디지털 아트 조직은 물론 뉴욕대학의 인터랙티브 텔레커뮤니케이션 프로그램Interactive Telecommunication Program과 파슨스 디자인 앤드 기술 프로그램Parsosns Design and Technology Program이 세운 디지털 아트 학교에서도 앞장서서 선도하는 사람들은 테크놀로지스트다. 독학과 장발의 프로그래머들이 새로운 루틴routine과 인터페이스를 만들고, 잘 차려입고 많이 배운 순수미술 석사학위MFA 소지자들은 이것을 어떤 역사적 틀에 집어넣으려 애쓴다. 프로그래머는 포기를 염두에 두고 상상하고 창조한다. 예술가는 이런 창작물을 가지고 인간이 무엇을 하고 싶어 하는지, 또한 이렇게 창조된 것이 우리와 함께 무엇을 하고 싶어 하는지를 상상하려 한다.

사실, 더 기술화되고 서로 연결될수록 우리는 방향을 설정하고 패턴을 파악하는 일에서 예술가에게 점점 더 의존하게 된다. 나는 각급 학교에서 아이들에게 컴퓨터 프로그래밍을 가르쳐야 한다고 주장하는 사람이다. 그러면서 또한 아이들에게 그렇게 프로그래밍 된 환경, 그 아이들이 대부분의 시간을 보내게 될 그 환경에 대해 비판적으로 사고할 수 있도록 가르쳐야 한다고 생각한다. 전자는 공학이고 후자는 인문 예술이다. 공학자는 방정식을 쓰고 내놓는다. 예술가는 그 유용성을 판단하고, 패턴을 찾아내며 그리고 매우 조심스럽게 그 패턴을 일반화해야 한다. 예술가에게 혹은 인간에게 이런 조심성이란 특정한 데이터를 보다 많이 축적하는 일보다 지각 기관의 단련과 더 깊은 관계가 있다. 프랙털에 관한 한 문제가 되는 것은 얼마나 많이 보는가가 아니라 얼마나 잘 보는가다.

이라크 후세인 정권 축출과 관련한 미국의 정보 실패 문제를 살펴보면서 펜실베이니아대학 심리학자이자 결정이론가인 필립 테틀록Philip Tetlock은 관심 분야는 더 넓고, 특정 이해관계에는 덜 얽혀 있는 사람이 한 분야만 파고든 전문가보다 더 좋은 예측을 내놓을 수 있다고 주장했다.[17] 영국의 철학자이자 정치사상가인 이사야 벌린Isaiah Berlin이 말한 여우와 고슴도치 유형을 빌려 와 테틀록은 수백 건의 결정 사례들을 연구했다. 그 결과 넓은 시야와 적은 이해관계를 가진 여우들은 미래 예측을 위해 자신들의 역사적 지식과 이전의 경험을 사용하는 고슴도치들보다 더 정밀하게 패턴을 읽는다고 결론을 내렸다.

테틀록이 깨달은 바에 의하면, 고슴도치들은 잘 알지 못하는 것으로 인한 불확실성이 나타날 땐 폐쇄성을 파고든다. 그들은 자신들의 고정된 생각에 입각해 상황의 향방을 단정한다. 종래의 지식에 크게 집착하지 않는 여우들은 판단을 하면서도 언제나 확률과 가능성을 염두에 둔다. 고슴도치들이 자신들의 규율에 스스로를 가두는 반면, 가지치기 사고를 할 줄 아는 여우들은 어떤 한 분야에서 얻은 깨달음을 다른 분야에 적용한다. 고슴도치들에게 지식은 장애가 되지만 관심 분야가 넓은 여우들은 그 지식에 살을 붙인다.

이제 표면상으로 프랙털 강박은 실패한 것처럼 보인다. 플랑크톤의 특질과 파리지앵의 성격을 등치시키려 한 경제학자들은 실패했다. 그러나 인간이 직관적으로 패턴을 다른 시스템에 적용해본다는 사실은 별개의 문제다. 우리는 사과와 오렌지를 혼동하지 않고 사과와 행성을 분간 못 할 가능성은 더욱 없다. 프랙털 강박적 태도에 많은 위험이 도사리고 있는 것은 사실이지만, 그럼에도 불구하고 현재 충격의 시대에는 유용하게 쓰일 수 있는 부분이 많다.

예를 들어 나는 아직도 어떤 학생이 불과 몇 분 동안 《햄릿*Hamlet*》을 훑어보고, 아니면 위키피디아에 올라온 비평문 몇 구절을 읽고 나서 그 작품의 요점을 파악했다고 말할 때, 기뻐해야 할지 무서워해야 할지 모르겠다. 그 학생은 프랙털 견지에서 이미 세계를 봤고, 《햄릿》의 한순간을 포착함으로써 작품 전체를 이해했다고 생각했다. 그가 작품을 확실하게 포착한 순간은 너무도 유명한 '죽느냐 사느냐' 구절과 얽혀 있다. 그 학생은 어떻게 해서 이 유명한 '순간'으로부터 전체 작품이 확장되고 있는지 설명한다. 햄릿은 행동을 취할지, 자살할지 결정을 못 내리고 있지만, 그렇다고 해서 그가 진실로 자살을 생각하는 건 아니다. 그는 다만 그런 체하고 있을 뿐이다. 자신의 부친을 죽인 폴로니어스*Polonius*(햄릿의 부친을 살해한 자는 클로디어스인데 저자가 잘못 알고 있다―옮긴이)가 감시하고 있기 때문이다. "그건 모두 행동과 비非행동, 연극 안의 연극 그리고 실행 방식과 정체성 혹은 사고와 행동에서 혼란이 있다는 거죠." 그 학생은 내게 설명했다. "준비가 중요하다, 이 작품은 그런 얘기죠. 난 이해했어요. 정말로요."

정말이라고? 그것을 믿지 않는 게 더 어렵다. 그 학생이 사는 세계, 즉 그 연령대의 나라면 몇 시간 혹은 하루 종일 걸려 해낼 것을 그는 단 몇 분 안에 해치우라고 강요하는 세계에 살고 있음을 고려한다면 당연히 그의 말을 믿어야 한다. 그런 세계에서 제 역할을 하기 위해선 사물의 요점을 재빨리 이해하고 더 나아가 패턴을 찾아내며 그것을 가지고 나머지를 추론할 줄 알아야 하니까. 이는 일종의 지적 사기라고 내 대학 친구인 월터 컨*Walter Kirn*은 자신의 교육 과정을 소설화한 《능력주의 속에서 길을 잃다

Lost in the Meritocracy》에서 말했다. 여기서 주인공은 그런 식으로 사기를 쳐 프린스턴대학에서 인정받게 된다. 그는 자부심과 경멸이 담긴 어조로 이렇게 말한다.

나는 어떤 교수들은 우리의 그런 사기를 알아차리고 있다고 생각했다. 그리고 한편으로 그들 역시 또 다른 배우들이 아닌지 궁금해졌다. 교실 토론과 점수가 매겨지는 에세이 쓰기에서 교수들은 공부만 열심히 하는 친구들보다 우리를 더 좋아했다. 그 친구들의 진득하고 엉덩이 무거운 학습 태도는 이 기묘한 포스트모더니즘의 신세계, 나로 말하자면 아무 힘도 안 들이고 터득한 이 세계에 부적응하고 있다는 표시라고 나는 결론 내렸다.[18]

그러나 이처럼 처음에는 사기였던 것이 나중에는 기술이 된다. 패턴을 찾아내는 기술, 점점 크게 선회하면서 겹쳐지고 분야를 넘나드는 학문 세계의 대화에 물 흐르듯 합류하는 기술 말이다. 컨은 장학금을 받았고 최우등으로 졸업한 뒤 옥스퍼드로 갔다. 그리고 존경받는 작가이자 비평가가 됐다. 이런 식의 광범위한 접근법은 누군가로 하여금 지적인 과제를 감당할 수 있게 하는 기술일뿐더러 집중적인 학습에서도 그 이해와 수행을 위한 중요한 기술이 된다. 진정 경지에 오른 음악가라면, 자신의 레퍼토리 외의 것도 연주할 수 있다. 정식 악보가 아닌 걸 집어 멜로디와 화성을 한번 훑어보고도 즉석에서 연주가 가능하다. 그 사람은 그 작품의 저변에 있는 어떤 패턴을 파악한 것이다.

이보다 일반적이고 직관적인 관점, 큰 관점big view이라고 말할 수 있는 관점에 대해서는 미시간대학 심리학자인 리처드 니스벳Richard Nisbett이 폭넓게 연구했다. 테틀록과 마찬가지로 니스벳도 귀납적 논리가 의사 결정에서 과소평가되고 있음을 알게 됐다. 또한 사람들의 추론 능력은 매우 제한된 전문성과 사전 경험에만 의존하는 것보다 여러 가능성을 고려해보고 초점을 확대해볼 때 크게 개선된다는 걸 발견했다.

미시간대학에 다니는 중국인 학생들이 특정한 문제에 어떤 방식으로 접근하는지를 관찰한 후 니스벳은 동아시아인과 서구인이 인지하고 사고하는 방식을 비교해보기로 마음먹었다. 그는 학생들에게 자연환경에서의 동물 사진을 보여주고 그것을 보는 동안 그들의 눈이 어떻게 움직이는지 살폈다. 미국인 학생들은 동물을 먼저 보고 배경을 주시했다. 아시아인 학생들은 숲과 들판을 먼저 봤고, 나중에 호랑이와 코끼리를 보면서 시선이 사진에 머문 시간은 미국인 학생들의 그것보다 많이 짧았다. 나중에 본 사진에 대해 말해보라고 했을 때, 미국인 학생들은 자신들이 본 특정한 대상을 훨씬 더 잘 기억해냈다. 그러나 중국인 학생들은 배경을 매우 상세하게 떠올렸다. 니스벳은 심지어 배경을 바꿔 아시아인 학생들로 하여금 자신들이 그 동물들을 본 적이 없다고 착각하도록 만들기도 했다. 그는 미국인 학생들에게도 같은 실험을 했다. 배경을 완전히 바꾸고 원래 동물들만 남겼는데도 미국인 학생들은 그림이 바뀐 걸 눈치채지 못했다. 그들은 한 가지에만 눈길이 고정돼 더 큰 배경에 대해선 눈을 감고 있는 거나 마찬가지였다.

서구인은 대상에 집중하고 그것을 범주화하는 경향이 있는 반면, 동양인은 배경을 보고 더 큰 환경적 힘에 대해 생각한다. 서양에선 형식 논리를 사용해 사물을 파악하는 데 반해 동양에선 다양한 전략들을 사용한다. 니스벳의 설명에 따르면 "아시아인들은 전체론적으로 추론한다. 이는 그들이 대상에 주목하되 그것을 둘러싸고 있는 환경과의 관계를 놓치지 않는다는 뜻이다. 반면, 범주나 법칙에 대해선 크게 신경 쓰지 않고, 행동은 특정한 시간에 개별적으로 작용된다고 추정하는 힘에 종속된 것이라 인식한다. 형식 논리는 그다지 사용하지 않는 대신 다양한 변증법적 추론을 한다. 여기에는 종합과 초월 그리고 수렴 등이 포함된다."[19]

미국인과 아시아인, 고슴도치와 여우, 전문가와 일반론자는 변화를 관리하고 창출하는 두 가지 주된 방식을 보여준다. 행위자에게 영향을 가할 것인가, 환경을 조작할 것인가. 부분에 집중하는 한 우리는 크로노스라는 시간적 환경에서 일하는 것이다. 우리는 대상을 나누어 여러 부분으로 분해한 다음 그것들을 주의 깊게 들여다보고 그것들과 과학적으로 관계를 맺는다. 그런데 해부하는 것과 마찬가지로 이런 일은 정작 대상이 죽었을 때 더 잘될 수 있다. 부분들 주변의 공간에 집중할 때, 우리는 카이로스의 시간 지각 상태로 이동하게 되고 사물들 사이의 공간이 사물들 그 자체보다 더 중요해진다. 특정한 대상에 주의를 쏟는 것보다 그것들이 만들어낸 패턴과 연관관계를 인식하고 그에 영향을 주는 것에 대해 더 많이 생각하게 된다. 우리는 모든 피드백 고리의 순환 경로를 따라가는 어지러운 행보를 멈추고 뒤로 물러나 앉아 이 고리들이 만들어내는 패턴을 바라본다.

경제학자이자 정책자문가인 조슈아 라모Joshua Ramo가 말한 것처럼, 환경에 집중하면 '느린 변수들slow variables', 즉 표면의 어지러움 아래에 있는 장기적으로 훨씬 더 중요한 변수들에 접근할 수 있게 된다. 그의 책《언싱커블 에이지The Age of the Unthinkable》는 기본적으로 정책 결정자와 군사 전략가를 겨냥하지만 그의 통찰은 프랙털 문화에 광범위하게 적용된다. 그의 독자라면 깜짝 놀랄 만한 단어를 사용했는데, 바로 리더들이 '감정이입

empathy' 능력을 개발해야 한다고 주장하는 것이다. 그것은 단순히 다른 사람의 불행에 같이 울어주라는 뜻이 아니라, 가능한 한 많이 다른 사람들의 지각력과 감수성으로 세계를 경험하는 법을 배우라는 의미다.

라모는 특히 실리콘밸리의 벤처자본가이자 세쿼이아캐피털Sequoia Capital의 회장인 마이클 모리츠Michael Moritz에게 흥미를 보이고 있다. 구글과 유튜브 초기의 성공적인 투자가였던 모리츠는 그의 동료들과는 달리 회사나 기술을 이해하기 위해 분석하지 않는다. "모리츠의 천재성은 그가 어떤 회사를 평가할 때 쪼개 보지 않는다는 데 있다. 대신 그는 그것을 전체적인 맥락 안에 위치시켜 본다. 기술시장을 형성하는 힘과 소비자 요구, 소프트웨어 디자인 변화, 마이크로칩 가격 변동, 창업자의 감정 기복 등등. 그는 이 모든 것들을 변화의 표지로 읽는 것이다."[20]

모리츠는 웹 검색이라는 구글의 단일 초점 목표를 이해하고 있지만, 그럼에도 불구하고 목표에 도달하는 유일한 경로처럼 보이는 그것도 끊임없이 개선되고 혁신되어야 한다고 주장한다. 그는 자신이 투자하는 회사들이 필요한 여러 가지 변화를 위한 노력을 기울여야 한다고 강조하고 또 그런 방향으로 이끌려 한다. 이를 위해서는 자신이 창업자들만큼 해당 회사의 목표를 이해하고 있어야 한다는 것을 깨달았다. "내가 가장 겁내는 건 감정이입 능력을 상실하는 일입니다." 모리츠의 설명이다. "최근 기회를 차버린 아주 좋은 투자처가 있어요. 창업자들이 회사를 찾아왔는데 그들의 사업 아이디어를 이해할 수 없어 쫓아내고 말았습니다. 감정이입에 실패한 겁니다. 내가 만일 미국 외교 정책을 담당한다면, 맨 먼저 감정이입을 잘하기 위해 노력할 겁니다."[21]

감정이입은 단순히 학습하거나 이해해서 할 수 있는 게 아니다. 그것은 배울 수 있는 게 아니라 다른 사람을 느끼고 경험하는 방식이다. 그것은 어떻게 노래하는지를 배우는 것과, 이미 노래하고 있는 다른 사람과 화음을 맞추는 방법을 배우는 것의 차이와 같다. 그것은 선율에 관한 것이 아니라 상음上音overtone(음 중에서 최저 진동수의 음을 바탕음이라고 하며, 바탕음보다 높은 진동수의 음들을 상음이라고 한다—옮긴이)에 관한 것이다. 혹은 네트워크 용어로 말하자면, 접속점node이 아니라 접속점들 사이의 연결에 관한 것이다.

내 경우 그런 연결성을 알려준 스승으로 제리 미샬스키Jerry Michalski를 들 수 있다. 그는 기술분석가로 에스더 다이슨Esther Dyson의 뉴스레터인 〈릴리스 1.0Release 1.0〉을 편집한 적이 있고, 그 뒤로는 내가 보기에 일종의 '공공적 은거' 생활을 하고 있다. 내가 참석했던 거의 모든 기술 혹은 디지털 문화 관련 콘퍼런스에서 그와 마주치곤 했다. 나는 주로 대담자나 패널로 참여했고 제리는 말 그대로 참석 그 자체로 만족하는 것 같았다. 그는 노트북을 펼치고 앉아 다른 사람이 강연하는 동안 자판을 두드리며 듣거나, 연사들이 펼쳐놓은 파워포인트 슬라이드를 읽곤 했다. 그리고 나중에 거기서 나왔던 얘기들을 트윗 하거나 다른 사람이 트윗 한 걸 리트윗 했다.

1998년에 메인 주의 한 콘퍼런스에서 제리를 처음 만났는데 당시 나는 그의 옆자리에 앉았다. 그가 잡지 편집을 그만두고 얼마 지나지 않아서였는데 나는 제리가 컴퓨터에 뭐라고 쓰는지 몰래 엿봤다. 그것은 텍스트가 아니라 단어들을 연결한 거미줄처럼 보였다. "더 브레인The Brain이라고 합니다."[22] 제리가 내게 말했다. 그는 거기에 어떤 이름이나 사실 그리고 회사 같은 것들을 적어 넣었다. 그러고 나서 그것을 다른 사람들, 생각들, 책들과 연결했다. 그는 나도 끌어들여 내 강연과 출판에이전트 등을 적어 넣고 나를 내 책과 내 영향력 그리고 내 대학, 그 외 내가 만들어낸 아이디어와 용어 따위에 연결했다. "나는 이렇게 하는 게 현재 무슨 일이 일어나고 있는지를 파악하는 데 매우 유용하다고 생각합니다."

오늘 현재 그의 더 브레인 파일에는 17만 3천 건 이상의 생각들이 들어 있고, 그것들을 31만 5천 개의 연결선이 잇고 있다. 이 모든 것들을 그는 직접 해냈다.[23] 그리고 마침내 공공적 은거 상태에서 빠져나와 자신이 알아낸 것들을 우리들과 공유하기 시작했다. 그의 말에 따르면, 자신의 가장 중요한 통찰은 "모든 것이 서로 깊이 섞이고 얽혀 있다"는 사실을 알아낸 것이다. 그는 더 이상 어떤 생각이나 아이디어를 고립된 것으로 보지 않고 전체적인 맥락 안에서 받아들인다. 제리는 스스로를 패턴 발견자이며 가지치기 사고자라고 부른다. 모든 것은 다른 모든 것과 관계를 맺고 있는 한 중요하다.

놀랍게도, 이런 식으로 자신의 메모리를 컴퓨터에 옮겨도 그의 기억력은 전혀 훼손되지 않았고 오히려 더 좋아졌다. 어떤 것을 머릿속에 저장할 때 다른 것과 연결하는 방식을 택함으로써 그의 머릿속에서 그 어떤 것의 위치는 보다 분명해졌다. 더 브레인의 활용으로 "뇌신경 회로가 다시 살아났다"고 그는 말한다. 그의 머릿속엔 사실들이 멋대로 들어 있는 게 아니라 보다 큰 구축물의 일부이자 보다 큰 패턴의 부분으로 자리하고 있는 것이다.

가장 중요한 것은, 미샬스키가 자신이 '관계의 경제학the Relationship Economy'이라 부른 것, 즉 사람들이 서로 어떻게 연결돼 있는지에 관한 경제학의 옹호자가 됐다는 사실이다. 최근 〈워싱턴포스트The Washington Post〉의 특집 기사에서 그는 마이크로파이낸스microfinance(저소득, 빈곤층을 위한 소액 금융 서비스—옮긴이) 혁신가인 에이프릴 린느April Rinne에게 이렇게 말했다. "가령, 우리가 전 지구적 금융 위기 같은 복잡한 문제를 해결하려 한다 칩시다. 그럼 우리는 경제학자에게 부탁해야 할까요, 사회학자에 부탁해야 할까요? 아니면 정치학자에게? 그들은 각자 지나치게 한 부분만 파고들고 있습니다. 다면적인 문제일수록 더 큰 힘들이 교차하며, 고립된 시스템 안에서 누군가가 맞닥뜨려야 하는 도전 과제는 더 커집니다."[24]

한편, 이는 혁신과 변화를 '민주화democratization'함을 의미하는 크라우드소싱이 아니다. 다시 말해 고객을 동원해 기업의 광고 활동을 맡기는 행위가 아니고, 어떤 환경을 창조해 그 안에서 모든 사람들이 문화나 산업과 관계를 맺고 즐거운 마음으로 발전에 동참하는 것을 의미한다. 이는 아마추어 프로그래머가 최고의 새로운 사이클링 관련 기술을 개발하는 방식이다. 이렇게 개발된 것은 주요 제조업체의 디자인과 제조 과정으로 편입된다. 이는 어도비Adobe가 자신들의 프로그램 사용자들을 격려해 그들만의 플러그인plug-in(추가하여 컴퓨터 시스템의 기능을 확장할 수 있는 소프트웨어다—옮긴이)을 개발하도록 독려하는 방식이다. 이렇게 창조된 것은 온라인에서 공유되며 어도비가 출시하는 차기 제품에 반영된다. 이는 구글이 안드로이드 앱 사용법에 관한 무료 온라인 설명서를 제공하는 방식이기도 하다. 그들은 공개적인 개발 문화가 궁극적으로 애플의 이른바 지극히 전문적인 제품 고안이라는 '닫힌 정원walled garden' 정책을 깨부술 수 있기를 희망한다.

다른 한편으로, 이는 프랙털에서 누군가가 맺고 있는 관계는 그가 개별적으로 축적한 지식보다 중요하다는, 최소한 프랙털에서는 그렇다는 이해에 도달하는 것을 의미한다. 공유가 소유를 앞지르고 관계는 자아를 대체한다. 대표적인 예로, 미샬스키의 사심 없는 더 브레인과 마이크로소프트가 대대적으로 홍보하는 온라인상에서의 '개인적 불멸성' 성취라는 것, 이른바 마이라이프비트MyLifeBits 프로젝트를 비교해볼 필요가 있다. 공공연하게 유아론唯我論을 내세우는 분위기 속에서 우리는 고든 벨Gordon Bell 박사의 행동에 놀라워하면서도 그것을 본보기로 삼는다. 벨은 자신에 관해할 수 있는 모든 것을 스캐닝 하고 기록하고 업로드 했다. 1998년 이후 그의 모든 강연과 메모, 편지, 동영상, 전화, 음성메일이 그렇게 처리됐다.[25] 이렇게 전 생애를 비트로 바꾼 보상으로 마이크로소프트 자료 보관 소프트웨어는 그가 언제 어느 때건 내킬 때마다 자신이 행하고 본 것(자료)에 접근하는 것을 허용했다.

이것이 주는 메시지는 컴퓨터를 통해서나마 우리는 완전한 기억을 획득할 수 있다는 것이다. 벨과 마이크로소프트는 자신들이 배너바 부시가 1950년대에 꿈꿨던 개인의 메모리를 완벽한 기록으로 외부화한다는 퍼스널 컴퓨팅의 꿈을 실현했다고 주장한다. 토털 리콜인 것이다. 두말할 것 없이, 이 프로젝트는 실제로 시장조사자라면 누구나 탐낼 만한 행동 양식 모형을 제시하고 널리 알리는 데 성공했다. 이는 페이스북의 현실이다. 그 안에서 우리는 잘못된 가정하에 행동한다. 즉 우리는 플랫폼의 사용자라고 생각하지만 사실 우리는 팔리는 상품에 불과하다. 여기에 이 현실은 좀 더 미묘한 차원에서 컴퓨터를 동원해 우리가 개인으로서 지가하고 경험하는 것이 곧 우리 자신이라는 느낌을 한층 고양시켜준다. 또한 우리 자신에 관한 디지털화된 정보가 실제 우리를 반영하고 있다고 믿게 만들어준다. 그것을 바탕으로 개인의 구매에 영향을 미칠 수 있는 까닭에 시장은 개인에 대한 데이터를 사랑한다. 사람들이 네트워크에 덜 연결되고, 덜 공유할수록 사람들은 스스로를 위해 더 많은 것을 구입해야 하기에 시장은 개인을 사랑한다.

그러나 더 중요한 것은, 서사 이후의 세계, 즉 삶의 네트워크가 선형적 역사를 대체하는 곳에 접근하는 방식의 일환으로 마이라이프비트는 더 브레인보다 확실히 프랙털 강박에 완전히 취약점을 드러내고 있다는 점이다. 미샬스키에게 '자신self'이란 연결됨, 다시 말해 관계에 의해 규정되는 어떤 것이다. 더 브레인은 그에 관한 것이 아니라 그가 만나는 모든 사람들에 관한 것이다. 더 브레인은 한 가지 경로에 국한하지 않으며 운용될 수 있는 경로의 수가 무한하다. 패턴은 저 멀리에 널려 있으며 끊임없이 진화하고 점점 더 '서로 섞이고 얽힌다'. 그것은 모두 잠재 에너지다. 이 상태를 유지하는 것, 즉 완전하게 개방 준비를 갖추는 일은 쉽지 않다. 그러나 그것이야말로 시간이 부재한 환경을 창조할 수 있는 유일한 길이다.

마이라이프비트는 한편으로 기억을 시간을 두고 축적된 개인적인 서사로 간주하고 접근한다. 그러나 그것은 진실로 저장된 잠재 에너지라기보다 소모된 운동에너지의 기록에 불과하며 자기중심적이고 자기소모적인 일기다. 게다가 그것은 한번 저장되면 그대로 갇혀버린다. 역사는 더 이상 누군가의 진화하는 개별적인 지각력에 맞춰 변화할 수 없다. 그런 역사는 한계를 기술할 뿐이고 재해석에 저항한다. 현재 충격이 휩쓰는 풍경에서 패턴을 찾아내려 하는 사람은 반드시 관계망 안에서 자신의 위치를 알아내야 한다. 모든 것이 그와 연결돼 있는 한, 모든 것은 서로 연결돼 있다. 내가 저것을 보고 있을 때 나는 어디에 있는가? 내가 처음으로 그것을 행했을 때 나는 어떤 생각을 했는가? 저것은 내게 어떤 영향을 미치는가?

이는 네트워크에 연결된 인식력과 편집증 간의 차이이자 진정한 패턴 인식과 중증 프랙털 강박의 차이다. 프랙털 강박 상태에선 사물들 간의 연결 정도를 파악하면서 그것을 자기 자신과 관련된 어떤 것과 관련지어 이해하게 된다. 이것이야말로 편집증의 정의 그 자체라고 할 수 있다. 벨이 마이라이프비트 프로젝트에 대해 했던 강연 가운데 가장 좋았던 강연회 제목은 이렇다. "마이라이프비트: 개인적인 모든 것을 위한 처리 프로세싱 데이터베이스MyLifeBits: A Transaction Processing Database for Everything Personal."

그러나 프랙털 환경에선 어떤 것도 개인적이지 않다. 이는 아마도 현재 충격을 겪고 있는 우리들이 가장 받아들이기 어려운 교훈일지도 모른다. 그것은 우리와 관련이 없다.

PRESENT SHOCK

5장
대재앙

PRESENT SHOCK

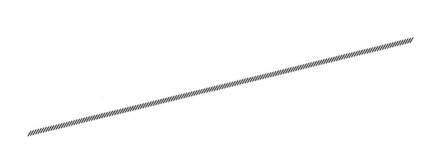

내게 그 안을 다 보여준 것은 그의 큰 실수였다. 종말의 날에 대비해 과거의 미사일 격납고를 벙커로 개조하는 일을 책임졌던 많은 건설 노동자들이나 도급업자들은 그것이 어디 있는지 짐작할 것이다. 내가 방문하기 몇 주 전에 그곳을 촬영한 히스토리 채널History Channel의 다큐멘터리 팀도 마찬가지일 것이다. 하지만 약속은 약속이므로 나는 지역과 그의 이름을 명시적으로 언급할 수 없다. 다만 미국 중서부의 K로 시작하는 어느 주에서 '댄'(그의 본명은 아니다)이 벙커를 짓고 있었다는 것 그리고 그는 자신과 가족이 종말의 순간이 닥쳐도 거기서 생존할 수 있다고 믿었다는 것 정도만 밝혀둔다.

"내가 말하는 건 종교적 의미에서의 종말이 아니에요." 댄은 나를 데리고 그곳으로 이어지는 유일한 계단을 내려가며 설명했다. (불나면 빠져나오긴 어렵겠지만 공격받을 때 방어하긴 쉽겠다고 나는 생각했다.) "내가 생각하는 건 감염contagion과 소행성asteroid 그리고 차이나 신드롬china syndrome입니다."
전 지구적 전염병과 소행성의 충돌 그리고 핵발전소 노심 용해 등 영화 제
목 같은 단어들을 사용하면서 그는 설명을 이어갔는데 인터뷰 대상이 되
는 일에 매우 익숙한 듯했다.

"〈투모로우The Day After Tomorrow〉는 안 들어가요?" 나는 기후변화와 관
련한 재난 영화를 그의 시리즈에 끼워 넣으려 했다.

"그건 아닌 거 같아요." 댄이 말했다. "그건 말도 안 되는 걸로 판명됐잖
아요?"

댄은 부동산 감정평가사로 일했고 현재는 자신 같은 '프레퍼'preppers(문명
사회가 곧 붕괴할 것이라 믿고 이에 대비해야 한다는 믿음을 갖고 있는 이들을 말한다
—옮긴이)에게 온라인으로 정보를 팔며 생활하고 있다. 프레퍼들은 묵시록
적 재난이 임박했다고 가정하고 그 속에서 살아남을 수 있는 최선의 방법
은 불가피한 문명의 붕괴에 대비하는 길밖에 없다고 생각한다.

사실, 종말 같은 게 없더라도 그의 벙커는 창문이 없는 지하 아파트를
갖고 싶은 누군가가 상상할 수 있는 멋진 장소다. 그것은 폐기된 핵미사일
격납고의 통제실에 지어졌고, 사방이 수십 피트 두께의 콘크리트로 둘러
싸여 있지만 지상의 타는 듯한 무더위에 비해 공기는 서늘하고 꽃가루도
덜 날린다. 벙커 안에는 1970년대풍의 작은 주방이 있고, 꽤 괜찮은 트레
일러 가옥이나 선상 가옥에서 볼 수 있는 연초록색의 조리대 상판과 오렌
지색 비닐 의자가 있다. 문이 하나 있는데 열고 들어가면 여섯 명이 10년
간 먹을 수 있는 식량을 보관할 수 있는 여러 칸의 식품 저장실이 나온다.
한 층 더 내려가면 세 개의 침실이 있고 모니터가 설치된 미디어룸이 있으
며 소파가 놓여 있는데 마치 영화 〈어벤저스Avengers〉의 한 장면으로 시간

여행을 간 것 같은 기분이 든다. 인테리어는 물론 태양광발전기와 공기정화시스템, 방사능차단시설, 침입방해시스템 등을 보노라면 전체적으로 세심하게 설계됐다는 생각이 든다. 마치 저마다 종말의 날을 개성 있게 묘사하고 있는 열 개의 시나리오가 한데 섞여 구현된 것 같다.

나로선 거기 틀어박혀 크라이테리언 컬렉션Criterion Collection(유서 깊은 고전 영화와 예술 영화를 전문으로 수입해 레이저디스크, DVD, 블루레이 디스크 등의 매체로 개발하고 유통 및 판매하는 기업─옮긴이) DVD를 몰아서 보는 걸 꿈꾸지 않을 수 없었다. 그뿐인가. 시간이 없어 못 읽었던 철학서들(토마스 아퀴나스Thomas Aquinas와 프랜시스 베이컨Francis Bacon 사이에 존재하는 모든 책들)을 읽거나, 숙제의 압력과 인터넷 그리고 이웃이 없는 상태에서 가족과 함께하는 시간을 만끽할 수도 있으리라. 그리고 또…

그러다가 내가 뭔가에 홀렸다는 걸 깨달았다. 미사일 격납고를 대피소로 용도 변경한 건 플랜 B가 아니었으며 판타지에 불과했다. 댄이 그곳에서 살아야 할지, 아니면 살게 될지 여부는 모르겠지만, 벙커에 관한 한 창조 그 자체가 진정한 목표였다. 싸구려 모형 철로를 보고 누군가가 실제 철로를 건설하고 세상을 달리는 꿈을 꾸었다면, 이 묵시록의 날을 위한 아파트는 현재 충격에 압도당한 누군가에게 구원의 느낌을 줬을 테고 그를 옛 시절로 돌아가게 만들었을 것이다.

댄과 전 세계(특히 미국에 많은) 수천 명의 프레퍼들과 종말론자들은 자신들의 생전에 사회의 완벽한 붕괴를 보길 고대한다. 히스토리 채널의 〈아마겟돈Armageddon〉이나 우익 기독교 라디오 방송이 내보내는 전투식량(MRE, 군인들이 휴대하는 조리된 식품), 은화(은행 시스템이 붕괴될 경우에 사용 가능한 돈) 광고들을 접하면서 그들의 환상은 더욱 공고해진다. 비보스Vivos라는 회사는 네브라스카 주의 월마트 매장 크기만 한 벙커 아파트 예약권을 판매한다. 선불금 2만5천 달러만 내면 지하 공동체에서 한 자리를 얻을 수 있다. 그곳에는 미용실에서부터 종말의 날 이후에 제멋대로 구는 사람들을 잡아 가둘 수 있는 작은 감옥까지 없는 게 없다고 한다.

비보스의 판매 실적이나 그 회사가 판매하는 것과 비슷한 벙커의 수는 핵발전소 사고나 전염병 공포, 테러리스트의 공격이 대대적으로 보도되면서 열 배 가까이 증가했다. 그러나 여기에는 '묵시록의 날'에 사로잡히면 어떤 충동이든지 정당화된다는 합리적인 자기보호 노력 이상의 것이 있다. 자연 발생적인 것이든, 인공적인 것이든 재난은 우리가 '아포칼립토 apocalyto'라고 부르는 것에 굴복할 구실을 제공한다. 아포칼립토는 인간(의 삶 혹은 인간성)이 현재로서는 알 수 없지만 지금과는 전혀 다른 형태로 바뀌는 일이 곧 일어난다는 믿음을 말한다. 최소한 인류의 절멸이나 인간이 실리콘으로 변형되는 일이 현재 충격의 불안한 불확실성을 해소해줄 수 있다는 것이다. 지금까지 우리는 인간의 스토리에서 서사가 붕괴되어 끝없는 유보 상태endless occupation나 무한게임으로 환치되는 것을 지켜봐왔다. 우리의 생리와 심리를 규정했던 디지털 기술이 자연의 리듬에 대한 우리의 결착과 연결에 어떻게 도전하는지를 목격해왔다. 은행과 기업이 시간을 시간 속에 응축해 넣고, 과도하게 감은 태엽처럼 '순간'에 힘을 싣는 걸 지켜봐왔다. 우리의 정체성이 비개인화된 프랙털 공간에서 중심을 잃은 패턴으로 변화하는 걸 보아왔다. 아포칼립토는 우리에게 여기서 빠져나갈 길을 제시한다. 그것은 모래 위에 그어진 선과 같으며 그것을 따라 '우리'와 '그들'이 구분되고, 더 중요하게는 '전'과 '후'가 나뉜다.

우리 종의 생존에 대한 진지한 염려와 반전에 대한 기대, 즉 영웅적 여정을 장식하는 스토리 요소만을 바라는 판타지적 원망을 가려내는 일이 중요한 이유가 여기에 있다. 모든 묵시록적 시나리오들, 조류 독감과 소행성 충돌 그리고 테러리스트의 공격 등 모든 묵시록적 시나리오를 단순히 한데 섞는 일은 기후변화나 대기오염처럼 실제로 진행되고 있는 문제들을 은폐한다. 매슈 배럿Mathew Barrett과 멜 질Mell Gilles은 공저 《마지막 신화The Last Myth》에서 이렇게 말하고 있다.

21세기의 현실적 과제들이 묵시록적 스토리라인에 흡수됨에 따라, 우리는 현재 우리가 당면해 있는 문제들이 모두에게 분명하게 나타나는 그 순간만을 기다리게 됐다. 아니면 그런 과제들이 마술처럼, 세계의 종말에 관한 여러 잘못된 예언들처럼 사라져버리길 기다린다. 그러나 우리가 마주해야 할 진짜 도전 과제들은 우리가 묵시록적 붕괴 시나리오라는 방식을 통해 상상하거나 떨쳐낼 수 있는 그런 미래적인 사건들이 아니다. 그것들은 현존하는 어떤 추세다. 여러 증거로 미뤄볼 때, 우리가 두려워하는 미래의 것 가운데 많은 것들, 즉 경제 붕괴, 피크오일peak oil(석유 생산이 최고점에 이르는 시점을 말한다—옮긴이)의 도래, 지구온난화, 자원전쟁 같은 것들은 이미 시작됐다. 우리가 오지 않을 종말을 기다리는 사이에 세계의 재앙은 바로 우리 눈앞에서 구체적으로 진행되고 있다.[1]

대다수 사람들에겐 이런 문제를 해결 불가능하다고 보고 그에 접근하는 게 쉽고 또 마음이 편할 것이다. 그 문제들은 너무 복잡하고 현재의 문화적 진화 단계에서는 우리 능력으로 이뤄낼 수 없는 합의와 협력 그리고 조정을 필요로 한다. 우리는 현재 시점에서 이런 문제들을 해결하려는 실질적 노력보다 앞으로의 삶을 판타지화하는 방향으로 선회하는 쪽을 택한다. 지구온난화에 대한 위기감을 모든 현대적인 망grid(전기, 통신, 도로 등)을 떠나서 사는 판타지 속에서 해소하려 한다. 사무실 빌딩을 테러리스트가 공격할지도 모른다는 두려움은 우리로 하여금 개인용 비상 낙하산을 구입하도록 만든다. 우리는 다른 사람들이 모두 죽으면 자신이 얼마나 높은 지위까지 올라갈 수 있을지를 놓고 즐거운 상상을 한다. 핵사고와 피크오일 그리고 사스SARS 감염 등으로 인해 문명이 붕괴하면 현재진행형으로 우리를 괴롭히는 미디어 과잉, 세금고지서, 유독물질 방출, 모기지 지불 등의 맹공이 끝나고 농사와 조촐한 은신처와 내 가족만 지키면 되는 보다 단순하고 목가적인 삶으로 가는 길이 열린다고 생각하는 것이다.

현재 충격 속에서 사는 일 가운데 가장 어려운 것은 여기에는 끝이 없다는 것이다. 또 그런 점에서 시작 또한 없다. 삶이란 항상 있어왔고 앞으로도 영원히 끝나지 않을 것 같은 스트레스가 일정한 압력으로 계속 내리누르는 것이다. 따지고 들 근원도 없으며 끝도 보이지 않는다. 가장 극단적인 시나리오들이 제시하는 단순성으로의 회귀에 많은 사람들이 그토록 매혹되는 이유가 여기에 있다.

좀비와 인간

코스트코Costco(이곳에선 지금 전투식량을 비롯한 기타 종말 대비용 물건들을 판매한다)에서 생존을 위한 장비와 식품을 사들이지 않는 사람이라 할지라도 아마겟돈의 도래에 관해선 어떤 판타지를 갖고 있다. 대중문화에서 이런 바람은 수십 년간 무덤 속에 있다 21세기에 들어서 갑자기 부활해 좀비 영화와 텔레비전 프로그램으로 구현됐다. 일단의 보통 사람들이 묵시록적 좀비 세상에서 생존을 위해 사투를 벌이는 모습을 담은 TV 시리즈 〈워킹 데드The Walking Dead〉는 기본 케이블basic cable(매달 내는 월정 기본료 외에는 가입자에게 추가요금을 받지 않고 제공하는 케이블 TV 서비스—옮긴이) TV 드라마로선 역대 최고의 시청률을 기록했다.

여느 대형 액션 드라마에서처럼 좀비는 시청자로 하여금 매우 단순한 공간에서 대리 전략가 역할을 하도록 만든다. 시나리오는 이렇다. 두 사람이 인육을 먹는 한 무리의 좀비들로부터 도망치다가 막다른 길에 다다른다. 만일 한 사람이 다른 한 사람을 쏘아 죽인다면, 좀비들이 희생자에게 달려들어 먹어치울 동안 총을 쏜 사람은 도망칠 기회를 얻을 수 있을까? 성공했다 치고, 그렇듯 희생양을 제공하는 행동이 윤리적인가? 여하튼, 그 결과 총을 쏜 사람이 죽어가는 아이를 살릴 약을 구해 무사히 캠프로 돌아가게 된다면 그것은 눈감아줄 수 있는 일인가? 이것은 〈워킹 데드〉의 한 에피소드의 클라이맥스 장면이었는데, 다른 에피소드들처럼 이 또한 온라인상에서 큰 화제가 됐다.

죄수의 딜레마만큼이나 간명한 시나리오는 우리 조상들이 카인과 아벨 이야기로 현실을 단순화시킨 바로 그 방식으로 현대의 시청자들에게 호소한다. 그러나 우리 시대의 이야기에서는 심판하는 신이 없고 사람들의 제로섬 게임이 있을 뿐이다. 이들은 선택의 순간마다 어떤 문명의 외피도 걸치지 않은 노골적인 이기심을 드러낸다. 자신들의 선택을 정당화하기 위한 어떤 성스러운 서사도 들이밀지 않는다.

좀비 전설은 아프리카계 서인도제도 주민들의 종교의식에서 비롯됐다.

그들은 초자연적인 힘이나 주술사의 힘에 의해 인간의 영혼이 탈취될 수 있다고 믿으며, 그렇게 영혼을 뺏긴 사람은 아무런 불평 없이 노예가 돼 강제노역을 한다고 생각한다. 1980년대에 캐나다의 민속 식물학자인 웨이드 데이비스Wade Davis는 아이티의 부두교 의식을 연구한 결과, 자연에서 추출한 강력한 마약을 쓰면 사람을 모종의 좀비와 같은 상태로 만들 수 있다는 결론을 얻었다. 공포 영화에서 사람들은 그것이 무엇이든, 당대의 영화 제작자들이 가장 무시무시하다고 생각한 방식으로 좀비가 된다. 주술과 신들림 그리고 바이러스 감염 등 원인은 다양하지만 희생자는 걸어다니는 시체나 영혼 없는 인간이 된다는 결과는 같다.

사실, 좀비는 미디어가 완전히 점령한 시대를 살면서 그것을 통해 테러리즘, 기근이나 질병, 전쟁 리포트를 매일 접해야 하는 우리에겐 완벽한 공포의 존재다. 좀비는 누군가에게 먹힐지도 모른다는 우리의 근원적 두려움을 건드린다. 항상 굶주려 있고 여기저기를 배회하며 인육을 먹는 살아 있는 시체들과 자신을 구별하기 위해서 우리는 뭔가를 하지 않으면 안 된다. 더 깊이 들어가면, 이 싸구려 공포 영화들은 심오한 질문을 던진다. 삶이란 무엇인가? 삶은 왜 다른 생명을 죽이고 먹는 것에 의존하는가? 이런 잔인한 생존 현실에는 어떤 고유한 의미가 담겨 있는가? 삶은 어떻게 끝날 것인가?

좀비 영화에서 이런 질문들을 제기하는 방식은 시간이 흐르면서 중대한 변화를 겪는데 그 과정에서 우리 자신에 대해, 우리가 가장 두려워하는 것에 대해 더 많은 것이 설명됐다. 좀비는 인디 영화인 〈하얀 좀비White Zombie〉(1932)가 나온 이래 미국 영화의 주요한 소재가 됐다. 〈하얀 좀비〉는 살아 있는 시체 노예들이 밤을 응시하는 으스스한 장면으로 유명하다.

그 영화에서 악마를 불러내는 마법사 역을 맡은 벨라 루고시는 한 여인을 좀비로 만들어주겠다고 약속한다. 그렇게 되면 그녀를 버린 그녀의 연인은 그녀를 영원히 조종하고 통제할 수 있게 된다. 영혼 없는 섹스 노예로 그녀를 부릴 수 있는 것이다. 이는 예전에 노예였던 사람들이 막 시민으로 편입되고, 또한 여성 해방이 되기 직전에 여성들이 제 목소리를 내려 하는 국가에 딱 맞는 영화였다. 1968년에 조지 로메로George Romero의 〈살아 있는 시체들의 밤Night of the Living Dead〉이 나오면서 이러한 상황은 바뀌었다. 이제 인육을 먹는 무리와 자신을 구분해야 하는 것은 물론 그들에게 먹히지 않는 것이 인간 주인공들의 일이 됐다. 주인공들 사이에서 인종 갈등이 일어나는데 이로 인해 그들은 귀한 시간과 자원을 허비한다. 좀비들이 습격하는 마당에 1960년대 후반 인종 간의 갈등은 그야말로 사소한 사건일 뿐이었다. 이 영화의 흑인 주인공은 살아서 밤을 보내지만 다음 날 아침 좀비로 오인받아 사살된다.

〈살아 있는 시체들의 밤〉의 속편에서 생존자들은 쇼핑몰과 비슷한 장소에 은신처를 마련한다. 거기서 좀비들은 하루 종일 정처 없이 왔다 갔다 하는데 마치 자신들이 인간이었던 시절에 쇼핑하던 경로를 되짚는 것처럼 보인다. 물론, 진짜 쇼핑은 좀비들이 인간들을 발견하고 진수성찬을 즐기게 된 시점에 시작되지만 말이다. 그럼에도 아이러니는 살아 있다. 어떤 터프가이가 자신의 창자가 먹히고 있는 와중에도 위트 있게 내지른 다음 대사에서 특히 그런 면을 엿볼 수 있다. "목에나 걸려버려라!" 무엇이 인간으로 하여금 좀비와 구별되는 존재가 되는 일에 그토록 매달리게 하는 것일까? 식인 습성 그리고 좀비는 '살아 있는 시체'이고 우리 인간은 '살아 있다'는 형식적인 차이를 제외하면 그리 대단한 것은 아닐 것이다.

양질의 좀비 영화들 가운데 가장 주목할 만한 작품인 〈28일 후²⁸ Days Later〉(2002)와 그 속편인 〈28주 후²⁸ Weeks Later〉에선 살아 있는 사람들을 소재로 오늘날의 모호한 윤리적 풍토를 더듬는다. 두려운 마법이나 소비자 운동 대신 우리는 과학과 기술이 야기할지도 모르는 예기치 않은 결과를 두려워한다. 그것이 바로 이 영화 시리즈에선 인간이 주술이나 난폭한 소비자운동이 아니라 인간이 만든 '분노ʳᵃᵍᵉ'라는 이름의 바이러스 감염을 통해 좀비가 되는 이유일 것이다.

현행의 묵시록적 공포와 보조를 맞추듯 〈28일 후〉에서 좀비들은 영국 전역을 휩쓸고 세계의 나머지 국가들은 영국을 봉쇄한다. 비정하지만 자국 보호를 위해서는 불가피하다. 재미있지만 반어적이지는 않은 책 《좀비 서바이벌 가이드 The Zombie Survival Guide》(2003)처럼 이는 9·11 시대의 좀비 이야기다. 그것은 더 이상 도시의 혼란과 강력 접착테이프로 붙여놓은 아파트 유리창이 주 배경으로 등장하는 판타지가 공포 영화로 분류될 수 없는 시대를 말한다. 그런 유의 편집증적 시나리오(사건)들은 CNN에서 항상 상영(보도)되고 있다.

〈28주 후〉에선 호의적인 미국 군대가 영국을 재건하는 일에 참여한다. 그들은 생존자를 보호 구역에 수용하고 좀비들의 준동을 제압하기 위해 무고한 사람들에게까지 소이탄을 투하한다. 이 영화에서 살아 있는 사람들은 인육을 얻기 위해 닥치는 대로 무자비한 공격을 감행하고 좀 더 약한 등장인물들은 혼자만 살려고 아내와 아이들을 버린다. 영웅들은 자기희생적 행위를 통해 우리가 지당하다고 생각하는 인간성을 지켜내고 자신들을 인간다운 존재로 만든다. 알고 보니 그들은 바이러스를 가진 아이를 구출하기 위해 스스로를 희생한 것이고 결국 바이러스는 나머지 세계로 확산

된다. 시민적 자유와 마찬가지로 인간성이란 것도 더 이상 강점이 되지 않으며 하나의 취약점이란 게 들어날 뿐이다.

〈워킹 데드〉에서는 또한 인간성이 어떠한지와 무관하게 누가 진짜 인간성을 잃은 사람인지 질문하지 않을 수 없다. 케이블 TV 드라마 사상 최고의 시청률을 기록한 시즌 3의 마지막 에피소드에서 주인공은 어쩌다 보니 자신의 아내와 사랑에 빠진 가장 친한 친구를 살해한다.

작가들은 단순히 묵시록적 상황에 필요한 합리적 반응만 하지 않는 인물을 그릴 때 고통을 겪는다. 한편으로 이런 상황을 오랫동안 억눌러왔던 비합리적 충동을 발산하는 구실로 활용하기도 한다. 좀비 묵시록은 우리의 지극히 억눌리고 과잉 문명화되고 기술 결정적인 삶의 하중을 덜어주는 한편, 우리 종 내부의 고유한 야만성과 이기심을 드러내 보인다. 야수성과 생명 없는 물질로부터 스스로를 구분해내는 윤리성이 없다면, 우리 인간은 걷는 시체와 다를 바 없는 것이다.

인간성을 넘어

모든 좀비 장르 영화에선 인육을 먹는 일이 벌어지지만, 그 바탕의 심리 측면에서 보면 여기에는 긍정적인 면이 있다. 사람들은 나쁜 자들이고, 묵시록적 종말은 인간 종을 바꾸는 일보다 그것을 뛰어넘으려는 일과 더 깊은 관련이 있어 보인다. 영화를 보면 이는 환각에 빠져 2012년에 세상의 종말이 온다고 외치는 자들의 소리와는 무관하다. 또한 기술에 모든 것을 거는 엑스트로피안extropian(과학과 기술의 발달로 인해 언젠가는 인간이 무한한 수명을 누릴 수 있다고 믿으며 새로운 기술의 연구개발과 그 실험에 자발적으로 참여하는 사람들—옮긴이)의 예측과도 다르다. 지금 우리가 하는 것과는 다른 방식이긴 하지만 오히려 파국의 시점에서 혼란 유발자 역할을 하는 것은 바로 우리 인간이지 않은가? 그런데 왜 인류는 그토록 역겹고 악취 나고 무능한 시기를 원하는 것일까? 서사 이후의 미래는 신적인 무엇, 기계, 바퀴벌레, 세계를 지배하는 지능적 존재, 복잡성, 정보 그 자체에 속해 있다.

물론, 이것이 실제 미래는 아닐 것이다. 훌륭한 일단의 묵시록적 종말론자들의 주장에 따르면, 그때는 시간이 완전히 정지해 있을 것이기 때문이다. 그들에게 현재 충격은 전혀 은유가 아니며, 어떤 혼란 상태도 아니고, 사람들과 점차 현재주의적으로 변하는 사회 사이에서 생기는 알력이나 동력학도 아니다. 이는 시간의 외부에 존재하는 일이다. 바로 그 점 때문에 현재 충격에 대해 생각하는 일이 그토록 환상적인 것이며, 그것이 우리 같은 세포 유기체들에겐 매우 호의적이지 않은 상황이 되는 것이다.

현재 충격의 이런 특성을 이해하기 위해서는 프랙털로 돌아가, 그것이 사람들로 하여금 패턴을 주목하도록 유도하는 방식을 다시 한번 살펴볼 필요가 있다. 내가 묵시록적 세계관을 처음 접한 건 오래된 친구를 통해서였다. 아일랜드 민속에 빠져 있던 다소 '신기神氣'가 있는 탐험가인 테렌스 맥케나Terence McKenna라는 친구인데, 환각 상태에서도 가장 분명하게 말할 줄 아는 사람이었다. 프랙털에서 시간이 패턴화되는 것을 본 그는 1970년대에 동생 데니스와 함께 아마존 밀림에서 몇 달을 보내면서 토종 버섯류와 기타 강력한 환각 식물들을 섭취했다. 이 환각 여행을 통해 형제는 자신들의 몸 밖으로, 몸 안으로, 심지어는 DNA를 통과해 이동하는 경험을 했다고 한다. 특별히 힘들었던 어떤 여정을 거친 후에 형제 가운데 한 사람이 차원 사이에서 "길을 잃었다". 무시간적 영역을 배회하는 일에 재미를 붙인 그는 프랙털의 무한성을 이해하고 싶어 했다.

테렌스는 시간에 대한 새로운 이해를 갖게 됐다. 시간에는 종점終點이 있다는 것 그리고 그의 말을 빌리자면 '목적론적 유인자teleological attractor'가 우리를 보다 긴밀하게 상호 연결되고 복잡한 상태로 몰아넣는다는 것이었다. 우리 시대의 점증하는 어떤 격렬함은 이 유인자의 이벤트 호라이즌 event horizon(블랙홀의 가장자리—옮긴이)으로 우리가 점점 다가서고 있기 때문이라 했다. 그것은 마치 시공간 연속체에 존재하는 폭포나 블랙홀 같은 것으로, 우리가 그쪽으로 끌려가고 있다는 주장이었다. 그리하여 그 안으로 들어갔다 반대쪽 출구로 빠져나올 때는 모든 것이 완전히 바뀌어 있을 거라는 얘기였다. 맥케나의 도식에 따르면, 모든 것은 계속해서 점점 더 복잡해지고, 상호 연결되고, 참을 수 없을 만큼 이상한 방향으로 진행돼간다. 매우 이상하고 무서운 환각 여행과 같은 이 여정에서 모든 것은 어떤 패턴의 부분이 된다. 모든 것이 다른 모든 것과 연결되면, 현실은 모종의 '특이점singularity'(일반상대론에서 부피가 0이고 밀도가 무한대가 되어 블랙홀이 되는, 질량체가 붕괴하게 된다는 이론적인 점. 팽창 우주의 시초나 별의 중력 붕괴의 말기에는 필연적으로 시공의 특이점이 존재하게 된다고 함—옮긴이)에 도달하게 된다. 즉 모든 것이 동시에 일어나는 무한 복잡성의 순간이 되는 것이다. 그것은 절대적인 현재 충격의 순간이며, 거기서 역사와 미래와 현재가 한데 겹쳐져 그야말로 종말의 시간 속으로 들어간다.

테렌스는 즉시 이것이 언제 일어나고 끝나는지 《주역周易》을 보면서 알아내려 했다. 이 책은 변화와 예지와 관한 중국 도교의 책으로 시간을 두고 새로운 개벽novelty이 일어나고 사라짐을 산술적 공식에 근거해 보여준다. 맥케나가 '시간파 0Timewave Zero'이라고 부르는 것은 하나의 선형 그래프 형태로 역사의 타임라인 위에 겹쳐 놓으면 언제 모든 것이 더 혹은 덜 새로워지는지 드러난다. 다소 실수가 따르긴 해도, 맥케나는 어쨌든 지그재그형의 반복되는 패턴을 배열해낼 수 있었는데, 그 결과 그래프상에서 가장 큰 기간이 종료되는 시간은 정확히 2012년 12월 21일이었다. 이는 마야 달력에서 시간의 종말로 표시된 날과 같은 날이었다.

맥케나는 자신이 예측한 종말의 날이 오기 전에 죽었는데, 그에게 세계 안의 점증하는 '새로운 기이함', 즉 전쟁과 시장 붕괴에서 질병과 환경 재앙에 이르는 모든 것은 죽음의 신호가 아니라 탄생의 그것이었다. 그는 종종 출산 과정에 대해 무지한 사람의 예를 들곤 했다. 그 사람은 여인의 산고를 본다면 필경 뭔가 잘못되고 있다고 생각할 거라는 얘기였다. 겉으로 보면 여인이 죽어가고 있는 것처럼 보일 것이기 때문이다. 그러나 그녀는 새로운 생명을 탄생시키는 중 아닌가. 특이점 속으로 떨어질 위기에 처한 것처럼 보이는 문명 또한 그렇다고 했다.

문제는 누구나 다 시간의 종말에 도달해 유인자를 접할 수 있는 게 아니라는 데 있다. 맥케나의 말에 의하면, 오직 역사 이후의 현실 속을 동시다발적으로 모두 돌아다니는 데 성공한 사람만이 시간 종말의 지점에서 존재한다는 게 무엇인지 이해할 수 있다. 짐작컨대, 그가 이런 말을 한 또 다른 이유는 강한 환각제를 먹으라는 게 아니었을까 싶다.

이러한 자격을 갖춘 사람은 작가이자 영성 훈련사인 대니얼 핀치벡Daniel Pinchbeck이다. 아마존 환각 식물 체험을 통해 그는 자신이 마야의 신인 케찰코아틀Quetzalcoatle의 음성을 들을 수 있다고 확신하게 됐다. 깃털 달린

뱀이 핀치벡에게 인간이 지구를 망쳐놓고 있다고 경고하면서 시간을 뛰어넘는 대격변이 임박했음을 알려줬는데 그것이 2012년이었다. 다음 시대의 징후는 어디에나 있다. 전 세계 곳곳에서 나타나는 들판의 원, ESP(초감각적 지각extrasensory perception의 약칭. 투시, 텔레파시, 예지의 현상을 총칭하여 초감각적 지각이라 한다─옮긴이) 실험, UFO, 시간 여행자 등이 그 증거라고 했다. 핀치벡이 주장하는 세계 격변은 그것을 깨달은 사람에 한한 배타적인 사건이지만, 그럼에도 그와 그의 지지자들은 이 격변의 충격이 나머지 우리들에게 최소화되도록 애쓰고 있다. 핀치벡은 영속농업(생태공학적 설계와 통합 자원 관리 시스템을 통해 지속 가능한 방식으로 농사를 짓는 것─옮긴이)과 지역 통화, 기타 우리가 물질주의와 맞서면서 사람들의 행동을 유도하는 기술을 옹호한다.

시간의 종말에 유인자를 접하기 위해서는 단순히 함께 일하고자 하는 온정이나 의지만으로 되는 것은 아니라 할지라도, 우리는 개별성을 버리고 새로운 우주 질서 안에서 우리의 자리를 받아들여야 한다. 우리가 특별하다는 환상을 지우고 스스로가 자연의 일부임을 시인해야 한다. '어머니 지구'로 돌아가기 위해 '시간이라는 아버지'를 희생해야 한다. 인간의 진보란 것은 사기에 지나지 않았다. 그것은 고통스럽고 많은 비용이 따르는 파괴로 가는 우회로였을 뿐이다. 아니면 기껏해야 물질의 속박에서 스스로를 해방시키기 위해 필요한 한 단계에 지나지 않았다는 게 그의 생각이다.

이런 주장은 피에르 테야르 드 샤르댕Pierre Teilhard de Chardin 같은 신학자의 저술에서 그 근원을 찾을 수 있다. 드 샤르댕은 20세기 초 프랑스 예수회의 성직자이자 고생물학자로, 인간 존재는 '오메가점omega point'이라는 최고 의식 상태를 향해 진화한다고 보았다. 세포들이 모여 유기체로 진화하듯, 우리 인간들도 모여 보다 위대한 단일적 존재로 진화할 것이라고 주장했다. 그것은 매우 멋진 모습이긴 하다. 나 또한 여러 번 그에 관해 생각해본 적이 있지만 그의 말처럼 나 자신을 임박한 진화의 한 단계로 보고 싶진 않다. 내가 우연히 사귀게 된 페이스북 친구들이 얼마나 많고, 또 그런 가상공간의 연결 규모와 상황에 의해 내가 얼마나 압도당하고 있는지에 상관없이 말이다.

이 바보야, 중요한 건 정보라고

아무리 복잡성이 증가한다 해도 그것이 우리의 저 우라질 인간적 한계라는 것과 무관하다면 문제가 될 게 없다. 최근에 나타난 일군의 묵시록 종말론자들은 갈수록 영향력이 커지는 디지털 지식인들로서, 기술이 특이점의 도래를 알리는 진정한 신호라고 본다. 이들은 우리로 하여금 우리 자신이 곧 구닥다리 존재가 될 거라고 믿게 하는 데 일조하고 있다. 고대 금욕주의자의 성정을 느끼게 하는 이들은 인간의 육체적 형상을 무시하거나 심지어 경멸하는 태도로 바라본다. 기껏해야 인간 몸은 무언가를 저장하는 공간에 불과한데 그 저장 방식이 바뀔 수도 있다는 것이다.

특이점 도달이 기술에 의해 촉진된다는 개념은 미래주의자이자 전자음악 엔지니어인 레이 커즈와일Ray Kurzweil 덕분에 널리 퍼지게 됐다. 자신의 책 《21세기 호모 사피엔스The Age of Spiritual Machines》에서 커즈와일은 인간 존재는 겨우 물질 진화의 한 단계를 지나고 있을 뿐이며 더 높은 복잡성의 단계로 나아가고 있다고 주장한다. 세포와 유기조직은 원자나 분자보다 더 복잡한데 정작 발전을 지속시킬 수 있는 인간 능력은 기계 앞에서 위축되고 있다. 실제로 우리가 내놓을 수 있는 최상의 것이라고 해봐야 지속적으로 컴퓨터 능력을 개발해 그것들이 우리 자신을 향상시키는 것보다 스스로를 더 잘 발전시키는 단계까지 올려놓는 것이 전부다. 그 순간부터 기술 진화 속도는 생물학적 진화의 그것을 앞지르게 된다. 우리를 고유한 인간으로 만들어주는 게 우리의 게놈이든, 인지 능력이든 간에 그것은 어쨌든 2050년이면 컴퓨터에 의해 도해되고 시각화된다. 그쯤 되면 우리로선 옆으로 비켜나 컴퓨터가 제멋대로 하는 모습을 지켜볼 수밖엔 없을 것이다.

커즈와일이 말한 '수확 가속의 법칙law of accelerating returns'에 의하면, 기술은 시간이 시작된 이래 기하급수적으로 발전하고 있다. 그러나 그것은 단지 우리가 지수곡선의 만곡부를 막 돌아 무한 수직으로 향하는 초입 지점에 서 있기 때문에 흥미를 끌 뿐이다. '수확 체감의 법칙law of diminishing returns'의 반反테제인 이것에 내포된 골자는 기술은 인간성과 자연을 압도하게 될 거라는 것이다. 여러 권의 저서와 강연과 텔레비전 출연을 통해 커즈와일은 인간성이라는 것 자체가 피할 수 없는 기술 발전 과정에서 스쳐 지나가는 잠정적 단계에 불과하다는 확신을 흔들림 없이 피력하고 있다.

그것이 모두 나쁜 것은 아니다. 커즈와일에 따르면, 2029년에 인공지능은 튜링 테스트turing test(기계가 인간과 얼마나 비슷하게 대화할 수 있는지를 기준으로 기계에 지능이 있는지를 판별하고자 하는 테스트. 앨런 튜링Alan Turing이 1950년에 제안했다. 최근 영국에서 '유진'이라는 이름을 가진 프로그램이 튜링 테스트를 통과했다는 기사가 실린 적이 있다—옮긴이)를 통과할 수 있을 것이고, 그렇게 되면 우리를 속여 자신이 진짜 사람이라고 믿게 만들 수 있다는 것이다. 2030년대가 되면 가상현실 시뮬레이션은 진짜 현실만큼이나 '진짜의, 믿지 않을 수 없는' 현실이 될 것이고 우리는 우리의 뇌 신경계 내부에서 그걸 돌릴 수 있을 것이라고 주장한다. 그리하여 나노봇Nanobots이 비침습적으로 외과적 절개를 통하지 않고 혈류를 타고 들어가 우리의 뇌 속에서 활동하면서 진짜 감각으로부터 오는 신호를 차단하고 그 자리에 가상 환경에서 받아들인 감각 정보를 집어넣을 거라는 얘기다.[2] 그렇게 되면 아이튠즈 이용계약을 할 때, '동의함'에 클릭하기 전에 계약사항을 깔끔하게 인쇄해 꼭 읽어봐야 할 것이다. 우리가 그것을 검토하는 사이에 거기에 적힌 조건들이 바뀌지 않기를 희망하면서 말이다(가상 환경에서 오는 정보는 조작될 수 있기 때문에 인쇄물이라는 아날로그 정보 형식을 통해 감각적으로 확인해야 한다는 말—옮긴이).

서서히 그러나 확실히 우리의 진짜 기억 혹은 경험과 가상의 그것들 사이의 구분은 의미를 잃어가고 있다. 종국에는 비생물학적 메커니즘이 우리의 생물학적 메커니즘이 떠난 자리를 차지하게 될 것이다. 의식이란 것은 그때 가면 그리 중요하지도 않겠지만, 마이크로칩과 나노봇 활동의 결합이 우리의 오래된 탄소 덩어리(뇌)보다 더 잘 기능할 것이고, 우리가 현재 사람이라고 정의하는 존재는 대가 끊기게 될 것이다.

커즈와일은 이런 식의 사고를 할 수 있는 한 끝까지 밀어붙이려 하겠지만, 점점 더 많은 과학자와 해설가들이 의도적이든 아니든 그의 주장에 동참하고 있다. 그들의 명망과 지성 그리고 설득력이 워낙 강력해 감히 반박하기 어렵다.

예를 들면 케빈 켈리Kevin Kelly의 경우 기술이 인간 진화의 파트너라고 확신에 차 주장한다. 자신의 책《기술의 충격What Technology Wants》에서 그는 식물의 왕국, 곤충의 왕국, 곰팡이의 왕국 등과 함께 기술이 '지구의 일곱 번째 생명 왕국'으로 출현한 것이라고 주장한다. 커즈와일보다 훨씬 겸손하게 그리고 존경할 만큼 신중하고 회의적인 태도로 논지를 펼쳤지만, 켈리 또한 기술의 성장과 발전은 필연적이며 바람직한 것이라는 점을 피력한다. 확실히 어떤 기술은 문제를 만들지만 한편으로 그것은 그 문제를 감소시킬 다른 기술이 출현할 기회를 열어주기도 한다는 것이다. 이것이야말로 부정적 산출물과 긍정적 산출물이 물고 물리면서 나타나는 끝없는 순환 고리가 아니냐는 것이다. 그런데 이 과정에서 인간성은 수선 불가능할 정도로 훼손되지 않겠는가? 켈리는 이에 동의하지 않는다.

> 기술이 중립적이거나, 아니면 좋기만 하거나 나쁘기만 한 것은 아니라고 나는 생각한다. 기술이 문제와 해법을 동시에 만들어내는 것은 확실하다. 그러나 기술의 가장 중요한 효과는 그게 보다 많은 가능성을 만들어낸다는 데 있다. 보다 많은 선택과 본질적으로 보다 많은 자유를. 그것은 정말 좋은 일이다. 그것이 바로 사람들이 도시로 이주하는 이유다. 보다 많은 선택을 할 수 있기 때문이다.[3]

그렇다면 기술의 습격에 대비한 대응책은 모든 것의 진행 속도를 줄이는 것이라고 생각하는 사람들은 재고해야 할 것이다. 《기술의 충격》에서 켈리는 유나바머Unabomber와 아미시Amis 교도들에 대해 기술 발달에 대한 이들의 저항은 무의미하며 어떤 면에서는 헛것에 불과하다고 말한다. 유나바머는 기술을 공격하기 위해 폭탄과 미국 우편 시스템을 이용했고, 아미시는 높은 수준의 기술을 사용하는 공장에서 생산된 연장에 의존한다. 정작 당황스러운 부분은 켈리가 기술의 완전히 소모적인 속성을 주장하는 대목이다. "그것은 우리가 이제껏 내놓은 것 가운데 가장 정교한 도구이며 우리의 세계를 개선시키기 위해 끊임없이 업데이트되고 있다. 그리고 가장 고도화된 초유기체이며 그 안에서 우리는 부분에 불과하고, 그것이 진행하는 방향은 우리의 애초 설정을 넘는 것이다. 인간은 테크니움technium(기술적 세계를 뜻하는 그의 신조어다)의 주인이자 노예다. 그리고 우리의 운명은 이 불편한 이중의 역할 안에 존재하고 있다."[4]

퇴로는 없다. 오직 전진뿐이다. 켈리는 우리에게 "우리 자신을 테크니움의 명령에 일치"시키라고 충고한다. 그렇지 않으면 우리의 두 번째 자아에 저항하는 결과가 될 것이기 때문이다.[5] 인간성과 기술은 인간성과 좀비처럼 궁극적으로 구분될 수 없다. "우리의 가슴 안에 테크니움이 촉발시키는 갈등이 있다면, 그것은 우리의 본성을 우리 스스로가 받아들이려 하지 않기 때문이다. 진실은 우리는 우리가 창조한 기계와 연속체라는 것이다. (…) 우리가 기술을 통째로 거부한다면, 그것은 모종의 자기혐오가 돼버린다."[6]

그러나 기술의 부품으로서 인간성을 수용한다면 이 또한 자기혐오가 아닐까? 켈리는 스스로 발생한 한 가닥 실이 우주와 생명과 기술을 같이 묶어 창조의 행위를 만들어낸다고 생각한다. "인간은 이런 경로의 정점에 있지 않다. 태어나는 것과 만들어지는 것 사이의 중간 어디쯤에 있다."[7] 우리는 기술을 우리의 자식이자 승계자로 받아들이지 않으면 안 된다. 아니면 "기술을 통째로 거부하든가." 켈리의 도식에 존속될 수 있는 행복한 중간은 없다. 정말 덜 극적이면서도 덜 묵시록적인 중간지대가 있을 가능성은 없는가?

묵시록적 시나리오상으론, 우리의 창조물이 우리 자신을 압도하는 상황에선 자비를 구하든지 아니면 기술과 협상해 우리가 원하는 것 일부와 그것이 원하는 것 일부를 절충시키는 길밖엔 없다. 그러나 기술에 관해 내가 이해하게 된 바에 의하면, 그것은 무엇이든 우리가 그 안에 프로그래밍 해주길 바란다. 나는 기술이 사람들에게 무슨 짓을 하는가는 관심이 없고 사람들이 기술을 통해 무엇을 선택해서 서로에게 행하는가에 관심이 있다. 페이스북이 사람들을 예측 가능하고 판에 박힌 프로필 차원으로 격하시킨 것이나, 투자 금융이 시장을 알고리즘에 의지한 싸움터로 내몬 일은 기계가 아닌 우리 인간의 선택이었다.

기술을 삶과 등치시키는 쪽을 택한 사람들은 기술의 발달을 두고 "네 멋대로 해라" 식의 입장을 채택하는 것 외에는 별 도리가 없게 된다. 이는 기술과 서로 얽혀 있는 많은 시스템들의 특성과 지향을 무시하는 접근법이다. 기술 문제에 대한 답은 언제나 더 많은 기술이다. 이는 페달 투 더 메탈pedal-to-the metal(엑셀러레이터를 더 내려가지 않을 때까지 밟는 것, '오로지 가속'의 정신—옮긴이)의 윤리이자 자유방임 자본주의와 완벽하게 화음을 이루는 태도다. 여기서 중앙 통화의 출현 이래, 자본주의에 대한 요구는 점점 커졌다는 걸 기억할 필요가 있다. 그래서 우리가 자본주의 사회에서 기술 또한 성장을 원하고 이 성장이 세계를 떠받치며, 주저 없는 행보로 보다 복잡한 상태를 향해 나간다는 결론을 내린다고 해도 놀랍지 않은 것이다.

그러나 그럼에도 불구하고 나는 인간이 어느 정도는 특별한 존재이며 순간순간 인간이 경험하는 것들에는 계량화할 수 없는 어떤 본질이 들어 있다는 생각을 버릴 수 없다. 나는 아직도 삶에는 기계가 모방하거나 재생하기에는 너무 돌발적이고, 너무 역설적이며, 너무 상호 관계적인 면모가 있다고 생각한다. 앞으로 몇십 년 안에 인간의 유전자 코드가 모두 밝혀지고 인지 기능이 복제될 거라는 믿음이 팽배함에도 불구하고 생물학에는 여전히 미답의 영역이 남아 있을 것이다. 이를테면 우리가 DNA에 대해 더 알면 알수록 우리는 전체 게놈 지도를 그리는 일에 한 걸음 가까이 다가설 수 있겠지만, 그와 동시에 전체 그림 중에서 그것이 얼마나 작은 부분을 차지하고 있는지도 더 잘 알게 될 것이다. 우리는 명확하게 파악된 이중 나선 코돈codon(단백질 합성 시 한 개의 아미노산을 지정하는 단위. DNA에서 세 개의 염기서열로 이루어져 있다—옮긴이)보다는 뒤죽박죽된, 그러나 실제로 살아 움직이는 단백질액에 의해 결정되는 그런 존재다. 다른 사람이나 다른 종에 동일한 코돈을 삽입한다 한들 결과는 같지 않을 것이다. 인간의 인지 기능에 관한 한 우리의 지식은 아직 완전하지 못하다. 현재의 정신약리학이란 마구잡이로 약물을 퍼부어 신경전달 물질만을 가까스로 통제하는 정도다. 게다가 그것의 기능이나 작용을 이해하기 시작한 지도 얼마 되지 않는다. 현재의 기술 수준에서는 가상의 두 번째 삶Virtual Second Life(온라인 가상 세계) 시뮬레이션이란 것도 판타지와 자만심이 약간 가미된 실제 삶에 지나지 않을 것이다.

그러나 우리는 믿지 않으면 안 될 처지가 됐다. 논리에 대한 저항과 특이점의 필연성에 대한 믿음은 준종교적인 것이 돼버렸으며, 믿지 않는 자들은 인간성이라는 낭만적인 관념에 굴복하는 자들로 인식되고 있다. 인간성이란 윤리에 깊이 뿌리박고 있는 생각이며 우리가 받아들이지 않으면 안 될 과학적 무신론과 충돌을 빚는다는 생각이 지배적이다. "모든 살아 있는 것의 중심에 놓여 있는 것은 불도 아니요, 따뜻한 숨결도 아니며, '생生의 불꽃'도 아니다." 진화생물학자이자 거리낌 없는 무신론자인 리처드 도킨스Richard Dawkins는 1986년에 이렇게 썼다. "그것은 정보요, 말이며, 지침이다."⁸ 진화 자체도 유기체와 환경 사이에 일어나는 교환 작용으로 보인다. 과학 저술가인 제임스 글릭James Gleick이 자신의 책 《정보The Information》에서 정리하고 있듯, 우주 자체는 그저 정보에 지나지 않으며 보다 큰 복잡성을 향해 나아가고 있을 뿐이다. 원자, 물질, 생명, 기술은 모두 이 정보가 진화하는 데 필요한 매체(미디어)에 불과하다는 것이다.

　그런데 이런 관점은 매체와 메시지가 뒤바뀐 것처럼 보인다. 우리 인간은 정보의 매체가 아니며 정보가 인간의 매체다. 우리들은 내용, 즉 메시지다.

　우리가 실수를 저지르기는 쉽다. 특히 우리가 과거 속에서 든든한 토대를 확보하지 못하거나 미래와의 안정적 관계를 구축하지 못할 때 더욱 그렇다. 현재 충격은 일시적으로 우리를 불안정하게 한다. 그것은 우리로 하여금 한정되지 않고 불충분하게 규정된 카이로스적 시간을 평가절하하도록 하고, 정돈돼 있고 정보로 가득한 크로노스적 시간을 높이 평가하도록 만든다. 우리는 시간을 시계 표면의 숫자로 생각하지, 그것이 표상하고 있는 순간들로 보지 않는다. 우리에겐 스스로를 확신시킬 그 무엇도 없다. 우리가 처한 상황을 지속적으로 안정 및 유지시킬 수 있는 강력한 스토리가 없다면, 우리는 글자 그대로 결론 단계로 뛰어오르려 할 것이다. 그리고 마지막 게임을 위한 시나리오를 짜기 시작할 것이다.

　급속한 기술 진보라는 견지에서 볼 때, 이는 전혀 예상 못한 반응은 아닐 것이다. 컴퓨터, 나노기계, 로봇, 유전체학genomics 같은 자기복제적인 기술 덕택에 미래는 우리 편처럼 보인다. 이는 우리가 멀리서부터 벽에 빠르게 다가가자 거기 쓰인 글이 잘 보이게 되는 것과 같다. 너무나 잊기 쉬운 것은 우리가 바로 그 글을 동시다발석으로 쓴 존재라는 사실이다. 우리는 지금 미래의 어느 시점에 실행될 프로그램을 쓰고 있는 존재다. 우리는 우리가 미래로부터 가져오기를 원하는 바로 그 가치를 우리의 미래 현실에 불어넣고 있는 존재다.[9] 이러한 현재에 산다는 것은 진정 모종의 시간 여행을 하는 것과 같다. 그 여행 속에서 지금 우리가 행하는 모든 것은 유동적인 과거의 기억과, 더 중요하게는 아직 형성되지 않은 미래의 특질, 양쪽 모두에 중요하다.

묵시록적 종말론은 기술에 대한 열망은 물론 우월성까지 부여함으로써 우리에게서 이런 책임감을 면제해준다. 우리는 인간의 고유한 특성으로 알려진 윤리의 의사 결정에 대한 방해와 선택에 대한 제한으로부터 자유로워진다. 기술은 그저 우리를 위해, 더 좋게는 우리를 향해 전진할 뿐이다. 혹은 이미 지나쳐버리지 않았을까. 우리의 부모들이 자신들의 임박한 죽음 앞에서 스스로를 달랬듯, 우리는 우리의 대체자이자 후계자로 기술을 지목하고 있다.

오래된 모든 것은 다시 새롭다

신흥 종교의 추종자들처럼 특이점에 모든 걸 다 거는 사람들은 자신들이 품고 있는 묵시록적 종말의 모습이 과거의 버전들과 유사하지 않다고 생각하게 됐다. 자신들의 것은 과학적으로 설명될 수 있는 것이고, 우리에게 남아 있는 유일한 선택지는 무조건 앞으로 내달리는 것이라는 점에서 그렇게 믿고 있다.

어쩌면 그들이 옳을 수도 있다.

그러나 이처럼 성급하게 마지막 게임을 꿈꾸는 태도는 과학적이라기보다 종교에 가깝다. 그리고 우리가 얼마나 종말과 재생의 전조를 믿느냐는 우리가 어떤 의미와 맥락에서 어느 정도 빗겨나 있다고 느끼느냐에 달려 있다. 유대인 게토에서의 박해와 고문 그리고 살해는 중세 유럽에서 절정에 달했다. 당시 유대인들은 '카발라Kabbalah'라고 부르는 일종의 메시아주의를 통해 그 절망을 달랬다. 17세기 영국에서 청교도들은 왕과 로마교회 간 정치적 충돌 과정에서 자신들의 신앙이 위험에 처하게 되자 묵시록의 깨달음을 얻고 '진정한 그리스도 왕국'을 주창하고 나섰다. 그들은 말세가 다가왔음을 외치며 신대륙을 식민지화했다. 1820년대에 두렵고 불확실한 개척지에서의 삶으로 인해 많은 미국인들이 제2차 대각성 운동Second Great Awakening으로 알려진 기독교 부흥 운동에 참여했다. 여기에는 모르몬교와 침례교 그리고 퀘이커교단 등이 포함돼 있었고, 사람들은 임박한 재림에 대비했다. 수많은 예들 가운데 한 가지를 꼽자면, 밀러주의자 운동Millerite movement을 들 수 있는데 이들 또한 그리스도의 재림을 준비했다. 그들은 그 날짜가 1844년 3월 21일이라고 주장했으며 세간을 모조리 팔고 다락에 올라가 그날을 기다렸다. 결과적으로 이들에게 1844년 3월 22일은 '대실망Great Disappointment의 날'이 됐고 이는 후에 제7일 재림교회Seventh-Day Adventist가 나타나는 계기가 됐다.

현재 충격은 종말론적 사고를 위한 완벽한 문화적·정서적 구실을 제공한다. 그것은 우리를 불안정하게 만들고 우리가 의미를 부여하기 위해 사용하는 서사를 해체한다. 그것은 우리로 하여금 강박적으로 시간을 압축하게 하고 특정한 순간에 내재된 문제성을 확대시키며, 그로 인해 우리는 아무것도 없는 곳에 우리 자신을 편집증적으로 연관시키게 된다. 그리고 끝으로 그것은 시작과 끝에 큰 의미를 두지 않으며 오직 '영속적인 지금 perpetual now'에만 집중하고 우리로 하여금 혼돈에 질서를 부여하라고 강요한다. 여기에는 연속체가 없다. 모든 작은 알파alpha(시작)가 곧 종국의 오메가omega(끝)이기도 하다.

그렇다면 다음 가운데 어떤 것이 가장 그럴듯한가. 오늘날 무신론적 종말론자들은 매우 독특할뿐더러 옳기까지 하다? 아니면 그들은 그들보다 앞서 출현했던 종말론자들과 최소한 그 동기에서는 다를 바 없다? 분명한 것은, 현대의 묵시록주의자들이 그토록 격렬하게 모든 종교의 허위를 공격하고 있지만 정작 그들이 배신하는 것은 자신들의 선언을 지지하는 종교적 기반과 선례들이라는 사실을 그들이 모른다는 점이다.

아마겟돈의 개념은 기원전 10~11세기경 고대 페르시아의 성직자 조로아스터Zoroaster가 창안한 일신론에 대응하는 과정에서 처음 등장했다. 그때까지의 지배적인 종교들은 여러 신들이 하늘에서 우주의 주기적 흐름과 변화를 관장한다고 믿는 입장을 견지했다. 그 안에서 절대성은 그다지 많이 요구되지 않았지만 종교가 단일 신에 집중하게 되면서 상황이 약간 묘해졌다. 오직 하나의 신만이 있고 그가 절대적인 힘을 보유하고 있다면, 왜 나쁜 것들이 생겨나는가? 왜 여전히 악이 존재하는가?

만일 누군가의 신이 다른 사람의 신과 우주의 패권을 놓고 싸운다면 거기에는 문제가 없다. 다신교에서처럼 어떤 신의 위대한 업적은 다른 신의 파괴적 행위에 의해 훼손될 뿐이다. 그러나 종교가, 이를테면 제1 성전(솔로몬 왕이 세운 유대 신전—옮긴이) 시대, 제2 성전(바빌론 유수 이후에 제1 성전을 다시 복구한 것—옮긴이) 시대의 유대교처럼 하나의 신, 유일한 하나의 신만을 요구한다면 어떻게 될까? 그 성직자들과 추종자들은 악의 지속성과 그로 인한 고난을 어떻게 설명해야 할까?

그들은 조로아스터가 취했던 방식대로 시간을 방정식에 대입했으며 우주의 결함은 그 불완전성의 산물이다. 거기에는 오직 한 명의 진정한 신만이 있지만 그는 아직 기능하지 않고 있다. 일신론적 세계관에선 신의 행보는 계절적인 신성이 주기를 타면서 연속되거나 은유로 표출되는 게 아니라 직선적으로 진행되는 스토리였다. 글자 그대로 한 명의 진정한 신이 승리를 거두게 되는 최종점으로 직진했다. 이것이 이뤄지고 나면 시간은 끝나게 되는 것이었다.[10]

창조는 알파요, 재림은 오메가다. 그것은 모두 선하다.

이런 생각은 달력의 문명과 시계의 문명을 살면서 겪는 불안감을 해소시켜주기에 충분했다. 그러나 지금의 우리는 어떤가? 시간 없이, 미래 없이 어떻게 현실 속에 항존하는 불완전성에 대처할 수 있겠는가? (억지로 그렇게 된 것이지만) 일신교 문화의 구성원으로서 우리는 어쩔 수 없이 그 일신교적 종교 프레임을 우리가 안고 있는 현행의 딜레마에 적용시킬 수밖에 없다. 이런 상황을 의식하지 못하면 우리는 우리의 새로운 시도에 내재한 일신교적 유산을 더 인정하지 못하게 되고, 그 일신교적 성향이 과도하게 표출되는 경우에 우리는 더욱더 무력해진다. 억압과 극단주의는 동전의 양면인 것이다.

이런 종교적 프레임을 공공연히 이용하려는 시도를 단호히 거부하고는 있지만, 과학적인 마인드를 가장 잘 갖추고 있다는 미래주의자들도 은연중에 이 메시아적 시간이라는 알파-오메가 프레임을 자신들의 묵시록적 서사에 끼워 넣고 있다. 신의 손 대신 자연 발생이 일어나 신비롭게도 혼란스러운 시스템을 응집력과 협동성을 갖춘 자가조직적 시스템으로 변형시켰다는 것이다. 물론 이게 어떻게 실제로 일어났는지는 누구도 설명하지 못하는 것으로 보인다.

유물론자들은 그 모든 것이 코드code일 뿐이라고 주장한다. 한 유기체 안의 각각의 세포나 한 집단 안의 흰개미들은 일련의 매우 단순한 규칙을 따른다. 충분한 수의 구성원들이 그 규칙을 따르게 되면, 보다 큰 현상이 뚜렷해지게 된다. 이는 버스비 버클리Busby Berkeley(1895 - 1976, 할리우드의 영화감독이자 안무가. 복잡한 기하학적 패턴을 만들어내는 안무로 유명했다—옮긴이)의 댄스 안무와 벌집에서 일어나는 협응성, 심지어는 규칙적인 대양의 파도가 만들어내는 사구의 패턴 등에서 보이는 만화경적 패턴과 같은 것이다. 이것이 바로 발생론자들이 컴퓨터야말로 일련의 단순한 규칙들을 끌어들여 세계와 인간과 그 외 모든 것을 재창조할 수 있다고 믿는 이유이기도 하다.

그러나 하나의 시스템이 어떤 단계의 조직에서 다른 단계의 그것으로 이동해가는 순간, 혹은 발생 단계의 행위가 발전 단계로 넘어가는 순간에 대해서는 설명이 매우 빈약해질 수밖에 없다. 성서적 창조론만큼이나 믿을 수 없는 개념이 되는 것이다. 발생이 실재하지 않는다거나 관찰 불가능한 현상이라고 말하려는 게 아니다. 다만 우리는 아직도 그게 언제, 왜, 어떻게 일어났는지 답을 못 찾고 있다는 것이며, 어떤 시스템이 그저 복잡한 것인가 아니면 무작위적인 것인가를 판단하는 과정에서 우리가 얼마나 주관적인지 잘 모르고 있다는 뜻이다. 인간에게 질서란 대체적으로 우리 자신과 비슷한 무엇을 의미한다.

그래서 새로운 신화가 움직인다. 저 복잡한 상황을 설명해줄 표현법을 찾으려는 기술과 정보의 요구가 이 움직임 뒤에서 동력으로 작용한다. 우리의 마이크로칩은 점점 더 빨라지고 점점 더 큰 상호 연결성을 띠게 되며 그것들은 독립적인 복잡계 시스템으로 나타나게 된다. 그리고 이 시스템은 우리 삶의 시스템보다 한 단계 더 높은 곳에 자리 잡는다. 그 시스템이 필요로 하는 것은 오직 단순한 이진법적 명령과 모든 피드백과 반복 과정이다. 그것은 가상 프로그램을 구동해 인간성을 창조할 수도, 그렇지 않을 수도 있다. 하지만 인간성을 창조해야 한다면, 그것은 그렇게 할 수 있는 코드를 갖게 될 것이다. 만일 우리가 적절히 준비한다면 제2의 생을 구가할 수도 있을 것이다. 하지만 그렇더라도 우리가 생물학적 시간이라고 생각하는 것은 끝날 것이다.

특이점이란 빅뱅의 재림으로 구현되며 이는 오메가점으로서 인간 존재의 완성과 선형적 시간의 종말을 고하는 시점이 될 것이다. 그것은 임박해 있거나 혹은 시간의 환영적 속성으로 인해 우리가 모르는 사이에 이미 발생했을 수도 있다. 어쩌면 우리는 그저 그것을 따라잡고만 있는지도 모른다. 임박했든 그렇지 않든, 그것은 종교적 특질을 띠고 있다. 물론 특이점의 옹호자들은 이 사실을 흔쾌히 시인하지 않지만 어쨌든 오메가점과 두 번째 삶, 창조 행위, 새로운 달력 등이 결부될 때 제대로 모든 것이 완성된다. 이전의 모든 것을 뒤로 하고 완전한 새 출발을 천명하는 것만큼 종교적인 게 어디 있겠는가?

이런 반응과 태도들은 합의 추구형 월가 점령가들보다는 성급하고 반동적인 티 파티 운동원의 그것에 가까워 보인다. 이메일이 오면 자기가 그렇게 하고 싶을 때 답장을 보내는 사람보다 강박적으로 수신함 제로 상태를 유지하려는 사람의 태도와 더 닮아 있다. 시간을 두고 기업에 투자하려는 투자가보다 얼마나 많은 알고리즘이 찰나의 순간에 작동하는지에만 관심 있는 헤지펀드 매니저와 더 비슷하다. 또한 정확한 패턴을 찾아내려고 하는 사람보다 프랙털에 사로잡힌 음모론자의 모습이 이와 같을 것이다.

묵시록적 종말의 압력에 대한 보다 적절한 대응법은 페달에서 발을 약간 떼어주는 것이다. 이는 완전히 멈추거나 브레이크를 밟으라는 말이 아니라 오직 가속만을 하도록 설계된 시장과 그것이 필요할 때도 있고 그렇지 않을 때도 있는 현실의 차이를 확실히 이해해야 한다는 뜻이다. 이는 지속 가능성으로 가는 느린 경로를 상상하기 시작해야 한다는 의미다. 지속 가능한 세상에서는 좀비도 필요 없고 세계 인구의 대량 사망도 일어나지 않을 것이기 때문이다.

무엇보다 현재 충격의 다면성을 상대하게 됨에 따라 우리는 우리가 지금 살고 있는 순간에 대해 책임지고 제대로 통제해야 한다. 내 경우에 이것은 가장 하기 힘든 일이며 독자들을 포함해 우리 모두가 마찬가지일 거라 생각한다.

잠시 멈춤 버튼 누르기

나는 이 책을 읽는 것 자체가 큰 덩어리의 시간을 독자로부터 뺏는 일임을, 또한 많은 사람들과 일들 그리고 독자들의 주의를 빼앗기 위해 경쟁하는 온갖 트윗의 유혹으로부터 그 시간을 지켜내는 일임을 잘 알고 있다. 지금 이만 한 길이의 책을 읽기 위해선 10년 전에 같은 책을 읽을 때보다 더 많은 노력이 필요하다는 것도 알고 있다.

마찬가지로, 비록 이 책이 지금껏 내가 쓴 책 가운데 가장 두꺼운 책은 아니지만 집필하는 데 가장 많은 공력이 들어간 책임은 분명하다. 기본적으로 주제가 어렵다거나 복잡해서는 아니고, 내가 신체적으로 더 약해져서도 아니며 다만 쓰는 환경과 잠재적 독자가 살고 있는 환경이 변했기 때문이다. 독자들도 나도 정보도 아니고 우리 주변의 미디어와 문화가 변했다.

어느 시점에서부턴가 나는 본문 옆의 여백에 무언가를 적어 넣기 시작했다. 그 방식을 통해 나는 바로 그 자리에서 쓸 게 아니라면 앞으로 써야 할 것들을 시간별로 정리할 수 있었다. 나는 페이지의 가장자리에 세로줄을 치고 점심을 먹는 동안 그 안에 뭔가를 적어 넣었다. 답장하지 않은 이메일, 돈벌이가 안 된 제안들, 모든 인터뷰와 기사들, 뭔가 다른 것이 될 수도 있었을 어떤 결과들 등등. 그런데 어느 순간 이 목록들이 본문보다 더 많은 공간을 차지하게 되자 그만뒀다. 뒤죽박죽되면 아무것도 못 하게 될 것 같았다.

계속 고개를 처박고 글을 쓰면서 나는 문화에 대해 더 많이 생각했다. 문화, 내가 이 책을 통해 기여하고 싶은 것. 그런데 책을 통해 그것이 가능할까? 정말로? 이 얼마나 시대착오적인 짓인가! 내 잠재 독자들은 대부분 내가 지금 여기서 표출하고 있는 감정을 이해하겠지만 그래도 내가 이 책을 쓸 때 했던 고민을 모두 알 순 없을 거라고 확신한다. 독자들은 그저 보잉보잉에서 내가 가져온 글이나 셰어러블Shareable.net과 한 인터뷰 내용만 읽고 말 것이다. 아, 운이 좋다면 〈뉴욕타임스〉와 했던 인터뷰도 봐줄 수 있을 것이다. 어쨌든 독자들은 논지의 핵심만을 포착할 테고 계속 그런 식일 것이다.

이 책을 쓰는 데 걸린 몇 년 그리고 이것을 출판하는 데 걸린 몇 년간 나는 십여 편의 기사를 썼고, 수백 건의 블로그 게시글을 올렸으며, 수천 번 트윗을 했고, 더 적은 시간과 노력으로 더 많은 사람들과 더 많은 것에 대해 대화했다. 사람들이 싱글을 듣고 있는 마당에 지금 나는 오페라를 쓰고 있다.

물론, 해결책은 균형 잡기다. 저장과 흐름 사이의 어느 절묘한 지점 찾아내기, 상황에 맞는 미디어를 골라 적합한 행동하기 등이 그것이다. 나는 트윗이나 블로그 게시, 혹은 기사 등으로 내가 받고 있는 현재 충격을 표현할 수 있다고 생각하지 않으며 그러고 싶지도 않다. 지금과 같은 상황에서 시간을 들여 책을 쓰고 그것을 다 읽는 일은 모래에 선을 긋는 것과 같다. 그것은 우리의 주의를 사로잡으려고 맹습하는 모든 것을 멈추게 한다는 뜻이며, 우리가 방해받지 않는 숙고를 위한 안전한 공간을 만들어낼 수 있음을 의미한다. 우리는 각각의 순간에 합당한 가치를 부여할 뿐이다. 그것이 전부다. 우리는 불확실성을 견디고 무모한 연결과 성급한 결론으로 치닫고 싶은 유혹에 저항할 수 있다. 소위 인간 역사의 종점에서 인정사정 없이 우리를 끌어당기는 유인자의 힘을 약화시키거나 무시해버릴 수도 있다. 우리가 멈출 수 있을 때 우리는 멈추지 않게 된다.

시간을 내줘서 고맙다.

주

서문

1 Tom Templeton and Tom Lumley, "9/11 in Numbers," *Observer*, August 17, 2002.

2 Lee Harrington, "Falling Man Helped Me Face My Own Fears," *Huffington Post*, September 7, 2011, www.huffingtonpost.com/leeharrington/falling-man-marriage_b_951381.html.

3 GlobalWarmingHysteria.com or GlobalWarmingLies.com, or S. Fred Singer, *Hot Talk Cold Science: Global Warming's Unfinished Debate* (Oakland, CA: The Independent Institute, 2001).; Craig Kanalley, "Global Warming Emails: Hack Raises Ethical Questions, Hoax and Scam Claims," *Huffington Post*, March 18, 2010, www.huffingtonpost.com/2009/11/23/global-warming-emails-hac_n_367979.html.

1장 무너진 서사

1 Mark Turner, *The Literary Mind* (New York: Oxford University Press, 1998).

2 Author Ursula K. Le Guin, 1979, quoted on www.qotd.org.

3 Alvin Toffler, "The Future as a Way of Life," *Horizon* 7 (3), 1965.

4 Ibid.

5 Joseph Campbell, *The Hero with a Thousand Faces* (Princeton, NJ: Princeton University Press, 1968).

6 Robert McKee, *Story: Substance, Structure, Style, and the Principles of Screenwriting* (New York: ReganBooks, 1997).

7 Douglas Rushkoff, *Playing the Future* (New York: HarperCollins, 1996).

8 Hampton Stevens, "The Meta, Innovative Genius of 'Community,'" *Atlantic*, May 12, 2011.

9 Zadie Smith quoted by James Wood in a review of *White Teeth*, "Human, All Too Inhuman: The Smallness of the 'Big' Novel," New Republic Online, July 24, 2000, www.tnr.com/article/books-and-arts/human-all-too-inhuman.

10 Mike Freeman, "Saints Took Common Practice of Bounties to a New,

Dangerous Level," CBSsports.com, March 5, 2012.

11   Jon Baskin, "Steroids, Baseball, America," *Point* 4 (Spring 2011).

12   Bill Simmons, "Confronting My Worst Nightmare," ESPN.com, May 9, 2009.

13   Murray Chass, "On Baseball; Senate Posse Is Passing Steroid Buck to Baseball," *The New York Times*, March 16, 2004.

14   Tom Van Riper, "MLB Faces Fourth Straight Attendance Decline," *Forbes*, September 7, 2011; Associated Press, "NFL Ticket Sales Decline for Third Straight Year," September 8, 2010.

15   Terri Judd, "Teenagers Risk Death in Internet Strangling Craze," *Independent*, January 6, 2010.

16   Walter Lippmann, *Public Opinion* (New York: Free Press, 1922).

17   Steven Livingston, "Clarifying the CNN Effect: An Examination of Media Effects According to Type of Military Intervention," PDF, John F. Kennedy School of Government's Joan Shorenstein Center on the Press, Politics and Public Policy at Harvard University, 1997.

18   Douglas Rushkoff, PBS *Frontline* documentary, "The Persuaders" (2004).

19   "Transcript of President Bush's Prayer Service Remarks," National Day of Prayer and Remembrance for the Victims of the Terrorist Attacks on September 11, 2001, Washington National Cathedral, September 14, 2001, www.opm.gov/guidance/09-14-01gwb.htm.

20   "Public Praises Science; Scientists Fault Public, Media," Pew Research Center, July 9, 2009, www.people-press.org.

21   Frank Newport, "Americans' Global Warming Concerns Continue to Drop," *Gallup Politics*, March 11, 2010, www.gallup.com.

22   Richard Edelman in Sheldon Rampton and John Stauber, *Trust Us, We're Experts: How Industry Manipulates Science and Gambles with Your Future* (New York: Tarcher/Penguin, 2002).

23   Lymari Morales, "In U.S., Confidence in Newspapers, TV News Remains a Rarity," *Gallup Politics*, August 13, 2010, www.gallup.com/poll/142133/confidence-newspapers-news-remains-rarity.aspx.

24   Pew Research Center for the People & the Press, September 22, 2011, www.people-press.org.

25 Kasun Ubayasiri, "Internet and the Public Sphere: A Glimpse of YouTube," Central Queensland University, 2006, and updated, on EJournalist.com, http://ejournalist.com.au.

26 Andrew Keen, *The Cult of the Amateur* (New York: Crown, 2007), 48.

27 Mark Lilla, "The Tea Party Jacobins," *New York Review of Books*, May 27, 2010.

28 David Frum, "When Did the GOP Lose Touch with Reality?" *New York*, November 20, 2011.

29 Tommy Christopher, "Van Susteren Explains Why Anti-Fox Clip with Occupy Wall St. Protester Got Cut," MediaIte.com, October 3, 2011, www.mediaite.com/tv/van-susteren-explains-why-anti-fox-interview-with-occupy-wall-st-protester-got-cut.

2장 디지털 분열

1 Nicholas Carr, *The Shallows: What the Internet Is Doing to Our Brains* (New York: W. W. Norton, 2010) and Sherry Turkle, *Alone Together: Why We Expect More from Technology and Less from Each Other* (New York: Basic Books, 2011).

2 인위적인 날日, 연年에 대비되는 실제 시간 및 존재의 개념이 최초로 드러나는 곳은 아리스토텔레스와 토마스 아퀴나스에서다. 산업혁명을 거쳐 디지털 문화까지 개괄하려면 루이스 멈퍼드Lewis Mumford, 해럴드 이니스Harold Innis, 데이비드 랜디스David Landes, 제러미 리프킨Jeremy Rifkin의 책을 읽을 필요가 있다. 내 책의 역사적 이론적 틀은 이들의 저작에 기반을 두고 있다.

3 Karen Armstrong, *A History of God* (New York: Ballantine Books, 1993).

4 Walter Ong, *Orality and Literacy* (New York: Routledge, 2002), 69.

5 Douglas Rushkoff, *Nothing Sacred* (New York: Crown, 2003).

6 Jeremy Rifkin, *Time Wars: The Primary Conflict in Human History* (New York: Touchstone Books, 1989).

7 David S. Landes, *A Revolution in Time: Clocks and the Making of the Modern World* (Cambridge: Harvard University Press, 1983), 10.

8 Robert Levine, *A Geography of Time: The Temporal Misadventures of a Social Psychologist, or How Every Culture Keeps Time Just a Little Bit Differently* (New York: Basic Books), 1997.

9 David Montgomery, *The Fall of the House of Labor: The Workplace, the State, and American Labor Activism, 1865-1925* (Cambridge: Cambridge University Press, 1989).

10 Mark P. McDonald, PhD, "The Nature of Change Is Changing: The New Pattern," April 12, 2010, http://blogs.gartner.com/mark_mcdonald/2010/04/12/the-nature-of-change-is- changing-the-new-pattern/.

11 Dave Gray, "Change Is Changing," October 26, 2011, www.dachisgroup.com/2011/10/change-is-changing/.

12 Stefanie Luthman, Thomas Bliesener, Frithjof Staude-Muller, "The Effect of Computer Gaming on Subsequent Time Perception," *Journal of Psychosocial Research in Cyberspace 3* (1), June 2009.

13 Rebecca Maksel, "When Did the Term 'Jet Lag' Come into Use?" *Air & Space Magazine*, June 18, 2008.

14 Ibid.

15 SAIC Information Services, "NASA and the FAA: A Technology Partnership for the New Millennium," www.aeronautics.nasa.gov/docs/chicago/fcp.htm.

16 Roger Lewin, *Making Waves* (Emmaus, PA: Rodale, 2005).

17 Maggie Fox, "Shift Work May Cause Cancer, World Agency Says," *Reuters*, November 30, 2007.

18 Clay Shirky, *Cognitive Surplus: Creativity and Generosity in a Connected Age* (New York: Penguin, 2010).

19 Lisa Napoli, "As If in a Seller's Dream, the Bags Fly Out of the Studio," *The New York Times*, December 7, 2004.

20 Ibid.

21 Gary Wolf, "Tim Ferriss Wants to Hack Your Body," *Wired*, December 2010.

22 By 2007, 43 percent of email users said the first thing they do when they wake is check for new messages. AOL study cited in "Email Statistics," at http://powerprodirect.com.

23 James Bridle, "The New Aesthetic: Waving at the Machines," talk delivered at Web Directions South, Sydney, Australia, December 5, 2011, http://booktwo.org/notebook/waving-at-machines.

24 Vanessa Grigoriadis, "Everybody Sucks: Gawker and the Rage of the Creative

Underclass," *New York*, October 14, 2007.

25 Roger Lewin, *Making Waves: Irving Dardik and His Superwave Principle* (Emmaus, PA: Rodale, 2005).

26 David Alan Goodman, "Declare Your Independence," *Scientist 17* (12), June 16, 2003, p. 13.

27 Joel C. Robertson, *Natural Prozac: Learning to Release Your Body's Own Anti-Depressants* (New York: HarperOne, 1998).

28 All quotes from Mark Filippi are from interviews I conducted with him in February and March 2012.

29 R. Buckminster Fuller, "Tensegrity," 1961, at www.rwgrayprojects.com/rbfnotes/fpapers/ tensegrity/tenseg01.html.

30 http://Lifewaves.com, http://somaspace.org.

31 Steven Johnson, *Where Good Ideas Come From* (New York: Riverhead, 2010).

32 애슈턴 커처는 해고된 대학 풋볼 코치를 옹호하는 트윗을 날렸다. 알고 보니 그 코치는 아동 성추행을 은폐하고 있었다. 이 일이 있은 뒤 커처는 자신의 트윗 계정 관리를 홍보 전문가에게 맡겼다.

33 Douglas Rushkoff, PBS documentary on *Frontline, Digital Nation*, in particular the section on "War by Remote," www.pbs.org/wgbh/pages/frontline/digitalnation/blog/2009/10/new-video-fighting-from-afar.html.; Phil Stewart, "Overstretched Drone Pilots Face Stress Risk." Reuters, December 18, 2011.

34 Nicholas Carr, *The Shallows;* Sherry Turkle, *Alone Together*; and Maggie Jackson, *Distracted: The Erosion of Attention and the Coming Dark Age* (New York: Prometheus, 2009).

35 Henry Greely, "Towards Responsible Use of Cognitive-enhancing Drugs by the Healthy," *Nature*, December 7, 2008.

36 James G. March, *A Primer on Decision Making* (New York: Free Press, 1994), 245.

37 James Borg, *Body Language: 7 Easy Lessons to Master the Silent Language* (Upper Saddle River, NJ: FT Press, 2010).

38 Robert McKee and Dr. David Ross, "From Lean Manufacturing to Lean Supply Chain: A Foundation for Change," a whitepaper for Lawson, available at http://swe.lawson.com/www/resource.nsf/pub/Lawson_Whitepaper_2_A4_LowRes.pdf/$FILE/Lawson_Whitepaper_2_A4_LowRes.pdf.

3장 태엽 감기

1 David Hess, "The NBA Lockout Has Increased Injury Rates," *Notes from the Sports Nerds* blog, February 7, 2012, www.teamrankings.com/blog/nba/the-nba-lockout-has-increased-injury-rates.

2 Freeman Dyson, *From Eros to Gaia* (New York: Pantheon, 1992), 341.

3 Stewart Brand, *The Clock of the Long Now: Time and Responsibility* (New York: Basic Books, 1999), 49.

4 Alfred Korzybski, *Science and Sanity: An Introduction to Non-Aristotelian Systems and General Semantics* (Lakeville, CT: International Non-Aristotelian Library Pub.; distributed by the Institute of General Semantics, 1958), 376.

5 Ibid.

6 '수신함 제로'라는 용어는 생산성 전도사인 멀린 맨Merlin Mann이 만들었지만 이 개념 자체는 2007년에 마크 허스트가 자신의 책 《비트 리터러시》에서 최초로 제시했다. 나는 두 사람의 이론을 잘 활용하긴 했지만 이메일 문제에 관해선 그들과 의견이 다르다는 걸 알게 됐다. 이메일과 그 수신 방식이 지난 10년간 변했기 때문일 것이다.

7 Mark Hurst, *Bit Literacy: Productivity in the Age of Information and E-mail Overload* (New York: Good Experience, 2007).

8 Douglas Rushkoff, *Life Inc.* (New York: Random House, 2009).

9 See Bernard Lietaer, "Complementary Currencies in Japan Today," *International Journal of Community Currency Research* 8 (2004).

10 The Renfrew Center Foundation for Eating Disorders, "Eating Disorders 101 Guide: A Summary of Issues, Statistics and Resources," published September 2002, revised October 2003, www.renfrew.org.

11 Ibid.

12 Adam Sternbergh, "Up with Grups," *New York*, March 26, 2006.

13 Ibid.

14 Search YouTube for "Smells Like a Feeling."

15 Zachary Lazar, "The 373-Hit Wonder," *The New York Times*, January 6, 2011.

16 Jeffrey Rosen, "The Web Means the End of Forgetting," *The New York Times*, July 21, 2010.

17 Opera Solutions website, www.operasolutions.com/about-us.

18 Stephanie Clifford, "Thanksgiving as Day to Shop Meets Rejection," *The New York Times*, November 10, 2011.

19 Bill Gentner, senior vice president for marketing, quoted in Clifford, ibid.

20 Richard Barbrook, *Imaginary Futures: From Thinking Machines to the Global Village* (London: Pluto, 2007).

21 John Hagel, "The 2011 Shift Index: Measuring the Forces of Long-Term Change," *Deloitte & Touche – Edge Report, 2011*, www.deloitte.com/us/shiftindex.

22 Douglas Rushkoff, *Life Inc* (New York: Random House, 2009), 120.

23 Liz Moyer, "Fund Uses Behavioral Finance to Find Value Plays," CBS MarketWatch, June 28, 2011, www.marketwatch.com.

24 Uttara Choudhury, "Behavioral Economics has Never Been Hotter," Brain gainmag. com.

25 Robert D. Manning, *Credit Card Nation: The Consequences of America's Addiction to Credit* (New York: Basic Books, 2000).

26 "Corelogic Reports Negative Equity Increase in Q4 2011," *BizJournals*, March 1, 2012, http://assets.bizjournals.com/orlando/pdf/CoreLogic%20underwater%20mortgage%20list.pdf. Also: "Despite Home Value Gains, Underwater Homeowners Owe $1.2 Trillion More than Homes' Worth," *Zillow Real Estate Research*, May 24, 2012, www.zillow.com/blog/research/2012/05/24/despite-home-value-gains-underwater-homeowners-owe-1-2-trillion-more-than-homes-worth.

27 For a quick explanation and confirmation of these facts, see Serena Ng and Car-rick Mollenkamp, "Goldman Fueled AIG Gambles," *The Wall Street Journal*, December 12, 2009.; Gretchen Morgenson and Joshua Rosner, *Reckless Endangerment: How Outsized Ambition, Greed, and Corruption Led to Economic Armageddon* (New York: Times Books, 2011).

28 See gaming and Internet analyst Kevin Slavin's terrific presentation on this history to the Lift11 Conference at www.livestream.com/liftconference/video?clipId=pla_08a3016b-47e9-4e4f-8ef7-ce71c168a5a8.

29 Kevin Slavin, "How Algorithms Shape Our World," TedTalks, July 2011, www.ted.com/talks/kevin_slavin_how_algorithms_shape_our_world.html.

30 Nina Mehta, "Automatic Futures Trade Drove May Stock Crash, Report Says," *Bloomberg Businessweek*, October 4, 2010. See also Graham Bowley. "Lone $4.1 Billion Sale Led to 'Flash Crash' in May," *The New York Times*, October 1, 2010.

31 Brian Bremner, "The Bats Affair: When Machines Humiliate their Masters," *Bloomberg Businessweek*, March 23, 1012, www.businessweek.com/articles/2012-03-23/the-bats-affair-when-machines-humiliate-their-masters.

32 Alexandra Zendrian, "Don't Be Afraid of the Dark Pools," *Forbes*, May 18, 2009.

33 John Henley, "Greece on the Breadline: Cashless Currency Takes Off," *Guardian*, March 16, 2012.

34 Ibid.

35 Eric Westervelt, "Fiscal Localism on Rise in Germany," NPR, *All Things Considered*, July 15, 2010.

36 저드슨 그린의 이력과 철학을 플로리다 주 올랜도에 있는 디즈니연구소Disney Institute에서 가르친다. 이 책을 쓸 자료를 수집하기 위해 나도 그곳에 방문한 적이 있다. 좀 더 자세히 알고 싶으면 디즈니연구소와 시어도어 키니Theodore Kinni가 펴낸 《어서 오세요: 대고객 서비스 기술 완전 정리Be Our Guest: Perfecting the Art of Customer Service》 (Glendale, CA: Disney Editions, 2011)을 참조하라.

37 Michael McCarthy, "War of Words Erupts at Walt Disney," *USA Today*, December 2, 2003.

38 Dr. Ofer Merin, quoted in Catherine Porter, "Israeli Field Hospital Carries on Inspiring Work in Japan," *Toronto Star*, April 4, 2011.

39 Joichi Ito, "Innovating by the Seat of Our Pants," *The New York Times*, December 6, 2011.

40 Robert Axelrod, *The Evolution of Cooperation* (New York: Basic Books, 1984).

4장 프랙털 강박

1 Steven Johnson, *Where Good Ideas Come From* (New York: Riverhead, 2010).

2 Kevin Dunbar, "How Scientists Build Models: InVivo Science as a Window on the Scientific Mind," www.utsc.utoronto.ca/~dunbarlab/pubpdfs/KDMBR99.pdf.

3 Kevin Roberts, interviewed in Barak Goodman, Rachel Dretzin, and Douglas

4   Rushkoff, *The Persuaders*, PBS, *Frontline*, 2004.

"Chevy Tahoe, Trump Create Open Source Fun," *Oil Drum*, April 3, 2006, http://energyandourfuture. org/story/2006/4/3/164232/5126.

5   이와 동일한 현상이 정유회사 로열더치셸^{Royal Dutch Shell}의 홈페이지를 둘러싸고 다시 일어났다. 이 사이트(http://arcticready.com)는 사람들로 하여금 북극 지역에서의 유정 개발을 옹호하는 광고물을 만들어내게 한다는 목적을 내걸었다. 결국 가짜로 밝혀졌지만 그 전에 수백 건의 공격 광고가 사람들이 로열더치셸이 제공한 것으로 믿은 유틸리티를 가지고 만들어졌다. 좀 더 자세히 알고 싶으면 미디어-행동가 사이트 (http://YesLab.org)를 참조하라.

6   http://valvesoftware.com.

7   http://boingboing.net/2012/04/22/valve-employee-manual-describe.html.

8   Ibid.

9   László Mérő, *Moral Calculations* (New York: Springer-Verlag, 1998).

10 Douglas Rushkoff, *Life Inc.* (New York: Random House, 2009).

11 Archibald MacLeish, "Bubble of Blue Air," *The New York Times*, December 25, 1968, p.1.

12 Lenora Foerstal and Angela Gilliam, *Confronting Margaret Mead: Scholarship, Empire, and the South Pacific* (Philadelphia: Temple University Press, 1992), 126-27.

13 Steven Pinker, quoted in Nick Gillespie, "Hayek's Legacy," *Reason*, January 2005.

14 James Surowiecki, quoted in Gillespie, ibid.

15 Manuel De Landa, *War in the Age of Intelligent Machines* (Cambridge, MA: MIT Press, 1992).

16 Jeff Sommer, "A Market Forecast That Says 'Take Cover,'" *The New York Times*, July 3, 2010.

17 Philip E. Tetlock, *Expert Political Judgment: How Good Is It? How Can We Know?* (Princeton: Princeton University Press, 2006).

18 Walter Kirn, *Lost in the Meritocracy: The Undereducation of an Overachiever* (New York: Doubleday, 2009).

19 Richard Nisbett, quoted in Joshua Cooper Ramo, *The Age of the Unthinkable* (New York: Little, Brown, 2009).

20 Ramo, *Age of the Unthinkable*.

21 Ibid.

22 www.thebrain.com.

23 http://jerrysbrain.com.

24 April Rinne and Jerry Michalski, "Polymaths, Bumblebees and the 'Expert' Myth," *Washington Post*, March 28, 2011.

25 Gordon Bell, Gordon Bell home page, http://research. microsoft.com/en-us/um/people/gbell/ (accessed August 11, 2011).

5장 대재앙

1 Mathew Barrett Gross and Mel Gilles, *The Last Myth* (Amherst, NY: Prometheus, 2012).

2 Rocco Castoro, "Ray Kurzweil: That Singularity Guy," *Vice*, April 1, 2009, www.vice.com.

3 John Brockman, "The Technium and the 7th Kingdom of Life: A Talk with Kevin Kelly," *Edge*, July 19, 2007, www.edge.org/3rd_culture/kelly07/kelly07_index. html.

4 Kevin Kelly, *What Technology Wants* (New York: Viking, 2010), 187.

5 Ibid., 188.

6 Ibid., 189.

7 Ibid., 356.

8 Richard Dawkins, *The Blind Watchmaker: Why the Evidence of Evolution Reveals a Universe without Design* (New York: W. W. Norton, 1986).

9 Douglas Rushkoff, *Program or Be Programmed* (New York: Or Books, 2010).

10 John Michael Greer, *Apocalypse Not* (Berkeley, CA: Cleis Press, 2011).

Robert Axelrod, The Evolution of Cooperation (New York: Basic Books, 1984).

Richard Barbrook, *Imaginary Futures: From Thinking Machines to the Global Village* (London: Pluto, 2007).

Daniel J. Boorstin, *The Image: Or, What Happened to the American Dream* (New York: Atheneum, 1962).

Stewart Brand, *The Clock of the Long Now: Time and Responsibility* (New York: Basic Books, 1999).

John Brockman, *Afterwords: Explorations of the Mystical Limits of Contemporary Reality* (New York: Anchor, 1973).

Nicholas G. Carr, *The Shallows: What the Internet Is Doing to Our Brains* (New York: W. W. Norton, 2010.)

James P. Carse, *Finite and Infinite Games* (New York: Ballantine, 1986).

Richard Dawkins, *The Selfish Gene* (Oxford: Oxford University Press, 1989).

Manuel De Landa, *War in the Age of Intelligent Machines* (Cambridge, MA: MIT Press, 1992).

Thomas Hyllard Eriksen, *Tyranny of the Moment: Fast and Slow Time in the Information Age* (London: Pluto Press, 2001).

B. J. Fogg, *Persuasive Technology: Using Computers to Change What We Think and Do* (San Francisco, CA: Morgan Kaufmann, 2003).

R. Buckminster Fuller, *Operating Manual for Spaceship Earth* (Carbondale: Southern Illinois University Press, 1969).

John Michael Greer, *Apocalypse Not: A History of the End of Time.* Berkeley (CA: Viva Editions, an Imprint of Cleis, 2011).

Mathew Barrett Gross and Mel Gilles, *The Last Myth* (Amherst, NY: Prometheus, 2012).

Harold Adams Innis, *Changing Concepts of Time* (Lanham, MD: Rowman & Littlefield, 2004).

Jane Jacobs, *Systems of Survival: A Dialogue on the Moral Foundations of Commerce and Politics* (New York: Random House, 1992).

Steven Johnson, *Where Good Ideas Come From* (New York: Riverhead, 2010).

Kevin Kelly, *What Technology Wants* (New York: Viking, 2010).

Alfred Korzybski, *Selections from Science and Sanity: An Introduction to Non-Aristotelian Systems and General Semantics.* 5th ed. (Fort Worth, TX: Institute of General Semantics, 2005).

Ray Kurzweil, *The Age of Spiritual Machines: When Computers Exceed Human Intelligence* (New York: Viking, 1999).

Ray Kurzweil, *The Singularity Is Near: When Humans Transcend Biology* (New York: Viking, 2005).

David S. Landes, *Revolution in Time: Clocks and the Making of the Modern World* (Cambridge, MA: Belknap of Harvard University Press, 1983).

Jaron Lanier, *You Are Not a Gadget: A Manifesto* (New York: Alfred A. Knopf, 2010).

Christopher Lasch, *The Culture of Narcissism: American Life in an Age of Diminishing Expectations* (New York: W. W. Norton, 1978).

William Leach, *Land of Desire: Merchants, Power, and the Rise of a New American Culture* (New York: Pantheon, 1993).

Robert Levine, *A Geography of Time: The Temporal Misadventures of a Social Psychologist, or How Every Culture Keeps Time Just a Little Bit Differently* (New York: Basic Books, 1997).

Marshall McLuhan, *Understanding Media: The Extensions of Man* (Critical Edition. Corte Madera, CA: Gingko, 2003).

László Mérő, *Moral Calculations: Game Theory, Logic, and Human Frailty* (New York: Copernicus, 1998).

David Montgomery, *The Fall of the House of Labor: The Workplace, the State, and American Labor Activism, 1865-1925* (Cambridge: Cambridge University Press, 1989).

Lewis Mumford, *Technics and Civilization* (Chicago: University of Chicago Press, 2010).

Neil Postman, *Technopoly: The Surrender of Culture to Technology* (New York: Alfred A. Knopf, 1992).

Joshua Cooper Ramo, *The Age of the Unthinkable: Why the New World Disorder Constantly Surprises Us and What to Do About It* (New York: Little, Brown and Company, 2009).

Jeremy Rifkin, *Time Wars: The Primary Conflict in Human History* (New York: Henry Holt, 1987).

Douglas Rushkoff, *Life Inc.: How the World Became a Corporation and How to Take It Back* (New York: Random House, 2009).

Douglas Rushkoff, *Program or Be Programmed: Ten Commands for a Digital Age* (New York: Or Books, 2010).

Clay Shirky, *Here Comes Everybody: The Power of Organizing Without Organizations* (New York: Penguin, 2008).

Lance Strate, Introductory Note to "Eine Steine Nacht Muzak." *KronoScope* 10, no. 1-2 (2010).

Lance Strate, Ronald L. Jacobson, and Stephanie B. Gibson, *Communication and Cyberspace: Social Interaction in an Electronic Environment*. 2nd ed. (Cresskill, NJ: Hampton, 2003).

Sherry Turkle, *Alone Together: Why We Expect More from Technology and Less from Each Other* (New York: Basic Books, 2011).

Norbert Wiener, *The Human Use of Human Beings: Cybernetics and Society*. 2nd ed. (Garden City, NY: Doubleday, 1954).

Philip G. Zimbardo, and John Boyd, *The Time Paradox: The New Psychology of Time That Will Change Your Life* (New York: Free Press, 2008).

Thanks to···

대개 감사의 말은 거기 포함된 사람보다 제외된 사람이 더 오래 기억하기 마련이다. 어쩌면 누군가에게 반드시 해야 할 감사가 여기서 부주의로 빠지게 될 가능성도 있으니 양해해주기 바란다.

이 책을 처음 써야겠다고 생각한 것은 1993년 즈음이었다. 지난 20년간 이런저런 방식으로 도움을 주신 분들 모두에게 감사를 표한다.

지금의 내 에이전트인 케이틴카 매트슨Katinka Matson, 존 브록먼John Brockman, 맥스 브록먼Max Brockman이 아니었다면 나는 이런 책을 낼 꿈도 꾸지 못했을 것이다. 당신들의 믿음이 항상 나를 더 좋은 필자로, 작가로 만든다. 그리고 역시 내 책들을 세상에 선보인 러셀 와인버거Russell Weinberger에게도 고마움을 전한다.

니키 파파도풀로스Niki Papadopoulos, 우연히 서로 알게 됐지만, 그 뒤 이어진 그와 나의 인연은 운명이라 할 만하다. 새로운 아이디어가 금지된 세계에서 니키와 같은 범죄 파트너를 둔 게 얼마나 좋은 일인지 모르겠다. 질리언 블레이크Gillian Blake에게도 감사한다. 애초 현재주의를 붙들고 책으로 써볼 것을 권한 이가 바로 그녀였다. 그 작업을 시작할 분위기를 조성해준 데이비드 몰도어David Moldawer와 코트니 영Courtney Young에게도 고맙다고 말하고 싶다. 그들은 내가 현재 충격의 긍정적인 의미에 계속 천착하도록 격려해줬다.

나탈리 호바촙스키Natalie Horbachevsky에게도 역시 감사한다. 그녀의 배려와 부지런함으로 인해 편집 과정이 한결 수월해졌다. 그리고 홍보에 정말 뛰어난 능력을 보여주는 크리스틴 다고스티니Christine D'Agostini와 휘트니 필링Whitney Peeling이 이 책을 전적으로 책임져준 것에 미리 감사를 표한다. 이 책에 쏟아진 여러 지적들이 정확했던 것은 우리 모두가 마음이 통했기 때문이었다.

나는 여러 사람에게서 자료에 대한 도움을 받았다. 그 가운데 특별한 이가 레이첼 로젠펠트Rachel Rosenfelt다. 현재 〈더뉴인콰이어리The New Inquiry〉의 편집자인 그녀는 이 분야에서 내 상사라고 할 만한 사람이다. 그녀는 내가 갖고 있지 않은 책과 글들을 수소문해줬으며 너무도 열심이어서 나로선 그런 수고를 거친 자료들을 안 읽을 도리가 없을 정도였다. 앤드류 넬슨Andrew Nelson은 작업 준비 단계에서 내가 생각과 참고문헌들을 정리하는 데 도움을 줬다. 그는 그러면서 자신의 견해는 배제시켰다. 일이 지지부진할 때 그가 큰 힘이 되어주었다.

위트레흐트대학의 프랭크 케슬러Frank Kessler, 주스트 래센스Joost Raessens 그리고 미르코 섀퍼Mirko Shäfer는 이 책을 쓰는 동안 내 박사 논문의 초안들을 여러 차례 묵묵히 살펴봐줬다. 지난 10년간 그들과 함께 작업하면서 내

의욕은 커졌고 글쓰기에 대한 엄정함도 더 커졌다. 또한 모든 미디어 생태학자들에게도 감사한다. 나는 그들을 통해 미디어가 어떻게 환경을 창출해내는지 그리고 그것이 왜 중요한지 알게 됐다.

이트미디어EatMedia의 이언Ian과 브리타 알렉산더Britta Alexander 부부는 내게 책을 쓰는 데 필요한 물리적인, 또 어찌 보면 정서적 공간을 제공해줬다. 사무실과 컴퓨터 그리고 인터넷을 사용하게 해준 것 외에도 안은 문닫고 여는 소리도 조심할 만큼 나를 방해하지 않으려 애썼다. 당신들은 진정한 친구들입니다. 브라이언 휴즈Brian Hughes는 최근에 이트미디어에 들어온 친구인데 내 본문 교정쇄를 읽어줬으며 나와 함께 최종 원고 작업까지 같이했다. 그는 항상 웃음을 잃지 않았다.

자크 심스Zach Sims와 라이언 부빈스키Ryan Bubinsky는 코드카데미Codecademy의 창설자들로, 특별한 감사를 받을 자격이 있다. 그들은 나를 끌어들여 세상에 코드 리터러시code literacy를 널리 보급하는 일을 함께했으며 이 책이 완성될 때까지 무던히 참아줬다. 그들은 우리 앞의 점점 더 프로그래밍 돼가는 공간을 어떻게 해야 가장 좋은 방식으로 운항할 수 있는지 누구보다 잘 아는 사람들이다. 그들은 프로그래밍 자체에 대해 뭔가를 먼저 알아야 그게 가능하다고 생각한다. 그들의 수고는 긴 터널 끝에 보이는 빛처럼 우리를 도울 것이다.

이 책에 들어 있는 아이디어들은 여러 사람들 덕분에 얻을 수 있었다. 그러니 이 아이디어들은 내 것인 동시에 그들의 것이기도 하다. 특히 프랙털 정신과 관련해 여러 사람에게 신세를 졌다. 마크 필리피 박사Dr. Mark Filippi, 라이언 프레일리노Ryan Freilino, 제리 미샬스키Jerry Michalski, 케빈 슬레이빈Kevin Slavin, 커티스 페이스Curtis Faith, 하워드 라인골드Howard

Rheingold, 테렌스 맥케나Terence McKenna, 스튜어트 브랜드Stewart Brand, 켄 골드버그Ken Goldberg, 클레이 셔키Clay Shirky, 앰버 케이스Amber Case, 신트라 윌슨Cintra Wilson, 조너선 레딤Jonathan Lethem, 사만다 힌즈Samantha Hinds, 데이비드 베나움David Bennahum, 월터 컨Walter Kirn, 스티븐 벤더Steven Bender, 제프 뉴웰트Jeff Newelt, 버락 굿먼Barak Goodman, 레이첼 드레친Rachel Dretzin, 데이비드 페스코비츠David Pescovitz, 재닛 스턴버그Janet Sternberg, 랜스 스트레이트Lance Strate, 마크 스탈먼Mark Stahlman, 폴 레빈슨Paul Levinson, 앨런 버딕Alan Burdick, 러네이 홉스Renee Hobbs, 나탈리스 웜바Nathalis Wamba가 그들이다.

내 어머니 세일라에게도 감사한다. 어머니는 내가 이 책의 집필을 시작하기 전에 돌아가셨지만 그 전에 내게 '좋은 아이디어'라고, 꼭 책으로 내라고 격려해주셨다.

끝으로 가장 중요하고 언제나 내게 힘을 주는 아내 바버라에게 고맙다고 말하고 싶다. 당신은 나와 같이 살면서 내가 이 작업을 해낼 수 있으리라는 걸 알았다. 심지어 나 자신도 모르는 걸 당신은 확신했다. 이 책이 나올 수 있다고 믿어준 데 대해 감사한다. 그리고 처음부터 이 제정신 아닌 작가와 같이 살겠다고 결심해준 것을 몹시 고맙게 생각한다.

옮긴이 _ 박종성

연세대학교 정치외교학과를 졸업했다. 현재 KBS 라디오 PD로 일하면서 다양한 분야의 외서를 번역해 국내에 소개하고 있다. 옮긴 책으로 《유쾌한 크리에이티브》《생각의 탄생》《인간생태보고서》《감각의 매혹》《경제학이 풀지 못한 시장의 비밀》《천재의 탄생》《안녕하세요, 기억력》 등이 있다.

옮긴이 _ 장석훈

서강대학교에서 철학과 불문학을 공부하고 서울대학교 대학원에서 비교문학 과정을 수료했다. 현재 출판기획과 평론 분야에서 활발하게 활동하고 있다. 옮긴 책으로 《상식 밖의 경제학》《러쉬!》《감성의 리더십》《SQ 사회지능》《스티브 워즈니악》《백만장자 마인드》 등이 있다.

현재의 충격

1판 1쇄 인쇄 2014년 8월 11일
1판 1쇄 발행 2014년 8월 18일

지은이 더글러스 러시코프
옮긴이 박종성 · 장석훈
펴낸이 고영수

책임편집 송상미 윤현주 | **기획편집** 최두은 문여울 문미경 김진희 이혜선
경영기획 고병욱 | **외서기획** 우정민 | **디자인** 공희 진미나 | **제작** 김기창
마케팅 이원모 이미미 | **총무** 문준기 노재경 송민진 | **관리** 주동은 조재언 신현민

펴낸곳 청림출판
등록 제406-2006-00060호

주소 135-816 서울시 강남구 도산대로38길 11(논현동 63)
    413-756 경기도 파주시 회동길 173(문발동 518-6) 청림아트스페이스
전화 02) 546-4341 | 팩스 02) 546-8053

홈페이지 www.chungrim.com | 이메일 cr1@chungrim.com

ISBN 978-89-352-1015-2 03320

값 16,000원
잘못된 책은 교환해드립니다.